编委会

主　编：吴　旭

副主编：刘　葳　许　明

编　委（排名不分先后）：

王桂英　姚仲凯　林　建　张志龙

陈利群　杜国长　雷丽娥

审　稿：黄健雄

福建律师经典案例汇编

福建省律师协会 编

厦门大学出版社 国家一级出版社
XIAMEN UNIVERSITY PRESS 全国百佳图书出版单位

图书在版编目(CIP)数据

福建律师经典案例汇编/福建省律师协会编.—厦门:厦门大学出版社,2021.8
ISBN 978-7-5615-8335-7

Ⅰ.①福… Ⅱ.①福… Ⅲ.①案例—汇编—福建 Ⅳ.①D927.570.05

中国版本图书馆 CIP 数据核字(2021)第 153946 号

出 版 人 郑文礼
责任编辑 甘世恒
美术编辑 李嘉彬
技术编辑 许克华

出版发行 厦门大学出版社
社　　址 厦门市软件园二期望海路 39 号
邮政编码 361008
总　　机 0592-2181111 0592-2181406(传真)
营销中心 0592-2184458 0592-2181365
网　　址 http://www.xmupress.com
邮　　箱 xmup@xmupress.com
印　　刷 厦门集大印刷有限公司

开本 720 mm×1 000 mm 1/16
印张 24
插页 2
字数 406 千字
版次 2021 年 8 月第 1 版
印次 2021 年 8 月第 1 次印刷
定价 95.00 元

厦门大学出版社
微信二维码

厦门大学出版社
微博二维码

律师业务培训的鲜活教材

《中华人民共和国律师法》明文规定,"律师应当维护当事人合法权益,维护法律正确实施,维护社会公平和正义。"习近平总书记强调指出,"要充分发挥律师事务所和律师等法律专业机构、专业人员的作用,帮助群众实现和维护自身合法权益。"律师作为法律专业人士,服务社会和发展自我的基本资源就是法律知识和专业技能。这一职业特征决定了律师必须成为法律专家,决定了律师行业必然是一个需要终身学习的职业。

学而优方能称为"师"。作为律师,不但要熟读有字之书,精通汗牛充栋且经常发展变化的法律条文和解释,还要精研无字之书,坚持"博学,审问,慎思,明辨,笃行",运用法律知识、法律思维去解决形形色色、鲜活具体的法律问题。

律师协会作为律师之家,帮助律师提升职业素质和专业能力,是责任更是义务。福建省律师协会坚持以人为本,扎实开展律师教育培训和业务交流指导工作,大力抓好专业化建设,着力培养建设一支政治坚定、业务精湛、维护正义、恪守诚信的高素质律师队伍。比如,我们持续加强律师执业前培训和执业中的继续教育,突出抓好律师职业道德、执业纪律教育,切实帮助律师扣好职业生涯的第一粒扣子,踩实职业生涯的每一个脚步;我们积极组织各类实务提升活动,每年举办的讲座、沙龙等业务活动都在50场以上,并逐年举办福建律师论坛,积极参加海峡法学论坛、华东律师论坛等,年均参与律师2万余人次,有力有效推进了法律理论和实务问题研究;我们重视青年律师培养和山区律师平衡发展,设立行业扶持基金和会员扶助基金,制定出台促进行业平衡发展的相关规定和措施,努力扶助闽西北地区律师行业和中小规模律所发展,多层次、全方位为青年律师打造职业提升平台。

律师办案实践依赖于严格系统的业务培训,相关经验总结则能指导、反哺业务提升。我们编辑出版福建律师经典案例汇编,将我省律师成功代理各类案件、办理非诉业务的宝贵经验汇编成册,就是要将律师行业的无字之书转化为有字之书,为律师教育培训工作增添一部鲜活教材,供全省律师同仁相互学习、互相借鉴、取长补短。

本书的编辑工作历时一年有余，经过省律师协会教育及业务指导委员会及省、市两级律协秘书处共同努力，累计征集案例128篇，经过逐篇审读、遴选、编辑，最终汇编入册67篇，共分为民商篇、刑事篇、行政篇等三个部分，含括了我省律师行业的主要业务领域。

本书成功付梓，得益于全省律师的勤勉尽责、实干争先，得益于编委会及相关工作人员的统筹协调、精挑细选，得益于出版社的支持配合、辛勤付出，在此一并表示感谢！汇编案例集的目的在于启发思维、服务培训、指导实践，衷心希望本书能起到抛砖引玉的作用，激励、指引大家办出更多精品案件，创新打造更多法律服务模式，为推进我国社会主义法治进程，服务美丽新福建建设做出新的更大的贡献。

福建省律师协会

2021年7月

目 录

【民商篇】

【刑事篇】

【行政篇】

民商篇

福建律师经典案例汇编

进口农产品海运引货损
掀跨国大战 货方终获赔

——海豚航运公司与建发公司申请承认与执行伦敦仲裁裁决案

代理律师 王大荣 伍少波*

【案情简介】

厦门建发农产品有限公司(以下简称"建发公司")从美国进口约 50000 吨玉米酒糟粕,由马绍尔海豚航运有限公司(Sea Dolphin Shipping Limited,以下简称"海豚航运公司")所属船舶"Capetan Giorgis"轮承运至中国。海运提单于 2015 年 8 月 13 日签发。2015 年 9 月,船舶抵达中国卸港后发现货损。

2016 年 9 月,建发公司向厦门海事法院起诉,要求海豚航运公司赔偿货损。厦门海事法院于 2016 年 9 月 27 日立案,并在海豚航运公司经传票传唤无正当理由拒不到庭的情况下于 2017 年 8 月 30 日开庭缺席审理。2018 年 3 月 10 日,厦门海事法院作出(2016)闽 72 民初 908 号判决书,判决海豚航运公司向建发公司赔偿损失。

2017 年 2 月 17 日,海豚航运公司依据并入案涉提单的租约仲裁条款在伦敦提起仲裁,建发公司未作出回应。2017 年 5 月 16 日,仲裁庭作出终局仲裁裁决书,裁决如下:(1)海豚航运公司对建发公司所称提单下货物损坏不承担责任;(2)鉴于建发公司违反了双方之间的仲裁协议在中国进行诉讼,建发公司应就海豚航运公司为应对中国诉讼产生的费用以及可能因中国法院判决而向建发公司支付的赔偿金等承担赔偿责任。

2017 年 9 月,海豚航运公司因建发公司未履行上述终局仲裁裁决书而向厦门海事法院提出申请,请求裁定承认和执行该仲裁裁决。

* 王大荣、伍少波,北京大成(厦门)律师事务所律师。

【办案纪实】

2016 年 5 月，北京大成（厦门）律师事务所王大荣及其团队律师接受建发公司委托，代理其处理“Capetan Giorgis”轮货损索赔事宜。

代理律师接受委托后，立即对案件情况进行了调查并搜集了证据。事情要追溯到 2015 年。建发公司与 ADM Asia Pacific Trading Pte.Ltd.（ADM Asia）签订买卖合同，从美国进口约 50000 吨玉米酒糟粕，通过海运由海豚航运公司船舶“Capetan Giorgis”轮承运至中国。所涉三张海运提单均于 2015 年 8 月 13 日签发，为北美谷物格式提单，正面上方规定“与北美谷物 1973 格式租船合同同时使用”；正面中部则载明：“租船合同签订日期：2015 年 5 月 4 日”，即将 2015 年 5 月 4 日签订的租船合同并入涉案提单使用。提单记载的托运人为 ADM Asia，凭指示交货，通知方为建发公司。2015 年 9 月 21 日，涉案船舶抵达第一卸港漳州港卸货，建发公司于 9 月 26 日发现货物受损，要求停止卸货。随后船舶于 2015 年 9 月 28 日运抵第二卸港南沙港卸货，于 10 月 16 日全部卸货完毕。两卸港卸货时均发现货物与提单记载明显不符，存在大量变色、结块及发热等现象。经分卸、过磅、取样及化验，两港受损货物总计 37779.62 吨。

2016 年 9 月 9 日，建发公司作为货物提单持有人向厦门海事法院起诉，要求提单承运人海豚航运公司赔偿上述货损共人民币 1500 多万元。

2016 年 11 月 2 日，海豚航运公司在马绍尔的登记地址处收到了厦门海事法院送达的起诉状等法律文书，但并未及时应诉，而是于当月即向英国伦敦高等法院申请禁诉令，请求判令终止建发公司在中国进行的与货损主张相关的诉讼。

2017 年 1 月 16 日，英国伦敦高等法院作出编号为 CL-2016-00689 的临时性禁诉令，随后经高等法院听证会，又于 2017 年 2 月 22 日作出终局性禁诉令。

2017 年 2 月 17 日，海豚航运公司依据并入案涉提单的租约仲裁条款在伦敦海事仲裁员协会提起仲裁，并提议指定 Bruce Buchan 先生作为独任仲裁员。建发公司未对仲裁通知作出回应。2017 年 3 月 20 日，海豚航运公司依据《1996 年英国仲裁法》指定 Bruce Buchan 先生为独任仲裁员，并书面告知建发公司。2017 年 5 月 16 日，仲裁庭作出终局仲裁裁决书，裁决如下：(1)申请人对被申请人所称的 POLCGI 0001001、POLCGI 0001002、POLCGI 0001003 提单下货物损坏不承担责任；(2)鉴于被申请人这一行为在中国进行诉讼违反了双方之间的仲裁协议，被申请人应就申请人为应对中国诉讼产生的费用以及可能因中国法院判决而向被申请人支付的赔偿金等承担赔偿责任；(3)被申请人向申请人支付仲裁费2750英镑，以及申请人为仲裁支出的其他费用及利息，按年利率4.5%每三个月计算一次复利计算利息。

2017年8月3日，海豚航运公司上述登记地址收到了厦门海事法院于7月26日出具的传票，通知海豚航运公司于8月30日上午8时30分时出席庭审。当月24日，海豚航运公司通过邮寄和传真的方式向厦门海事法院提交了诉讼文书送达及管辖权异议申请书。

2017年8月30日，厦门海事法院公开开庭审理上述案件。因海豚航运公司经传票传唤无正当理由拒不到庭，厦门海事法院依法进行了缺席审理。

2017年9月1日，海豚航运公司向厦门海事法院提交了申请承认与执行伦敦仲裁裁决书，请求裁定：(1)承认和执行伦敦仲裁庭即独任仲裁员Bruce Buchan于2017年5月16日作出的终局仲裁裁决书；(2)被申请人履行终局仲裁裁决书裁定的义务，向申请人支付仲裁费用人民币24447.5元及利息(仲裁费用2750英镑，按仲裁裁决作出之日英镑兑换人民币汇率1∶8.89计算；利息按年利率4.5%每三个月计算复利，自申请人支付仲裁费用之日起算)，以及申请人因仲裁支出的其他费用及利息；(3)被申请人承担本案全部申请费用和执行费用。厦门海事法院受理案号为“(2017)闽72协外认1号”。

2017年9月29日，建发公司分别向厦门海事法院提交了《关于海豚航运公司〈诉讼文书送达及管辖权异议申请书〉的反驳意见》和《外国法律查明申请书》，对海豚航运公司的异议意见进行了反驳，并申请法院对马绍尔群岛共和国法律是否允许邮寄送达司法文书依法进行外国法查明。之后，厦门海事法院委托深圳市蓝海现代法律服务发展中心查明马绍尔群岛共和国法律关于司法文书送达效力的法律或规定，认定之前对海豚航运公司的邮寄送达合法有效。

2018年3月10日，厦门海事法院作出(2016)闽72民初908号判决书，判决海豚航运公司向建发公司赔偿相关货物损失利息。

2018年11月30日，厦门海事法院就(2017)闽72协外认1号案件依法组织当事人进行了公开听证。建发公司针对海豚航运公司的承认与执行申请提出了如下异议：第一，本案申请人的申请不符合我国程序法规定，不能构成有效申请。第二，申请人与被申请人之间并不存在有效的仲裁协议：(1)案涉提单背面第8条仲裁条款为格式条款，被申请人被动受让提单，并未同意该条款，双方也未进行过协商，不能约束被申请人；(2)提单背面的格式仲裁条款本身也不足以构成当事人之间的仲裁协议；(3)就当事人之间是否存在有效的仲裁协议应适用中国法认定不存在；(4)租船合同未被有效地并入案涉提单，不能认定为对仲裁方案的确认和选择；(5)申请人刻意忽略仲裁条款中对纽约仲裁、适用美国法的约定，径行选择依据伦敦仲裁条款在英国高等法院申请禁诉令并提起伦敦海事仲裁，而英国高等法院和仲裁庭均未对仲裁条款效力作出分析认定，该禁诉令和仲裁裁决对被申请人不具有约束力。第三，仲裁庭的组成不符合当事人的约定。第四，仲裁程序中被申请人并未获得适当通知。第五，仲裁裁决涉及超裁以及我国不能仲裁的事项。第六，承认与执行案涉仲裁裁决将违反《承认及执行外国仲裁裁决公约》(以下简称《纽约公约》)关于公共政策的规定。

2018 年 12 月 19 日，厦门海事法院作出(2017)闽 72 协外认 1 号民事裁定书。法院认为，海豚航运公司系在马绍尔群岛共和国登记成立的法人，其向厦门海事法院申请承认与执行伦敦海事仲裁裁决属于外国公司在中国参与民事诉讼活动，应严格遵守我国民事诉讼法的相关规定。本案中，海豚航运公司的身份证明和中国律师授权委托材料的公证认证不符合我国法律的规定，其认证手续系由马绍尔群岛共和国海事局特别代理和希腊共和国外交部在希腊进行，而非与我国有外交关系的第三国驻马绍尔使领馆，然后再转由我国驻该第三国使领馆认证。海豚航运公司经本院释明并给予时间补正后，至今仍未提交符合法律规定的公证认证手续。所提交的申请书不符合我国法律及司法解释的规定。因此，厦门海事法院裁定驳回海豚航运公司的申请，认为其可在符合受理条件后再行向厦门海事法院或其他有管辖权的法院进行申请。

【律师分析】

本案是一起因海运提单货损引发的连环案件中的一环，海豚航运公司在收到厦门海事法院受理的建发公司就双方货损纠纷提起的诉讼案件后，没有依法及时向厦门海事法院提出管辖权异议，而是欲图通过向英国高等法院申请禁诉令及向伦敦海事仲裁员协会提起仲裁并向厦门海事法院申请承认和执行相应伦敦仲裁裁决的方式，阻止建发公司在中国法院提起的货损索赔，逃避承运人责任。申请人海豚航运公司这一行为直接引发了国际商事争议解决中的一个旷世难题，即域外仲裁与内地诉讼平行程序之间的冲突问题。

鉴于各个法域就何为有效仲裁条款可能有不同规定，各法域的冲突法规范也不尽相同,在仲裁实践中有时会出现法域 A 法院依据法院地法认定仲裁条款无效,而法域 B 仲裁庭依据仲裁地法认为仲裁条款有效,并作出仲裁裁决的情形。在该情形下,仲裁胜诉方若寻求在法域 A 法院申请承认和执行该仲裁裁决,法域 A 的法院应当如何处理呢?尤其是,如果法域 A 法院还依据本国法关于管辖权的规定同时受理了相同当事人就同一争议基于相同事实提起的诉讼纠纷,并即将甚至已然作出生效判决,这一冲突问题就可能变得更加复杂甚至难以解决。一方面,由于我国是《纽约公约》的成员国,一旦平行程序中的一方通过域外仲裁获得了仲裁裁决并依据《纽约公约》向我国法院申请承认与执行该仲裁裁决,我国法院就只能依据《纽约公约》规定的标准而不是国内法的相关标准对该仲裁裁决进行审查。另一方面,我国法院又要考虑本国法院已经受理的相同当事人就同一争议基于相同事实提起的诉讼纠纷,甚至已经作出与该仲裁裁决相冲突的生效判决该如何处理。本案中厦门海事法院要面对的就是这一两难情形。

而作为被申请人建发公司的代理律师,我们针对本案的代理目标非常明确,就是寻找一切法律依据说服法院对该仲裁裁决不予承认和执行。为此,代理律师深入研究了《纽约公约》及大量最高人民法院与执行《纽约公约》相关的案件裁定和司法解释,根据本案具体情况,参照《纽约公约》中规定的不予承认和执行的若干依据,在仲裁协议的存在与效力、仲裁庭的组成与通知程序、仲裁范围与可仲裁性,以及违反公共政策等几个方面总结归纳了前述几点我们认为案涉仲裁裁决不应获得承认与执行的理由(此类案件只能围绕《纽约公约》的条款进行审查,法院不能对仲裁裁决进行实体审查)。然而严格地说,绝大多数理由均存在这样或那样的不确定因素,可能均不足以构成法院拒绝承认和执行案涉仲裁裁决的理由。我们尤其注意到,在《纽约公约》下,司法主权本身并没有被作为一个单独的拒绝承认与执行的理由,其只是间接地反映在其他几个方面。比如,《纽约公约》允许缔约国作出商事保留,又如公约第 2 条第 3 款规定缔约国在存在有效仲裁条款时不得由法院受理相关争议,还有第 5 条第 2 款(乙)项的公共利益原则例外。然而,并不是所有涉及司法冲突的案件都可以构成公共利益原则例外,那么就本案具体情况而言,伦敦仲裁与厦门海事法院诉讼两平行程序之间的司法冲突是否已足以达到了侵犯司法主权的程度,从而可构成《纽约公约》下的公共利益例外呢?

为此,在深入研究案涉仲裁裁决的具体内容及其程序的开展与厦门海事法院诉讼程序之间的时间顺序后,我们针对该裁决违反我国公共政策已构成

《纽约公约》下的公共利益原则例外提出了如下几点具体理由:(1)该仲裁裁决对被申请人在中国法院诉讼的合法性进行了审理和认定,侵害了人民法院对当事人诉讼行为合法性的审查权;(2)仲裁裁决径行否定了人民法院对相关诉讼的管辖权,干涉了中国法院的司法主权;(3)仲裁裁决认定被申请人在中国法院的诉讼时效已过,直接干涉了中国法院对案件的审判权和对时效问题的审查权;(4)仲裁裁决实际对中国法院未来生效判决进行了预先改判,侵害了人民法院对案件实体问题的裁判权。我们认为上述行为均损害了我国的司法主权,违反了我国公共政策。同时,我们还代表被申请人委托对外经贸大学法学院池漫郊教授作为专家证人,就公共政策问题在听证会上向法院提供了专家意见。池漫郊教授表示,中国法院如果承认和执行该份仲裁裁决将可能会违反中国的公共政策,也将有损我国的司法主权和我国法院依法行使管辖权,也违反了一事不再理的原则,这也是《纽约公约》中规定的不予承认和执行的因素之一。池教授特别指出,该案中的确是厦门海事法院受理这个案件在前,受理案件之后,对方没有提出管辖权异议,厦门海事法院就会依法获得的管辖权,可以合理地预计审理这个案子直到作出判决,除非有法定的诉讼中止的理由出现,而在这个案件中并没有。那么在这种情况下,如果中国法院执行伦敦仲裁裁决就会导致中国法院依法获得的管辖权不能够再去行使,而去尊重仲裁庭的管辖权,这对于中国法院的司法管辖权是非常有损害的;而如果另一方当事人明知道已经有案子诉讼在进行,他在另外一个地方提起仲裁的话,就应该很清楚地知道产生平行争端解决的程序,那么有可能会导致裁决不能获得承认和执行。

尽管有上述意见,考虑到最高人民法院对《纽约公约》的态度及中国作为公约成员国的义务,对该意见最终能否被厦门海事法院及最高人民法院认同和采纳(依据《纽约公约》拒绝承认和执行境外机构的仲裁裁决的,应依法逐级上报至最高人民法院批准),被申请人及代理律师仍然没有百分之百的把握。在此情况下,代理律师进一步注意到了本案申请人所属国马绍尔群岛共和国与中国并无外交关系(申请人还曾试图以此为由就厦门海事法院向申请人在马绍尔群岛的公司登记处进行的邮寄送达的效力提出异议),而马绍尔公司向我国海事法院申请承认与执行伦敦仲裁裁决属于外国公司在中国参与民事诉讼活动,应严格遵守我国民事诉讼法的相关规定,依法办理公证认证手续,否则不构成中国法下的有效申请。因此,为安全起见,亦为避开拒绝承认与执行该仲裁裁决需要遵守的依法逐级上报至最高人民法院的复杂程序,帮助当事人尽快获得实际赔偿，早日解决实体纠纷，代理律师对申请人的申请材料和律师委托材料进行了严格的核查，在答辩状第一点中即提出了"申请人的申请无效，应裁定不予受理或驳回其申请"的答辩意见。具体理由包括：(1)申请承认与执行伦敦仲裁裁决属于参与诉讼活动的重要行为，应严格依据中国程序法的相关规定进行，即提交经依法公证认证的相应身份证明材料和/或授权委托书；(2)本案申请人的申请行为/程序不符合中国程序法的明确规定，故应认定为申请无效；(3)申请人自身原因致其未能在合理时间内完成相关身份证明文件和/或授权委托手续的公证认证材料，因此所产生的不利法律后果应由其自行承担，否则有违中国司法的权威性和严肃性。

经过公开听证审理，厦门海事法院最终采纳了代理律师这一首要答辩意见。法院认为，申请人系在马绍尔国登记成立的法人，其向本院申请承认与执行伦敦海事仲裁裁决属于外国公司在中国参与民事诉讼活动，应严格遵守我国民事诉讼法的相关规定；但本案申请人的身份证明和中国律师授权委托材料的公证认证并不符合中国民事诉讼法律规定，认证手续并非与我国有外交关系的第三国驻马绍尔使领馆，然后再转由我国驻该第三国使领馆认证。据此，法院认为，申请人提交的申请书不符合我国法律及司法解释的规定，并裁定驳回了申请人的申请。

不出所料，申请人在其承认与执行仲裁裁决申请被法院驳回以后，考虑到将面临被申请人向法院申请强制执行已生效判决的风险，而其又不知何时能够依法办妥公证认证手续重新申请承认与执行，遂积极与被申请人协商对判决的货损予以赔偿。

【思考与提示】

我们认为，妥善地解决平行程序问题，最终目的在于有效地保护当事人的利益，核心问题在于避免判决与判决、判决与仲裁裁决之间的矛盾与冲突。从深层来看，平行程序涉及不同国家当事人的多重利益，引发各国当事人利益、法院利益及政府利益的冲突。平行程序问题的解决超出任何一个国家的立法和司法管辖权范围，任何一个国家的法律都无法全面约束这种法律关系。这就要求法官充分发挥能动性，结合社会和经济发展的现状，在法定规则的基础上，从具体案件着手，积极运用各种利益分析方法，实现法律的公平和正义。在解决平行程序问题时，体现最多的是各种利益的协调，这种协调不但要有一定的规则，而且还要有一定的灵活性。立法规定的一般性和实际案件的具体性之间的差距需要由法官来弥合，法官的这种作用是立法所不能代替的。

本案出现的平行程序问题，根本原因是因为申请人对中国法院已经开始的诉讼程序置之不理，欲图通过英国禁诉令和伦敦仲裁的方式逃避承运人责任而引起。厦门海事法院最终采纳了被申请人代理律师依据中国诉讼法的相关规定提出的“申请人的申请无效，应裁定不予受理或驳回其申请”的答辩意见，以达到暂时阻止申请人继续推进平行程序，避免在同一法域出现相互矛盾甚至完全冲突的两个不同裁判的结果，为当事双方最终得以和平方式解决实体纠纷争取了必要的时间和空间，不失为解决这一平行程序冲突的有效途径。但该种方式也有着先天不足，因为根据厦门海事法院的裁定，海豚航运公司很有可能在符合公证认证条件后再次提出承认与执行伦敦仲裁裁决的申请，届时法院仍然需要对承认与执行该裁决是否违反我国的社会公共利益作出实质认定。

因此，国际平行诉讼问题的彻底解决，还有赖于国际社会的共同努力，必须使国际社会在国际民事诉讼及商事仲裁管辖权问题上逐步达成共识，通过国际礼让、国家主权的自我抑制、审慎适用“不方便法院原则”、规范协议管辖和确立最密切联系原则等有效措施，形成各国普遍认可的统一规范或公约，才能真正遏制或杜绝因国际平行诉讼所造成的司法资源浪费，以及判决、裁决之间相矛盾等问题的产生。

律师力争维护客户合法权利

——兆明航运(香港)有限公司诉被告厦门船舶重工股份有限公司、中国大地财产保险股份有限公司、王心钵船舶碰撞损害责任纠纷案

代理律师　王崇能*

【案情简介】

2015年9月29日约04:11时,厦门船舶重工股份有限公司(以下简称“厦船公司”)试航船舶“厦船93”轮在厦门港4号锚地锚泊抗击第21号强台风“杜鹃”时发生走锚,与兆明航运(香港)有限公司(以下简称“兆明公司”)所属的“兆明”轮(英文船名为“GLORY FUTURE”)发生碰撞事故。2015年12月28日,厦门海事局出具了事故调查报告。2016年1月4日,厦门海沧海事局作出海沧海事责(2015)180001201503号水上交通事故责任认定书,认定“厦船93”轮抗强台风走锚时未能及时发现两台舵机的液压泵没启动工作,导致该轮应对紧急情况的操作措施失效,是碰撞事故发生的直接原因,“厦船93”轮应负主要责任。“兆明”轮在发现“厦船93”轮走锚形成紧迫危险时,未能采取有效的协调避碰行动,应负次要责任。

2016年11月16日,兆明公司向厦门海事法院起诉,要求被告厦船公司、中国大地财产保险股份有限公司及其福建分公司、福州中心支公司连带赔偿其因船舶碰撞遭受的各项损失7249752.03元及其利息392695元,合计人民币7642447.03元,并请求按中国人民银行同期贷款基准利率继续支付自2016年10月29日至付清赔偿款项之日止的利息。兆明公司索赔的各项损失具体为水下探摸费用15000元、锚地临时封堵及修理费221180元、坞修费用2950868.80元、修船港使费80895.04元、船级社检验费161744.72元、燃油费316621.47元、船期损失3186300元、油漆款312142元、交通费5000元等。2017年1月23日,厦船公司在答辩的同时提出反

* 王崇能,福建建达律师事务所律师。

诉，要求“兆明”轮船东按不低于30%的责任比例赔偿“厦船93”轮因碰撞事故产生的损失1164383.5元。

【办案纪实】

2016年11月16日，兆明公司向厦门海事法院起诉，要求被告厦船公司、中国大地财产保险股份有限公司、中国大地财产保险股份有限公司福建分公司、中国大地财产保险股份有限公司福州中心支公司连带赔偿其因船舶碰撞遭受的各项损失7642447.03元。被告厦船公司委托福建建达律师事务所王崇能律师代理本案，决定提出反诉，要求“兆明”轮船东按不低于30%的责任比例赔偿“厦船93”轮因碰撞事故产生的损失1164383.5元。

2017年10月31日，厦门海事法院作出判决，认定兆明公司的过失与船舶碰撞事故无因果关系，“兆明”轮船舶修理期间同时加装输送设备而无法营运，不存在船期损失，而船舶永久修理费按“兆明”轮保险人委托的公估人初估单估算的金额1509278元计算，判决厦船公司全额赔偿其认定的各项碰撞损失合计2562792.48元，并驳回厦船公司的反诉请求。

兆明公司不服一审判决，上诉称：(1)船期损失存在，该船碰撞事故发生时输送设备已大部分完工，如无碰撞则该船完全可以按时起租；(2)船舶永久修理费2950868.80元是实际合理发生的，厦船公司参与“兆明”轮修理全过程，知悉修理情况，初估单内容存在明显错误，不应采信。请求撤销一审判决并支持其一审诉求。

作为被告厦船公司的代理律师，建议客户同样对一审判决提出上诉并继续代理本案二审。厦船公司上诉称：(1)原审判决在船舶碰撞存在主次责任的情况下，认定厦船公司对船舶碰撞承担全部责任缺乏依据；(2)原审判决认定“兆明”轮船舶维修费用明显偏高，应予调整；(3)原审判决否定厦船公司的反诉请求项目及其数额不能成立，应按不低于30%的船舶碰撞责任比例，判决兆明公司赔偿厦船公司因船舶碰撞发生的各项损失。

大地保险福州公司上诉称：(1)原审判决对于船舶碰撞事故原因与责任认定有错误，海事局事故责任认定书认定“兆明”轮承担次要责任，一审判决推翻该结论没有充分事实依据及理由，应改判兆明公司承担40%的碰撞责任；(2)原审判决认定的“兆明”轮维修费用过高，应予以调整。

二审法院经审理查明，“兆明”轮在发现“厦船93”轮走锚形成紧迫危险时，在长达约10分钟的时间内未采取有效的协调避碰行动，应负次要责任，承担碰撞事故的10%责任，厦船公司承担90%责任；"兆明"轮在碰撞事故造成的损坏维修完成后才安装完毕输送设备，主张船期损失依据不足；"兆明"轮永久修理费有中立地位的第三方出具的初估单为据，各方上诉理由均不能成立并不予采信。该院判决撤销一审判决，改判兆明公司按10%的责任比例赔偿厦船公司的损失、厦船公司按90%的责任比例赔偿兆明公司的损失，抵销后厦船公司应赔偿兆明公司各项损失合计2245394.57元及其利息损失。

【律师分析】

本案是因为船舶在锚地避台走锚引发的碰撞事故，一、二审诉讼当事人厦船公司均委托本律师代理。根据当事人介绍，船舶碰撞其实并不严重，碰撞损失估算约200万元，之前也在协商解决，但因兆明公司提出的索赔金额太高且不提供船舶修理合同等证据而无法和解。当事人在接到兆明公司起诉状后发现竟然提出本息高达近760万元的索赔，更是出乎意料。

在代理本案一、二审诉讼过程中，代理的基本思路如下：

第一，在船舶碰撞责任比例上，争取法院判决兆明公司按其对碰撞事故负次要责任而承担一定的过错比例。船舶碰撞在主次责任明确情况下，法院确定的责任比例通常是4∶6、3∶7、2∶8，例外情况下是1∶9。从抗辩主张来看，基于走锚及操作失当导致发生碰撞，我方承担大比例过错责任的概率较大，考虑到法院判决通常都会对各方比例主张进行一定程度的调整问题，因此确定了兆明公司承担不低于30%的过错责任的抗辩主张。一审判决在海事部门调查认为双方都存在过错的情况下，判决船舶碰撞责任全部由一方承担。我们认为该判决缺乏依据并提出上诉，最终也得到二审法院的支持，二审判决对此予以纠正，改判船舶碰撞过失例外为1∶9。

第二，在船舶碰撞损害赔偿上，对兆明公司提出的各项损失进行抗辩，该公司主张的各项损失中主要是船期损失和船舶永久修理费用，两项合计高达6137168.8元，占其索赔金额的80%多，这是诉讼中损失抗辩的焦点。根据该船当时有在自行加装输送设备的事实，主张船期损失并不存在；根据兆明公司在和解阶段拒不出示船舶修理合同及其修理费结算证据的反常行为，结合其起诉提出的船舶修理费大大超出意料，因此抗辩该船舶修理费畸高不应予以采信。在抗辩证据上，获悉"兆明"轮的保险人也曾经委托公估人到现场查勘，因此申请法院调取其公估报告，最后调取到《初估单》，初估的船舶修理费大约只有兆明公司主张金额的一半，有力支持了船舶永久修理费用虚高的抗辩。

对其他损失索赔也从法律和举证的角度上予以反驳、否定。

第三，提出反诉，要求兆明公司赔偿我方船舶因碰撞事故产生的各项损失，以便届时能进行冲抵。

【思考与提示】

本案的争议焦点首先是船舶碰撞责任比例问题，其次是船舶碰撞的赔偿范围、各项碰撞损失是否存在及其具体数额问题。

一、船舶碰撞责任比例认定

在船舶碰撞责任比例的确定问题上，须考量碰撞双方的过失情况，以及过失与事故之间的因果关系。本案两船碰撞的事故调查结论及事故责任认定书都一样，但两审法院对船舶碰撞责任认定却存在不同。

一审判决认为，厦门海沧海事局的调查报告系主管部门在事故发生后，对事故进行调查所形成的正式公文书，其证明力可以确认。该报告中，原告的过失体现在："在抗强台风锚泊，防御第21号强台风Ⅱ级应急响应阶段，发现'厦船93'轮走锚形成紧迫危险时，未使用船员通常做法，发挥良好船艺、采取声号警告及其他有效的措施协调避碰行动。"但该报告在碰撞事故的直接原因、客观原因和间接原因的认定上，均与"厦船93"轮有关，而与"兆明"轮无关。集美大学海事技术鉴定中心出具的《司法鉴定意见书》表明，在案涉碰撞事故的紧迫局面形成时，"兆明"轮没有足够的时间采取相应的措施来避免事故发生，该意见与海事部门对于事故原因的认定是一致的。因此，兆明公司的过失与事故发生之间并无因果关系。由此，在责任比例的确定上，应认定厦船公司承担事故的全部责任，兆明公司不承担责任。

二审判决认为，涉案海事事故调查报告载明"兆明"轮的行为和过失为"判断'厦船93'轮走锚、避免碰撞危险、应急措施协调避让等方面存在过失，违反了《1972年国际海上避碰规则》第2条第1款、第7条第1款、第8条第1款的规定和《中华人民共和国海上交通安全法》第9条的规定"，而海沧海事局在之后出具的《事故责任认定书》中更直接载明"兆明"轮在事故原因中的过失为"在锚泊抗强台风Ⅱ级应急响应阶段，未能采取声号警告、采取加松锚链长度、及时使用车舵采取有效的应急措施协调避让，避免碰撞事故发生"。事故调查报告表明，"兆明"轮船长在04:00时即发现有他船逼近并上驾驶台，约04:01时大副通过AIS和雷达查看发现"厦船93"轮向本船艏方向移动。集美大学海事技术鉴定中心出具的《司法鉴定意见书》认定"兆明"轮没有足够时间采取避碰措施的事实基础是该轮值班人员应该在04:10时17秒识别出“厦船93”轮的方位和动态，该基础与本案查明的事实不一致，其得出的结论不应为据。综上，二审法院认为原审认定厦船公司承担全部的事故责任不妥，改判兆明公司承担涉案碰撞事故的10%责任，厦船公司承担90%责任。

两级法院对船舶碰撞责任比例认定不同，实际上是出于对海事局出具的海事事故调查报告及事故责任认定书的不同认识上。一审判决认定集美大学海事技术鉴定中心出具的《司法鉴定意见书》合法有效，进而据此推翻海事部门的责任认定，但实际上该鉴定意见的事实基础存在严重偏差，其以“兆明”轮04:10时才发现船舶碰撞危险为据进而作出无法在1分钟内作出避碰反应的鉴定意见，但实际上该轮船长在04:00时即发现他船向本船方向逼近即存在碰撞危险，因此该鉴定意见不具有客观性及证明力，二审法院予以否定是正确的。而且，《最高人民法院关于审理船舶碰撞纠纷案件若干问题的规定》(法释〔2008〕7号)第11条规定：“船舶碰撞事故发生后，主管机关依法进行调查取得并经过事故当事人和有关人员确认的碰撞事实调查材料，可以作为人民法院认定案件事实的证据，但有相反证据足以推翻的除外。”该规定足以支持对厦门海沧海事局涉案事故调查报告及事故责任认定书的采信。然而，考虑到“兆明”轮在锚地抗强台风的情况下约有10分钟的时间采取避碰措施而未采取协调避碰的行动，该轮过失比例似应在15%。

二、船舶碰撞损害赔偿范围及各项具体损失

(一)兆明公司

兆明公司索赔的各项具体损失如前所述，其中最关键和最大的两笔损失是船期损失及船舶永久修理费。

船期损失。兆明公司主张事故发生之日(2015年9月29日)起至2015年12月14日合计76天每天6500美元的船期损失，折合人民币3186300元。厦船公司主张事故发生前，“兆明”轮即装载了200多吨的输送设备准备加装，但直至维修完成后输送设备才自行安装完毕，兆明公司自身举证的证据表明专业公司安装该设备时间都需要一个月，其在自身安装的情况下未能举证证明涉案事故对输送设备安装的影响程度，因此该轮并不存在船期损失。厦船公司的主张得到一审、二审判决的支持，兆明公司的上述船期损失均被驳回。

船舶维修费用。兆明公司主张“兆明”轮各项船舶修理费用合计为2522110.1元，加上17%的增值税为2950868元。厦船公司辩称上述永久修理费用畸高极不合理，法院调取的“兆明”轮保险人委托公估公司所做的公估初估单和华泰公估公司出具的公估报告都表明修理费用不足诉求的一半。由于初估单、华泰公估公司的公估报告对永久修理费用的估算所依据的项目都与前述工程结算单相同，因此在没有其他直接证据可以证明该永久修理费用的情形下，可以结合该两份公估情况对费用进行认定。初估单的出具人与案件不存在利害关系，因此其估计除涂装工程项目部分外，可以予以确认。至于涂装工程项目部分，鉴于厦船公司举证的华泰公估公司中对于该部分的估价高于初估单，因此该部分应以华泰公估公司的估价为准。由此，一审法院认定船舶永久修理费用为1509278元，二审法院认为该永久修理费用可能与实际情况存在差异，但属于符合中立地位的第三方的判断，因此予以采信。

（二）厦船公司

厦船公司主张本船因碰撞事故发生的船舶修理费用907595.89元（公估报告估算为611186.6元）、船舶移泊费用44064元、码头靠泊费用156000元、船舶及舱底清洁费用60448.8元、船舶修理导致造船贷款融资额外利息损失1029166元、延误交船违约金729600元、交船款被相应延期回收产生利息损失930016.44元、船舶保险延期增加支出保险费24387元，合计3881278.13元，兆明公司按不少于30%的过错责任计算应赔偿厦船公司不低于1164383.5元的损失。上述损失，二审法院认为仅“厦船93”轮修理费611186.6元属于船舶碰撞赔偿的范围，移泊费用、码头靠泊费用、船舶及舱底清洁费用等因未能证明系船舶碰撞事故必然发生的损失而不予认定，融资贷款利息损失、船舶延误交船违约金、交船款延期回收利息损失及交船延期额外支出的保险费等，没有法律依据属于船舶碰撞双方应分摊的项目，因此也不予认定。

二审法院驳回反诉其他项目的索赔值得商榷。《中华人民共和国侵权责任法》第6条第1款规定“行为人因过错侵害他人民事权益，应当承担侵权责任”，第19条规定“侵害他人财产的，财产损失按照损失发生时的市场价格或者其他方式计算”。《最高人民法院关于审理船舶碰撞和触碰案件财产损害赔偿的规定》规定：“一、请求人可以请求赔偿对船舶碰撞或者触碰所造成的财产损失，船舶碰撞或者触碰后相继发生的有关费用和损失，对避免或者减少损害而产生的合理费用和损失，以及预期可得利益的损失。”“二、赔偿应当尽量达到恢复原状，不能恢复原状的折价赔偿。”对于船舶建造而言，因船舶碰撞除导致在建船舶除产生船舶修理费用损失外，还会因船舶碰撞相继发生如下费用和损失：因额外发生的船舶修理期间的贷款利息损失、因船舶修理导致交船延期产生的延期交船违约金、延期回收的交船款利息损失、船舶保险延期额外支出的保险费用损失、船舶靠泊码头及移泊发生的费用损失。只有上述损失都得到赔偿了,船厂的损失才能达到"恢复原状"的状态。

船舶多次转卖下贷款银行如何实现船舶抵押权

——兼谈船舶拍卖征税难题

代理律师　李荣存*

【案情简介】

2007 年 3 月 6 日，艾斯姆阿明航运有限公司（下称“被告一”或“原船东”）和案外人比斯海运有限公司作为共同和连带责任的借款方，与作为贷款方、贷款方代理人和抵押物托管人的德国航运贷款银行（下称“原告”）签订《有担保贷款协议》，约定由原告向被告一提供贷款，以便其融资购买船舶“阿明”（AMIN）轮。

2009 年 2 月 2 日和 2009 年 11 月 20 日，原告、被告一和比斯海运有限公司分别签订了两份《补充协议》。

2009 年 11 月 20 日，原告和被告一签订了《抵押协议》，被告一在“阿明”轮上设定了船舶抵押权，原告为抵押权人，约定未经原告同意其不得随意处分抵押该轮。该抵押权在马耳他瓦莱塔市船舶登记机关进行了登记，约定船舶抵押权适用马耳他法律。同日，原告和被告一又根据英国法律签订了一份《契约凭证》，约定原告为“阿明”轮的抵押权人。

随后，被告一多处违反协议的约定，其中被告一在没有得到原告同意的情况下将“阿明”轮转卖他人，且于 2012 年 12 月 1 日左右，舍库萨格凯斯航运有限公司（下称“被告二”或“现船东”）取得了“阿明”轮的船舶所有权并将船舶更名为“阿明 2”。

截至 2013 年 10 月 29 日，被告一尚欠原告贷款本金和利息总金额高达两千七百多万欧元。根据协议的约定，原告作贷款方、抵押物托管人和抵押权人，有权对“阿明 2”轮行使船舶抵押权。

2013 年 11 月，原告了解到“阿明 2”轮将驶往漳州港，于是向厦门海事法

* 李荣存，广东敬海（厦门）律师事务所律师。

院申请扣押“阿明2”轮船舶，并向法院提供了180万元的反担保，厦门海事法院2013年11月4日作出(2013)厦海法保字第27号民事裁定书对“阿明2”轮予以扣押并责令被告二提供担保。由于船舶扣船的需要，经厦门海事法院通知，原告向法院提供进一步的反担保。其所提供的反担保及预付扣船执行费累计为人民币820万元和美元68万元(下称“反担保”)。

随后，2013年11月29日，原告在英国基于借款合同向借款人原船东和保证人提起实体诉讼，并于2013年12月2日在马耳他提起对原船东和现船东的诉讼程序。

2013年12月3日，原告在厦门海事法院针对两被告提起抵押权之诉，原告请求法院判令：(1)确认原告对被告二所属船舶“阿明2”轮享有足以对抗第三人的船舶抵押权；(2)确认原告的船舶抵押金额为《贷款协议》下原告对被告一享有的到期债权及利息，被告二也应承担原告该部分的损失；(3)两被告承担本案受理费和其他诉讼费用。

厦门海事法院受理此案并对该案归纳了如下的争议焦点：(1)原告德国航运贷款银行申请扣押船舶、拍卖船舶是否有法律依据？(2)原告作为抵押权人，在船舶经过多轮买卖和更名后，是否有权对现船舶行使船舶抵押权，换句话说，原来对“阿明”轮设置的抵押权在船舶所有人和船名被变更后是否还继续有效？(3)英国、马耳他诉讼程序对中国诉讼程序的影响(平行诉讼的问题)。

2014年1月22日，在诉讼过程中，由于被告未能提供担保，原告申请拍卖船舶。

2014年3月10日，厦门海事法院就该项申请依法进行听证，听证中被告二申请提供现金担保以解除对“阿明2”轮的扣押。厦门海事法院多次通知该公司提供现金担保，但被告二均未能在规定期限内提供担保。

2014年5月5日，法院依法裁定将位于漳州港的“阿明2”轮予以拍卖。

2014年10月28日，厦门海事法院“阿明2”轮拍卖委员会依法公开拍卖该轮，境外买家先业企业有限公司以3.24亿元的最高价竞得。在买受人付清全部购船款和燃油款后，法院依法完成船舶移交手续。

原告在船舶拍卖公告规定的债权登记期间内，于2014年11月7日向厦门海事法院申请债权登记，除此之外，无其他权利人向法院申请债权登记。

诉讼过程中，两被告均未提交答辩状答辩。在船舶拍卖后，各方当事人达成和解。

【办案纪实】

2013 年 11 月，因被告一尚欠原告钱款未还，原告欲扣押“阿明 2”以实现自己的债权，于是随即委托广东敬海律师事务所律师代理此案扣船事宜。代理律师了解案情后，制定了先扣船、后起诉、再拍卖、以逼和的策略。

在扣船阶段，通过全球对该船进行追踪过程中，首先面临的是在中国是否能实施扣船和拍卖船舶的问题，代理律师在经前期的法律调研和充分的沟通后，成功说服境外银行选择在中国法院采取行动。

与此同时，考虑到本案涉及多国法律适用（中国、英国、马耳他等）和多重法律关系，其中贷款合同和抵押合同管辖法律和规则均是英国法，其中船舶抵押权问题还涉及马耳他法律。本案由于船舶所有人变动，除抵押合同下抵押人与抵押权人关系之外，还增加了抵押权人和抵押物所有人/第三人之间的法律关系。因此在扣船的同时，代理律师在扣船后通过多国诉讼（基于不同法律关系）给被告施压。

在扣船后的起诉阶段，代理律师丝毫没有犹豫，在扣船成功后立即提起诉讼。后因船方迟迟未提供担保，代理律师立即申请法院拍卖船舶，以避免扣船方不必要的损失和保障相关利益方的利益。

在船舶拍卖阶段，考虑到涉案船舶吨位大、价值高、系外籍船舶、竞买人也多是境外买家，为促成船舶拍卖，代理律师积极协助厦门海事法院宣传和发布涉外公开拍卖信息，以便吸引广大境内外竞买人。最终“阿明 2”轮也以 3.24 亿元价格成交，远超银行债权金额，有效保障了贷款人的最大利益。

【律师分析】

本案例在扣押和拍卖船舶上具有较强的典型性，并被最高人民法院列为 2016 年全国法院海事审判十大典型案例之一、2015 年全国海事法院船舶扣押与拍卖十大典型案例之一。故代理律师在此对本案扣船和拍卖船舶的实践运用作简要介绍，并对船舶在几经转卖和改名后抵押权人行使抵押权问题及外籍船舶拍卖税收问题也稍作评析。

一、扣押和拍卖船舶在“一带一路”中的实践运用

虽本案的各方当事人均是境外企业，事发地也在境外，但基于中国法院的司法公信力和良好形象，代理律师积极引导原告选择在中国采取司法程序以维护其合法权益，这是我国司法走出国门走向世界的一个典型案件。

代理律师以抵押权为基础，向法院申请扣押船舶。司法扣船后，在被告逾期未能提供担保的情况下，代理律师在对航运市场做了一番调研后及时申请船舶拍卖。在司法拍卖过程中，因竞买人多为境外买家，代理律师协助厦门海事法院做足了准备，吸引了来自挪威、巴拿马、马绍尔群岛共和国、利比里亚及中国香港等国家和地区的竞买人，最终以3.24亿元人民币的价格成交。因拍卖的显著成果，最终原告、被告达成和解，实现双赢。

二、船舶几经转卖和更名，贷款银行如何实现船舶抵押权

在申请法院扣押船舶和提起诉讼时，代理律师意识到贷款银行作为抵押权人是否能够对被多次转卖和更名后的船舶实施扣船，以及是否可对现船东提起索赔的争议问题。

首先，船舶抵押权并不因船舶的转让而消灭。船舶抵押权具有从属性，因其所担保的主债权的消灭而消灭。因此在本案中，即使涉案船舶几经转卖，但原告德国航运贷款银行作为抵押权人设定在船舶上的抵押权依然有效，但问题是，“阿明2”是否仍为之前的“阿明”？这是一个事实问题，需要证据来证明。

其次，船舶抵押权作为一种担保物权是否跟船舶优先权一样一直“跟船走”？很明显，船舶抵押权和船舶优先权是不一样的，也就是说，在船舶抵押权有效成立以后，船舶一旦被更名转卖，而且这种更名转卖在某个国家（船舶最新的登记国）法律上也是合法的，那么，原来的船舶抵押权还在吗？这个问题涉及船舶登记国法律的查明问题。

本案还涉及抵押权的对抗效力问题，通说认为物权的追及效力受制于善意取得制度，《物权法》规定的是抵押权“未经登记，不得对抗善意第三人”，而《海商法》规定的是抵押权“未经登记，不得对抗第三人”。故对《海商法》这一规定可以解读为：一旦船舶抵押权进行了有效登记，其就可以对抗所有的第三人，而不论该“第三人”是恶意还是善意。即原告作为抵押权人可以主张根据《海商法》下船舶抵押权的制度设计，船舶抵押权的追及效力并不受制于善意取得制度，因此即使船舶转让到善意第三人手中，登记抵押权人也可以对抗。但问题是，根据中国《海商法》，船舶抵押权适用船旗国法律，因此，这个问题同样涉及船舶登记国法律的查明问题。

对以上诸多问题，因本案在法院判决前已经得到和解，也无法知晓法院的具体看法。

三、中国法院拍卖外籍船舶如何征税

船舶债权纠纷常常涉及海事法院拍卖船舶，而对于拍卖船舶款项是否需要征税、如何征税等一系列问题一直是税务界的一个空白。本案因为涉及标的很大，社会影响面很广，故引来了国家税务机关的关注和介入。

代理律师在处理“阿明 2”轮的拍卖过程中，代理律师代表原告多次与国家税务总局和地方税务局进行沟通，并得到中国国家税务总局首次明文作出的专案批复。鉴于中德两国双边税收协定，就“阿明 2”轮案的拍卖款项，包括本金、利息和费用等银行所有款项均不予在中国征税。本案也是厦门海事法院作为海事法院和税务机关协作办案的首例。

根据国家税务总局的批复，总的基调是只要船舶营运或者款项产生和中国有关，就会产生税务缴纳问题，至于是否可以根据中国政策或者双边税收协定免税，则应根据具体情况判断。

因此在船舶拍卖中，境外买方需考虑到买方的税务居民国家和中国签订的双边协议情况，以避免购买船舶之后产生税务问题，增加不必要的税务负担。

本案例因在扣押和拍卖船舶上具有较强的典型性，有幸获称 2016 年全国法院海事审判十大经典案例之一与 2015 年全国海事法院船舶扣押与拍卖十大典型案例之一。

【思考与提示】

船舶抵押与拍卖本就是海商事实务领域较为复杂的话题，特别是当多国法律适用和多重法律关系交加下，情况便显得尤为复杂。回顾本案的代理历程，感悟良多。作为一线海商事律师，在不断加强业务学习和研究的同时，还应当凭借实务经验及对法律的深刻理解，积极引导客户、配合法院做到将案件较快较好地解决。本案各方当事人均为外国公司，且案件事实发生在境外，如何积极引导原告主动选择在我国扣押船舶、进行诉讼，除代理律师的努力外，也充分体现了中国海事司法的国际公信力。对于平行诉讼的问题，代理律师审慎处理配合海事法院对管理权的程序安排与实体审理，使得我国司法掌握了案涉纠纷的主导权。在涉及拍卖阶段时，代理律师踊跃协助海事法院做足准备，吸引各国竞买人，使得拍卖结果颇有成效，为案涉纠纷的圆满解决奠定坚实的基础。在征税问题上，代理律师与国家税务机关积极沟通，最终实现了海事法院与税务机关协作办案的首例佳话。

该案意义不仅仅是通过律师与法院的努力使得船舶抵押与拍卖顺利完成，以使得当事人的利益得以保障，更重大的意义在于，在“一带一路”航线背景下，涉案外轮的成功拍卖及案涉纠纷的圆满解决，有力地维护和规范了航运秩序，是中国司法打造法治化、国际化、便利化等营商环境的生动例证。

结合委托人行业监管政策确定诉讼方案,依法维护委托人合法权益

——某煤业公司诉某高速公路公司矿产资源压覆补偿纠纷案

代理律师　杜国长　曾招文*

【案情简介】

龙岩市恒鑫煤业有限公司(以下简称“恒鑫公司”,原预核准名称为“龙岩市恒鑫矿业有限公司”)的原投资人于2006年2月25日经福建省经济贸易委员会批复同意开办武平猪麻山煤矿并开始筹办,福建光源矿业集团有限公司与林华英通过受让成为恒鑫公司的投资人。2012年5月16日,恒鑫公司经工商登记注册成立。

龙岩永武高速公路有限责任公司(以下简称“永武公司”)系龙岩永武高速公路项目业主。2005年10月28日,永武公司开始根据福建省国土资源厅确认的龙岩永武高速公路线路走向坐标和施工坐标,对沿途拟压覆的矿产资源进行审查。至2006年10月12日确定《福建省拟建项目压覆矿产资源审查表》,确定拟建的永武高速武平段压覆的矿区为2个采矿权,武平猪麻山煤矿未列入《压覆矿产资源审查表》范围。

2007年年初,武平猪麻山煤矿尚属在建矿山,永武高速公路武平段双坊一号大桥要横穿猪麻山煤矿西部矿区,在未办理矿产资源压覆批准手续的情况下,猪麻山煤矿西矿界内场地即被永武高速公路施工队占用,部分设施被拆除,造成恒鑫公司的采矿工作面施工无法实施。2007年8月,筹建中的恒鑫公司向武平县高速公路建设指挥部出具《报告》,反映矿区被永武高速公路压覆的情况并要求予以补偿。2008年4月1日,武平县高速公路建设指挥部办公室向恒鑫公司发出《通知》,其中载明“经市、县高速公路建设指挥部研究决

* 杜国长,福建天衡联合(龙岩)律师事务所律师。
曾招文,福建天衡联合律师事务所律师。

定，按成本补偿法进行补偿，即按业主对煤矿发生的实际投资额进行补偿”。2008年10月3日，恒鑫公司向永武公司发出《关于武平县猪麻山煤矿被压矿产列入补偿的请求函》请求“给予核定并根据我矿实际损失给予资金补偿”。武平县高速公路建设指挥部在该函件上盖章并签署“情况属实”，武平县煤炭行业管理办公室亦盖章签署“存在压覆现象”，武平县国土资源局亦盖章签署“经实地勘察，存在压覆”。永武公司武平业代处出具(2009)笺字第33号《关于对龙岩永武高速公路与龙岩市恒鑫矿业有限公司猪麻山煤矿平面位置比对情况说明的函》，认定永武高速公路确实经过猪麻山煤矿，压覆猪麻山煤矿西侧，影响面积约338482.82平方米。2009年6月19日，福建省国土资源评估中心出具《评审意见书》：猪麻山煤矿被永武高速公路压覆44.24万吨储量[其中无烟煤(122b)14.06万吨，无烟煤(333)30.18万吨]。2009年8月19日武平县国土资源局出具《关于永武高速公路武平段压覆龙岩市恒鑫矿业有限公司猪麻山煤矿部分矿区的情况说明》：“龙岩市恒鑫矿业有限公司将补办矿产资源储量压覆登记的材料已报省国土资源厅，但还应补充签订压覆矿产资源储量补偿协议意向书。为确保工程的顺利进行和道路安全，同时重新划定龙岩市恒鑫矿业有限公司猪麻山煤矿矿区范围，应抓紧签订压覆矿产资源储量补偿协议，补报省国土资源厅压覆储量审批登记。”2009年9月27日，福建省国土资源厅作出闽国土资综(2009)227号《批复》，同意永武高速补办猪麻山煤矿压覆手续。2009年11月16日，永武公司与恒鑫公司签署了《补偿协议》。2010年4月27日，福建省国土资源厅作出批复：“鉴于建设单位已与矿权人签订补偿协议，同意压覆。”

2008年1月福建省国土资源厅重新划定矿区范围后，委托重新设计，初步设计和安全专篇(修改)分别经福建省经贸委和煤矿安全监察局审查批复。2009年3月，恒鑫公司与福建省国土资源厅签订《福建省矿山生态环境恢复治理协议书》，福建省国土资源厅收取恒鑫公司缴纳的矿山生态环境恢复治理保证金第一期668520元。2009年4月28日龙岩市煤管局重新批准开工[龙煤管(2009)91号]。2009年8月17日，福建省经济贸易委员会批复，原则同意猪麻山煤矿新建项目修改初步设计。2011年9月26日，福建煤矿安全监察局出具《关于猪麻山煤矿新建项目安全设施竣工验收的批复》。2011年12月27日，福建煤矿安全监察局出具闽煤安监函(2011)114号《关于告知龙岩市恒鑫煤业有限公司武平县猪麻山煤矿等四家煤矿企业安全生产许可证颁发、延期(变更)的函》。恒鑫公司因压覆还支出重新设计费、环境影响评价费、生态环境恢复治理方案费、可行性研究费、评审费、地质灾害评估费等。2011年1月20日，永武高速公司向武平县高速公路建设指挥部作出龙永武路征(2011)6号《关于对龙岩市恒鑫煤业有限公司猪麻山煤矿部分矿区压覆的补偿意见》，确定对猪麻山煤矿部分压覆给予补偿138.1210万元。恒鑫公司认为其实际损失远超该补偿金额而不能接受，为此委托律师起诉永武公司赔偿其实际损失。

【办案纪实】

2011年7月，恒鑫公司①委托代理律师向龙岩市中级人民法院起诉，请求判令被告永武公司赔偿被压覆部分资源价值损失、已经建成或在建工程及开采设施报废的损失、林地征地费用、矿山生态治理恢复保证金、因资源压覆造成重新设计后需增加的生产系统投入、各项费用、管理费用、投资损失等合计1826.0619万元。被告永武公司辩称：(1)原告起诉时的两原告(即原告公司两投资人)不是适格的当事人，没有诉权，法院应当驳回其起诉；(2)在不考虑原告诉讼主体资格的情况下，原告主张的损失假如存在也是自找的，后果也应由其自己承担，以被告为业主的永武高速建设完全合法，不存在任何的过错，原告主张的损失是在政府通告后明知不得建设还违规建设造成的，龙岩市政府发布永武高速公路建设的公告在先，原告开办煤矿的申请获得审批在后，其完全是在明知不能建设的情况下投入设计、建设，该损失依据政府通告均应当由其自行承担；(3)原告主张的损失金额没有依据，其中主张的采矿权价值损失没有依据，采矿权是国家赋予的，国家有权根据需要作出调整变更或收回，重新设计需要投入的资金没有依据，推迟验收投产系其自己造成，不能作为补偿项目。

一审诉讼过程中，经恒鑫公司申请，法院依法委托资产评估机构对原告因压覆造成的固定资产损失进行鉴定，同时委托有资质的矿业评估机构对压覆矿产资源损失进行评估鉴定，鉴定机构出具评估报告确认恒鑫公司固定资产损失360.31万元、压覆资源采矿权价值为475.17万元。经多次开庭后，龙岩市中级人民法院于2014年4月14日作出(2011)岩民初字第85号《民事判决

① 在恒鑫公司工商登记注册成立之前，由其发起人福建光源矿业集团有限公司林华英向法院提起诉讼。在恒鑫公司于2012年5月经工商登记注册成立后，法院依法变更恒鑫公司为原告。

书》,判决:被告永武公司应于本判决生效之日起十日内补偿原告恒鑫公司1317.46万元及利息。永武公司不服,向福建省高级人民法院上诉,其上诉请求被全部驳回,维持一审判决,之后又向最高人民法院申请再审,其再审申请也被驳回。

【律师分析】

作为福建省首例,当时国内也极少且很难检索到相关判例借鉴的案件,代理律师从接受委托到正式起诉至法院,时间长达半年之久,其原因在于本案的特殊性:

1. 由谁来行使诉权?由于矿业公司的工商登记具有特殊性,政府主管部门向筹办中的原告颁发《采矿许可证》,允许其刻制公司公章并以筹办中公司的名义进行申报、设计、施工等一系列筹建活动,但正式工商注册却必须在矿山生产系统及安全生产设施建设完成、通过主管部门验收并取得煤炭安全生产许可证后,本案中委托人的矿区被高速公路项目压覆时尚在筹建过程中,尚未工商登记注册,无法以自己名义向法院起诉要求补偿,设立中的公司的财产权利受到损害时由谁代表公司行使原告诉权?

2.矿区被高速公路项目压覆时,矿区开采系统正在建设中尚未完工,中途而废的矿井巷道中的损失情况很难进行现场核实,受到直接损坏的生产开采系统损失范围应如何确定?

3.受压覆影响,除延迟投产受到损失外,矿区生产系统必须进行重新设计并重新报批,按获得批准后重新建设的生产系统相比原设计需要增加投入,委托人明显也会因此而受到损失,由于原生产系统在被压覆时尚未建成,按原设计方案建成的实际造价无法确定,因此无法举证前后设计方案下实际投入造价的差额,该项损失应如何确定?

4.被压覆部分煤炭资源价值损失如何确定:《中华人民共和国矿产资源法》第3条规定:“矿产资源属于国家所有,由国务院行使对矿产资源的所有权。”主管部门长期将探矿权、采矿权等矿业权利等同于矿产资源,认为采矿权是国家赋予的,国家有权根据需要作出调整、变更或收回,即使补偿,只需补偿原告取得采矿权的成本,这种观点很长时间都在负责处理压覆补偿的政府部门中是主流观点,原国土资源部《关于进一步做好建设项目压覆重要矿产资源审批管理工作的通知》(国土资发〔2010〕137号)第四条第(三)款规定:“建设项目压覆已设置矿业权矿产资源的,新的土地使用权人还应同时与矿业权人签订协议，协议应包括矿业权人同意放弃被压覆矿区范围及相关补偿内容。补偿的范围原则上应包括所压覆的矿产资源分担的勘查投资的开采设施投入和搬迁相应设施等直接损失。”根据上述规定，建设项目如压覆矿产，原则上应在“所压覆的矿产资源分担的勘查投资的开采设施投入和搬迁相应设施等直接损失”范围内补偿矿业权人，即仅仅补偿直接损失，而不应补偿矿业权人可能获得的相应利益，忽视了采矿权作为《中华人民共和国物权法》(以下简称《物权法》)规定的用益物权的财产权利性质，而在采矿权作为财产权利性质前提下，又应当如何确定其价值？

针对这些情况，代理律师在充分分析案件所处行业特殊性的基础上确定了相应的诉讼方案并获得了审理法院的支持：

1.关于起诉主体：我们认为，设立中的公司财产权利受到损害时，发起设立公司的投资人有权作为原告提起诉讼，诉讼过程中，公司作为案涉煤矿的实际所有权人，在取得工商登记部门核准登记后是发起人的诉讼权利义务的承受者，可由其申请变更为本案原告。因此，我们决定先以恒鑫公司的投资人(发起人)名义向法院起诉，诉讼过程中，恒鑫公司注册成立，我们又变更公司为原告承受原告的诉讼权利义务。诉讼中被告方果然对此提出异议，认为原告并非适格的主体，但一审、二审及最高人民法院均支持了我们的观点，认定设立中的公司财产权利受到损害时，发起设立公司的投资人有权作为原告提起诉讼，诉讼过程中公司正式注册后可以直接承受原告的诉讼权利义务。

2.考虑到矿业企业的特殊性和安全生产的监管要求，煤矿项目从设计、施工到验收的全过程均受到严格监管：设计方案须得到主管部门批准、开采设施建设的全过程均受到当地煤炭行业管理部门的监督验收、竣工后须得到安全生产管理部门的验收批准后方可投入使用，因此按原设计已经实施的建设项目，当地管理部门已经进行了中间的检查核验，因压覆报废的矿井巷道情况虽然无法再次进行现场核验，但原建设投入情况可由主管部门予以证实；因压覆而重新设计后的方案，包括投资总概算也已经由主管部门审批，竣工后也经过了监管部门严格验收，能够证明原告已经按照修改后的设计方案进行施工，可以按经批准的修改设计方案的投资总概算与原设计方案的差额作为确定原告生产系统因压覆而重新设计建设而新增的成本。基于这些分析，代理律师提出由法院委托资产评估机构对因压覆造成的固定资产损失进行评估，评估机构在评估中也依据当地主管部门对已经因压覆而报废的矿井巷道设施情况的确认对相关资产进行了评估，最终确定原告此项损失的评估价值为360.31万元，审理法院也对此予以认可；关于修改设计后的新增成本损失，审理法院也充分考虑到煤炭企业的特殊性，认可代理律师关于在严格监管前提下按设计方案前后投入的差额损失，判决按经批准的投资总概算前后差额的80%确定原告生产系统投入新增成本损失399.28万元。

3.关于被压覆部分煤炭资源价值损失，我们认为，根据《物权法》第123条规定，“依法取得的探矿权、采矿权、取水权和使用水域、滩涂从事养殖、捕捞的权利受法律保护”，以及《中华人民共和国侵权责任法》第2条规定：“侵害民事权益，应当依照本法承担侵权责任。本法所称民事权益，包括用益物权。”采矿权作为财产权利，其性质为用益物权，对侵害或压覆采矿权的损害赔偿或补偿，应是对采矿权作为一种独立的用益物权财产价值的赔偿，而不是仅指对取得采矿权实际投入的直接损失的赔偿；而对于采矿权财产价值的确定，可以委托具有采矿权评估资质的相应机构进行评估。在专业机构出具专业的鉴定报告之后，法院可以将采矿权鉴定报告所确定的采矿权价值数额作为具体确定采矿权人损失的赔偿依据。诉讼过程中，我们代理原告申请法院指定具有资质的评估机构对被压覆采矿权价值进行评估并主张按评估价值确定补偿金额，也获得了一审、二审及最高法院的采纳。

事实证明，代理律师关于争议焦点的分析预判在诉讼全过程中均得到了证实并成为争议双方在一审、二审及申请再审审查程序中针锋相对的焦点问题，而代理律师的观点也得到了审理法院的支持，并为委托人争取到远远多于被告方愿意主动支付给原告的补偿金额，虽然无法弥补委托人全部损失，但也最大限度地维护了委托人的合法权益。委托人对代理律师的工作过程和成果也予以充分的肯定。而审理法院关于原告主体资格、采矿权价值的裁判观点也可以为将来类似案件的处理提供指导。当然，判决也为将来基础设施建设过程中压覆矿产资源如何进行补偿提供了参照，可以有效减少类似争议。

【思考与提示】

本案从接受委托到最高人民法院驳回被告的再审申请，前后历时五年，作为代理律师，除获得胜诉外，也从中得到一些启发供同行参考：

首先，对于特殊行业，代理律师要充分考虑到委托人所在行业的特殊监管要求，并分析这些特殊监管政策和监管过程对于委托人所提请求及相关举证责任的影响，就本案而言，从起诉主体、委托人因压覆而受到损坏的固定资产中部分已经无法进行现场核查资产的确认，以及因压覆而重新建设增加投资损失的确定，都充分结合了煤炭开采企业筹建中的特殊监管政策和监管过程对于原告请求的支持作用，从而使原告方因客观原因而面临的举证难题得到了有效的解决。

其次，要充分利用《物权法》关于用益物权的规定，破除长期以来形成的国家重点项目压覆矿业权时建设单位仅依据政府主管部门的规章或规范性文件来确定赔偿或补偿标准的习惯做法，树立侵害或征收当事人合法的财产权利、包括采矿权的补偿或赔偿标准应当依据基本的民事法律规定的观念，从而依法充分维护当事人的合法权益。

对"校园欺凌"说不

——朱某某与廖某某、何某某、李某某、包某某等人生命权、健康权、身体权纠纷

代理律师 朱乃坚 上官慎华*

【案情简介】

2017年9月18日18时30分许，廖某某(女，11岁)、何某某(女，12岁)、李某某(男，12岁)、包某某(男，14岁)在福建省某市第一中学初中部前拦截朱某某，将朱某某带至该校旁的小巷内及该校附近某小区的小巷内强行索要130元现金(一次50元、一次80元)，并对朱某某进行掌掴、用拖鞋抽打脸部、脚踹下体等，致朱某某受伤，同时包某某将殴打现场拍摄成视频，直至听到有人说看到警察，四人才停止殴打。事发后，朱某某在父亲的陪同下向当地公安机关报警，公安机关依法立案调查。朱某某被送至当地市医院进行治疗，于2017年9月26日出院，出院诊断为创伤性颅脑损伤、脑震荡、全身多处软组织挫伤等严重症状。2017年9月26日，当地公安局物证鉴定室作出鼎公鉴〔2017〕461号《鉴定书》，鉴定意见为朱某某的损伤属轻微伤。因廖某某、何某某、李某某、包某某均未满16周岁，故公安机关依法作出不予行政处罚的决定。朱某某因此次伤害导致精神抑郁，出院后于2017年12月9日又被送至福州某儿童医院治疗，病情被诊断为创伤后应激障碍。

【办案纪实】

2017年10月24日，朱某某在其父亲的陪同下到当地法律援助中心寻求法律援助。当地法律援助中心审查材料后，依法指派福建秉坚律师事务所承办该案。福建秉坚律师事务所安排朱乃坚、上官慎华二位律师办理该案。

承办人接到案件后，首先向朱某某详细了解了被侵害的具体经过，并对其

---

* 朱乃坚、上官慎华，福建秉坚律师事务所律师。

进行了法律疏导，鼓励其通过法律手段维护自身合法权益；其次，承办人依法向当地公安局调取了朱某某被殴打行政案件的证据材料，并准备好常规民事案件所需要的诉讼材料；最后，承办人依法向当地人民检察院提交申请，请求检察院依法支持朱某某起诉。

2018年1月4日，朱某某向当地人民法院提起诉讼。当地人民检察院向法院提交书面支持起诉书，支持朱某某提起诉讼。2018年3月7日，当地人民法院作出判决：廖某1(廖某某父亲)、郭某某(廖某某母亲)、何某1(何某某父亲)、温某某(何某某母亲)、李某1(李某某父亲)、吴某某(李某某母亲)、包某1(包某某父亲)、李某某(包某某母亲)连带赔偿朱某某医疗费、护理费、住院伙食补助费、营养费、交通费、住宿费、精神抚慰金等各项经济损失共计20625.07元。同时，法院对各侵权人的监护人内部承担责任的比例作出了判决。

【律师分析】

本案发生于2017年9月18日，朱某某在放学回家的路上被人殴打。朱某某被殴打后，在其父亲的陪同下到当地公安机关报警，民警对朱某某制作了询问笔录。次日，民警对廖某某、何某某、李某某、包某某分别制作了询问笔录。本案的事实经过已经通过笔录的方式固定。随后，当地公安机关向廖某某、何某某、李某某、包某某送达《不予行政处罚决定书》，因廖某某、何某某、李某某、包某某均未满16周岁，故公安机关决定不予行政处罚。该《不予行政处罚决定书》进一步确认廖某某、何某某、李某某、包某某的共同侵权的事实。朱某某先后被送往当地市医院和福州某儿童医院治疗，最终被诊断为创伤后应激障碍。考虑到廖某某、何某某、李某某、包某某系未成年人，无法确认有无个人财产，法院有可能判决由其监护人承担赔偿责任，故承办人调取了四侵权人的法定代理人的身份资料。以上事实均有对应的证据证实，且证据之间形成完整的证据锁链，足以证明廖某某、何某某、李某某、包某某对朱某某实施共同侵权行为，导致朱某某受伤的事实。朱某某被殴打后，到医院接受治疗，廖某某、何某某、李某某、包某某的侵权行为给朱某某造成经济损失。朱某某所遭受的经济损失，可依据《最高人民法院关于审理人身损害赔偿案件适用法律若干问题的解释》及《最高人民法院关于确定民事侵权精神损害赔偿责任若干问题的解释》的相关规定进行合理计算。四侵权人及其监护人均不愿主动出面与朱某某的家属协商赔偿事宜。朱某某的诉讼请求有充分的事实依据和法律依据，朱某某可依法向人民法院提起诉讼。同时，考虑到本案朱某某是未成年人，本案具有“校园欺凌”性质，故承办人依据《中华人民共和国民事诉讼法》第15条之规定，申请当地人民检察院支持朱某某的起诉。

【思考与提示】

本案系承办人接受当地法律援助中心的指派，为受害人朱某某提供法律援助，依法维护朱某某合法权益的维权案件。

本案并非刑事案件，却牵涉“公检法司”四个国家机关。首先，当地公安机关在接到受害人朱某某的报案后，给受害人朱某某和施害者廖某某、何某某、李某某、包某某分别做了笔录，笔录之间相互印证，还原了事情的整个发生经过。当地公安机关依法履行职责，查明案件真相，给几个未成年施害者下达《不予行政处罚决定书》(决定书已认定四个施害者的行为的违法性，只是因四人均系未成年人而不予行政处罚)，既维护了社会治安秩序，维护了法律的尊严，也为受害人依法向施害者主张损害赔偿奠定了证据基础。其次，当地法律援助中心在接到朱某某的求助后，依法为其指派了法律援助律师，充分体现了法律援助的国家救济性质。再次，承办人在办案过程中，充分考虑本案受害人是女性未成年人，是在校学生，受害人在本案中遭受身体和精神的双重打击，精神状况不稳定，甚至出现不敢上学的现象，同时，本案有“校园欺凌”性质，若能得到检察机关的支持，既可以对“校园欺凌”行为进行惩戒，也能给受害人朱某某以精神慰藉，故承办人与当地检察院未成年人犯罪检察科和民事行政检察科进行充分沟通，并请求支持本案的起诉。当地检察院依法向当地法院发出《支持起诉书》，体现了检察机关对未成年在校学生的民事权益的关注，也体现了检察机关惩戒“校园欺凌”行为的决心。最后，在当地法院审理该案过程中，承办人严格履行代理职责，充分发表代理观点。当地法院在查明案件事实的基础上，作出公正判决，让施害者受到法律的惩戒，让受害人得到法律的保护，充分体现了司法为民的原则。

当地法律援助中心同意给予朱某某法律援助，“公检法”三个国家机关依法履行职责，保障朱某某的合法权益，承办人对朱某某进行安慰和鼓励，不仅让朱某某收获感动，也有助于朱某某早日走出被欺凌的阴影，回归正常的学习和生活中。另，本案庭审过程中，侵权人的监护人向朱某某的父亲赔礼道歉，有效化解了当事人之间的矛盾。

近几年，随着科技日益发达，学生的整体素质得到提高的同时，也有一些学生在接触网络世界和受到社会不良青年影响的情况下，逐渐形成“暴力倾向”，尤其是学生之间结伙对另一群学生实施暴力，属于典型的“校园欺凌”事件。惩戒“校园欺凌”，保护在校学生，成了学校、政府和社会各界的共识，教育部也下文要求治理和预防“校园欺凌”。本案便是一起典型的“校园欺凌”事件，施害者廖某某、何某某、李某某、包某某，原本都是在校初中生，因家庭监管不到位，便辍学在家，同时受到社会不良现象的影响，没有形成正确的价值观和人生观，甚至以“拉帮结派”欺凌同学为荣。受害人朱某某不幸成为被欺凌的对象。本案受害人朱某某的成功维权，告诉今后再面临“校园欺凌”的学生，要第一时间选择报警，并向家长和老师求助；本案也为律师同行办理类似“校园欺凌”案件提供了指导和借鉴，尤其是寻求检察机关的支持，是本案得到法院重视的重要原因，也是维护弱势群体合法权益的创新模式。

正因上述原因，本案于 2018 年 12 月 29 日被福建省司法厅评为“2018 年度十佳法律援助案例”；于 2019 年 2 月入选当地人民法院“2018 年度十大经典案件”。

本案的另一层意义在于引发人们对未完成义务教育，辍学并过早步入社会的未成年人的思考和担忧。本案施害者廖某某、何某某、李某某、包某某和受害者朱某某一样，处于鲜花盛开的年龄，他们是祖国的未来，他们原本可以无忧无虑地在校园中度过学生时光，但因家庭关爱的缺乏、学校和社会监督的缺失，再加上社会不良风气的影响，过早接触社会，最终走上了违法道路。家庭、学校、社会和国家应该怎样各司其职、各尽其责，尽早把这些辍学的学生重新引导回学校，给他们树立正确的人生观和价值观，也让承办人陷入思考。福鼎市人民法院的承办法官在审理本案的过程中，也表达了同样的担忧。让人感动的是，本案判决结尾，承办法官也向社会发出了“尽早让孩子回归校园”的呼声，承办法官的这番话，应该代表了所有关心和爱护孩子的人们的共同呼声，现让我们以承办法官的寄语结束本文：

“在法庭审理中，本院了解到四未成年人即被告廖某某、何某某、包某某、李某某均存在不同程度的家庭关爱缺失，其中何某某是留守儿童，其父母长期在外打工；廖某某早年失母寄养于其姑姑家；李某某父亲长期在外务工，母亲忙于照顾二孩；包某某父母忙于家庭生计，无暇关顾子女，四人均缺乏家庭管教。同时案发时，廖某某、何某某均已辍学在家，缺乏学校教育；庭审时，廖某某、何某某、李某某均辍学或报名后未实际到校学习。四被告均处于义务教育阶段，作为家长、学校及政府相关部门，包括居民委员会和村民委员会，均有义务为他们接受义务教育创造良好的环境及督促他们入学，避免他们过早涉足社会、结交社会不良青年。之所以会发生本案的欺凌事件，是因为家庭、学校、社会管理不到位，加上四被告本人法律意识淡薄，未能树立起正确的人生观、荣辱观。为此，呼吁家庭、学校和社会负起责任，要共同营造良好的环境和提供正确及时的引导，使适龄未成年人能够接受义务教育，以保障未成年人健康成长，使之树立起正确的世果观、人生观和价值观，成为一个守法公民。”

股东出资纠纷引发的涉外股东与公司关于法定代表人代表权争议的思考

——大拇指环保科技集团(福建)有限公司与中华环保科技集团有限公司股东出资纠纷二审案

代理律师 邓志煌 夏小莉*

【案情简介】

大拇指环保科技集团(福建)有限公司(以下简称"大拇指公司")系由注册于新加坡的中华环保科技集团有限公司(以下简称"中华环保公司")在中国设立的外商独资企业,属于中国法人,于2006年6月30日取得营业执照,注册资本1.3亿元人民币(以下币种同)。

中华环保公司于2001年在新加坡注册成立,是外国法人,公司类型为有限股份上市公司。

2008年6月30日,大拇指公司经批准注册资本增至3.8亿元,增资部分分期至2010年8月3日缴清。

2008年7月16日,中华环保公司向大拇指公司缴纳了首期增资款50560381元;2009年5月19日,中华环保公司向大拇指公司缴纳了第二期增资款4660940元。至此,大拇指公司实收注册资本为1.852213亿元。

2010年6月4日,新加坡高等法院作出法庭命令,应中华环保公司的申请,裁定中华环保公司进入司法管理程序。委任Seshadri Rajogpalan先生和余明缘(Ee Meng Yen Angela)女士为中华环保科技的共同及个别司法管理人,主管公司日常事务、业务及财产,以便对公司进行整顿或者保留其全部或部分业务以便公司可持续经营,及(或)取得比解散企业更有利的企业资产变现等。

---

* 邓志煌,北京市盈科(福州)律师事务所律师。
夏小莉,上海锦天城(福州)律师事务所律师。

2010 年 8 月 18 日，大拇指公司向福州市中级人民法院提起诉讼，请求判令中华环保公司先行支付增资款 4900 万元，福州市中级人民法院判决支持了大拇指公司的诉讼请求。中华环保公司不服提起上诉。其间，中华环保公司的司法管理人第一次作出书面决议：2011 年 1 月 20 日，将大拇指公司的法定代表人田某变更为何某，将董事田某、潘某、陈某变更为余某等人。2011 年 8 月 31 日，福建省高级人民法院作出（2011）闽民终第 446 号（以下简称“446 号案”）民事判决，驳回上诉，维持原判，即中华环保公司先行支付增资款 4900 万元。

2012 年 3 月 30 日，中华环保公司的司法管理人第二次作出书面决议：免去何某大拇指公司董事长及法定代表人职务，委派保国武为大拇指公司董事长和法定代表人，免去余某等人的大拇指公司董事职务，委派保国武、徐某、宋某等三人为大拇指公司董事，任期均为三年。

2012 年 4 月 27 日，大拇指公司再次向福州市中级人民法院提起诉讼，请求判令中华环保公司履行出资义务，缴付增资款 4500 万元。理由为：2011 年 10 月 31 日，中华环保公司支付了增资款 49395110.4 元，至此，中华环保公司实际缴付的出资额为 234616431.4 元，仍欠缴增资款 145383568.6 元。据此，请求判令中华环保公司履行股东出资义务，缴付增资款 4500 万元。

2012 年 11 月 28 日与 2013 年 7 月 10 日，保国武先后两次以中华环保公司法定代表人的名义分别向福建省工商行政管理局、福州市鼓楼区对外贸易经济合作局递交《关于大拇指环保科技集团（福建）有限公司减资事宜的申请》。

中华环保公司委任的保国武在未变更登记为大拇指公司的法定代表人之前，中华环保公司为不主动履行出资义务，保国武向有关部门提出减资申请，以抵销大拇指公司的本案诉讼请求。故本案主要争议焦点为：大拇指公司的起诉意思表示是否真实？

【办案纪实】

2008 年 6 月 30 日，大拇指公司经福建省对外贸易经济合作厅作出闽外经贸（2008）251 号《关于大拇指环保科技集团（福建）有限公司增加投资的批复》，同意大拇指公司投资总额由 2.3 亿元增至 5 亿元，注册资本由 1.3 亿元增至 3.8 亿元，增资部分应按公司修订章程规定的期限到资，并核准了大拇指公司就上述变更事宜签订的《补充章程》。《补充章程》就增资款及缴纳时间载明:增资部分全部由中华环保公司以等值外汇现金投入,首期缴付不低于20%的新增注册资本,余额在变更营业执照签发之日起两年内,即2010年8月3日前缴清。2012年3月12日,大拇指公司的注册资本为3.8亿元,实收资本为234616431.4元,欠缴增资款145383568.6元。

大拇指公司根据经营需要与公司章程,要求中华环保公司履行出资义务,缴付增资款4500万元。

福州市中级人民法院受理此案后,中华环保公司提出管辖权异议,福建省高级人民法院认为其对本案有管辖权。2013年12月28日,福建省高级人民法院认为中华环保公司应履行其出资义务,判决中华环保公司应于判决生效之日起十日内向大拇指公司缴纳出资款4500万元。

中华环保公司不服该判决,上诉至最高人民法院。中华环保公司上诉理由为:(1)保国武为大拇指公司合法的现任董事长。大拇指公司的起诉状和授权委托书未经合法的法定代表人同意,不能代表大拇指公司的真实意思,起诉无效。保国武签署的撤诉申请是大拇指公司的真实意思,应予准许;(2)本案处理需要以其他案件的审理结果和减资申请结果为依据,故本案应中止审理,在查明相关事实后再恢复审理;(3)大拇指公司再次请求中华环保公司履行出资义务,此次起诉构成重复起诉,违反了"一事不再理"原则,应当驳回大拇指公司的起诉;(4)大拇指公司现由实际控制人恶意阻挠,导致减资申请未获准许,但减资是大拇指公司的真实意思,实际控制人的阻挠行为侵犯了《中华人民共和国公司法》赋予股东的相关权利。因此,请求撤销一审判决,驳回大拇指公司的起诉或准许保国武代表大拇指公司撤回起诉;如不能支持前述请求,则中止审理本案或驳回大拇指公司的全部诉讼请求。

大拇指公司就中华环保公司上诉理由作出如下答辩:(1)工商登记载明的大拇指公司法定代表人洪某有权代表大拇指公司提起本案诉讼。按照中国现行法律规定,大拇指公司新任的法定代表人须经合法登记后,方可行使法定代表人职权,中华环保公司司法管理人任命的所谓法定代表人保国武未依法进行变更登记,故不能行使法定代表人职权,亦无权申请撤诉。(2)大拇指公司在中华环保公司前次出资之后,根据经营需要与公司章程,再行要求中华环保公司履行出资义务,不违反法律规定,故本案诉讼不违反"一事不再理"原则。(3)中华环保公司提出的中止诉讼的理由不能成立,本案不应中止审理,反而应尽快审理以保护大拇指公司的合法财产权。(4)中华环保公司的减资申请应履行相应的核准程序,在未获得核准前,中华环保公司仍应履行其法定的出资义务。故请求驳回上诉,维持原判。

最终,最高人民法院经审理后认为本案原告大拇指公司的起诉不能代表大拇指公司的真实意思,作出民事裁定:撤销原审判决,驳回大拇指公司的起诉。

【律师分析】

大拇指公司起诉中华环保公司履行其股东出资义务,是不是大拇指公司的真实意思表示,其代理人认为:

一、大拇指公司工商登记的法定代表人田某与洪某在其工商登记任职期间均是该公司的合法代表

1.大拇指公司提交的《外资企业登记基本情况表》表明:自 2009 年 5 月 25 日起,公司的法定代表人为田某,2012 年 12 月 18 日法定代表人变更为洪某。

2.《中华人民共和国公司法》第 13 条规定,公司法定代表人依照公司章程的规定,由董事长、执行董事或者经理担任,并依法登记。公司法定代表人变更,应当办理变更登记。《中华人民共和国外资企业法实施细则》第 24 条规定,外资企业的法定代表人是依照其章程规定,代表外资企业行使职权的负责人。

3.《中华人民共和国企业法人登记管理条例》第 11 条规定,登记主管机关核准登记注册的企业法人的法定代表人是代表企业行使职权的签字人。《中华人民共和国公司登记管理条例》第 9 条规定,"公司的登记事项包括:……(三)法定代表人姓名;(四)注册资本;(五)实收资本;……"

原审法院认为工商登记信息具有公示、公信力,认定大拇指公司的法定代表人以工商登记为准,符合法律、法规及规章的规定。

二、大拇指公司作为中国法人,有权依据法律规定提起本案诉讼

1.《中华人民共和国民法通则》第 36 条规定,法人是具有民事权利能力和民事行为能力,依法独立享有民事权利和承担民事义务的组织。第 38 条规定,依照法律或者法人组织章程规定,代表法人行使职权的负责人,是法人的法定代表人。

2.《中华人民共和国民事诉讼法》第 48 条规定,……法人由其法定代表人进行诉讼。《最高人民法院关于适用〈中华人民共和国民事诉讼法〉若干问题的意见》第 39 条规定,在诉讼中,法人的法定代表人更换的,由新的法定代表人继续进行诉讼,并应向人民法院提交新的法定代表人身份证明书。原法定

代表人进行的诉讼行为有效。

三、本案的起诉状等诉讼材料形式符合法律规定，应为有效诉讼

1.本案起诉状等诉讼材料加盖公司印章即为公司起诉的真实意思表示，该起诉行为具有法律效力。中华环保公司对大拇指公司公章的真实性不持异议，但又否认本案起诉不是大拇指公司的真实意思表示，其抗辩理由不能成立。

2.大拇指公司的法定代表人有权依法要求中华环保公司履行其出资义务，提起本案的诉讼。

四、大拇指公司有权依据法律规定授权其代理人（律师）参加本案诉讼活动

《中华人民共和国民事诉讼法》第59条规定，委托他人代为诉讼，必须向人民法院提交由委托人签名或者盖章的授权委托书。本案中，代理人依法获得了大拇指公司的委托，持有大拇指公司加盖公司公章的授权委托书，并按规定向法院递交了授权委托手续，法院也认可了代理人的代理行为。因此，代理人有权代表大拇指公司参加及进行诉讼。

五、中华环保公司清盘人任命的大拇指公司法定代表人Cosimo Borrelli（保国武）未履行中国法律规定的变更登记手续，无权以大拇指公司法定代表人的名义行使民事权利

1.中华环保公司应遵守中国法律规定行使其股东权：不得滥用股东权。(1)《中华人民共和国公司法》第13条规定，公司法定代表人变更，应当办理变更登记。(2)《中华人民共和国企业法人登记管理条例》第17条规定，企业法人改变法定代表人，应当申请办理变更登记。因此，中华环保公司若需要变更大拇指公司的法定代表人，应根据规定申请相应的工商变更登记。但中华环保公司清盘人任命的所谓大拇指公司的法定代表人保国武未经工商变更登记就直接拿着中华环保公司清盘人的所谓决议（任命保国武为大拇指公司法定代表人）行使大拇指公司法定代表人的职责，其行为违反中国法律规定，不应得到法律的支持与保护。

2.中华环保公司的清盘人无权直接接管大拇指公司、干预大拇指公司生产经营活动：(1)大拇指公司是按照《中华人民共和国外资企业法》和《中华人民共和国公司法》设立的中国企业法人，有权依法享有独立的民事权利、承担独立的民事义务。(2)《中华人民共和国公司登记管理条例》第26条规定，公司变更登记事项，应当向原公司登记机关申请变更登记。未经变更登记，公司

不得擅自改变登记事项。因此,中华环保公司清盘人欲代表中华环保公司行使该公司的股东权,应遵守中国法律规定和大拇指公司章程规定。但保国武在被合法登记为大拇指公司法定代表人之前,即以大拇指公司法定代表人名义进行相应的民事活动并无法律依据。(3)中华环保公司清盘人保国武擅自以大拇指公司法定代表人的身份及以大拇指公司的名义申请本案撤诉,是无权代表行为。虽然中华环保公司是大拇指的股东,但在本案中,其是被告,与原告大拇指公司存在(诉讼)利益冲突。故中华环保公司代大拇指公司所进行的撤诉等否认、抵销大拇指公司利益的行为,不具备法律效力。

综上所述,按案件处理当时的法律规定,大拇指公司提起本案诉讼符合法律规定,该诉讼是大拇指公司的真实意思表示。

【思考与提示】

最高人民法院最终裁定撤销福建省高级人民法院的一审判决,驳回大拇指公司的起诉。最高人民法院审理认为:按照《中华人民共和国涉外民事关系法律适用法》第 14 条第 1 款的规定,我国外商投资企业与其外国投资者之间的出资义务等事项,应当适用我国法律;外国投资者的司法管理人和清盘人的民事权利能力及民事行为能力等事项,应当适用该外国投资者登记地的法律。根据新加坡公司法的规定,在司法管理期间,公司董事基于公司法及公司章程而获得的权力及职责均由司法管理人行使及履行。因此新加坡中华环保公司司法管理人作出的变更大拇指公司董事及法定代表人的任免决议有效。由于大拇指公司董事会未执行唯一股东环保公司的决议,造成了工商登记的法定代表人与股东任命的法定代表人不一致的情形,进而引发了争议。根据《中华人民共和国公司法》的规定,工商登记的法定代表人对外具有公示效力,如涉及公司以外的第三人因公司代表权而产生的外部争议,应以工商登记为准;而对于公司与股东之间因法定代表人任免产生的内部争议,则应以有效的股东会任免决议为准,并在公司内部产生法定代表人变更的法律效果。本案起诉不能代表大拇指公司的真实意思,裁定撤销原判,驳回大拇指公司的起诉。

该案的裁判对于平等保护中外投资者合法权益、保障股东选择管理者的权利、优化外商投资法治环境具有重要意义。该案明确了外国公司的司法管理人及清盘人在中国境内民事权利能力和行为能力的认定规则,清晰界定了公司代表权争议的区分规则。该案客观上推动了公司法完善与改革的法治进程。

笔者认为，最高人民法院此次裁定，虽然在保护外国投资者利益、吸引外商投资方面具有一定的重要意义，但尚有以下观点值得思考与探究：

1. 最高人民法院在没有法院生效判决确认中华环保公司司法管理人及清盘人任命的法定代表人是否合法、有效的前提下，径行认定外国公司的司法管理人对中国境内全资子公司的法定代表人、董事长、董事等人事任免有效，突破了对前述人事任免决议的合法性审查或跨法域的司法审查制度，直接对外国投资公司股东代表权问题确认了"内外有外"的代表权认定规则，对我国外商企业的独立经营权问题有很大影响。最高人民法院在没有明确的法律依据情况下，直接裁定确认了外国公司的司法管理人及清盘人在中国境内的民事权利能力和行为能力，此举虽然开创了该类案件审判的先河，但其并非完全保护外商企业的独立性。

2. 人民法院审理涉外民商事案件，不仅要考虑鼓励外商投资，还应当兼顾国内公司资产、与公司交易的债权人的合法权益，平衡外商投资企业股东与国内子公司交易安全的关系。外商投资企业的股东应当遵守我国的法律法规，尊重我国的司法主权，不能因为其系外商投资企业的投资者便可以超国民待遇，损害我国的司法主权、经济安全与交易安全。在司法实践中，有关司法机关更应当加强对外商一人独资公司的法律监管，排除外商一人独资公司股东利用其唯一股东的地位，滥用股东权，随意作出股东决定损害子公司（中国法人）的利益，影响国内公司交易相对方的经营安全及其公司员工利益。

从本案中可以看出，大拇指公司作为中华环保公司的全资子公司，其母公司的决定对其产生决定性影响。虽然大拇指公司是国内独立法人，具有独立法人人格，但若是其母公司（外国法人）对其进行过度控制，同样会出现股东（外国法人）与公司（中国法人）之间的人格混同，公司的独立人格无法得到有效保障，势必影响中国公司的交易安全与财产独立。

3. 中华环保公司未履行承诺的出资义务，大拇指公司为维持公司正常经营、保护公司资产与经营利益，要求其履行股东出资义务，该诉求符合法律规定。

大拇指公司的股东（外国法人）为了不履行出资义务，以书面决议的形式更换大拇指公司的法定代表人，进而由其委任的法定代表人向中国境内的工商、外贸等部门申请减资，其行为已然违反了《中华人民共和国公司法》有关减少注册资本的相关规定，损害了公司（中国法人）及其债权人的利益。

为保护交易安全及公司债权人利益，我国规定了严格的减少注册资本的程序，即按照“资本法定”原则，如果公司出现经营亏损，且公司资产无法维持公司的正常经营时，为保护债权人利益、减少公司交易风险，相关减资程序严格要求公司应通知债权人并公告，并非查以自行任意减少注册资本。

本案系中国子公司要求其股东——外国母公司履行出资义务的纠纷，最高人民法院对本案的处理结果在一定程度上终结了中华环保公司的出资义务。

综上，本案分析可以得出，外商独资一人公司存在被股东任意控制的风险，股东的决定可以随时终止公司（中国法人）的独立行为，造成公司丧失独立人格，同时还可能造成股东与公司人格混同、股东过度控制公司财产，影响公司交易相对人的交易安全，影响正常的市场交易秩序。因此，我国应从立法上加强对外商企业的监管力度，保障市场交易安全，维护各方的利益。可喜的是，目前新出台的《外商投资法》及其实施条例已经从立法与监管层面上对“促进、保护、管理”外商企业进行了相应的更为完善的规制。

构建"最大事实" 力促"纵观全案" 在需要价值衡量的疑难案件中决胜

——因"违反"限购令而引发的案外人异议之诉

代理律师 黄奕新*

【案情简介】

2016年2月，当事人邱某芳、林某星向承办律师述称：其二人系夫妻，户籍在福建省××县，在上海打拼谋生多年。二人向周某、缪某媛夫妻购买坐落于上海市闵行区的某房屋，于2015年12月去办理过户时获悉，该房屋已因建行福安支行起诉周某、缪某媛等的纠纷案件，被福安法院于2015年10月保全查封。

2015年12月，邱某芳、林某星向福安法院申请撤销对讼争房屋的查封。主要事实与理由：邱某芳、林某星于2014年12月在当地中介公司与周某、缪某媛夫妻签订《房地产买卖合同》，以620万元购买讼争房屋，已依约按期支付全部价款，于2015年3月收房，于2015年4月重新装修，于2015年9月入住至今。邱某芳、林某星因上海政策限购原因，须待他们原房产出售且过户完毕、解除限购因素以后，才能办理过户。在原房产已出售且过户完毕后，邱某芳、林某星于2015年12月办理过户时才得知该房产已于2015年10月被福安法院查封。

2016年2月，福安法院裁定驳回申请。认为申请人在明知上海市政府限购政策，其不符合购房条件的情况下，仍然与周某、缪某媛签订《上海市房地产买卖合同》，并造成所购房产未办理过户登记，显属申请人自身原因。

【办案纪实】

承办律师遂代理邱某芳、林某星，提起案外人执行异议之诉。

---

* 黄奕新，国浩律师(福州)事务所律师。

一审法院于2016年9月6日作出(2016)闽0981民初2890号判决,驳回原告邱某芳、林某星的诉讼请求。一审法院仍然认为林某星、邱某芳对未办理过户登记手续存在过错:(1)林某星、邱某芳在其所有的位于上海市首套房产尚未转让过户给其他人的情况下,主观上明知上海市人民政府已对这种情形在上海市购买第二套房产有限购政策,即当时情况下其并不具备在上海市购买第二套房产的资格,客观上却仍故意违反上海市人民政府发布的限购政策,于2014年12月与周某、缪某媛就其购买位于上海市的第二套房产签订买卖合同,并于2015年3月前付清全部购房款人民币620万元给出卖人周某、缪某媛。(2)林某星、邱某芳对其所有的首套房产于2015年5月签订转让合同,并已于2015年8月办理过户登记手续。此时林某星、邱某芳本已可对涉案第二套房产办理过户登记手续,其至2015年10月本院查封之前这期间却怠于办理过户登记手续,而未能及时到房地产登记中心办理过户登记手续,故其对于本院查封后对涉案房产无法办理过户登记手续存在过错。承办律师继续代理邱某芳、林某星上诉。

二审法院于2017年5月25日作出(2017)闽09民终112号判决,撤销一审判决,改判支持邱某芳、林某星的诉讼请求。二审法院认为,林某星、邱某芳及其子女林某铭、林某颖四人原在上海市闵行区购置有面积为109.43平方米的LM路某弄某号某室商品房一套,后向周某、缪某媛购买面积为181.28平方米的本案讼争房屋,并于2015年5月与他人签订了LM路某弄某号某室商品房的买卖合同,该商品房于2015年8月过户到他人名下,林某星、邱某芳提出其购买涉案房产是为了改善其住房条件等的主张,属于合理解释,应予采信。林某星、邱某芳与周某、缪某媛鉴于上海市政府的限购房政策规定,双方将办理房产过户手续的期限约定在1年内,待林某星、邱某芳在该期间内将其原有房产出卖后再办理涉案房产的过户登记手续,该约定符合情理,不违反法律禁止性规定。上海市政府出台的限购房政策的本意,是为了遏制投资、投机性购房,而林某星、邱某芳的购房是为了改善其住房条件等,而非投资或投机性购房,并不在上海市政府的限购房政策本意范围内。且林某星、邱某芳于2015年8月将其原有的一套房产出卖过户登记到他人名下,在一审法院于2015年9月裁定查封涉案房产前,已符合办理房产过户登记手续的条件。林某星、邱某芳只要在合同约定的2015年12月31日前办理涉案房产过户登记手续,就不存在怠于办理过户登记手续的问题,但涉案房产在2015年9月被一审法院查封,在此之后,林某星、邱某芳已无法办理房产过户登记手续。一审以林某星、邱某芳违反上海市政府限购房政策和在一审法院查封涉案房产前怠于办理过户登记手续认定林某星、邱某芳因其自身存在过错而未办理过户登记不当,应予纠正。

【律师分析】

1. 虽然案外人与被执行人之间的合同有效,但是不能当然地对抗申请执行人,案外人还须充分举证证明具备物权期待权保护的其他要件。《最高人民法院关于人民法院办理执行异议和复议案件若干问题的规定》第28条规定了不动产买受人物权期待权保护的四个要件:(1)在人民法院查封之前已签订合法有效的书面买卖合同;(2)在人民法院查封之前已合法占有该不动产;(3)已支付全部价款,或者已按照合同约定支付部分价款且将剩余价款按照人民法院的要求交付执行;(4)非因买受人自身原因未办理过户登记。合同有效只是最低要求。

2. 物权期待权保护的原因要件,可以成为价值评判和利益衡量的工具。在本案中,承办律师提出"非因买受人自身原因未办理过户登记"这个原因要件,不仅是事实认定问题,也是法律适用问题,可以成为法院在特定案件中进行价值评判和利益衡量的法律工具。这源于德国法学家卡尔·拉伦茨的思想:"事实及法律问题如此接近,以致两者不可能再截然划分,如案件事实只能以本身已包含法律评价的用语来描述时,此时的事实认定本身就是法律判断。"显然,二审法官采纳了承办律师的观点,他认为:"林某星、邱某芳与周某、缪某媛鉴于上海市政府的限购房政策规定,双方将办理房产过户手续的期限约定在1年内,待林某星、邱某芳在该期间内将其原有房产出卖后再办理涉案房产的过户登记手续,该约定符合情理,不违反法律禁止性规定。"最高人民法院法官王毓莹的观点,与此不谋而合。她在《执行异议之诉案件的裁判理论与思路》一文中,认为要遵循生存利益优先原则。"生存利益与经营利益发生冲突需要权衡时应当正视我国现阶段房屋交易市场不完善和部分人民群众法律意识不高的现实,在依法的前提下坚持消费者的生存利益优先于银行、企业的经营利益的原则,在兼顾双方利益的前提下向相对弱势方适度倾斜。"[①]

① 王毓莹:《执行异议之诉案件的裁判理念与思路》,载《人民法院报》2017年9月27日第7版。http://rmfyb.chinacourt.org/paper/html/2017-09/27/content_130679.htm? div=-1,下载日期:2018年9月9日。

3. 案外人表面上违反了限购政策，但是二审法院通过目的解释，认定案外人的购房行为不在限购政策的本意范围之内。“沪九条”非常明确地规定：对在本市已拥有1套及以上住房的非本市户籍居民家庭，暂停在本市向其售房。违反规定购房的，不予办理房地产登记。如此明确、具体、硬性的规定，确实称得上“限购令”。虽然从它诞生之日起，其合法性就颇受质疑，但是人民法院在民事案件中显然不宜直接对其进行合法性评判。在本案中，承办律师本来只指望二审法官在判决书中能够说道“邱某芳、林某星出于满足小孩入学和改善住房面积的实际消费需求，同时买卖新旧房屋，促进存量住房交易，一审法院认定邱某芳、林某星‘客观上故意违反上海市人民政府发布的限购政策’，致使无法办理过户登记手续，没有事实和法律依据”，就已经很好了，留些潜台词让读者自己领会。出乎意料的是，二审法官勇于以“沪九条”自身所宣示的“有效遏制投资投机性购房，逐步解决居民住房问题”的本意为依据，直接认定“林某星、邱某芳的购房是为了改善其住房条件等，而非投资或投机性购房，并不在上海市政府的限购房政策本意范围内”，充分发挥了人民法院对公共政策的司法保障和监督的双重职能作用。

【思考与提示】

收案伊始，承办律师就认识到，本案中既涉及艰难的举证认证和事实认定问题，也涉及复杂的价值评判和利益衡平问题。只有说服法官“纵观全案”，才有可能使法官依法同情和支持案外人。

1. 构建“最小事实”和“最大事实”。“最小事实”是指希望法院最终能够认定并据以作出符合己方预期的裁判结果的对己方有利的法律事实。“最大事实”，除包含“最小事实”外，还包含虽然对己方有利但是依照证据规则最终注定不会被法院认定的更多事实。陈述“最大事实”，只是用以影响法官心证，确保法官采信“最小事实”，或者促使法官在内心深处采信一部分“最大事实”，并潜在地作为裁判的事实依据。

2. 将购房行为的“前因后果”纳入“最小事实”范围，设法让法官“纵观全案”。经向当事人反复“刨根问底”，承办律师整理、提炼和构建出一套能够自圆其说、对当事人有利的“最小事实”。高度浓缩后的基本内容为：案外人邱某芳、林某星夫妇及其子女四人，作为外来人员在上海原确已购置有面积相对较小的住房一套。为了满足小孩能够进入目标知名小学就学和改善住房面积的实际消费需求，案外人于2014年12月向周某、缪某媛购买讼争房屋，鉴于当地限购政策，将过户期限约定为1年，以便案外人出卖原有住房后再办理讼争房屋的过户手续。如非法院查封，当地房屋登记机构是准予案外人办理讼争房屋过户手续的。案外人在购买讼争房屋后，为确保讼争房屋顺利过户，已经尽到各种必要的注意义务。

3. 启发、指导当事人围绕待证法律事实，不断回忆、发现、提供证据材料。承办律师“自找麻烦”，鼓励当事人“多多益善”地提供证据，因为有些证据孤立地看，似乎无关无用，但串联起来，相互印证，却有助于促使法官对待证事实达到内心确信。在本案中，承办律师先后提交证据共10组56件249页。比如，第一组共11件23页，关于案外人邱某芳、林某星二人的结婚证、案外人一家人的户口簿、案外人二人《上海市居住证》、案外人子女的《上海市临时居住证》、案外人女儿的学生证、目标知名小学的互联网公开信息等，用以证明“案外人是为了满足小孩能够进入目标知名小学就学和改善住房面积的实际消费需求，而购买本案讼争房屋”。承办律师还检索出红头文件，逐字逐句推敲，发现该文件自身要求“坚持以居住为主、以市民消费为主、以普通商品住房为主的原则”“有效遏制投资投机性购房，逐步解决居民住房问题”。故将其提交法庭，“以子之矛，攻子之盾”，用以证明“案外人出于改善住房面积和解决小孩入学问题的实际消费需要，同时买卖新旧房屋，促进存量住房交易，不仅不违反该政策，反而符合该政策要求”。这些证据，最终成功地影响了二审法官的内心确信、价值评判和利益衡平。

解除劳动合同经济补偿适用情形之限制

——王某诉福建某汽车公司解除劳动合同经济补偿案

代理律师　郑贵成*

【案情简介】

福建某汽车公司与王某于2002年9月1日起建立无固定期限劳动合同关系。2016年公司因生产经营困难、资金周转受到影响,没有按照劳动合同约定的时间及时向王某等员工发放2016年6月、7月的工资,但均没有超过一个月的工资支付周期就补发了工资。2016年1月起,公司员工的社会保险延缓至2016年12月一次性补缴完毕。2017年7月20日起,王某无故旷工。2017年8月1日,公司通过短信及邮寄方式向王某送达复岗通知及公司规章制度,告知其收到通知后需于2017年8月15日前复岗报到,否则将按公司规章制度与其解除劳动合同。王某收到通知后,未到公司复岗。公司在履行告知工会程序后,于2017年8月22日向王某邮寄送达解除劳动合同通知书及证明书,告知王某因其严重违反公司规章制度,双方劳动合同于2017年8月22日解除。王某解除劳动合同前12个月月平均工资为5000元。

2017年9月1日,王某提起劳动争议仲裁申请,请求:(1)确认其与公司2017年7月20日解除劳动合同;(2)裁决公司支付其解除劳动合同经济补偿75000元(5000元×15个月)。劳动人事争议仲裁委员会裁决驳回王某的仲裁请求事项。王某不服仲裁裁决提起诉讼,诉讼请求同劳动仲裁申请事项一致。王某主张其已于2017年7月20日口头通知公司解除双方劳动合同,解除事由为:公司未按劳动合同约定及时支付其2016年6月、7月的工资,也未按月为其缴纳社会保险费。故应确认双方劳动合同于2017年7月20日解除,公司应依据《中华人民共和国劳动合同法》第38条第1款第2项、第3项及第46条第1款第1项之规定,支付其经济补偿。

---

* 郑贵成,福建科衡律师事务所律师。

【办案纪实】

王某提起诉讼后，公司委托福建科衡律师事务所律师代理此案。本代理人作为承办律师详细阅读案卷后，总结本案争议焦点为：(1)双方劳动合同何时解除；(2)双方劳动合同解除事由如何确认；(3)公司是否应支付王某解除劳动合同经济补偿。

代理人从解除劳动合同的程序和条件及举证责任的角度总结答辩意见。《劳动部办公厅关于劳动者解除劳动合同有关问题的复函》规定："劳动者提前三十日以书面形式通知用人单位既是解除劳动合同的程序，也是解除劳动合同的条件。"王某主张依据《中华人民共和国劳动合同法》第 38 条第 1 款第 2 项、第 3 项之规定，无需提前 30 日告知用人单位解除劳动合同，但根据《中华人民共和国劳动争议调解仲裁法》第 6 条之规定，王某对自己提出的主张，有责任提供证据。王某主张以口头形式于 2017 年 7 月 20 日通知公司解除劳动合同，但其并不能提供证据证明。实际上，公司从未收到王某口头解除劳动合同的意思表示。故王某请求"确认其与公司的劳动合同于 2017 年 7 月 20 日解除并以公司未及时支付其劳动报酬、未依法为其缴纳社会保险费主张经济补偿"缺乏事实依据，应不予支持。

王某无故旷工，公司于 2017 年 8 月 1 日分别以短信和邮寄方式将复岗通知及公司规章制度送达王某，王某收到通知后并未如期报到，不再履行劳动合同义务。公司依据《中华人民共和国劳动合同法》第 39 条第 1 款第 2 项、第 43 条之规定，向王某邮寄送达解除劳动合同通知书及证明书，告知双方劳动合同于 2017 年 8 月 22 日解除。公司解除劳动合同符合法定解除程序和条件，因此，应确认公司与王某的劳动合同于 2017 年 8 月 22 日解除，解除事由为：王某严重违反公司规章制度，公司无需支付王某经济补偿。

法院经审查认为，王某主张其于 2017 年 7 月 20 日口头向公司提出解除劳动合同，因未有证据佐证，不予采信。公司书面通知王某于 2017 年 8 月 22 日解除劳动合同，并已出具解除劳动合同通知及证明，依法确认双方劳动合同解除时间为 2017 年 8 月 22 日。

关于解除劳动合同经济补偿，《对〈工资支付暂行规定〉有关问题的补充规定》第 4 条规定："用人单位确因生产经营困难、资金周转受到影响，在经得本单位工会同意后，可延时支付劳动者工资。"公司提交的财务报表体现 2016 年公司确实存在生产经营困难、资金周转受到影响之情形，且征得工会同意后延迟支付王某的工资，不属于《中华人民共和国劳动合同法》第38条第1款第2项规定的情形。公司依法为王某建立社会保险缴纳账户，2016年因生产经营困难、资金周转受到影响将王某的社会保险延缓至2016年12月一次性补缴完毕，并未对其社会保险的接续和转移产生影响，公司不存在恶意欠缴之情形。王某依据《中华人民共和国劳动合同法》第38条第1款第2项、第3项之规定，主张经济补偿无事实依据，应不予支持。

【律师分析】

本案，虽然法院不是依据王某严重违反公司规章制度为由驳回其解除劳动合同经济补偿诉请，而是依据公司不存在《中华人民共和国劳动合同法》第38条第1款第2项、第3项规定之情形驳回其诉请，但法院不采纳王某主张解除劳动合同经济补偿事由是正确的。

用人单位福建某汽车公司2016年客观上确实存在生产经营困难、资金周转受到影响不能履行部分劳动合同义务的情形。劳动合同虽约定每月应及时发放王某的工资，但公司依据劳部发〔1995〕226号《对〈工资支付暂行规定〉有关问题的补充规定》第4条之规定，征得工会同意后可延缓发放王某2016年6月、7月的工资。另根据闽劳薪〔1995〕024号《福建省劳动厅关于转发劳动部工资支付暂行规定有关问题的补充规定的通知》第4条规定"用人单位遇到非人力所能抗拒的自然灾害等原因，或因生产经营困难、资金周转受到影响，无法按时支付劳动者工资的，在征得本单位工会同意，并经企业主管部门核准，可暂时延期支付劳动者工资，但最长不得超过一个月付薪时间，否则均属无故拖欠工资。"公司延缓支付王某的工资并未超过一个月的工资支付周期，主观上可认定公司不存在无故拖欠工资的恶意。王某主张公司未及时支付其2016年6月、7月工资并不属于《中华人民共和国劳动合同法》第38条第1款第2项规定之情形。

此外，参照厦门市中级人民法院、厦门市劳动人事争议仲裁委员会《关于审理劳动争议案件若干疑难问题的解答》第12条规定："用人单位未及时足额发放工资，但在劳动者提出解除劳动关系前已经足额发放的，劳动者以用人单位未及时足额支付工资为由提出解除劳动合同，并要求用人单位支付解除劳动合同的经济补偿金，不予支持。"本案王某2017年9月1日提起劳动争议仲裁申请前，公司就拖欠其2016年6月、7月的工资早已支付完毕，不存在继续拖欠其工资未支付的情形，王某再主张解除劳动合同经济补偿已无事实依据。

依据《社会保险费申报缴纳管理暂行办法》第 10 条的规定，福建某汽车公司应当按月为王某申报缴纳社会保险费数额，并在社会保险经办机构规定的期限内为王某缴纳社会保险费。但《福建省社会保险费征缴办法》第 16 条也规定："缴费单位有经营发生严重困难，依法停产整顿三个月以上并且发不足或者发不出工资之情形的，可向所在地地方税务机关申请缓缴社会保险费，缓缴期最长不超过十二个月。企业申请缓缴，须经企业职工代表大会或工会委员会讨论通过，并提出补缴款计划。"因此，公司若因生产经营困难，经工会讨论通过，也可向所在地税务机关申请延缓缴纳员工的社会保险费。

另，参照《北京市高级人民法院、北京市劳动争议仲裁委员会关于劳动争议案件法律适用问题研讨会会议纪要》第 31 条"劳动者以用人单位未足额缴纳或欠缴社会保险费为由请求解除劳动合同并请求用人单位支付经济补偿金的，不予支持"及厦门市中级人民法院、厦门市劳动争议仲裁委员会《关于贯彻实施〈中华人民共和国劳动合同法〉〈中华人民共和国劳动争议调解仲裁法〉的指导意见》第 32 条"用人单位已为劳动者办理社会保险手续，劳动者仅以用人单位未足额缴纳或欠缴社会保险费为由请求解除劳动合同并要求用人单位支付经济补偿金的，不予支持"之规定可知，《中华人民共和国劳动合同法》第 38 条第 1 款第 3 项规定，"未依法缴纳社会保险费"是指用人单位未依法为劳动者办理社会保险缴费申报手续并缴纳社会保险费，但并不包括用人单位已为劳动者建立社会保险缴纳账户，仅存在欠缴或未足额缴纳社会保险费的情形。用人单位欠缴或未足额缴纳社会保险费，劳动者可向社会保险经办机构申诉，由社会保险经办机构责令用人单位补缴。用人单位在经营发生严重困难时也可申请延缓缴纳社会保险费。故福建某汽车公司延缓缴纳王某社会保险费不属于未依法缴纳社会保险费的情形。

综上，劳动者虽然可依据《中华人民共和国劳动合同法》第 38 条第 1 款第 2 项、第 3 项规定向用人单位主张解除劳动合同经济补偿，但若用人单位确实存在生产经营困难、资金周转受到影响或遇到不可抗力之情形的，依据法律、法规特别之规定或者根据地方性指导意见，劳动者的主张很有可能不会得到法院的支持。

【思考与提示】

本人代理劳动争议仲裁、诉讼案件已达十余年之久，《中华人民共和国劳动合同法》规定用人单位需支付劳动者解除或终止劳动合同经济补偿的情形远远超过《中华人民共和国劳动法》的规定。《中华人民共和国劳动合同法》第1条即规定:“为了完善劳动合同制度,明确劳动合同双方当事人的权利和义务,保护劳动者的合法权益,构建和发展和谐稳定的劳动关系,制定本法。”本律师认为,就用人单位和劳动者发生的劳动争议,仲裁机构或人民法院一方面在维护劳动者合法权益不受侵害的同时,另一方面也应考虑用人单位在特殊情形下是否存在不能履行劳动合同义务的客观障碍,是否存在侵害劳动者合法权益的主观恶意。劳动争议案件有着几近零成本的便利起诉条件,也应考虑是否有滥用诉权的现象。

一方面,对于劳动者而言,用人单位在经营之初可能存在某些用工不完善的地方,在发展过程中也可能会遇到特殊困难的情况,或遭遇一些不可抗力的情形。因此,当用人单位出现生产经营困难不能履行或者不能部分履行劳动合同义务时,劳动者与用人单位双方应就工作安排、工资支付、社会保险缴纳等事项采用协商的方式解决。另一方面,用人单位在经营状况持续良好时,也相应提高劳动者的工资及社会保险等方面的福利待遇。用人单位与劳动者建立长期、稳定、和谐的劳动用工关系,双方互为依存和发展,既是《中华人民共和国劳动合同法》的立法宗旨,也符合社会主义核心价值观的要求。

非法定继承人的酌情分得遗产权

——江某某诉某环境卫生管理处职工住房补贴继承纠纷

代理律师　卢金妹*

【案情简介】

原告(上诉人)江某某系被继承人林某章的侄子;被继承人林某章(生于1931年11月13日,卒于2002年12月)是原某市环境卫生管理处某某管理所(现为某环境卫生管理处)的退休职工。在被继承人林某章过世后,原告以其侄子身份向林某章的原工作单位按当时的政策规定申请提取林某章享有的行政事业单位职工住房补贴,最终历经层层审批,某市某某区财政局于2010年1月15日同意给予发放住房补贴人民币45262元。被继承人林某章终身未婚,亦无收养子女,其父亲林某奎于1949年去世,其母亲林大大于20世纪70年代去世。林某章的父母生养二子,分别为长子江某禄(生于1923年8月11日,卒于2001年12月),次子林某章;原告系江某禄的养子。被继承人林某章的住房补贴核准后,原告到某环境卫生管理处领取该笔款项,被其以原告非林某章子女为由拒绝。为此,双方对簿公堂,并历经一审、二审。

【办案纪实】

本案的讼争标的(林某章享有的行政事业单位职工住房补贴)于2010年1月已经由财政支付到被告银行账户,但原告无法自被告处取得该款项。为此原告在多方争取无果后于2017年3月委托律师代理。

代理律师随后代理原告向福州市仓山区人民法院以继承纠纷提起民事诉讼,要求根据《中华人民共和国继承法》(以下简称《继承法》)第14条的相关规定继承被继承人林某章享有的行政事业单位职工住房补贴人民币45262元。原告认为:其叔父患有糖尿病,叔父生前的日常生活需要及看病吃药事宜均是

* 卢金妹,福建沃泰律师事务所律师。

由原告处理的，在其叔父(即被继承人)因病住院近一年的时间内，是由原告出资雇请护工日夜看护，同时原告及家人也时常去医院陪护；原告及家人承担了被继承人临终前的日常照顾与精神抚慰，在被继承人死亡后，是由原告出资并主持丧葬事宜，购买墓地并缴纳墓地管理费。被继承人林某章死亡后没有法定继承人；原告作为被继承人的侄子，对被继承人林某章尽了生养死葬的义务，根据继承法的相关规定，可以适当分得被继承人的遗产。

被告辩称：被告主体不适格，认为原告是以继承纠纷一案起诉的，故应以其他继承人为被告；某环境卫生管理处与原告并无继承的关系，故其作为被告的主体不适格。原告不具有申领林某章住房补贴的资格，根据福州市仓山区人民政府文件他政综〔2010〕428号《关于申报45周岁以上工作人员住房货币补贴的通知》中第1条第2款的规定，住房补贴是已故人员的配偶健在，由配偶申报，配偶去世的由子女申报，本案中原告并非林某章的子女，故不具有申领该款项的资格。请求驳回起诉或驳回原告的诉请。

一审法院认为，“由于原告未提供证据证明被继承人林某章法定继承人情况，无法确定被继承人范围，故原告诉请尚不具备条件，本院不予支持”，并判决驳回原告江某某的诉讼请求。

原告江某某不服，上诉称：上诉人在一审虽然未举证证明林某章的祖父母及外祖父母早于林某章死亡这一事实，但该事实根据《最高人民法院关于民事诉讼证据的若干规定》第9条第3项“根据法律规定或者已知事实和日常生活经验法则，能推定出的另一事实”之规定属于当事人无需举证证明的事项。而被继承人其他第一顺序、第二顺序法定继承人情况已经一审查明并认定，同时上诉人对被继承人尽到了主要的抚养义务，有权依据《继承法》第14条的规定适当分得林某章的遗产。

二审审理过程中，二审法庭将本案的争议焦点归纳并分析如下：(1)某环境卫生管理处是否为适格被告。林某章生前的职工住房补贴已经某市某某区住房改革委员会、财政局审核并同意发放，该补贴系林某章的遗产。某环境卫生管理处作为该遗产的保管单位，同时被继承人林某章是其退休职工，参加利害关系人提起的继承诉讼属于保护全民所有的财产和保障公民权利的行为，与其事业单位的职能并不矛盾，故江某某以其为被告起诉请求继承该遗产并无不当。(2)江某某能否分得及分得多少遗产。根据一审查明的事实，林某章无配偶、子女，其死亡时，父母已亡故，无第一顺序继承人，其法定的第二顺序继承人中，唯一的兄弟姐妹江某禄早于林某章死亡，如果父母仍存活，亦是百岁老人，无需证明其祖父母及外祖父母已死亡。因此，林某章无法定继承人。林某章作为孤寡老人，生活起居均需他人照料，按照我国宗法传统，其赡养、照料义务由其唯一的晚辈亲属江某某(侄儿)与江某英(侄女)承担。江某某一审期间申请的证人林某章的同事、邻居江依玉、林某章的堂侄媳、保姆江美钗、保姆林声贞及二审期间申请的证人江某某妹妹江某英的证言，可以证实林某章的生活起居主要由江某某夫妇照料，保姆协助做饭和打扫卫生。根据证人陈述，林某章年老体弱多病，我国早期普通职工的医疗保障并不完善，其退休金未必足够支付生活费、医疗费及保姆费等，江某某称其支付了部分开支亦属情理之中。况且，对老人的赡养，除了物质上的帮扶外，生活起居的照料和精神、感情的慰藉同样非常重要。江某某夫妇与林某章长期共同生活，并尽了生养死葬义务，可以认为《继承法》第 14 条规定的“继承人以外的对被继承人扶养较多的人”，可依该规定分给江某某适当的遗产。养老育幼是家庭的一项重要职能，也是中华民族的传统美德，江某某长期对叔叔林某章的赡养，应该得到社会的赞许。因此，根据江某某对林某章所尽赡养及林某章死亡后没有法定继承人等情况，江某某可以继承林某章的全部遗产。故作出如下判决：

1. 撤销福州市仓山区人民法院〔2017〕闽 0104 民初 1661 号民事判决；
2. 林某章的行政事业单位职工住房补贴 45262 元及孳息由江某某继承。

【律师分析】

承办律师接受原告委托后对案件进行了分析：第一，确定被继承人林某章的住房补贴在性质上是不是其遗产；本案中被继承人林某章应享有的住房补贴金额在 2007 年已经由被告盖章确认，并于 2010 年底由政府财政全额拨款至被告账户；显然，该笔金额为 45262 元的住房补贴款是属于被继承人的其他合法财产，是被继承人的遗产。第二，确定林某章的法定继承人情况，根据原告提供的证据及生活经验法则，在林某章去世的 2002 年时，其兄弟、祖父母、外祖父母均已经过世；而且同时有证据表明，林某章的父母早于林某章过世，林某章本人未婚，无子女，故其没有第一顺序、第二顺序继承人；原告作为被继承人的侄子，在被继承人生前对其日常生活起居进行照顾，并料理了被继承人的身后事，对被继承人尽到了生养死葬的义务，有权根据《继承法》第 14 条之规定适当分得被继承人的遗产；同时根据《最高人民法院关于被继承人死亡后没有法定继承人，分享遗产人能否分得全部遗产的复函》(1992 年 10 月 11 日〔1992〕民他字第 25 号)规定，原告可以分得被继承人的全部遗产。第三，被告某环境卫生管理处是事业单位，是国家为了社会公益目的，由国家机关举办或者其他组织利用国有资产举办的，从事教育、科技、文化、卫生等活动的社会服务组织。从政府职能来看，县级以上地方各级人民政府的职权包括“保护社会主义的全民所有的财产和劳动群众集体所有的财产，保护公民私人所有的合法财产，维护社会秩序，保障公民的人身权利、民主权利和其他权利”，对无人继承、受遗赠的遗产行使所有权，以及参加利害关系人提起的继承诉讼均属保护全民所有的财产和保障公民权利的行为；因此被告作为林某章住房补贴的保管者，作为本案被告是合适的。

就本案的法律基础而言：(1)《继承法》第 14 条“酌情分得遗产权”规定“对继承人以外的依靠被继承人扶养的缺乏劳动能力又没有生活来源的人，或者继承人以外的对被继承人扶养较多的人，可以分配给他们适当的遗产”。该法律规定对于非法定继承人同时亦非遗嘱指定继承人但对被继承人抚养较多的人取得被继承人遗产是基础。(2)最高人民法院《关于贯彻执行〈中华人民共和国继承法〉若干问题的意见》第 30 条“对被继承人生活提供了主要经济来源，或在劳务等方面给予了主要扶助的，应当认定其尽了主要赡养义务或主要扶养义务”。这一司法解释对于赡养的方式进一步明确，确认了精神上的赡养与物质上的赡养并重。(3)《最高人民法院关于被继承人死亡后没有法定继承人，分享遗产人能否分得全部遗产的复函》(1992 年 10 月 11 日〔1992〕民他字第 25 号)这份以回函方式作出的司法解释确定了分享遗产人在被继承人死亡后没有法定继承人这一情况下可以分享被继承人的全部遗产。这也是本案一审原告(二审上诉人)最终取得讼争全部遗产的依据。

【思考与提示】

本案系法定继承纠纷，原告以其对被继承人林某章尽了生养死葬义务为由，请求继承林某章的职工住房补贴，其请求权来源于《继承法》第 14 条规定的酌情分得遗产权。这种权利的性质，既不同于继承权，也不同于受遗赠权，是我国法定继承中的一种特殊性质的权利。

与本案的判决结果形成鲜明对比的是近年来网络曾疯传的“老人过世，财产收归国有”的相关新闻：该新闻是由〔2018〕粤 0303 民特 3 号民事判决、〔2017〕粤 03 民终 6742 号民事判决所引发的后续，作为同类案件的经办律师，对于深圳市中级人民法院的认定财产无主的司法建议函没有任何异议；但对(2017)粤 03 民终 6742 号民事判决中被继承人侄女仅要求继承回迁房 30%的产权不能理解,因为根据〔1992〕民他字第 25 号司法解释,其有权要求分享全部的回迁房产权。

本案给普罗大众的提示有三:(1)精神上的赡养与物质上的赡养并重,并非有养老金的老人就不需要赡养;(2)养老育幼是家庭的一项重要职能,也是中华民族的传统美德,法定继承人以外的人对于被继承人的赡养,应该得到社会的赞许,这一赞许可以通过酌情分得遗产权来体现;(3)"国不应与民争利",继承法第 14 条"酌情分得遗产权"与第 32 条"无人继承的遗产"适用产生冲突时,应当优先适用第 14 条,以弘扬中华民族的传统美德。

执行案件现债权顺序问题
律师推动执行款项快速回收

——中国工商银行某支行与万好公司等执行案件

代理律师　林　桢　何青霞*

【案情简介】

2014 年 7 月 2 日，中国工商银行股份有限公司某支行（以下简称“工行某支行”）与万好置业（福建）有限公司（以下简称“万好公司”）签订借款合同，万好公司向工行某支行借款 28000 万元，用于福建海峡国际商贸城商住配套设施（A、F 地块）的项目开发建设，万好公司提供了抵押物（海峡国际商贸城 A、F 地块的土地及其上在建工程）及保证人（福建海峡国际商贸城实业有限公司、翁国亮、翁木英承担连带责任保证）。合同签订后，工行某支行共计放款 22900 万元，万好公司仅还本金 850 万元，并自 2015 年 12 月 21 日起欠息，2016 年 10 月工行某支行通知万好公司案涉贷款提前到期。

2016 年 10 月 13 日，工行某支行按照合同约定就本案向厦门仲裁委员会提出仲裁申请。2017 年 1 月 3 日，厦门仲裁委员会作出裁决书，裁决万好公司应向工行某支行偿还借款本金 22050 万元以及相应的利息、复利及罚息，裁决书还确认了工行某支行对海峡国际商贸城 A、F 地块的土地及其上在建工程享有抵押权，并有权以处分所得优先清偿上述债权。

在该裁决书生效后，工行某支行即向莆田市中级人民法院申请执行，并提供了被执行人的财产线索，莆田市中院裁定查封、冻结被执行人万好公司的财产并委托评估公司就案涉查封财产进行估价。根据评估公司出具的估价报告，海峡国际商贸城 A 地块的土地及其上在建工程评估价值为 157204400 元，F 地块土地使用权评估价值为 160893200 元，共计 318097600 元。在评估完成后，莆田市中院作出执行裁定书，裁定拍卖被执行人万好公司所有的位于

---

* 林桢、何青霞，上海建纬（福州）律师事务所律师。

莆田市荔城区新度镇壶公路南侧的“海峡国际商贸城 A、F 地块”的土地及其上在建工程。2017 年 12 月 31 日，莆田建工集团以一拍价格 2.45 亿元拍下上述财产。

在该案执行阶段，案涉工程的承包人中建海峡建设发展有限公司(下称中建海峡公司)及其他分包人福建省泉安消防工程有限公司、福建大通电力工程有限公司等相继向执行法院申请参与本案执行款项的分配，并主张对案涉 A、F 地块工程拍卖所得价款享有工程款优先受偿权。

2018 年 12 月 24 日，莆田市中院作出〔2017〕闽 03 执 39 号分配方案，确定各申请执行人的执行款项分配金额，其中工行某支行最终实际受偿 21700 多万元，实现本案债权基本收回的目标。

【办案纪实】

一、执行查封阶段。本案贷款人万好公司及各保证人名下房产及土地等财产众多，财产情况比较复杂，海峡国际商贸城 A 地块上的房产数量多，且在抵押、备案、签约、在建等方面的情况不尽相同，部分房屋已有买家入住。针对上述情况，代理律师及时前往莆田国土局、建设局、房地产交易部门、不动产中心了解调查案涉项目土地及房产抵押、查封等情况，并到项目现场了解案涉项目在建工程现状；快速整理齐全被执行财产的资料，根据房产的抵押、签约备案等情况制作了财产线索分类清单；协助法院快速锁定执行财产，积极配合协助执行法官及评估机构前往项目现场进行案涉房产及土地的指认，促成法院在执行立案后快速出具对被执行财产的查封、冻结裁定书，并顺利完成案涉财产的查封工作。

二、执行拍卖阶段。在本案完成评估工作拟进入司法拍卖程序时，被执行人万好公司向莆田市中院主张海峡国际商贸城 A、F 地块二期项目地下室非人防(不含车位)建筑面积 18655.93 平方米的部分，是地下室的公共通道及公共设备用房，属于公共配套设施，不能销售及拍卖。代理律师根据执行前期在莆田市国土资源局荔城不动产中心查询到的《楼盘信息一览表》，以及“莆田市住房和城乡建设信息网”中公开显示资料，结合相关法律法规规定，力证该部分是可以销售、查封并进行拍卖的，对万好公司的该项主张提出了有力的抗辩，并得到执行法官的认同，该部分房产得以顺利进入司法拍卖程序，实现拍卖，成功维护了工行某支行的抵押权益，并保证了本案的资产回收率。

三、执行款项分配阶段。在案涉查封财产拍卖后，案涉工程承包人及分包人相继向执行法院申请参与本案执行款项的分配，并主张其债权优先受偿。经代理律师核实，在申请人中日立电梯（中国）有限公司福建分公司与福州市建筑设计院对万好公司的债权并非工程款，且并不享有生效判决书确定的优先受偿权，故在本案中不能优先分配或受偿执行款。

因申请执行人工行某支行享有案涉土地使用权的抵押权，故工行某支行依法享有土地拍卖款部分的优先受偿权，为尽快实现资产回收，代理律师协助工行某支行向法院申请就无争议部分执行价款（A、F 地块土地使用权拍卖价款）先行受偿。通过各方努力，工行某支行在案涉财产拍卖成交后即领取无争议部分执行款 1.89 亿元，实现本案债权大部分执行款项在执行立案后一年内回收的目标。

另外，在申请参与本案执行款项分配的承（分）包人中，中建海峡公司已向工行某支行出具书面承诺函，承诺放弃工程款优先受偿权，故在中建海峡公司的承诺范围内，工行某支行的抵押权优先于中建海峡公司工程款受偿权。代理律师依法向法院举证、论述中建海峡公司放弃工程款优先受偿权的事实，最终，执行法院支持工行某支行的抵押权优先于中建海峡公司工程款受偿权的观点，并依此原则制定了最终的执行款分配方案。

【律师分析】

本案争议焦点为承包人就案涉工程享有的建设工程款优先受偿权与工行某支行享有的抵押权的优先顺序问题。承包人中建海峡公司及其他分包商认为其享有的建设工程款优先受偿权优先于工行某支行的抵押权，而工行某支行认为中建海峡公司已经承诺放弃优先权，故其抵押权优先于中建海峡公司的建设工程款优先受偿权。

第一，关于在建工程部分的相关权利优先顺序问题。虽然根据《最高人民法院关于建设工程价款优先受偿权问题的批复》第 1 条："人民法院在审理房地产纠纷案件和办理执行案件中，应当依照《中华人民共和国合同法》第二百八十六条的规定，认定建筑工程承包人的优先受偿权优于抵押权和其他债权"之规定，承包人的工程款优先受偿权优于抵押权。但本案中，承包人已向抵押权人承诺放弃工程款优先受偿权，若该放弃的承诺有效，则工行某支行的抵押权将优先于承包人的工程款优先受偿权。

关于工程款优先受偿权放弃的效力问题，现有研究大致可归纳为三种观点，一是有效说，二是无效说，三是效力待定说。笔者倾向于赞成有效说，主要理由有三：第一，根据意思自治原则，建设工程价款作为民事财产权，可依据权利主体的真实意思进行处分，包括放弃。第二，当事人在以协议形式明确表示放弃优先受偿权后，应当受其限制，遵循诚信原则。承包人放弃权利后又主张放弃无效，违背了交易过程中的禁反言原则，因此应当从民法的诚实信用原则出发，承认放弃优先受偿权的有效性。① 第三，法律设立该项权利的目的在于优先保障民工工资等权益的实现，但是依据现有法律，对该类权益的保障有其他的救济途径。而且，当前我国司法实践中支持有效说观点的案例占多数。

具体至本案，承包人中建海峡公司已于 2014 年 5 月 27 日向工行某支行出具书面承诺函，承诺若工行某支行将贷款支付至其公司账户，则自愿让工行某支行就海峡国际商贸城 A 地块享有的抵押权优先于其享有的工程款优先受偿权，即中建海峡公司承诺放弃工程款优先受偿权。根据中建海峡公司出具的承诺函，以及相关的借款凭证、贷款转账支付凭证等证据，足以证明工行某支行已按约定支付贷款，满足中建海峡公司承诺放弃工程款优先受偿权的条件。笔者认为，该承诺系中建海峡公司的真实意思表示和对其民事权利的自由处分，属于有效的承诺，中建海峡公司在其出具给工行某支行的《承诺函》中明确表示放弃工程款优先受偿权，该行为未违反法律法规禁止性规定，对中建海峡公司具有约束力。所以，我们认为关于海峡国际商贸城 A 地块在建工程部分，工行某支行享有的抵押权优先于中建海峡公司的建设工程款优先受偿权。

同时需要注意，中建海峡公司关于放弃优先受偿权的承诺具有相对性，其仅对工行某支行承诺放弃优先权，而并未对其他分包人承诺放弃，故中建海峡公司及其他分包人享有的工程款优先受偿权仍属于同一顺位，并无先后之分。本案中其他分包人也未向工行某支行承诺放弃工程款优先权，故其他分包人依生效判决书享有的工程款优先受偿权依据《最高人民法院关于建设工程价款优先受偿权问题的批复》第 1 条的规定，优先于工行某支行享有的抵押权。

第二，关于土地部分的相关权利顺序问题。《中华人民共和国合同法》第 286 条规定建设工程的价款就该工程折价或者拍卖的价款优先受偿，主要目的在于保护因垫资、工人工资等而附加在建设工程的部分，而土地只是建设工程的载体，并无承包人增值部分，故建设工程价款优先受偿权依法不及于土地

① 最高人民法院民一庭编：《民事审判指导与参考》（总第 37 集），法律出版社 2009 年版，第 46 页。

使用权。案涉F地块仅是一块毛地，并未开发建设，各承(分)包人并未在F地块上实施建筑活动，且A地块上在建工程与土地使用权的拍卖价款可明确划分。本案中，工行某支行对A、F地块的抵押权已经房管部门登记并由生效裁决书确认，根据《物权法》的规定，工行某支行就A、F地块土地部分享有的抵押权优先于其他申请人的债权，工行某支行有权就A、F地块土地使用权拍卖所得款项优先受偿。

【思考与提示】

在完成该案代理工作后，我们针对该案进行多次总结与反思，我们深刻地意识到代理执行案件时财产尽调工作的重要性，代理律师应尽量全面掌握了解被执行人财产线索情况，尤其是在被执行人财产线索比较复杂的情况下，代理律师应当做好财产线索前期的调查、梳理工作，并向执行法院提交整理清楚的可供执行的财产清单，协助执行法院快速掌握财产情况，推进案件执行进度。

本案在当地影响较大，市委、市人大、市政府等都较为关注，本案涉及众多安置户、购房户及债权人的利益，法律关系及案件背景都较为复杂，在代理此类执行案件时，需要代理律师帮助申请执行人理清相关的法律关系，依据法律规定及案件事实确定相关债权受偿的优先顺序问题，协助法院推进执行进度，并积极参与执行款项分配方案的制定，维护当事人的合法利益，充分发挥代理律师在执行案件中的作用。

股东出资义务加速到期的争议
律师据理力争推动改判

——锦楠公司与万国公司执行异议之诉

代理律师　陈常青　曾霄丽*

【案情简介】

福建省锦楠建设发展有限公司(以下简称“锦楠公司”)与福建万国农业科技发展有限公司(以下简称“万国公司”)建设工程施工合同纠纷一案,经福州仲裁委员会审理,于2016年7月27日作出《裁决书》,裁决万国公司退还锦楠公司履约保证金50万元及资金占用费并赔偿律师代理费损失1.5万元。因万国公司未履行《裁决书》确定的付款义务,锦楠公司于2016年10月24日向福州市中级人民法院申请强制执行。经法院查控系统查询,万国公司无任何可供执行的财产。

经查询企业工商内档,锦楠公司获知万国公司于2015年成立,注册资本为5000万元,其中股东金某1认缴出资额1500万元,金某2认缴出资额2950万元,陈某1认缴出资额500万元,陈某2认缴出资额50万元,出资额期限至2060年3月20日,目前上述股东均未足额缴纳出资。

锦楠公司依据《最高人民法院关于民事执行中变更、追加当事人若干问题的规定》第17条规定,向福州市中级人民法院申请追加万国公司股东金某1、金某2、陈某1、陈某2为案件被执行人,但福州市中级人民法院予以驳回。

本案争议焦点:是否应追加未足额缴纳出资的万国公司股东金某1、金某2、陈某1、陈某2为案件被执行人。

【办案纪实】

2016年1月7日,锦楠公司委托福州某律师事务所代理其与万国公司建

* 陈常青、曾霄丽,福建君立律师事务所律师。

设工程施工合同纠纷案件起诉至执行阶段。2016 年 7 月 27 日，福州仲裁委员会作出《裁决书》，裁决万国公司退还锦楠公司履约保证金 50 万元及资金占用费并赔偿律师代理费损失 1.5 万元。

2016 年 10 月 24 日，锦楠公司向福州市中级人民法院申请强制执行。经法院查控系统查询，万国公司无任何可供执行的财产。2016 年 12 月 14 日，经办律师依据《最高人民法院关于民事执行中变更、追加当事人若干问题的规定》第 17 条规定“作为被执行人的企业法人，财产不足以清偿生效法律文书确定的债务，申请执行人申请变更、追加未缴纳或未足额缴纳出资的股东、出资人或依公司法规定对该出资承担连带责任的发起人为被执行人，在尚未缴纳出资的范围内依法承担责任的，人民法院应予支持”，向福州市中级人民申请追加股东金某 1、金某 2、陈某 1、陈某 2 为案件被执行人。2017 年 3 月 20 日，福州市中级人民法院作出《执行裁定书》，以股东出资尚未届满缴纳期限为由，驳回追加股东金某 1、金某 2、陈某 1、陈某 2 为被执行人的申请。

锦楠公司不服，向福州市中级人民法院提起执行异议之诉，被判决驳回诉讼请求。福州中院认为，界定股东的责任，要看其是否尽到了全面履行出资义务。采用资本认缴制之后，与公司交易的相对人可以通过查阅股东认缴出资的方式、数额、期限等，并基于公司股东在认缴期限内缴足资本的信赖，判断自己是否有必要与该公司交易。本案万国公司的股东金某 1、金某 2、陈某 1、陈某 2 应承担的出资义务是在 2060 年 3 月 20 日前缴清注册资本，现出资缴纳期限尚未届满，万国公司无权超越法律规定请求万国公司股东金某 1、金某 2、陈某 1、陈某 2 立即缴清全部认缴资本或在未出资范围内承担责任。另，在一审审理期间，福州市中级人民法院因未发现被执行人万国公司有可供执行的财产，遂作出终结执行程序的裁定。

锦楠公司仍然不服，上诉至福建省高级人民法院。庭审过程中，经办律师阐述了上诉理由及代理意见如下：(1)《最高人民法院关于民事执行中执行变更、追加当事人若干问题的规定》第 17 条关于追加股东为被执行人的规定，法律并未限定该条文适用的前提为“股东出资期限届满之后”。反之，代理人认为，法律明确规定该条文适用的前提为“作为被执行人的企业法人，财产不足以清偿生效法律文书确定的债务”。(2)福州市中级人民法院对《执行规定》第 17 条做缩小解释，限定其适用前提为“股东出资期限已届满”，不仅没有合法依据，亦违背立法本意，不利于债权人利益的保护。代理人认为，福州市中级人民法院的上述裁判观点在有限责任公司作为一方民事主体的民事活动中，有刻意放大交易相对人的风险，变相纵容恶意逃避债务的公司股东的嫌疑。任何经工商登记的公司均为合法有效成立的公司，有限责任公司股东以其出资额为限对公司承担责任，而缴纳注册资本为股东基本义务。公司作为债务人在法院执行阶段财产不足以对外清偿债务时，虽然股东的出资期限尚未届满，但为了保护债权人的利益，可参照《中华人民共和国破产法》（以下简称《破产法》）、《中华人民共和国公司法》（以下简称《公司法》）及其解释的相关规定判定股东出资期限提前到期，未足额缴纳出资股东应在尚未缴纳出资的范围内对公司不能清偿的债务依法承担清偿责任。

2018 年 9 月 11 日，福建省高级人民法院审结此案，判决撤销福州市中级人民法院的一审判决，并追加万国公司股东金某 1、金某 2、陈某 1、陈某 2 为案件被执行人。福建省高级人民法院认为，在《最高人民法院关于民事执行中变更、追加当事人若干问题的规定》第 17 条中关于“未足额缴纳出资”的股东如何认定的问题，在执行阶段，对债务人是否能清偿到期债务的事实已能确定，并非处于待定状态。当公司财产不足以清偿债务的情况下，其情形类似强制清算和破产时公司的财产状态。参照《最高人民法院关于适用〈中华人民共和国公司法〉若干问题的规定（二）》第 22 条、《中华人民共和国企业破产法》第 35 条规定，在执行程序中，在公司已无财产可供执行的情形下（即法院经调查后作出终结执行程序的裁定书），即使股东出资缴纳期限尚未届满，股东所未缴出资作为其向公司所负未到期债务，视为提前到期，需向公司债权人代位清偿公司债务。本案中，虽然万国公司章程约定股东认缴出资期限至 2060 年 3 月 20 日，尚未届满，但经执行程序，万国公司的财产已不能清偿债务，而万国公司股东所未缴出资作为其向公司所负未到期债务，视为提前到期，需提前向公司履行，也即需向公司债权人锦楠公司代位清偿。因此，锦楠公司的上诉请求成立。

【律师分析】

关于认缴制下股东出资义务能否提前到期问题，司法实践中观点并不统一，有的法院认为公司无力清偿到期债务，股东应提前缴足出资，而有的法院则认为章程约定的出资期限属于公司自治行为，在不违反法律法规强制性规定的前提下，应遵守公司章程的约定，即股东仍享有出资期限利益。

代理律师认为，关于万国公司股东出资义务能否加速到期问题，本案具有其特殊性，即本案已进入执行程序，在万国公司确无财产可供执行的情况下，法院出具了终结本次执行的裁定书。也就是说，万国公司财产已不足以清偿生效法律文书确定的债务这一事实是确定的，并非处于待定状态。当公司财产不足以清偿债务的情况下，其情形应当类似强制清算和破产时公司的财产状态对股东未到期的认缴出资额进行处理。

根据《最高人民法院关于适用〈中华人民共和国公司法〉若干问题的规定(二)》第 22 条规定，公司解散时，股东尚未缴纳的出资均应作为清算财产；股东尚未缴纳的出资，包括到期应缴未缴的出资，以及分期缴纳尚未届满缴纳期限的出资。公司财产不足以清偿债务时，人民法院可以判定未缴出资股东在未缴出资范围内对公司债务承担连带清偿责任。《破产法》第 35 条规定，人民法院受理破产申请后，破产管理人应当要求出资人缴纳所认缴的出资，而不受出资期限的限制。《最高人民法院关于适用〈中华人民共和国企业破产法〉若干问题的规定(二)》第 20 条规定，人民法院可以判定尚未届至公司章程所规定缴纳期限的未缴出资股东缴付未履行的出资。前述规定表明，在公司处于解散清算、破产程序时，股东所未缴出资作为其向公司所负未到期债务，视为提前到期，需提前向公司履行，也即需向公司债权人代位清偿。

参照上述规定并结合《最高人民法院关于民事执行中变更、追加当事人规定若干问题的规定》第 17 条规定："作为被执行人的企业法人，财产不足以清偿生效法律文书确定的债务，申请执行人申请变更、追加未缴纳或未足额缴纳出资的股东、出资人或依公司法规定对该出资承担连带责任的发起人为被执行人，在尚未缴纳出资的范围内依法承担责任的，人民法院应予支持。"代理人认为，在执行程序中，在公司已无财产可供执行的情形下，即使未届股东出资缴纳期限，股东所未缴出资，作为其向公司所负未到期债务，视为提前到期，需向公司债权人代位清偿公司债务。代理人的前述代理意见得到了福建省高级人民法院的认可和采纳，最终支持了锦楠公司的上诉请求，同意追加万国公司股东金某 1、金某 2、陈某 1、陈某 2 为案件被执行人。

特别值得欣慰的是，2019 年 11 月 8 日，最高人民法院印发的《全国法院民商事审判工作会议纪要》(法〔2019〕254 号)第 6 条对股东出资应否加速到期问题做了明确规定："在注册资本认缴制下，股东依法享有期限利益。债权人以公司不能清偿到期债务为由，请求未届出资期限的股东在未出资范围内对公司不能清偿的债务承担补充赔偿责任的，人民法院不予支持。但是，下列情形除外：(1)公司作为被执行人的案件，人民法院穷尽执行措施无财产可供执行，已具备破产原因，但不申请破产的；(2)在公司债务产生后，公司股东

(大)会决议或以其他方式延长股东出资期限的。"前述规定即给锦楠公司在执行程序中可申请万国公司股东承担补充赔偿责任提供了充分的依据,也论证了福建省高级人民法院对该案判决的合法性和正当性。

【思考与提示】

回顾近四年的代理历程,感悟颇多。作为一名律师,应不断加强业务学习和研究,任何一个法律问题都不必然有同一个答案,应该具体个案进行具体分析。对现行法律规定可能存在的不完善之处,对法院判决的不合理之处,代理律师要凭借实务经验及对法律的理解,勇于向法院提出自己的观点和意见,为当事人争取合法权益。

关于股东出资义务能否提前到期的问题,也并非一概而论。现《全国法院民商事审判工作会议纪要》明确规定了股东出资义务能提前到期的两种情形,极大地减少了司法实践中的争议。

该案的意义不仅仅是通过当事人和律师的努力使得个案得到改判,更大的意义是通过个案能够推进立法、立法进程,促进社会主义法制体系的完善。

局作出的行政处罚决定等证据来看，被保险人严某某与他人发生争执斗殴，属于再审申请人的免责情形。根据保险条款责任免除第6条约定被保险人斗殴造成的意外伤害属于再审申请人的免责情形。

严某某发生死亡的后果是基于其本人参与斗殴引发心脏功能衰竭死亡导致死亡事件发生，其对于斗殴引起的死亡事件负有过错，再审申请人不应当支付保险金，因此，原审法院判决再审申请人支付全部的保险金确实是有失公允，有违社会的公序良俗，将会导致社会的公平正义无从彰显。严某某明知自身特异体质，对其"遭受安某某等人殴打——情绪激动——脂肪心发作——死亡"没有加以控制，而是放任矛盾激化，对于其死亡的结果负有过错责任。

原审法院认定的事实与"本院认为"部分相悖，判决书前后矛盾，属于认定事实不清。一审法院认定如下事实："2015年11月13日被保险人严某某在参加第四届惠州现代农业博览会过程中，与对面展位的赵某某、魏某某、安某某等人产生纠纷，并伴有肢体冲突，发生了被保险人严某某死亡事件。……2015年12月25日龙岩市公安局龙潭派出所出具的《户口注销证明》写明'死者严某某因疾病死亡'。"二审法院亦表明："上诉人及被上诉人对一审查明事实均无异议，对于一审已查明且双方均无异议的事实，本院予以确认。"可见，一审、二审法院均确认严某某与赵某某、魏某某、安某某等人产生肢体冲突、严某某死于疾病等事实，但在一审判决书"本院认为"部分，却变成了"只能证明安某某、赵某某、魏某某殴打被保险人严某某，不能证明双方斗殴。……(严某某的死亡)应属于遭受外来的、突发的、非本意的、非疾病的客观事件直接致使身体受到的伤害后身故"。二审判决书"本院认为"部分写明："原审法院认定严某某系因遭受外来的意外伤害致死，属于案涉保险合同约定的投保范围，并无不妥。"一审、二审法院判决书前后相互矛盾，已认定的事实没有作为判决依据，属于严重的事实不清，应当改判驳回被申请人陈某某的诉讼请求。

关于保险合同没有投保人签名所产生的法律效果判定上，原审法院采用了明显的双重标准。一审法院认为"投保人未在《中国某某保险股份有限公司福建省分公司吉祥卡H200国寿绿舟意外伤害保险(2013版)保险合同》上签名，但投保人严某某已交纳保险费200元，且保险合同对外显示已生效，因此，该保险合同属于已生效合同"，却又同时认定投保人未签名的行为产生没有告知投保人严某某有关责任免除条款和保险责任条款的效果，一份合同，同个行为，双重标准，产生了两个互相矛盾的效果，不符合保险合同最大诚信原则。

严某某与他人斗殴系治安案件，保险公司作为第三方难以知悉案情，难以取得该治安案件的关键材料，例如，公安机关治安行政案件调查处理结案后作出的《结案报告》。再审申请人认为，唯有《结案报告》此类具有全面性、终局性、结论性的行政文书，才能对治安案件的起因、经过、性质有足够的证明力。该类证据材料再审申请人难以调取，仅可通过被申请人向法庭提交，抑或法院依职权主动调查取得，但事实情况是被申请人隐瞒了关键证据，未客观陈述案件事实，导致原审法院将举证不力之责强加于再审申请人。

根据世界卫生组织的猝死定义："平素身体健康或貌似健康的患者，在出乎意料的短时间内，因自然疾病而突然死亡即为猝死。"（惠城）鉴通字〔2015〕00857号《鉴定意见通知书》载明："死者严某某排除被他人机械性暴力致死，符合因疾病（脂肪心）急性发作导致心脏功能衰竭死亡，外界因素刺激（争吵、情绪激动等）符合诱因。"《居民死亡医学证明（推断）书》载明："死者严某某因心脏功能衰竭（脂肪心）死亡。"《户口注销证明》载明："死者严某某因疾病死亡。"所有的证据都指向本案符合世卫组织对猝死的权威定义，且没有相反证据证明严某某不是猝死，但原审法院对再审申请人的主张不予采纳，属于认定事实错误。

【思考与提示】

近因原则是保险原理和保险实践过程中遵循的基本原则，是指造成保险事故最直接的、最有效的或起决定作用的原因。当事件发生的决定性原因已经成熟，只是差一个导火索，这个导火索就是诱因。

回顾本案，由惠州市公安局惠城区分局出具的（惠城）鉴通字[2015]00857号《鉴定意见通知书》载明："死者严某某排除被他人机械性暴力致死，符合因疾病（脂肪心）急性发作导致心脏功能衰竭死亡，外界因素刺激（争吵、情绪激动等）符合诱因。"

从学理上解释，外界的诱发因素并不是严某某疾病发生的主要原因，因为疾病的突然发作的根本原因是机体的组织器官已经存在严重的病理基础，疾病的突然发生是迟早的事。在日常生活工作中经常有一些诱使疾病突然发作的情况，而此种诱发因素并不是保险意外伤害事故的近因。

根据认定近因的通常方法——顺推法：从事件链上第一个事件开始，按照逻辑推理，问下一事件可能是什么，如果答案是最初事件导致了第二事件，第二事件又导致第三事件……最后导致最终事件，那么最初事件就是事故结果的近因。如果某一过程的某一阶段的两环节之间没有明显的联系，那么事件链就会中断，则初始原因不是近因。具体到本案：争吵与肢体冲突≠脂肪心→心脏功能衰竭→死亡，显然，争吵与肢体冲突并不是严某某死亡的近因，而是诱因。

反观二审法院的推论，逻辑存在混乱，不仅将侵权责任中判断因果关系的术语“特异体质”与保险纠纷混为一谈，更是错误使用顺推法：导致严某某死亡的近因明明是“脂肪心”，却被二审法院误认为“安某某等人殴打严某某的事件既是严某某死亡的诱因，也对整个事件发生起决定性作用”，系对近因原则的误解。

没有无缘无故的爱，也没有无缘无故的恨，严某某参加会展期间与对面展位的人发生争吵及肢体冲突，必定有情绪积累、事态升级的过程。严某某作为一个心智健全的完全民事行为能力人，主观上有能力、客观上有时间对眼前的事态走向进行预测，也完全可以通过控制情绪化解矛盾或寻求非暴力解决途径。但他没有这么做，而是任由情绪主宰，将自身置于危险境地。换言之，争吵与肢体冲突对严某某来说是本意的、非突发的、本可避免的客观事件，完全不符合意外的标准。

再审申请人作为一家保险公司不可能亲历每一场保险事故，对于客观事件及因果关系的了解、判断，必须依赖于国家机关、其他单位以及专业人员出具的合法、权威的证明材料。原审法院对惠州市公安局惠城分局、法医、龙岩市龙潭派出所出具的各类证明上“严某某死于疾病”的表述的理解存在偏差，错误地否定了这些证据的证明力，致使原判决有失公允。通过代理律师的努力，福建省高级人民法院不仅以事实为依据、以法律为准绳，采纳了代理律师的观点，而且出于人道主义的关怀，准予中国某某保险股份有限公司龙岩市永定区支公司援助陈某某人民币贰万元，实现了法律维护公平正义的功能和帮助弱者的精神，值得我们所有法律工作者学习。

保险人代位求偿经典成功案例
六条工作建议值得分享

——某保险公司诉某塑料公司保险人代位求偿权纠纷案

代理律师　兰友鹏*

【案情简介】

某保险公司(以下简称保险公司)承保福建某显示器生产企业(以下简称被保险人)的企业财产一切险。在保险期间,因某塑料制品有限公司(下称塑料公司)为被保险人生产显示器配件,被保险人将其所有的模具交由塑料公司使用。

2013年11月17日,塑料公司厂区内发生火灾,导致被保险人交由塑料公司使用的模具发生损毁。公安消防部门认定起火点位于厂区内,起火原因可以排除生产设备及电器线路故障、自燃、雷击引发的火灾,不能排除遗留火种、用火不慎引发火灾。

事故发生后,代理律师接受保险公司委托,为保险公司提供理赔及代位求偿法律服务。保险公司最终赔付财产一切险项下损失74万美元,进而进行代位求偿。

【办案纪实】

理赔工作结束后,代理律师代理保险公司向福清市人民法院提起诉讼,要求塑料公司赔偿相应损失。

在诉讼过程中,塑料公司提出的主要抗辩意见为:(1)根据《中华人民共和国合同法》(以下简称《合同法》)第80条规定,债权人转移债权应当通知债务人,否则对债务人不产生效力。本案中,被保险人向保险公司转让债权没有通知塑料公司,因此,对塑料公司没有法律效力;(2)塑料公司在火灾事故中没有

---

* 兰友鹏,福建名仕律师事务所律师。

过错，且被保险人的工作人员作证，订立模具交接协议时，没有约定对于模具损毁，塑料公司应承担赔偿责任，因此，其不应承担赔偿责任；(3)火灾造成的模具损失证据不足。

对于塑料公司的抗辩观点，代理律师作出以下反驳：(1)保险人代位求偿权是《中华人民共和国保险法》(以下简称《保险法》)规定的法定代位权利，有别于《合同法》第 80 条规定的债权转让，塑料公司抗辩称“未通知债务人，对债务人不发生效力”的观点不能成立；(2)塑料公司应承担赔偿责任。首先，塑料公司承揽被保险人工作，根据《合同法》第 265 条规定，应当对委托人提供的材料承担保管责任。其次，塑料制品公司厂区内发生火灾，有违《中华人民共和国消防法》第 16 条规定的企业应当履行组织防火检查，及时消除火灾隐患的法定义务。再次，保险公司是基于合同关系代位求偿，由于我国《合同法》规定的违约责任是无过错归责原则，因此，塑料公司是否有过错，并不影响其应当承担赔偿责任；(3)保险公司提供的公估报告与塑料公司盖章确认的损失清单能够相互印证，足以认定模具损失金额，塑料公司称“模具损失证据不足”与事实不符。

本案经过一、二审、再审听证，福清市人民法院、福州市中级人民法院、福建省高级人民法院均支持代理律师的观点，判决塑料公司赔偿保险公司 74 万余美元。

此外，在诉讼过程中，代理律师准确判断出其他保险公司承保塑料公司同案受损厂房保险的理赔情况，及时向法院提出财产保全申请，成功查封相应保险金，确保了判决顺利执行。

【律师分析】

一、保险人代位求偿权有别于我国《合同法》第 80 条规定的债权转让，该权利的成立不以通知债务人为条件

我国《保险法》第 60 条第 1 款规定：“因第三者对保险标的的损害而造成保险事故的，保险人自向被保险人赔偿保险金之日起，在赔偿金额范围内代位行使被保险人对第三者请求赔偿的权利。”据此，保险人的代位求偿权是法定权利，不取决于当事人的意愿，无需被保险人的同意，更无需通知被求偿对象。而《合同法》所规定的债权转让，根据我国《合同法》第 79 条规定，是债权人将合同的权利全部或者部分转让给第三人的行为，是当事人意思自治表示的结果，这与保险代位求偿的转让性质不同，法律依据不同。

二、办理保险代位求偿案件应当首先对被保险人和求偿对象之间的法律关系进行准确定性

首先，保险代位求偿权案件在诉由上往往有侵权之诉和合同之诉可供选择。本案中，代理律师考虑到消防部门对火灾原因采用的是“可以排除……，不能排除……”的表述方式，根据公安部《火灾事故调查规定》的规定，属于火灾原因无法认定，过错证明会有难度。因此，代理律师最终选择合同之诉的求偿诉由，并强调违约责任应当采用无过错归责原则认定。

其次，关于被保险人与塑料公司之间的法律关系，代理律师将其定性为承揽合同关系，并准确地找到《合同法》第 265 条作为依据。《合同法》第 265 条规定：“承揽人应当妥善保管定作人提供的材料以及完成的工作成果，因保管不善造成毁损、灭失的，应当承担损害赔偿责任。”事实上，基于有偿合同而占有、使用合同相对方财物的，保管对方财物、承担占有期间的风险，这是基本的合同随附义务，即便合同没有约定，有关当事人也要承担这一责任。据此，代理律师认为可以将《合同法》第 265 条的立法精神，扩大解释为所有的有偿合同中，无论合同是否有明确约定，当事一方保管合同相对方的财产，均有妥善保管之责。

三、企业对于其生产区域，有火灾防查、消除安全隐患的法定责任，如果场所内发生不明原因火灾，可以认定为未尽该妥善义务，由此导致他人财产受损，应当承担赔偿责任

《消防法》第 16 条规定，企业单位应当履行“组织防火检查，及时消除火灾隐患”的消防安全职责。本案中，塑料公司作为易燃塑料制品生产企业，在生产车间窗户墙外堆放线板处存在起火源，没有及时发现，消除隐患。在这种情况下发生火灾，即便火灾原因不能查清，这也不影响认定该企业违反前述消防法定义务。

四、保险公估报告在保险代位求偿案件中应当参照鉴定意见的证据采信规则进行审核

《保险法》第 129 条第 1 款规定：“保险活动当事人可以委托保险公估机构等依法设立的独立评估机构或者具有相关专业知识的人员，对保险事故进行评估和鉴定。”据此，作出公估报告的主体可以是“依法设立的独立评估机构”，也可以是“具有相关专业知识的人员”。由于具有相关专业知识的人员可以成为公估报告的出具主体，因此，这使得保险公估报告是否可以归类于证据种类中的司法鉴定意见，存在一定争议。当然，我国基本不存在由个人出具公估意

见的案例，因此，将保险公估意见归为鉴定意见是司法实践中的主流观点。最高人民法院民二庭庭长杨临萍在2015年12月24日召开的最高法院民商事会议中所作的《关于当前商事审判工作中的若干具体问题》中指出，公估报告属鉴定意见，在没有相反证据的情况下，应当予以采信。该意见的公布，在一定程度上，统一了认识，减少了争议。

对于鉴定意见的认定，根据《最高人民法院关于民事诉讼证据的若干规定》第27条的规定，主要从鉴定机构或者鉴定人员是否具备相关的鉴定资格、鉴定程序是否严重违法、鉴定结论是否明显依据不足三个方面进行审核。如果这三个方面存在问题，一般也是通过出具补充意见或者重新鉴定来对证据链完善，进一步查清相关事实。

本案中，除保险公估报告之外，塑料公司还在一份由被保险人制作的《受损模具金额索赔清单》上加盖公章，该表格记载了模具名称、编号、进厂日期、购置价格、受损模具的损失数量、损失金额、其中八幅模具先维修后重置等情况。代理律师指出，塑料公司作为标的模具长时间使用人，对模具的性能、损失程度比被保险人、保险公司，甚至保险公估公司更加了解。在这种情况下，其在《受损模具金额索赔清单》上盖章行为，足以认定其对清单中所记载的事实是确认的，这种确认对其具有法律上的约束力。因此，在保险公估报告制作主体合法、程序合法、公估确定的损失数量金额少于塑料公司确认的数量金额的情况下，法院应当确认其证明效力。

【思考与提示】

保险代位求偿作为保险公司的一项重要工作，是保险公司增加利润的重要措施之一。但是，在实务中保险代位求偿败诉或者胜诉后执行不到位的情况并不是少数，保险公司工作成效并不乐观。代理律师经过多年的研究和经验总结，对保险公司的保险代位求偿工作提出如下六条建议：

一、由专业律师提前介入理赔工作

专业律师提前介入理赔，能为后续可能涉及的代位求偿工作做好各方面准备。实务中，不少保险公司在理赔结束后，才聘请律师代理代位求偿诉讼。此时，往往由于被保险人收到赔款后配合动因消失，加上时间因素，补充收集证据难以成功。

二、注意收集认定被保险人与求偿对象之间法律关系以及求偿对象主体情况证据保险公司在理赔过程中,往往只注重保险事故发生以及损失程度的证据,忽略确定被保险人与求偿对象之间法律关系以及求偿对象主体情况的证据。在一些法律关系复杂的案件中,如果不重视这方面,往往会增加代位求偿纠纷办案难度,甚至直接导致无法启动代位求偿,这应当引起重视。

三、证据应当收集原件

在保险理赔实务中,不少保险公司往往只收集证据的照片或者扫描件,未要求被保险人提供证据原件。在保险代位求偿诉讼中,求偿对象方往往否认复印件证据的真实性,以致保险公司举证不能,最终承担不利后果。

四、对于保险标的损失,应当通过第三方评估鉴定来确定

保险理赔只涉及保险合同当事人利益,因此不少保险公司仅以本公司查勘定损材料作为理赔和代位求偿依据,在代位求偿诉讼过程中,因涉及第三人利益,这往往会被法院认定证据不足。实务中,即便委托保险公估公司评估损失,也往往出现公估机构公估意见依据明显不足的情况。对此,有必要督促公估机构进一步加强公估意见依据的收集,如市场询价原始材料、委托专业机构出具意见等。比如,在办理建设工程保险案件中,对于工程造价问题,可以另行委托工程造价咨询机构就专门问题出具造价咨询意见,作为公估依据,这样证明效力更高,更容易被法院采信。

五、注意防止被保险人与求偿对象相互串通,损害保险公司利益

在保险代位求偿案件中,求偿对象与被保险人相互串通,损害保险公司利益的情况并不少见。比如,本案中,被保险人工作人员出具证言,证明火灾不属于塑料公司应承担赔偿责任的情形,给案件带来一定的诉讼风险。对于这种情况,最高人民法院民二庭庭长杨临萍在 2015 年 12 月 24 日召开的最高法院民商事会议中所作的《关于当前商事审判工作中的若干具体问题》报告中,就明确指出:“注意审查被保险人在保险代位求偿权纠纷案件中所作陈述的真实性,防止被保险人取得保险金后又与第三人串通来对抗保险人,防止骗保发生。”

六、注意理赔、代位求偿工作效率,及时、准确进行财产保全,为将来的执行工作做好准备

实务中,保险代位求偿纠纷案件在胜诉后,执行到位率并不高。这是因为保险事故发生后,经过理赔、代位求偿诉讼再进入执行阶段,需要漫长的过程,求偿对象有充足的时间进行财产转移。因此,在理赔过程中即应当考虑到执行问题,在提高理赔、求偿工作效率的同时,可以及时、准确进行财产保全,为将来的执行工作做好准备,确保胜诉后的执行到位。

汽车自燃维权难，律师极致办案获赔偿

——苏某敏诉某汽车有限公司、福州某某汽车有限公司产品责任纠纷案

代理律师　潘先兵*

【案情简介】

苏某敏于 2015 年 3 月 29 日向福州某某汽车有限公司购买某汽车有限公司生产的汽车一辆，2016 年 1 月 7 日 11 时左右，苏某敏配偶刘某将该车（车牌号为：闽 A226××）停放在福州市晋安区新店镇溪里路旁，到福州市五四北泰禾广场办事，当天 17 时 10 分左右，刘某回到停车地方时，发现该车已被烧毁，该车车旁车牌号为闽 AW15××的汽车亦被烧毁。根据福州市晋安区公安消防大队出具的《火灾事故简易调查认定书》载明："经现场查看发现：福州市晋安区新店镇溪里路旁停放两部轿车（车牌分别为闽 A226××和闽 AW15××）有燃烧烟熏痕迹，其他地方无此现象，轿车（闽 A226××）汽车发动机舱内右侧烧损最为严重，表明火势由该处向四周蔓延。"《火灾事故简易调查认定书》认定起火轿车为轿车（闽 A226××），起火部位是轿车（闽 A226××）前部发动机舱内右侧处。火灾烧损两部轿车，轿车车牌分别为闽 A226××和闽 AW15××。苏某敏多次要求厂家和经销商赔偿其车辆损失价税合计人民币 137900 元及其他损失包括其他保险业务人民币 500 元、交强险保险费和车船税人民币 1200 元、车辆购置税人民币 11786.33 元、机动车辆保险费 5578.75 元，共计人民币 156965.08 元，但厂家和经销商不予赔偿苏某敏损失。

本案的争议焦点：(1)涉案车辆是否存在产品质量缺陷，与该车发生火灾是否存在因果关系；(2)本案的举证责任问题，即产品缺陷到底由谁举证，原告的举证要达到什么程度；(3)《火灾简易事故调查认定》程序是否违法问题；(4)本案赔偿责任的承担及具体数额以及赔偿项目问题；(5)赔偿主体问题。

---

* 潘先兵，福建宽达律师事务所律师。

【办案纪实】

苏某敏经人推荐由某某律师事务所潘先兵律师代理此案，律师接受代理后，以产品责任纠纷为案由于 2016 年 3 月 24 日起诉至福州市鼓楼区人民法院。原告为苏某敏，被告一为某汽车有限公司，被告二为福州某某汽车有限公司。法院经审理认为："本案系因车辆燃烧引起的产品责任纠纷。原告购买的车牌号为闽 A226××轿车尚在整车质保期内，从原告提供三包凭证及首保与维修记录可见讼争车辆系正常停驶状态下发生燃烧。根据接处警情况登记表及福州市晋安区公安消防大队出具的晋公消火认简字〔2016〕第 0001 号火灾事故简易调查认定书，起火系轿车(闽 A226××)汽车发动机舱内右侧处发生自燃。除此之外，没有证明该车是由其他外部原因引起火灾的证据。因此，可以推定起火原因系车辆自身故障，可见案涉车辆存在不合理的危及人身、财产安全的危险，即存在产品质量缺陷。原告苏某敏已经就车辆损害事实及产品质量缺陷之间的因果关系提供了相应证据予以初步证明，其举证义务已经完成。两被告作为汽车的生产者和销售者，详细掌握汽车产品的技术标准，具有明显的专业优势，应当对车辆不存在产品缺陷承担举证义务。两被告虽均对车辆起火原因存在异议，但均未对车辆起火原因申请鉴定，亦未提供充分证据证明其可以免除责任，故应当对讼争车辆产品缺陷所造成的损失承担共同赔偿责任。另，被告一认为《火灾事故简易调查认定书》违反法律程序，不能作为本院定案依据。本院认为，根据《中华人民共和国消防法》第 51 条第 3 款的规定，火灾事故的认定应由消防部门负责。《火灾事故简易调查认定书》系有权机关依职权作出的认定，其作出的调查和认定具有合法性、专业性与客观性，应予采信。"

最终法院根据该车辆使用情况和《家用汽车产品修理、更换、退货责任规定》等相关规定，酌定折旧费用为 12411 元，车辆损失为 125489 元，该损失由两被告赔偿，法院认定因缴纳车辆购置税而造成的损失与该火灾事故有因果关系，且被告对原告提供相关票据的真实性无异议，故对原告主张赔偿车辆购置税予以支持。对于交强险、其他保险费和车船税。法院认定原告可按照有关规定向税务机关或保险部门申请退税或退费。

【律师分析】

生产商和销售商应当对因产品存在缺陷而造成的人身、财产损害承担侵权赔偿责任，汽车是技术复杂的商品，消费者很难举证汽车产品缺陷，而汽车的生产商和销售商作为专业生产和销售汽车产品的企业，详细掌握汽车产品的技术标准，举证产品不存在缺陷较为容易。按照《最高人民法院关于民事诉讼证据的若干规定》(以下简称《证据规则》)第 4 条，实行举证责任倒置，由汽车生产商和销售商对缺陷产品导致的人身、财产损害承担产品侵权赔偿责任。对于汽车自燃案件，法院应允许受害人向汽车生产商和销售商主张产品侵权责任。

汽车在正常停驶状态下发生燃烧，经消防部门认定火灾原因不明。汽车自燃案件关键在于查明导致汽车自燃的原因，然而对于汽车自燃的原因，目前尚无统一而明确的科学定论。只有进入民事诉讼程序的案件，自燃车辆才能做火灾司法鉴定。司法实践中，大多由车主申请鉴定并取得司法鉴定报告。汽车生产商和销售商一般不主动申请火灾原因司法鉴定。为查明汽车自燃原因需要进行火灾原因司法技术鉴定的，车主可以向人民法院依法申请进行委托司法鉴定，也可以由法院依职权决定委托专门司法鉴定机构进行鉴定，鉴定费用由败诉方承担。

目前，具备火灾原因司法鉴定资质的权威司法鉴定机构比较少，申请司法鉴定或委托鉴定不是很方便，并且司法鉴定费用较高。司法实践中，该类司法鉴定由法院以当事人申请或依职权决定委托司法鉴定。汽车自燃案件中起火原因是该类案件审理的关键点，如果由于汽车产品质量问题导致自燃，汽车生产商、销售商要承担产品侵权责任。如果自燃是由于车主使用操作、保养不当或外界原因造成，车主自身承担汽车毁损的损失，汽车生产商、销售商不承担责任。火灾司法技术鉴定结论的证据效力如何，按照《中华人民共和国民事诉讼法》第 63 条规定，鉴定结论属于法定证据之一，除非有相反的证据足以推翻，汽车自燃火灾司法技术鉴定结论是作为认定案件事实的关键证据。

未经司法鉴定，事故原因无法查明的情况下，如何认定汽车自燃损害的赔偿责任？在无直接有效的证据证实汽车自燃原因的情况下，应结合举证责任分配原则及现有证据情况，同时借助逻辑推理和日常生活经验，综合考虑案情予以判断。在整车质量三包期内，经消防部门认定火灾原因不明，生产商和销售商不能就自燃汽车不存在质量问题进行举证，就要承担不利的诉讼后果。法院应根据逻辑推理和日常生活经验，合理排除该车燃烧系由外界原因或使用不当引起，从而推定系车辆自身存在不合理的危及人身、财产安全的危险，即产品质量缺陷，且产品质量缺陷与汽车自燃造成的损害后果之间存在因果关系。

难以作出事实判断的情况下，应进行价值判断，在公平公正的原则基础上，确定何种价值或是利益更值得加以保护，更利于促进社会的和谐和发展，从而实现法律效果与社会效果的统一。就产品侵权责任案件而言，消费者的权益理应得到更多重视和保护，产品的生产商和销售商在通过其产品获取利润的同时，多承担一些产品质量担保责任和诉讼上的举证责任，既符合利益与风险相一致、风险与责任相一致的原则，也有利于促进其不断提高产品质量，完善质量监督检测手段，不断减少产品侵权责任纠纷。

长期以来，当一辆汽车在使用过程中出现质量问题以后，因我国没有一部专门处理汽车质量纠纷的法规，任凭消费者与汽车销售商、服务商和生产厂家之间扯皮，处理的方式大多是依靠《中华人民共和国产品质量法》和《中华人民共和国消费者权益法》来处理。由于这些法律条文不够细致，依据这些条文往往是一种很模糊的处理方式，最终结果是消费者和汽车生产厂家都不满意，而受理投诉的国家有关部门又面临着无据可循的尴尬境地。这既不利于消费者、制造商和销售商维护自身的权益，也不利于汽车企业追求技术和管理进步。

汽车质量问题应以侵权纠纷提起诉讼，实行举证倒置。《证据规则》第 4 条第 6 项规定："因缺陷产品致人损害的侵权诉讼，由产品的生产者就法律规定的免责事由承担举证责任。"

一种观点认为，虽然因缺陷产品致人损害的侵权之诉属特殊侵权，由生产者承担无过错责任，但并不免除受害人的举证责任。受害人应首先对产品投入流通时即已存在缺陷，损害事实确实存在，以及产品缺陷与损害后果之间存在因果关系承担举证责任。再由生产者就法律规定的免责事由承担举证责任。

另一种观点则认为，受害人因缺乏专业知识，对于汽车这种生产工艺复杂、技术含量很高的产品，几乎不可能举证证明产品存在设计缺陷、制造缺陷等固有缺陷，也很难证明产品缺陷与损害后果之间存在因果关系。而无论从财力物力和对专业知识和信息的占有程度而言，生产者相对消费者具有更强的举证能力，故应就上述两项证明事项适用举证责任倒置，由生产者承担举证责任。

本律师认为，从充分保护消费者权益的角度出发，应考虑适用举证责任倒置。

从案由分析，汽车自燃案件分别可以买卖合同纠纷或产品责任纠纷作为案由提起诉讼。以买卖合同纠纷提起诉讼，一般由车主承担证明汽车存在质量问题的举证责任，以产品责任纠纷提起诉讼，则实行举证倒置，由经销商、生产商承担证明汽车不存在质量问题的举证责任，显然，举证责任倒置减轻了车主举证负担，更有利于车主提高胜诉率。因此，应尽量适用产品责任纠纷作为诉讼案由。

【思考与提示】

本案判决与同类案件相比在以下方面具有创新和典型意义：首先，确定了汽车自燃案件应为产品责任纠纷，在准确定性的基础上确定了案件的举证规则，从而认定生产者和经销商为汽车自燃的责任承担者。其次，遵循了法律规定的举证责任倒置原则，认定应由生产者与经销商对车辆不存在产品缺陷及法定免责事由承担举证义务。汽车自燃事故发生时，车主往往因为缺乏专业知识处于弱势地位，如果让车主举证证明汽车存在设计缺陷、制造缺陷等固有缺陷，无疑是不公平的，因此，本案中实行举证责任倒置是必要的也是符合法理的。最后，本案判决最为新颖之处在于在没有司法鉴定的情况下，认定两被告对讼争车辆产品缺陷所造成的损失承担共同赔偿责任。在同类案件中，大多由车主申请司法鉴定证明汽车发生自燃系汽车自身质量缺陷引起，生产者和经销商为了推卸责任一般不主动申请司法鉴定。然而，我国目前具备火灾原因司法鉴定资质的权威司法鉴定机构比较少并且司法鉴定费用较高，往往使车主在相关纠纷中处于更不利的诉讼地位。本案判决结合举证责任分配原则、现有证据情况及生活常理，在排除其他外部原因的情况下运用逻辑推理规则推定火灾是由汽车自身质量缺陷引起的，在遵循自由心证的原则上客观、科学地认定了案件事实，不仅促进了消费者权益的保护，也督促生产者在生产过程中严格把关，做好质量监督，不断改进自身产品。

著作权属起纠纷，律师主张职务作品获支持

——李惠卿与陈文灿、福州大学著作权权属、侵权纠纷案

代理律师　江小金*

【案情简介】

1986年人民大会堂福建厅装修，福建省政府机关事务管理局与福建工艺美术学校（2005年并入福州大学）签订合同，约定由福建工艺美术学校承接福建厅大型漆壁画的设计、制作，表现内容为“武夷风光”。此后，学校组织吴景希、陈文灿等师生进行集体创作，最终完成了大型漆壁画《武夷之春》（1987年版）。1994年，福建厅重新装修，福建工艺美术学校又组织吴景希、陈文灿等多名师生对《武夷之春》进行调整，主要内容除了1987年版的大王峰和玉女峰外，还增加了鹰嘴岩，且尺寸有所扩大，在诸多细节方面也有改变。2013年10月，陈文灿对“大型漆壁画《武夷之春》”进行著作权个人登记，登记内容为“作者陈文灿、著作权人陈文灿”。

由于吴景希已经去世，其母向厦门市思明区人民法院提起诉讼，认为涉案美术作品属于自然人作品，陈文灿将涉案作品著作权登记在其个人名下，并且在个人作品展中仅仅为自己署名的行为侵犯了吴景希包括署名权、展览权在内的多项著作权利。本案一审过程中，第三人福州大学主张涉案该美术作品系由原福建工艺美术学校主持、体现法人意志并由法人承担责任的法人作品，应当对涉案作品享有完整的著作权，由于福建工艺美术学校已经并入福州大学，福州大学作为继受主体享有该美术作品的全部著作权，吴景希不享有展览权等著作权。

一审法院认为，两版《武夷之春》都是由法人主持，代表法人意志创作，并由法人承担责任，应当认定该作品属于法人作品，包括复制权、发行权、展览权在内的全部著作财产权应属于福州大学，陈文灿和吴景希对其不享有著作财

* 江小金，北京观韬中茂（福州）律师事务所。

产权，但作为参与创作者，二人对《武夷之春》均享有参与创作者的署名权。李惠卿无权就 1987 年版《武夷之春》署名权，1994 年版《武夷之春》复制权、发行权、展览权提出主张。陈文灿申请将作品登记至其名下的行为侵犯了吴景希对 1994 年版《武夷之春》的署名权。判决涉案两幅作品的著作权归福州大学所有（吴景希享有署名权）；陈文灿消除影响，并在报纸、网站上公开声明明确《武夷之春》1994 年版的创作、设计者包括吴景希，赔偿原告为制止侵权所支付的合理费用。

二审法院认为，两版《武夷之春》美术作品并非完全或主要体现代表了法人的意志，并且不需要以法人的名义使用作品，不应认定为法人作品。考虑到讼争作品系福建工艺美术学校的工作人员为完成单位的工作任务、由有关部门提供物质技术条件并由有关部门承担责任的职务作品，考量立法的本意，依照《中华人民共和国著作权法》（以下简称《著作权法》）第 16 条规定确定两版《武夷之春》作品的署名权由吴景希、陈文灿等人享有，福州大学享有除署名权之外的著作权。陈文灿未经吴景希等人许可，将讼争作品的著作权登记于个人名下，构成对吴景希署名权的损害。二审改判：撤销一审关于大型漆壁画《武夷之春》（1987 年版）、《武夷之春》（1994 年版）的著作权归福州大学所有（吴景希享有署名权）的判决，并适当变更了消除影响的方式。

【律师分析】

本案涉及法人作品、自然人作品、职务作品的认定等法律适用难题以及创作者利益保护的平衡，妥善处理本案侵权纠纷的前提是解决两幅《武夷之春》作品的著作权归属问题。代理律师从以下几个方面主张讼争作品为法人作品：

第一，讼争作品是基于工艺美校承接的人民大会堂福建厅装修更新这一政治任务而创作的，包括吴景希、陈文灿在内的众多师生都是在工艺美校的主持下参与创作。工艺美校提供了全部创作所需的物资技术条件，创作完成讼争作品的直接费用都是由工艺美校承担的。讼争作品庞杂特殊的工艺要求，也决定了其创作完成需要多种专业人员的合作配合才可能完成，不可能由某个人独立创作完成。讼争作品的创作过程是：工艺美校接受创作任务后，组织部分师生到武夷山现场采风，根据采风情况进行手稿的绘制，再由漆画老师根据画稿进行漆画的制作。其间进行了多次阶段性审查，最终经过各级部门审核、定稿。吴景希老师仅仅是参与了手稿绘制的部分工作，不能因此就认定讼争作品是个人作品。

第二，讼争作品代表的是法人的意志，并不体现参与创作的某个人的意志。讼争作品的创意、题材、元素、内容、手法、风格，均由人民大会堂管理局、福建省人民政府和工艺美校提出和确定。讼争作品画稿的创作主题（武夷风光）、表现内容（武夷山的春天景色）、构成要素（“大王峰”“玉女峰”“鹰嘴岩”等）均由学校集体讨论后提出，吸收各级领导的个人意见且需经福建省政府、北京人民大会堂事务管理局审核通过，创意的提出者并非吴景希。讼争作品的阶段性审查、审核定稿和验收，均由人民大会堂管理局、福建省人民政府和工艺美校做出，不同于个人作品。鉴于讼争作品用途的特殊性和重要性，其创作过程中需要多次审查才能定稿和验收。这些过程的存在，客观上不可能任由某个人的创作意志体现，在创作过程中，即便对作品有想法和构思，但是都要经过层层审核修订，最终体现的只能是法人意志。

第三，讼争作品的创作费用和法律责任由工艺美校承担，任何个人无承担能力。讼争作品的特殊使用方式（1994 年版的《武夷之春》现在还悬挂在北京人民大会堂福建厅），决定了其政治性强，法律责任重大，所需资金量大。从创作思路的提出到作品完成，历时逾两年，离开有关部门和领导、工艺美校等提供的组织保障及创作所需的资金、场地、人力等物资技术条件，仅凭个人的力量是难以完成的。讼争作品由工艺美校组织本单位师生员工创作完成，对外以工艺美校的名义发表和使用，工艺美校为该作品的权、责、利主体。1987 年及 1994 年的两份合同都是以工艺美校校办单位的名义签订。1995 年 2 月 24 日，福建省人民政府授予工艺美校创作的大型磨漆画《武夷之春》优秀工艺奖称号。这些都足以证明讼争作品早就是以工艺美校的名义署名了。

综上，讼争作品由工艺美校组织支持，代表法人意志创作，并由工艺美校承担责任，依据《著作权法》第 11 条第 3 款之规定，应属于法人作品，其著作权应属于工艺美校，随着工艺美校成为福州大学的一个内设教学机构，而最终归属于福州大学。

二审法院认为本案讼争作品系美术作品，本质上属于高度个性化的创作行为，创作者在有关部门提出的创作主题和原则性要求下，仍可自由发挥主观能动性和个人创造力，在作品上充分注入个人的思想和情感。考量当时的创作背景、社会历史环境，为保护创作者的合法利益，褒扬创作者的艺术贡献，同时依法维护法人的合法权益和社会公共利益，综合著作权的立法目的，从鼓励创作积极性和平衡当事人及社会公共利益角度出发，对法人作品认定采取严格、审慎态度，采用了扩大特殊职务作品类型的做法来确定本案讼争作品的著作权归属，将讼争作品认定为特殊职务作品，创作者享有署名权，其他著作财产权均归属法人。切实加强对自然人创作者权益的保护，激励创作热情，较好地实现创作者、法人和社会公共利益之间的利益平衡。

【思考与提示】

《武夷之春》案件提出了法人作品和特殊职务作品这两种作品类型的认定标准问题，法人作品与职务作品的外延存在交叉，在实践中要画清界线绝非易事，可能出现某一作品既可归入法人作品，也可认定为特殊职务作品的情况。我国立法对于职务作品和法人作品的著作权归属中，赋予法人和其他组织的权利过大，实践中大多数情况下创作者为单位拟职工，创作者与单位地位不平等，创作者处于劣势地位，无法与单位抗衡，难以保护自己的利益。并且，由于法人意志的抽象化，在法人意志上如果不加以严格限制，法人在作品创作方面作的任何指示都可以成为“法人意志”，极易忽视创作者的创造性劳动，对创造者不公。在创作者与单位的利益冲突中，既要提高创作人的创作热情，也要提高单位给予创作人提供一切创造条件的热情；既要保护创作人的利益，又要保护单位的利益。单位追求的是物质利益，保护单位的利益并不一定要通过赋予其完整的著作权才能实现，赋予单位除署名权之外的著作财产权一样能实现单位的利益。而将著作人身权赋予创作者，才能更好地保护创作者的权益，实现“利益兼顾原则”。

正如本案二审判决所述“著作权法是保护文学、艺术和科学作品作者的著作权以及与著作权有关的权益的专门法，保护创作者能够获得直接或间接的利益回报，实现人格独立和自我发展，是著作权立法的应有之意，没有创作者个人付出的创造性劳动，就不会有文学、艺术和科学作品的诞生，保护著作权，首要在于保护创作者的权益，鼓励创作的积极性”，因此，二审严格限定法人意志，将法人意志限定于创作者个人自由思维的空间不大，不能充分发挥主观能动性，创作思想及表达方式完全或主要代表、体现法人意志的情形，从严认定法人作品，符合未来著作权的发展趋势。

优先权之争:当融资租赁物所有权遇上抵押权

代理律师　卢海风*

【案情简介】

2012 年 12 月 6 日,某租赁公司与 A 公司签订融资租赁合同,约定 A 公司将 B 公司设备出售给某租赁公司,某租赁公司向 A 公司支付购买价款,同时 A 公司再将上述资产从某租赁公司处租回,并支付租金及其他应付款项。因 A 公司拖欠租金构成违约,2016 年 11 月 9 日,某租赁公司向天津市高级人民法院提起诉讼,天津市高级人民法院于 2017 年 4 月 26 日作出生效判决,该判决确认了某租赁公司享有租赁物的所有权。2017 年 9 月 1 日,某租赁公司在中国人民银行征信中心办理了融资租赁登记。

2013 年 2 月 27 日,某银行与 A 公司签订借款合同,约定 A 公司向某银行借款 3.2 亿元,该笔借款的担保为抵押、质押及保证担保。2013 年 4 月 1 日,某银行与 B 公司签订抵押合同,约定 B 公司提供其水电站整体资产房屋建筑物及构筑物、机器设备作为上述借款的抵押物,上述抵押物分别于 2013 年 3 月 4 日、2013 年 3 月 18 日办理了抵押登记。因 A 公司违约,2017 年 8 月,某银行诉至龙岩市中级人民法院,要求 A 公司还款,若 A 公司不履行还款义务,某银行对 B 公司提供的抵押物以折价、拍卖、变卖后所得价款享有优先受偿权,等等。诉讼过程中,某租赁公司申请以第三人身份参与诉讼,诉请确认某银行在水电站的房屋建筑物及构筑物、机器设备上设定的抵押权无效,请求判决注销相关登记证书,等等。

本案中,某租赁公司与某银行讼争的核心关键点即某银行取得抵押权是否符合善意取得的认定标准,对此冲突适用的主要规定为《中华人民共和国物权法》第 106 条及最高人民法院《关于审理融资租赁合同纠纷案件适用法律问题的解释》第 9 条,作为抵押权人的某银行应当证明自己是基于善意签订抵押合同,才能取得抵押权。

---

* 卢海风,北京大成(福州)律师事务所律师。

【办案纪实】

2017年8月,因A公司贷款逾期,某银行向龙岩市中级人民法院起诉,某租赁公司申请作为第三人参与诉讼,该银行委托北京大成(福州)律师事务所律师卢海风代理此案。针对本案主要的争议焦点即"某银行是否善意取得抵押权,是否有权直接行使抵押权,某租赁公司的租赁物所有权是否有权对某银行的抵押权行使抗辩权",代理思路如下:

一、需证明某银行取得抵押权是善意的,某银行已尽到了作为贷款人应当尽的审查注意义务,具体包括审查了《评估报告书》、收集并现场查看抵押人B公司提供的抵押物,财产发票上标明所有权人是B公司,发票未标明财产上另有其他权利(或者说"物权警示")查询融资租赁登记公示系统等在内11项审查确认抵押物的产权归属的行为。

二、证明某租赁公司作为专业的金融机构,未按照《金融租赁公司管理办法》(2007修订)第32条、第34条等行业规定尽到任何审慎调查及物权公示义务,某租赁公司对于"租赁物"没有做任何的标记、公示措施,也未在物品发票上做"物权警示",存在重大过错,应当为其自身无法获得物权而承担全部的不利后果。

三、根据《中华人民共和国物权法》第106条及最高人民法院《关于审理融资租赁合同纠纷案件适用法律问题的解释》第9条之规定,某租赁公司未在租赁物的显著位置作出物权警示标识,没有证据表明某银行在发放贷款时已明知水电站为租赁物。相反,某银行经过充分调查,证明抵押物的所有权属于B公司。某银行已经支付合理对价(即发放了贷款),其取得的抵押权可以对抗某租赁公司所谓的租赁物所有权。

四、最高人民法院的两个案例可以作为本案的重要参考:一是"马尼托瓦克与中信银行等第三人撤销之诉案"(〔2015〕民申字第1247号),二是"中联重科与浦发银行西宁分行等借款合同纠纷案"(〔2015〕民二终字第138号),两个案例都指明《中华人民共和国物权法》第106条规定中明确了无权处分之善意第三人的标准,具体到本案,某银行完全符合善意取得物权的标准,并且可以行使抵押权。

五、参考最高人民法院"中联重科与浦发银行西宁分行等借款合同纠纷案"的论理部分:其他法院在缺少抵押权人参与诉讼情况下,判决动产所有权归属融资租赁出租人,本法院(受理金融借款合同纠纷案件的法院)不受其他法院在先判决的影响,应判决抵押权善意取得,抵押权人可以行使抵押权。亦即,抵押权人无需申请撤销在先的所有权确权判决(天津市高级人民法院的判决)而直接申请执行抵押物。

本案中,一审法院认为,讼争借款合同、抵押合同签订后,某银行已经发放 3.2 亿元借款并依法办理抵押登记,而某租赁公司未及时在融资租赁物上设立物权标识及办理融资租赁登记存在过错。某银行设定抵押权不存在过错,因此善意取得抵押权,对某租赁公司的诉请不予支持,判决某银行对水电站整体资产房屋建筑物及构筑物、机器设备折价、拍卖、变卖所得价款享有优先受偿权。

某租赁公司不服一审判决向福建省高级人民法院提起上诉,被驳回上诉。福建省高级人民法院认为:本案中,某租赁公司提交的天津市高级人民法院判决书确认水电站相关构筑物及全部设备的所有权归租赁公司所有,但取得所有权后未及时办理变更所有权登记手续,也未在租赁物显著位置作出"物权警示"标志抑或在中国人民银行征信中心办理融资租赁登记,因此其获得租赁物所有权的行为不产生物权公示效力,不能对抗善意第三人。某银行所提交的证据足以证明其在签订借款合同及抵押合同前已尽到审查注意义务,并依约放款、办理抵押登记手续。抵押登记行为具有物权公示效力,其因登记所产生的交易利益应当得到保护。某租赁公司提供的证据不能证明某银行明知抵押物所有权属于某租赁公司,仍与 B 公司进行抵押权的设定。因此某银行善意取得案涉抵押权。一审法院认定天津市高级人民法院生效判决确认讼争抵押物所有权并不影响本案《抵押合同》的效力,判决某银行对抵押物享有优先受偿权并无不当。

【律师分析】

融资租赁合同指出租人根据承租人的要求和选择,出资购买承租人所选定的设备并出租给承租人使用,承租人分期交付租金,租赁期满后,承租人根据融资租赁合同可以退回、续租或留购租赁设备的协议。在合同期内,租赁物的所有权归属为出租人,占有使用权归承租人享有。根据《中华人民共和国物权法》的规定,动产以占有为公示方式,出租人未采取公示手段让第三人从外观上或者登记系统上识别该物品的实际所有权人,从而出现承租人恶意再次抵押,向银行等机构融资,即"一女二嫁"。当承租人无力偿债时,就产生了出租人的融资租赁所有权与债权人的抵押权之间的冲突。对此冲突适用的主要规定为《中华人民共和国物权法》第 106 条及最高人民法院《关于审理融资租赁合同纠纷案件适用法律问题的解释》第 9 条,作为抵押权人应当证明自己是基于善意签订抵押合同,取得抵押权。

本案中,某租赁公司取得案涉租赁物所有权后既未及时到有关部门办理变更设备所有权登记手续,在租赁物的显著位置作出物权警示标识或在租赁物的原始发票原件上进行"物权警示"，也未及时在中国人民银行征信中心办理融资租赁登记，故某租赁公司虽取得案涉租赁物的所有权，但因其未采取必要的措施进行物权公示，其获得租赁物所有权的行为不能产生物权公示的效力，不能对抗善意第三人。某租赁公司所举证据不能证明某银行已经知道或应当知道抵押物已在先办理了"售后回租融资租赁"。

某银行已办理抵押登记手续，抵押登记行为一经作出，即具有物权公示的效力，某银行因信赖该登记所产生的交易利益，应当得到保护。因此本案两级法院认定某银行善意取得案涉抵押权。

【思考与提示】

从本案可以看出，对于债权人尤其是金融机构而言，在办理动产抵押担保借款业务中，应当尽到合理审慎的注意义务，才能基于善意取得抵押权。主要包括以下几项内容：

1.租赁物标识

根据最高人民法院《关于审理融资租赁合同纠纷案件适用法律问题的解释》第 9 条第 1 款把"标识"作为排除第三人主张善意取得的条件之一，应当查看动产上是否有标的物的所有权人另有他人的标识。虽然该规定有利于租赁物所有权人，但在现实中却很少被适用，因为抵押权人通常不会将有融资租赁"标识"的租赁物办理抵押登记，或者抵押人经常会恶意将标识去除。

2.租赁物的发票

融资租赁物一般为价值较大的机器设备，购买时销售方会提供销售发票。作为租赁物的所有权人，出租人理应持有该发票原件；即使发票因其他原因在承租人手上，也应当在发票上加盖出租人"物权警示"标志，而贷款机构在审核标的物时，通常应要求抵押人提供原始发票、购买合同等，以证明抵押人对租赁物享有所有权。

3.登记与查询

根据最高人民法院《关于审理融资租赁合同纠纷案件适用法律问题的解释》第 9 条第 3 款将"第三人未按规定向相关部门进行交易查询的"作为善意取得例外情况，以及中国人民银行《关于使用融资租赁登记公示系统进行融资租赁交易查询的通知》的规定，银行等金融机构在办理资产抵押业务时，应当对抵押物进行审查，针对融资租赁交易进行查询。公示系统系国家机关依法设立，具有极强的权威性与公信力，且承租人单方无法进行删改，所以，有否查询公示系统是认定是否善意的关键所在。如果没有按照上述规定进行查询,则很可能被认定为非“善意”。

基于上述审查操作未发现抵押物存在融资租赁物可能性的,基本能符合善意取得抵押权的标准,此外,也要增加其他客观证据加以证明,如抵押权人与承租人之间的关系,抵押物的价值与贷款金额是否对等。借款人通过上述审查行为可大大降低贷款风险,使抵押权人的权利不至于劣后。

4.抵押人(出租人)的股权被出质给融资租赁的出租人,这并不影响抵押权人善意取得抵押权,抵押权人未审查承租人的股权出质情况,仍可被认定为善意取得抵押权。

工程价款优先权与抵押权冲突的选择

——原告政和县农村信用合作联社城关信用社诉被告叶衍流、被告福建富一工贸有限公司第三人撤销之诉

代理律师　郭德辉*

【案情简介】

原告(上诉人):政和县农村信用合作联社城关信用社,住所地政和县熊山街道解放街57号。

负责人:陆华,主任。

被告(被上诉人):叶衍流,男,1975年3月3日出生,汉族,经商,住所地政和县星溪乡宝岱村前宝岱13号。

被告(被上诉人):福建富一工贸有限公司,住所地政和县同心经济开发区。

法定代表人:倪荣政,执行董事。

原告诉称:2013年5月28日,福建富一工贸有限公司就1号厂房、2号厂房和综合楼土建工程与叶衍流签订了《建设工程施工合同》,合同约定:工程名称、地点、总建筑面积及工程采用包工包料、包工期的承包方式,工程承包范围、单价及工程量计算方式、工程款支付、工程的验收、工期要求、违约责任等内容。2014年4月3日,叶衍流向富一公司就1号厂房进行了工程结算确定已完工的工程价款为5425840元,富一公司在该结算单上注明具体待工程完工核算为准。2015年9月1日,富一公司向叶衍流出具结欠单,内容为:石屯工业园区1号厂房工程总造价为5352688元,富一公司已付工程款2900000元扣除乙方(叶衍流)未完成工程外墙漆、门、内墙腻子91327元,尚欠叶衍流工程款2361361元。2015年11月30日,叶衍流因富一公司未支付工程款提起诉讼。政和法院经开庭审理后,以富一公司于2015年9月1日出具的结欠

* 郭德辉,福建星然律师事务所律师。

单的时间作为确定叶衍流享有建设工程价款优先受偿的起算时间，从而判决叶衍流在富一公司未支付的工程价款2361361元范围内，对其承建的位于政和县5日以政房权证字第××号合楼(产权证号:201401501、201401502〕享有优先受偿权。城关信用社与富一公司系金融借款合同关系。2014年11月25日，富一公司以政房权证字第××号201401502号房产作为抵押向城关信用社借款2400000元。

被告辩称:1号工业厂房(包含综合楼)的总建筑面积与产权证面积、《意见书[①]》《备案表》记载的面积总体吻合，说明1号工业厂房(包含综合楼)系被告承建。与被告申请财产保全的范围(综合楼及工业厂房)是一致的。从而证实1号厂房工程总造价为5352688元是包含综合楼的造价的。1号厂房单价的结算:$1152\ m^2+4176\ m^2+3456\ m^2=8784\ m^2$，与$8847\ m^2$和$8875.95\ m^2$有内在因果关联。以上证据表明，本案被告承建的工业厂房(包含综合楼)的总建筑面积与产权证面积、《意见书》《备案表》记载的面积是总体吻合的。被告在(2015)政民初字第1618号《民事判决书》财产保全范围是正确的，被告行使优先权的范围并未超越(因2号厂房缺少资金无法开工建设)。政和县城关信用社不是被告与福建富一工贸有限公司建设工程施工合同纠纷一案的第三人，不属于第三人撤销之诉的原告适格主体。被告与福建富一工贸有限公司之间的建设工程施工合同法律关系，政和县城关信用社既不是该案有独立请求权的第三人，也不是无独立请求权的第三人，该案的处理结果与政和县城关信用社亦不存在法律上的利害关系。

司法解释规定实际竣工日期不能作为建设工程承包人行使工程价款优先受偿权除斥期间的起算点。在认定该优先受偿权的行使期限时，应当遵循案件的客观事实，尊重当事人之间关于支付工程价款期限的约定，优先受偿权行使期限的起算点，不应早于当事人之间约定的工程价款支付期限，以保证实现该优先权权能[详见(2016)最高法民终106号民事判决书]。

主要争议焦点:

1. 建设工程优先权范围。原告方认为:富一公司与叶衍流于2014年4月3日形成的《石屯富一工贸有限公司1号厂房清单》的价格及面积均未包括综合楼工程，而富一公司也确定叶衍流实际施工的仅是1号厂房工程，并未包括综合楼。被告方认为:1号工业厂房(包含综合楼)的总建筑面积与产权证

---

①

面积、《意见书》《备案表》记载的面积总体吻合，说明1号工业厂房（包含综合楼）系被告承建。

2. 原告方认为：建设工程承包人行使工程价款优先受偿的六个月期限的起算点。六个月期限应以建设工程竣工之日作为起算时间而非是以工程款结算日作为起算时间。被告方认为：优先受偿权行使期限的起算点，不应早于当事人之间约定的工程价款支付期限。

3. 原告是否具备主体资格。原告方认为：因（2015）政民初字第1618号判决损害了其贷款抵押优先受偿权，有法律上的利害关系。被告方认为：政和县城关信用社既不是该案的有独立请求权的第三人，也不是无独立请求权的第三人，该案的处理结果与政和县城关信用社亦不存在法律上的利害关系。

【办案纪实】

经审查认为，政和县人民法院（2015）政民初字第1618号案件系叶衍流与富一公司建设工程施工合同纠纷案，虽然该案的处理结果会使城关信用社的责任财产减少，城关信用社与该案处理结果存在事实上的利害关系，但不存在法律上的利害关系。作为（2015）政民初字第1618号案件当事人争议的诉讼标的的法律关系是叶衍流与富一公司建设工程施工合同法律关系，而城关信用社与叶衍流和富一公司建设工程施工合同纠纷案之间的建设工程施工合同法律关系不存在牵连，且城关信用社亦未受到（2015）政民初字第1618号案件判决约束，故城关信用社与该建设工程施工合同纠纷案件的诉讼标的没有法律上的利害关系，并非该案的第三人。裁定驳回政和县农村信用合作联社城关信用社的起诉。

《中华人民共和国民事诉讼法》第56条规定："对当事人双方的诉讼标的，第三人认为有独立请求权的，有权提起诉讼。对当事人双方的诉讼标的，第三人虽然没有独立请求权，但案件处理结果同他有法律上的利害关系的，可以申请参加诉讼，或者由人民法院通知他参加诉讼。人民法院判决承担民事责任的第三人，有当事人的诉讼权利义务。前两款规定的第三人，因不能归责于本人的事由未参加诉讼，但有证据证明发生法律效力的判决、裁定、调解书的部分或者全部内容错误，损害其民事权益的，可以自知道或者应当知道其民事权益受到损害之日起六个月内，向作出该判决、裁定、调解书的人民法院提起诉讼。人民法院经审理，诉讼请求成立的，应当改变或者撤销原判决、裁定、调解书；诉讼请求不成立的，驳回诉讼请求。"原告不服，于2018年10月31日向南平市中级人民法院提起上诉，同年 11 月 26 日，南平市中级人民法院作出(2018)闽 07 民终 1356 号民事裁定书，裁定驳回上诉维持原裁定。

【律师分析】

根据最高人民法院在普定县鑫臻酒店有限公司与普定县鑫臻房地产开发有限责任公司与黑龙江省建工集团有限责任公司建设工程合同纠纷中作出(2016)最高法民终 106 号民事判决认为，《中华人民共和国合同法》第 286 条规定承包人就未付工程款对所承建工程享有优先受偿权，系为保护承包人对工程价款的实际受偿，在认定该优先受偿权的行使期限时，应当遵循案件的客观事实，尊重当事人之间关于支付工程价款期限的约定，优先受偿权行使期限的起算点，不应早于当事人之间约定的工程价款支付期限，以保证实现该优先权权能[详见(2016)最高法民终 106 号民事判决书]。

关于原告的主体资格问题，根据《中华人民共和国民事诉讼法》第 56 条规定，只有能够成为原诉讼中有独立请求权的第三人或无独立请求权的第三人，才具有提起第三人撤销之诉的主体资格。本案中，叶衍流与福建富一工贸公司在(2015)政民初字第 1618 号建设工程施工合同纠纷案中，诉讼标的为叶衍流与福建富一工贸公司之间的建设工程施工合同法律关系，政和县城关信用社既不是该案的有独立请求权的第三人，也不是无独立请求权的第三人，该案的处理结果与政和县城关信用社亦不存在法律上的利害关系。因此，政和县城关信用社不属于被告与福建富一工贸公司建设工程施工合同纠纷一案的第三人，其申请撤销涉案的(2015)政民初字第 1618 号民事判决书，不符合第三人撤销之诉的原告主体条件，原告不具备诉讼主体资格，法院应不予受理其提起的第三人撤销之诉。

【思考与提示】

民诉法解释关于“第三人撤销之诉”起诉条件的认定:第一，第三人撤销之诉的制度功能。从第三人撤销之诉制度的功能来看，主要是保护受错误生效裁判损害的未参加原诉的第三人的权益。第三人撤销之诉是赋予案外人对错误生效裁判的自我救济程序，其不同于再审程序。虽然二者都在于否认生效裁判的效力，但再审除了纠正错误，也是对原案件的继续审理。而第三人撤销之诉是基于新的事实主张撤销原生效裁判，是一个新的诉讼。第三人提起撤销之诉是以新的事实提起的一个独立诉讼程序，司法解释将其规定在第一审程序后面，作为独立一节，未特别规定，适用普通程序的规定。第二，第三人撤销之诉的起诉条件。第三人撤销之诉不同于普通的民事诉讼，其起诉条件不适用民诉法规定的起诉条件。新《民诉法解释》对第三人撤销之诉的起诉条件做了明确、详细的规定，具体如下：(1)第三人资格。提起第三人撤销之诉的主体限于民诉法规定的第三人，包括有独立请求权的第三人和无独立请求权的第三人。有独立请求权的第三人提出的诉讼请求既不同于原告，也不同于被告，地位相当于原告，以本诉的原、被告作为被告。无独立请求权的第三人虽然没有独立请求权，但对于案件处理结果存在法律上的利害关系。最高人民法院观点认为，判定第三人的标准为生效判决、裁定、调解书的内容是否损害到其民事权益，如果没有损害其合法权益，则不能提起第三人撤销之诉。(2)第三人因不可归责于自己的事由未参加诉讼。第三人未参加诉讼不能归责于本人的事由，是指第三人未参加诉讼不是由于自身过错造成的，而是由其他客观事由造成。对此第三人应当承担举证责任。如果第三人是因为本人过错未参加诉讼的，视为其放弃诉权的结果，依法不能提起撤销之诉。(3)自知道或者应当知道其民事权益受到损害之日起六个月提起撤销之诉的期间自第三人知道或者应当知道其民事权益受到侵害之日起算。该期限为六个月，为不变期间，不适用延长、中止、中断的规定。超过六个月期间的，第三人提起撤销之诉的，人民法院不予受理。(4)有证据证明发生法律效力的判决、裁定、调解书部分或者全部内容错误。第三人只能针对已经发生法律效力的判决、裁定、调解书提起撤销之诉，对于正在审理过程中的案件，或者未生效的判决、裁定、调解书不得提起第三人撤销之诉。发生法律效力的判决、裁判、调解书部分或者全部内容错误主要是因为事实认定和法律适用错误导致的实体处理错误。内容错误应当仅限于实体处理内容，不包括程序内容。(5)生效判决、裁定、调解书的错误内容损害第三人的民事权益。发生法律效力的判决、裁定、调解书的错误内容损害了第三人民事权益，这是第三人提起撤销之诉的实质要件。这就要求生效的判决、裁定、调解书的内容与第三人民事权益损害之间存在因果关系和利害关系。(6)向作出生效判决、裁定、调解书的法院起诉。新《民诉法解释》对撤销之诉的管辖法院作了特别规定，由作出生效判决、裁定、调解书的法院专属管辖，不适用民事案件的地域管辖、级别管辖的规定。作出生效判决、裁定、调解书的法院既可能是一审法院也可能是二审法院。

综合上述分析并根据《最高人民法院关于建设工程价款优先受偿权问题的批复》第1条的规定，人民法院在审理房地产纠纷案件和办理执行案件中，应当依照《中华人民共和国合同法》第 286 条的规定，认定建筑工程的承包人的优先受偿权优于抵押权和其他债权。

建设工程施工合同的承包人享有的优先受偿权是否在法律规定的行使期限内。根据《中华人民共和国合同法》第 286 条的规定，发包人未按照约定支付价款的，承包人可以催告发包人在合理期限内支付价款。发包人逾期不支付的，除按照建设工程的性质不宜折价、拍卖的以外，承包人可以与发包人协议将该工程折价，也可以申请人民法院将该工程依法拍卖。建设工程的价款就该工程折价或者拍卖的价款优先受偿。同时根据《最高人民法院关于建设工程价款优先受偿权问题的批复》第 4 条的规定，建设工程承包人行使优先权的期限为六个月，自建设工程竣工之日或者建设工程合同约定的竣工之日起计算。结合以上两条规定可知，发包人支付工程价款的期限，首先要依约定，没有约定或约定不明时，方可依法定。

历史遗留问题的法律诉讼

——李满起与武夷山市人民政府、武夷山国家旅游度假区建设发展总公司建设用地使用权出让合同纠纷一案

代理律师　汤瑞昌　吴跃壮*

【案情简介】

1992年12月28日，方尤良代表鹰德（集团）有限公司、李满起代表福建武夷山鹰德度假地产有限公司（乙方）与武夷山市人民政府、武夷山国家旅游度假区建设发展总公司（甲方）签订《用地合同书》。1992年12月27日，李满起代表福建武夷山鹰德度假地产有限公司支付给甲方10000元的定金。1993年2月9日，又通过哈尔滨市科技房屋综合开发公司转账给武夷山国家旅游度假区建设发展总公司2100000元，但甲方未按合同约定提供土地位置图，造成合同没有继续履行。1998年，武夷山市委书记召集相关单位负责人，专题研究了鹰德（集团）公司有关事项，并形成备忘录，同意继续履行土地出让合同，按照“地段不变，地价不变”的原则及实际到资的数额折算出实际出让的土地亩数为21亩，并要求有关部门尽快予以办理相关手续。但备忘录作出后，甲方违约，迟迟未办理土地出让手续。2009年8月起，李满起及鹰德公司多次向武夷山市人民政府发函要求履行土地出让合同约定及备忘录规定的义务。因福建武夷山鹰德度假地产有限公司至今没有注册登记成立，李满起有权作为当事人提起诉讼。目前客观上无法继续履行《用地合同书》。

【办案纪实】

本所接受李满起的委托，向南平市人民法院提起诉讼，庭审中被告武夷山市人民政府、武夷山国家旅游度假区建设发展总公司辩称：

1. 李满起的诉讼主体地位不能成立，其无权单独主张其所谓的诉请。因

* 汤瑞昌、吴跃壮，福建武夷律师事务所律师。

合同中乙方的签约主体包含方尤良代表的鹰德集团有限公司，该公司已被强制清盘，其权利义务应当由香港鹰德集团有限公司的债权人或股东方尤良、王群行使，李满起无权单独提起诉讼。

2. 政府的会议纪要和备忘录只是政府内部的讨论和决定的过程记录，不具有法律效力，不会对当事人的权利和义务产生影响，且武夷山国土局并未对《用地合同书》作出任何追认，也未参与签订书面出让合同。因此，李满起以备忘录和会议记录证实诉请没有事实与法律依据。

3. 李满起在履行合同中存在违约行为，未按规定在签订土地出让合同后六十日内支付全部土地使用权出让金。

4. 旅游建设公司无权签订国有土地使用权出让合同，且香港鹰德集团有限公司作为境外企业，无权直接在中国大陆境内签订土地出让合同，《用地合同书》属于无效合同。

5. 李满起诉请超过法定诉讼时效。

为此一审法院归纳了本案的三个争议焦点：

1. 李满起的主体资格是否适格。

2. 双方所签订的出让合同是否有效，合同如果无效或者不能履行应当解除合同的损失应当如何赔偿。

3. 李满起的起诉是否已超过法定诉讼时效。

【律师分析】

针对上述法院归纳的争议焦点，代理人认为：

1. 原告李满起诉讼主体适格，有权提起本案诉讼：

(1)福建武夷山鹰德度假地产有限公司至今尚未成立，原告作为福建武夷山鹰德度假地产有限公司的代表在《用地合同书》上签字，是合同的当事人之一，依法具有诉讼主体资格。

(2)根据本案《用地合同书》的约定由土地受让方支付的1万元定金和210万元土地出让款是由李满起实际支付。

(3)虽然《用地合同书》体现鹰德集团的名义，但不应追加为本案诉讼当事人，因鹰德集团已被强制清盘解散，丧失法人资格，故不具有诉讼主体资格，方尤良、王群为董事，不是股东。且鹰德集团是原告为了享受外商优惠政策，而借用其名义签订相关投资合同，本合同款项是由原告实际投入，与鹰德集团无关。

2. 本案《用地合同书》及《会议备忘录》具有法律效力，理由如下：

(1)《中华人民共和国城镇国有土地使用权出让和转让暂行条例》第 3 条规定："中华人民共和国境内外的公司、企业、其他组织和个人，除法律另有规定者外，均可依照本条例的规定取得土地使用权，进行土地开发、利用、经营。"虽然鹰德集团是香港注册登记的公司，但可以作为国有土地使用权的受让方。

(2)武夷山市人民政府作为一级政府，代表国家对行政区域范围内的国有土地进行管理，享有国有土地使用权的出让审批权，有权作为国有土地使用权出让合同的出让方。

(3)《备忘录》性质是承诺，承诺通知到达要约人时生效，依法发生法律效力。

(4)《备忘录》作出后已印发 20 份至市有关领导、市直有关单位存档，说明该《备忘录》已经下发执行，依法发生法律效力。

3. 无论涉案《用地合同书》《备忘录》是否具有法律效力，两被告均应承担赔偿责任，具体理由如下：

(1)原告按约定支付土地出让金后，被告没有提供用地位置图，原告有权中止后续土地出让款的支付。因此，是两被告违约的原因造成本案出让合同中止履行。

(2)两被告没有按《备忘录》的规定提供土地位置图，也没有为原告办理 21 亩土地的出让手续，应承担违约责任。

(3)因被告的违约行为，造成本案出让合同事实上无法履行，原告依法提出解除，被告应当向原告返还已支付的土地出让款，并按中国人民银行同期同类贷款利率赔偿原告资金占用损失。

最终法院判决解除双方之间签订的《用地合同书》；被告返还李满起交纳的 2110000 元土地出让金，并赔偿自 1993 年 2 月 9 日至返还之日止的经济损失(以 2110000 元为基数，按中国人民银行同期同类贷款利率二倍计算)。

【思考与提示】

关于本案尚有两个焦点需要我们斟酌：

1.《备忘录》对《用地合同书》约定的出让土地面积作出变更，但未就变更事项重新签订合同，该《备忘录》对诉讼双方是否发生合同效力？

(1)《备忘录》具备书面合同的形式要件，双方无需重新签订书面合同。

本案原告与被告之间已签订书面的《用地合同》，该《备忘录》是针对本案

《用地合同》的变更而作出，且对变更后的土地面积及出让价款已作出明确约定，根据《中华人民共和国合同法》(以下简称《合同法》)第 77 条第 1 款的规定："当事人协商一致，可以变更合同。"已发生变更原《用地合同》的效力。虽然《中华人民共和国城镇国有土地使用权出让和转让暂行条例》第 8 条第 2 款规定："土地使用权出让应当签订出让合同。"但根据《合同法》第 10 条第 1 款的规定："当事人订立合同，有书面形式、口头形式和其他形式。"第 11 条规定："书面形式是指合同书、信件和数据电文(包括电报、电传、传真、电子数据交换和电子邮件)等可以有形地表现所载内容的形式。"该《备忘录》已载明合同的内容，符合《合同法》规定的书面形式要件。且根据《备忘录》末尾处的记载，该《备忘录》作出后已印发 20 份至市有关领导、市直有关单位存档，说明该《备忘录》已经下发执行，该《备忘录》依法具有变更原《用地合同》的效力。

(2)该《备忘录》性质属于承诺，自送达原告时生效。

该《备忘录》是原告李满起为了解决本案《用地合同》的履行问题，以鹰德(集团)有限公司的名义多次向武夷山市委反映，武夷山市委于 1998 年 7 月 24 日召开专题会议，并形成该《备忘录》。从该《备忘录》记载的参会人员可以看出，时任被告武夷山市人民政府的法定代表人张建光、被告度假区发展公司的主管部门(出资人)武夷山市度假区管理委员会主任崔春光均为参会人员，说明两被告作为合同对方当事人参加专题会议并同意《备忘录》的内容。原告虽然没有派人参会，但《备忘录》的内容规定的是原告享有的权利，没有义务。同时，武夷山市委也将《备忘录》交给原告李满起持有，原告同意《备忘录》的内容并一直主张权利。因此，该《备忘录》性质为《合同法》规定的承诺，根据《合同法》第 26 条第 1 款的规定："承诺通知到达要约人时生效。"该《备忘录》依法发生法律效力。

(3)根据相关法律的规定，足以认定该《备忘录》依法成立并生效。

①依据《合同法司法解释(二)》第 1 条第 1 款规定："当事人对合同是否成立存在争议，人民法院能够确定当事人名称或者姓名、标的和数量的，一般应当认定合同成立。但法律另有规定或者当事人另有约定的除外。"如上所述，该《备忘录》是对原《用地合同》的变更，通过书面形式就出让土地的位置、数量、金额依照"地段不变、地价不变"的原则予以确认，足以认定《备忘录》成立，故《备忘录》依法成立。

②根据《合同法》第 37 条的规定："采用合同书形式订立合同，在签字或者盖章之前，当事人一方已经履行主要义务，对方接受的，该合同成立。"按照《备

忘录》的内容，原告已支付 211 万元土地出让金，已经履行完毕主要义务，两被告也已接受，且《备忘录》第一部分的内容是关于延长机场建设费分成期限的问题，也属于变更合同的性质，被告武夷山市人民政府已经根据《备忘录》议定的内容实际延长了两年的分成期限，原告也已接受。因此，即使按原审判决认定原告与两被告需对变更事项重新签订合同是正确的，在没有签订书面合同前，双方均已履行主要义务并接受，合同也依法成立。

根据《合同法》第 44 条的规定："依法成立的合同，自成立时生效。"足以认定该《备忘录》依法成立并生效。

(4)即使认定原告与两被告需对变更事项重新签订合同，但该《备忘录》也属于预约合同性质，对双方发生法律效力。

依照《最高人民法院关于审理买卖合同纠纷案件适用法律问题的解释》第 2 条的规定："当事人签订认购书、订购书、预定书、意向书、备忘录等预约合同，约定在将来一定期限内订立买卖合同，一方不履行订立买卖合同的义务，对方请求其承担预约合同违约责任或者要求解除预约合同并主张损害赔偿的，人民法院应予支持。"该《备忘录》属于预约合同性质，对双方发生法律效力，两被告未按《备忘录》内容与原告签订合同，也应承担违约赔偿责任。

2. 解除双方签订的合同后，根据《合同法》第 97 条的规定："合同解除后，尚未履行的，终止履行；已经履行的，根据履行情况和合同性质，当事人可以要求恢复原状、采取其他补救措施，并有权要求赔偿损失。"原审判决仅按原告实际交纳土地出让金的中国人民银行同期同类贷款利率两倍计算损失有待商榷，具体理由如下：

(1)本案合同解除，两被告应向原告返还已交纳的土地出让金，并按中国人民银行同期同类贷款利率计算资金占用损失。

(2)除了资金占用损失外，因两被告的违约行为，造成原告无法获得合同履行利益而造成损失，根据《合同法》第 113 条第 1 款规定："当事人一方不履行合同义务或者履行合同义务不符合约定，给对方造成损失的，损失赔偿额应当相当于因违约所造成的损失，包括合同履行后可以获得的利益，但不得超过违反合同一方订立合同时预见到或者应当预见到的因违反合同可能造成的损失。"本案原告已付清变更后的 21 亩建设用地的土地使用权出让金，但两被告未按合同约定及法律规定办理建设用地出让审批手续，造成原告无法取得出让土地，应赔偿合同履行后可获得的利益，即土地增值损失。现该出让土地所在区域的土地基准价为每亩 150 万元，原告土地增值损失近 3150 万元，原告参照中国人民银行同期同类贷款利率的四倍主张损失的诉请远远低于土地增值的损失，理应得到支持。

虽然本案出让土地没有办理审批手续，原告没有取得建设用地使用权证，但根据《物权法》第 15 条的规定："当事人之间订立有关设立、变更、转让和消灭不动产物权的合同，除法律另有规定或者合同另有约定外，自合同成立时生效；未办理物权登记的，不影响合同效力。"因此，原告有权按本案《用地合同》《备忘录》主张违约赔偿责任。

退一步说，即使按照预约合同性质处理本案，因两被告未按《备忘录》内容与原告签订合同，也应赔偿原告信赖利益的损失。

山场火灾原因现鉴定争议 律师据理力争促再审改判

代理律师　余开来*

【案情简介】

原告大田县金源油茶专业合作社(以下简称金源合作社)系30多位村民共同合作组建,2010年间,金源合作社向大田县均溪镇金山村承包位于"高山盂经岬洋崎至后林头"300亩荒山用于种植油茶。截至2015年4月,金源合作社为种植油茶和油茶防火林木先后投入资金计人民币1647360元。2015年4月4日,因被告大田供电公司架设的途经郑宜爱杉木林的高压线触到杉木尾巴而放电,引起森林火灾,火势蔓延至金源合作社承包种植油茶的山场,致使其种植的油茶和油茶防火林被烧毁91.8亩,其中油茶基地29.3亩、油茶防火林62亩,造成金源合作社的经济损失。之后,大田县森林公安部门委托南京警察学院专家出具的鉴定意见认为:本案火灾系大田供电公司所属运行中的110kV温前线高压输电线路放电引起。而一审法院委托陕西电力司法鉴定中心出具的鉴定意见认为:本案火灾不属于大田供电公司运行的电线放电引起,因此产生了本案争议焦点。

该案经过一审、二审,法院均采用陕西电力司法鉴定所的意见,认为本案森林火灾的起火原因不是大田供电公司所属运行中的110kV温前线高压输电线路放电引起,金源合作社承包种植的油茶及油茶防火林因森林防火灾被烧毁造成的损失与大田供电公司不存在因果关系,驳回了金源合作社的全部诉讼请求,之后,律师代理金源合作社又向福建省高级人民法院申请再审。省高院经审查认定本案符合再审条件,裁定再审,并经过再审开庭审理后,作出再审生效判决,支持金源合作社有关火灾原因的主张,判决撤销一审、二审民事判决,责令大田供电公司支付赔偿款201303.39元,现该赔偿款已经全部执行完毕。

* 余开来,福建君来律师事务所律师。

【办案纪实】

金源合作社申请再审时主要理由：(1)大田县森林公安委托南京警察学院专家出具的书面意见具有权威性、公正性、合法性，也与森林公安作出的现场调查报告、证人证言相互印证，足以证明金源合作社油茶林木损失系因大田供电公司高压线放电或碰触引起杉木燃烧所致，大田供电公司应赔偿全部损失；(2)对陕西电力司法鉴定中心出具的鉴定意见真实性、合法性均有异议，鉴定程序违法，该鉴定机构与大田供电公司存在法律上的利害关系，二者均属国家电网下属企业，属于内部自己为自己出具的鉴定意见，本身应当回避而没有回避，其鉴定意见不真实、不客观，不应作为本案证据使用。

大田供电公司在再审时辩称：(1)大田县森林公安委托南京警察学院专家作出的《福建省三明市大田县均溪镇森林火灾起火原因现场分析意见》在法律意义上不属于司法鉴定性质，也不属于专家意见，依法不具证明效力。对火灾现场存在多处坟墓的事实，分析意见及调查报告却都作出“周围未见墓地”的结论，其真实性、科学性、公正性存在质疑。(2)森林公安《现场勘验笔录》属于工作记录性质，内容属于直观记载和主观判断且是以目击证人的陈述为前提形成的。关于起火原因，目击证人只有林美金一人，鉴于林美金的证言不真实，因此，判断的前提不成立，判断的结论就根本无法达到揭示事实真相的真实性和准确性。笔录中关于中心火场及周边林木的烧痕记载无法揭示和证明起火的真实原因。公安部门对火灾事故认定应当根据公安部消防局下发的《火灾原因认定暂行规则》执行。森林公安部门的调查报告对起火原因是基于排除法“假定”的，不仅未穷尽起火原因的排除且是在所谓证人证言误导下作出的，不符合《火灾原因认定暂行规则》。(3)原审判决采信陕西电力司法鉴定中心“起火原因不是由110kV温前线与杉木放电引起”的鉴定结论，认定事实正确。金源合作社所谓该鉴定中心与大田供电公司系“一家人”应当回避个别鉴定人不具鉴定资质的主张，不能成立。

省高院再审查明后认定：2015年4月5日上午大田县森林公安部门制作的《现场勘验笔录》对现场情况表述如下：“本次现场位于均溪镇……树枝开裂。”受大田县森林公安部门的委托，南京森林警察学院森林消防系、侦查系指派郑怀兵、于成江经实地勘察，于2015年5月16日出具《福建省三明市大田县均溪镇森林火灾起火原因现场分析意见》，对火灾现场和林木被烧毁的情况描述和分析如下：“森林火灾位于……符合森林火灾发生、发展过程的特征。”

而陕西电力司法鉴定中心的《司法鉴定意见书》说“鉴定材料”有“福建省大田县公安局森林分局火灾现场勘验笔录及照片说明”“福建省大田县公安局森林分局从火灾现场提取并保管的涉案杉木尾部的树梢”等，但其自行勘查现场的情况主要为实地走访照片及山火位置示意图，无现场详细记载，也未引用上述鉴材中现场情况的相关内容。火灾事故原因在案证据与鉴定意见相互矛盾，故应综合全案证据材料，作出综合考量。火灾事故发生后，公安机关依法应当对火灾原因进行调查。本案中，公安机关调查后就火灾事故起火点及原因等的分析结论均与陕西电力司法鉴定中心《司法鉴定意见书》的认定不同。公安机关关于火灾被扑灭当天勘察走访现场并提取固定现场物证，所作《现场勘验笔录》能最大限度地还原火灾现场环境和林木被烧毁的原始情况。南京森林警察学院的相关人员是在火灾后42天赴现场勘查的，所作《福建省三明市大田县均溪镇森林火灾起火原因现场分析意见》，对现场情况、林木被烧毁的情况特别是对疑似起火点杉树被烧的情形与其他树的不同，有较详细的勘验记载，且与公安机关的现场勘验情况相符，并据此分析认定起火点即为该杉树及起火原因为高压电线放电所致。而陕西电力司法鉴定中心的鉴定人员系在火灾事故发生八个月后进行勘察，其《司法鉴定意见书》对火灾现场情况及林木被烧毁痕迹几无描述，更未对疑似起火点杉树自上而下燃烧及该树与周围树木燃烧痕迹等情况进行说明，也未采纳鉴材中关于现场情况的表述；对疑似起火杉树与高压电线的空间距离，未体现有否加上已被烧掉的树干末梢部分，因此，陕西电力司法鉴定中心的《司法鉴定意见书》关于“110kV温前线与杉树的距离在当天天气情况下不会发生放电，火区一的起火原因不是由110kV温前线与杉树放电引起”的结论，明显缺乏现场客观证据的支持，依据不足，本院不予采信；公安机关现场勘查并聘请专家调查的结论，本院予以采信。因公安机关现场勘查确认“未见扫墓祭拜用火痕迹”，故大田供电公司关于现场是否有墓问题的意见与本案无关。林美金证言原审并未采用，大田供电公司林美金证言意见与本案无关。大田县公安局调查并委托南京林木警察学院的相关专业人员鉴定确认本案火灾起火点及起火原因系由高压电线放电引发。该证据由金源合作社申请，一审法院依据调取并经双方当事人质证后，可以作为本案民事诉讼证明火灾起因的证据，金源合作社已经尽到其基本证明义务。危险行为方大田县供电局欲减轻或免除赔偿责任，应当以充分证据证明其并非责任人或者有法律规定的免责或减轻责任事由，但陕西电力司法鉴定中心的《司法鉴定意见书》，明显不足以证明其并非加害方，更不能证明其由法定的免

责或减轻责任事由。因此，大田供电公司应当承担侵权损害赔偿责任。

【律师分析】

在社会生活中，火灾已成为威胁公共安全，危害人民群众生命财产的一种多发性灾害，对于电线放电造成的火灾事故，时有发生。对于民事赔偿方面，往往由于证据搜集难度大，证据效力认定、责任划分复杂等原因而给受害人维护自身合法权益带来很大难度。本案中，代理律师对证据客观的分析，大田县森林公安部门委托南京警察学院专家作出的“均溪镇金山村岬坵山场失火调查报告”，认定本起山火是高压线放电或者长势高的杉木树梢碰撞发生爆炸产生火花，引燃杉木，火势蔓延到地上杂草四周扩散引发火灾，该报告是法院向大田森林公安局依法调取，真实性、合法性均无异议，而且是受森林公安局委托的，这份调查报告结论与现场所有证人证言和森林公安人员现场勘查均一致，具有高度的可信度，专家意见可以作为证据使用，但一审、二审法院却没有采纳，也没有说明不采纳的理由。说明一审法院没有足够合理合法的理由否定专家有理有据的意见结论，纯属主观断案，也存在人为因素的可能。陕西电力司法鉴定中心的《司法鉴定意见书》真实性、合法性存在异议，鉴定机构和鉴定人员与本案有明显的利害关系，二者均是国家电力集团下属企业，属于“一家人”，陕西电力司法鉴定中心作出鉴定意见结论，采用的主要证据和数据均是被告单方提供的，鉴定之前未经法庭组织质证，这些材料和数据本身真实性、合法性存疑，《司法鉴定意见书》分析原因时，多处存在主观判断，并没有客观依据，原因分析与结论存在前后矛盾。一审、二审法院采纳该份鉴定结论，来认定本案关键事实，也从侧面印证了原一审、二审法院判决所依据的证据不充分、不客观，不能做到排他性和唯一性，存在判决不公。所以，经过代理律师的努力，本案申请再审成功，为30多位农民兄弟挽回几年付出的心血和汗水，以及迟来的正义。

【思考与提示】

司法鉴定报告仅是人民法院认定案件事实的重要证据之一，但不是唯一证据。鉴定结论的作出必须有一定的鉴定依据，而鉴定依据是否充分、真实又会影响到鉴定意见的真实性。鉴定结论如果与法院依据其他证据已查明的事实严重不符的，鉴定结论也不应当作为证据被采纳，鉴定意见证明力如何，须经法院审查及双方当事人的质证，这有利于保障实现程序正义。作为代理律师，要尽可能地运用法律赋予律师和当事人的权利，让委托人的合法利益最大化。本案系法院经过再审，推翻司法鉴定结论，进而撤销一审、二审的典型案例。再审法院没有采纳司法鉴定结论，而是综合本案其他证据材料作为客观公正的认定和判决，在以往的案例中确实少见，体现了再审法官深厚的理论基础、精湛的实践经验及高度的责任心，维护了本案金源合作社 30 多位农民的合法权益，体现了司法公正。

办理网签的房产买受人能否排除强制行为

——严崇霞、肖国伟诉福建雅府房地产开发有限公司、永安市宏盛工程有限公司案外人执行异议之诉纠纷案

代理律师　管昌庆　陈凤清*

【案情简介】

原告(被上诉人):严崇霞。

原告(上诉人):肖国伟。

被告(上诉人):永安市宏盛工程有限公司(以下简称宏盛公司)。

法定代表人:姜军,职务:总经理。

委托代理人:福建顺隆律师事务所　管昌庆、陈凤清。

被告(原审被告):福建雅府房地产开发有限公司(以下简称"雅府公司")。

法定代表人:陈良金,职务:总经理。

原告诉称:被告永安市宏盛工程有限公司(以下简称宏盛公司)诉福建雅府房地产开发有限公司建设工程施工合同纠纷一案(以下简称雅府公司),宏盛公司申请诉讼财产保全,三明市中级人民法院(以下简称三明中院)于 2016 年 9 月 28 日作出《民事裁定书》诉讼保全了登记在雅府公司名下的房产,原告严崇霞、肖国伟购买的 5 号楼 102 室、103 室、104 室房产也一并被查封,原告严崇霞、肖国伟提出异议要求解除查封,三明中院于 2016 年 11 月 22 日作出(2016)闽 04 执异 24 号《执行裁定书》,驳回异议人严崇霞、肖国伟的异议请求。严崇霞、肖国伟不服,向福建省高级人民法院(以下简称省高院)申请复议,省高院于 2017 年 2 月 20 日作出(2017)闽执复 2 号《执行裁定书》以认定事实不清、适用法律错误为由撤销原裁定,发回中院重新作出审查。2016 年 11 月 22 日,三明中院经重新审查后作出(2017)闽 04 执异 7 号《执行裁定书》驳回严崇霞、肖国伟的执行异议。严崇霞、肖国伟不服,向三明中院提起案外

* 管昌庆、陈凤清,福建顺隆律师事务所律师。

人异议之诉，认为其与雅府公司签订的《商品房买卖合同（预售）》是双方的真实意思表示，内容无违反法律的强制性规定，合法有效。其在宏盛公司与雅府公司发生诉讼之前已实际受让并取得案涉房产的所有权，并办理网签手续，过户登记手续因雅府公司资金链断裂无法办理，对此无任何过错。故诉请：第一，立即停止对上述房产的强制执行，并解除查封。第二，确认其与雅府公司签订的三份《商品房买卖合同（预售）》合法有效。第三，确认上述房产归严崇霞、肖国伟所有。第四，雅府公司和宏盛公司承担本案的诉讼费用。

被告宏盛公司辩称：第一，根据《中华人民共和国物权法》（以下简称《物权法》）第 9 条、第 14 条、第 20 条，《最高人民法院关于适用〈物权法〉若干问题的解释（一）》第 4 条规定，大田县三宝广场 5 号楼 102 室、103 室、104 室房产只订立合同没有备案，也没有办理预告登记，不发生物权变动效力，原告诉请解除查封与上述法律相悖，应予驳回！第二，根据《最高人民法院关于办理执行异议和复议案件若干问题的规定》（以下简称《异议复议规定》）第 29 条规定，案涉房产属商业营业用房，不是用于居住的房屋，原告对上述房产提出执行异议也应予驳回！第三，退而言之，再根据《异议复议规定》第 28 条规定，案涉房产未付款，未合法交付，原告对上述房产提出执行异议也不足以排除执行。第四，被告福建雅府房地产开发有限公司将房产转让给原告的行为实属恶意拖欠原告工程款，恶意出让转移财产，恶意逃避债务。

被告雅府公司书面辩称：第一，案涉房产的所有权应归严崇霞、肖国伟所有。第二，雅府公司将“大田三宝商业广场室外工程”发包给福建省三明市永兴工程有限公司（以下简称“永兴公司”）施工因无力支付，尚欠工程款 3895248 元，经协商同意以用房产抵扣全部工程价款，并与严崇霞、肖国伟签订三份《商品房买卖合同（预售）》，三个店面总价款为 2056062 元抵偿给严崇霞、肖国伟，并办理网签手续。因此房产所有权归严崇霞、肖国伟。第三，雅府公司与宏盛公司的经济纠纷与严崇霞、肖国伟无关。第四，严崇霞、肖国伟的请求符合法律规定，应当支持。

各方当事人围绕焦点严崇霞、肖国伟是否享有足以排除强制执行的民事权益而阻却案涉房产的查封，主要产生以下三方面争议：

1. 法律适用问题，是适用《异议复议规定》第 28 条、第 29 条审查本案，还是适用《最高人民法院关于人民法院民事执行中查封、扣押、冻结财产的规定》（以下简称《查扣冻规定》）第 17 条审查本案？

2. 案涉房产是否已支付全部购房款问题。

3. 案涉房产是否合法交付问题。

【办案纪实】

经审理查明:2015年8月26日,严崇霞、肖国伟与雅府公司签订《商品房买卖合同(预售)》,购买雅府公司5号楼102室、103室、104室三个店面,合同约定的购房总价款为2056062元,案涉商品房基本状况明确载明"商业营业用房"。案涉房产三个店面办理了网上签约,但尚未办理备案登记或预告登记。

另查:2013年8月1日,雅府公司因施工需要将"大田县三宝商业广场"室外工程发包给福建省三明永兴工程有限公司(以下简称永兴公司)施工,并签订《建设工程施工合同》,工程竣工验收后经双方结算确认工程总造价3895248元。因雅府公司未支付工程款,2015年9月23日,永兴公司向雅府公司出具《委托书》,内容载明"同意以该项目同价值房产、店面抵全部工程款,因公司管理需要,特委托雅府公司将价值388万元房产店面以严崇霞、肖国伟名义签订合同并办理登记手续,由此产生的税费由二人承担。"雅府公司未盖章,但雅府公司工程部人员在委托书下方签署意见:"永兴公司送审价为388万元,具体造价以建兴审核为准,预计审核后总造价低于388万元。"

再查:一审诉讼中,严崇霞、肖国伟仅向法院提交一把钥匙,二审中提交诉讼保全之后与第三人签订的《商铺租赁合同》、照片、收据等。

法院认为:

1. 关于法律适用问题

一审法院认为,《异议复议规定》是关于执行程序中当事人提出执行异议如何处理的规定,该规定中有关能否排除强制执行的判断标准并不当然适用于执行异议之诉。

二审法院认为,虽然《异议复议规定》是法院为了办理执行异议和复议案件而制定,但执行异议审查程序是案外人提起执行异议之诉前置程序,未经过执行异议审查程序,案外人不得提出执行异议之诉,其目的均在于排除强制执行,二者虽为两个程序,但都是以判断案外人的实体权利能否排除执行为核心,故审查标准应当统一,《异议复议规定》可参照适用,原审法院认定不予适用,有所不当,应予纠正。

2. 关于是否支付案涉购房款问题

一审法院认为,严崇霞、肖国伟以雅府公司尚欠永兴公司工程价款冲抵购房款方式支付了案涉房产的对价。

二审法院认为,《委托书》的现有证据不能证明双方以房抵债形成合意,案涉购房款没有支付。

3. 关于是否合法交付案涉房产的问题

一审法院认定,雅府公司已将案涉房屋的钥匙交给严崇霞、肖国伟,认定已实际交付并占有案涉房产。

二审法院认定,严崇霞、肖国伟即使可以证明其已持有案涉商品房钥匙,但不足以证明案涉商品房的交付时间系在原审法院采取诉讼保全措施之前。二审中严崇霞、肖国伟提供的《商铺租赁合同》、照片等材料的时间是发生在法院查封之后。故认定为没有合法交付。

法院判决:

一审法院判决严崇霞、肖国伟就福建省大田县建设镇建设村 259 号三宝商业广场 5 号楼 102 室、103 室、104 室房屋享有足以排除强制执行的民事权益,停止对该房屋的强制执行。

二审法院判决:撤销一审判决,驳回严崇霞、肖国伟的异议之诉。即不停止对该房屋的强制执行。

【律师分析】

笔者作为被告宏盛公司的代理律师认为:严崇霞、肖国伟提供的现有证据不足以证实其享有足以排除强制执行的民事权益,不能排除案涉房产的查封。

1. 在法律适用上,应根据《异议复议规定》第 28 条、第 29 条审查本案,而不应适用《查扣冻规定》第 17 条之规定审查本案。

2. 根据《异议复议规定》第 24 条、最高人民法院《关于适用〈中华人民共和国民事诉讼法〉司法解释》第 311 条之规定,是否享有足以排除强制执行的民事权益的举证责任分配给严崇霞、肖国伟。

3. 现有证据不足以证实严崇霞、肖国伟支付全部购房款。雅府公司未盖章的《委托书》不能证实永兴公司与雅府公司已达成以房抵工程款的合意,内容亦不能证实永兴公司确认将雅府公司尚欠的工程款用于支付严崇霞、肖国伟购买案涉房产依约支付的购房款。

4. 严崇霞、肖国伟仅凭一审提交的一把钥匙,不足以证实案涉房产在查封前已交付并合法占有。合法占有房屋应以房屋交接单、物业费、水电费的交纳、装修合同的签订及实施等情况相互印证。

5. 严崇霞、肖国伟未举证证明未办理过户登记手续非因其原因。

6. 案涉房产属商业营业用房,不是居住用房,不符合《异议复议规定》第29条规定。

综上,严崇霞、肖国伟的异议之诉不符合《异议复议规定》第28条或第29条可排除强制执行的法定情形。据此,严崇霞、肖国伟诉请解除查封的异议缺乏事实基础与法律依据,应予驳回!

【思考与提示】

笔者认为,办理类似案件提出案外人执行异议,应根据《异议复议规定》第28条、第29条规定审查能否享有足以排除强制执行的民事权益,而不能适用《查扣冻规定》第17条。就本案而言,案涉房产系店面,不属于唯一居住用房,不符合《异议复议规定》第29条规定,案涉房产在法院查封前未支付全部购房款,也未合法交付,不符合《异议复议规定》第28条规定。据此,严崇霞、肖国伟不享有足以排除强制执行的民事权益,二审法院最后判决驳回案外人的异议之诉,不停止法院查封的执行,认定事实清楚,适用法律正确。笔者通过代理本案,延伸以下思考:

1. 不动产网签或备案登记不具有物权变动性质,非物权请求权,不享有足以排除强制执行的民事权益,法院依法可以查封。

根据《物权法》第14条规定,不动产物权的设立、变更、转让和消灭经依法登记,发生效力,未经登记不发生效力,但法律另有规定的除外。物权公示原则为法律规定的基本原则。网签是政府部门依托其建立的商品房网上签约平台,规范房地产开发企业、房屋中介公司等相关主体进行商品房预售管理的网上备案登记行为。备案包括开发商备案和购房合同备案,开发商备案是指开发企业在取得预售证前向房产管理部门备案商品房出售价格,面向社会出售。购房合同备案是购房者和开发商签订合同后,在房产管理部门登记备案。但无论是网签或备案均未取得房屋所有权,不具有物权变动效力,不能排除对该房屋的强制执行。本案的房屋虽签订书面的商品房买卖合同,但仅办理网签手续,属于债权请求权,而非物权请求权,据此,法院可以查封。

2. 未办理房屋登记的买受人在一定条件下可根据《异议复议规定》第28条、第29条规定主张物权期待权,排除强制执行。

作为异议人的代理人,应对照上述规定的法定情形举证证明足以享有排除执行的权益,特别是付款和合法交付问题应提供充分的证据。如果是以房抵债方式支付购房款,可根据最高人民法院民事审判第二庭《法官会议纪要》

提出主张以物抵债成立视为已付款。作为被异议人的代理人，应重点对付款及合法交付的证据是否充分，对未办理过户登记的理由是否正当进行审查，如是居住用房还应审查异议人是否举证证明其名下无其他居住房屋。特别是支付购房款事实应从严审查，严格把握，避免案外人与被执行人恶意串通，逃避债务。如是转账付款应审查其银行凭证；如是现金付款应审查其款项来源；如是以物抵债方式支付购房款，可根据《民事审判指导与参考》第75期最高人民法院民一庭指导性案例"执行异议之诉中对购房人支付购房款等事实应从严审查"的意见抗辩。

3. 对以物抵债协议的抵债受让人不宜依据《异议复议规定》享有物权期待权。

根据最高人民法院民一庭编著的《民事审判指导与参考》第75期谢爱梅法官观点认为，以物抵债的情况下虽然当事人也签订《商品房买卖合同》，但其基础是以物抵债，当事人购买抵债之物的意志无法体现，不具有买卖房屋的真实意思表示，不享有物权期待权，不宜适用《异议复议规定》第28条规定主张排除强制执行。笔者认为，如果赋予抵债受让人物权期待权，能够排除强制执行，导致当事人自行确认并签订清偿协议的债权优先于经过司法机关确认并采取强制措施的债权受偿，存在恶意损害第三人合法权益等情形，破坏债权平等受偿原则，也势必加大法院甄别虚假诉讼的负担。为此，笔者认为，以物抵债协议的抵债受让人既不能适用《异议复议规定》第28条规定排除执行，也不能适用《异议复议规定》第29条规定主张，如适用第29条规定同样会损害债权平等受偿的原则，这不仅符合《异议复议规定》第28条、第29条的条文主旨，亦符合最高人民法院《关于审理民间借贷案件适用法律若干问题的规定》第24条的立法本意。

4. 建议办理预告登记。

根据《物权法》第20条、《物权法》司法解释(一)第24条规定，预告登记后，未经预告登记的权利人同意，处分该不动产的，不应发生物权效力。作为代理人，在担任开发商的法律顾问或买受人提供法律服务时，建议及时办理预告登记。如只能办理网签或备案，则应按上述规定及时办理签订书面购房合同、支付购房款、合法交付等相关手续，避免日后纠纷，以期最大限度地保护当事人的合法权益。

船载货物留置权的法律边界探寻

——众多货主与船东之间关于非法留置船载货物的系列纠纷

代理律师　陈　川　陈福财*

【案情简介】

在内贸船运业中，船东以期租方式出租船舶给船公司，船公司向船东定期交纳租金并以承运人身份承运货物收取每航次运费，这是常见的经营模式。在船公司拖欠租金的情况下，船东就面临着能否留置船载货物的问题。2015年初，某船公司因经营问题，其作为承运人虽已收取了货主（即本案原告，包括托运人或收货人）缴纳的运费却长期拖欠被告巨额租金并突然失联。被告（即船东）在航行途中以承运人欠付其租金为由未前往目的港，而是将船舶停泊于半途中，并要求货主前往支付远高于运费的"赎金"才能提货。众多货主因此报警，但公安机关以民事纠纷为由未予受理。为避免损失继续扩大，货主迫于无奈向被告支付了"赎金"，并在被告事先制作的载明"我方确认货物状况良好，并自愿放弃向被告提出任何主张或索赔的权利"的提货单上签字。

【办案纪实】

心有不甘的货主在被迫缴交"赎金"提货后，经多方了解和选择，委托福建天衡联合律师事务所陈川律师团队向船东提起索赔诉讼。

经过研究，陈川律师团队认为船公司行使留置权不符合法律规定，其通过留置原告货物胁迫原告同意支付高额"赎金"并放弃权利的行为，属于《中华人民共和国合同法》（以下简称《合同法》）规定的胁迫和乘人之危的情形，相应达成的协议内容依法是可撤销的。2015年4月，陈川律师团队代表原告向厦门海事法院提起诉讼，诉请撤销提货单上关于放弃权利的条款并判令被告返还所收费用及赔偿损失。

---

* 陈川、陈福财，福建天衡联合律师事务所律师。

案件于2015年6月17日开庭审理，主要围绕以下三个争议焦点展开：(1)被告扣货要求巨额赎金的行为是否构成非法留置；(2)被告制作并由原告签字的提货单上记载“我方确认货物状况良好，并自愿放弃向被告提出任何主张或索赔的权利”内容，是否因涉及胁迫或乘人之危而可以撤销；(3)如前述条款撤销，被告应返还原告的款项及应赔偿的金额。

双方主要的代理意见如下：

1. 被告辩称：(1)被告从未行使过留置权，原告付款提货协议内容系双方真实意思表示，协议合法、有效，且已自愿实际履行；(2)被告向原告发送《提货通知》，并不影响付款提货单的效力，也不构成留置；(3)被告行为不构成胁迫或乘人之危，原告所称款项并非“提货赎金”，而是在承运人失联情况下双方就提货事宜达成的协议款项，双方意思表示真实，原告付款提货后又要求退还，违背诚实信用原则。

2. 原告的代理意见：(1)根据《中华人民共和国海商法》(以下简称《海商法》)第141条规定，期租船舶的出租人行使留置权必须具备缺一不可的两个前提条件，一是承租人未向出租人支付租金，二是出租人只能留置属于承租人的货物和财产。本案被告留置了不属于承租人的货物，不符合法律规定，构成非法留置；(2)被告主张其听令于承运人并接受其授权行使留置权也不能成立：首先，留置权作为法定物权，其行使的主体及相应的合同关系都有明确的法律规定，不能转授他人行使；其次，原告已向承运人支付了全部运费，故承运人本就无权留置原告托运的货物，更无权授权他人行使；(3)被告非法留置的行为同时构成民法上的胁迫和乘人之危，理由如下：第一，被告要求原告支付巨额赎金否则拒绝放货的行为明显属于根据民通意见第69条规定的以非法占有原告的财产为要挟——而且这种非法占有已经并正在造成原告的财产损害，迫使原告作出不真实的意思表示，因此构成胁迫；第二，原告托运的货物被被告长时间非法留置造成原告的恐慌，因无法提货而担心货物灭失并面临最终收货人的提货要求和索赔压力，并因求助无门而身心俱疲，因此陷于危难境地，在此情况下被告要求原告交付巨额赎金，此行为符合民通意见第70条乘人之危的规定，构成乘人之危。

一审法院经审查后认为：(1)根据民通意见第70条规定，原告将集装箱货物委托承运人运输后，因承运人无法联系，导致其无法按期在目的港(地)提取货物，货物下落不明，有关货物的财产权益处于危难之中。而被告作为载运货物轮船的船舶经营人，实际控制、占有案涉货物，为了获取其自身的不正当利益，利用原告处于前述危难处境，以相关货主支付高额费用换取货物为苛刻条件，并将事先打印以免除其自身责任、加重货方义务为内容的格式条款，嵌入自行印制格式的提货单上，迫使原告作出“要么签单付款提货，要么弃货走人”的对己严重不利选择，违背其真实意思表示，即为了提取货物不得不签署了具有前述内容的提货单并付款提货。因此被告的上述行为显属乘人之危，应予认定。根据《合同法》第 54 条第 2 款规定，原告诉请撤销提货单，符合法律规定，应予支持；(2)首先，因留置权属于法定担保物权，其创设、内容、行使均应源于明确的法律规定，而非依当事人的协议设立，更不能依据当事人协议转让，故被告辩称源于承运人授权进行留置的主张，即使上述《委托书》属实，既属非法，也与《中华人民共和国物权法》第 230 条规定不符。其次，案涉船舶由被告租赁给案外人再由案外人转租给承运人，根据《合同法》第 315 条规定，承运人有权在其被欠付的金额范围内留置案涉航次所占有的相应船载货物。但本案原告已将案涉货物的运费全部支付给了承运人，故其对于案涉集装箱货物无留置权。最后，根据《海商法》第 141 条规定，被告作为船舶期租合同出租人，仅能留置属于承租人的货物和财产以及转租船舶的收入，而案涉货物并非承租人所属货物和财产，被告对于案涉货物也无留置权。综上，被告先行留置船载货物，进而收取原告款项，无合法依据，即应将其收取的不合理部分款项，返还给原告。综上，法院判令被告应向原告赔偿因其非法留置原告货物给原告造成的损失。

被告不服一审判决提起上诉，本案二审经过调解，众多货主的损失获得了大部分的赔偿。

【律师分析】

近年来，国内较大的内贸航运公司因经营不善、资金挪为他用等原因长期拖欠应付船东的租金，引起了诸多船东为挽回损失对船载货物进行大面积扣留，要求货主“自愿”缴交巨额“赎金”才能提货，船、货双方陷入了紧张对峙，大量货主在恐慌焦虑中寻求救济手段。此前，也有大量货主不得不接受这样的“潜规则”而支付“赎金”，导致类似的情况时有发生。那么，船东这样的扣货行为与法律上规定的留置权是否相符？福建天衡律师事务所海商海事部律师通过代理众多货主向扣货的船东提起诉讼，诉请人民法院认定船东的行为构成非法留置和乘人之危，应承担相应的法律责任，这对于该行业回归守法经营具有重大意义。

一、船东扣货要求巨额赎金的行为是否构成非法留置?

(一)关于船载货物留置权的不同法律规定

关于留置权,合同法、担保法、物权法、海商法上皆有相关规定。这些法律规定适用的范围不同,也不完全一致,因此,有必要进行梳理并根据具体案件依特别法优于一般法的原则予以确定。

(二)《海商法》规定的关于期租合同项下的留置权

本案应当优先适用《海商法》第 141 条关于船舶出租人留置权的规定,即"承租人未向出租人支付租金或者合同约定的其他款项的,出租人对船上属于承租人的货物和财产以及转租船舶的收入有留置权"。

前款规定的船舶出租人的留置权与其他留置权最显著的差别是严格将留置的对象限定于"属于承租人的货物和财产以及转租船舶的收入",而在本案中,船载货物显然并非承租人即租船的航运公司的货物,因此超出了法律规定的留置范围。

有相反观点认为,在目前的海上货物运输中,船舶承租人承运的货物基本上皆非其自己所有的货物,如船舶出租人仅能留置属于船舶承租人的货物或是财产,那么该留置权就形同虚设。因此,根据《海商法》第 141 条中"属于承租人的货物或是财产"应当做扩大解释,即只要是船舶承租人合法占有的财产或货物皆可留置,但我们认为该观点不成立:

首先,根据物权法定的原则,留置权作为一种法定物权只能严格依照法律的规定行使,任何人不能修改、创设或进行扩大解释;

其次,船舶出租人与船舶承租人(即承运人)存在租船合同关系,但与货主不存在直接的合同关系。因此,根据合同的相对性原理,船东仅能留置已合法占有的船舶承租人的财产;然本案船东明知船载货物并非承租人所有而进行留置,且直接向货主索要款项,不符合合同相对性原理;

最后,货主并无向船东履行支付租金的义务,如果扩大了船东行使留置权的范围,就会牺牲货主的合法权利,导致其承担本不存在的向船东支付租金的义务。

二、船东扣货要求巨额赎金的行为是否构成乘人之危?

本案例中出现的另一个情况是,船东要求货主提货时必须签署一份文件,显示为自愿交付赎金并且放弃对船东的索赔权利。该签署的文件能否达到船东的目的,将其非法留置的行为"漂白"为双方自愿的行为?这是原告必须破解的一个难题。

本案代理律师经过研究，认为船东的上述行为构成了乘人之危，因此依法诉求撤销，该法律意见得到了法院的支持，观点如下：

船东在航行途中擅自停止运输、私自扣留船载货物，并要求提货人以明显高于运费的费用进行提货，已经完全符合民通意见第70条"一方当事人趁对方处于危难之际，为牟取不正当利益，迫使对方作出不真实的意思表示，严重损害对方利益的"的规定，即船东为了牟取将本应向承租人追讨的租金转嫁给货主的不正当利益，故意停航、滞留货物，导致提货人无法按期在目的港提货，相关货物的财产权益处于危难之中并面临最终收货人的提货要求和索赔压力，最终迫使货主在无奈之下，作出了违背自己意愿的意思表示，向船东交纳高额费用后提货。因此，船东的行为已构成乘人之危。

因此，根据《中华人民共和国合同法》第54条第2款的规定，"一方以欺诈、胁迫或者乘人之危，是对方在违背真实意思的情况下订立的合同，受害方有权请求人民法院或者仲裁机构变更或者撤销。"故鉴于船东乘人之危的行为，货主有权诉请人民法院撤销，并诉请被告将收取的不合理部分的款项返还及赔偿损失。

【思考与提示】

船东因被承租方拖欠租金而通过扣货向货主索取"赎金"的潜规则由来已久，本所律师希望通过该系列案件的代理让参与国内航运业的船东、租船航运公司及货方都能了解法律的界限和尺度，进行合法有序的经营，让航运业能够正本清源，回归正常的理性与秩序，追求各方共赢。

上述系列案件一审的判决及二审的调解成为前些年在海运行业中频发的非法留置船载货物纠纷的代表性案例，并成为后续类似案件审判及纠纷解决的重要参照。

银行卡纠纷中发卡行与收单行的责任承担

代理律师　薛明波　王祎凡*

【案情简介】

2015 年 5 月至 9 月间，共发生 10 笔广州某银行的银行卡在晋江某银行的特约商户某商行的 POS 机上进行的刷卡交易。交易款项（共计人民币 1142160.5 元）由晋江某银行先行划给特约商户，再通过中国银联跨行交易清算系统从广州某银行账户划拨给晋江某银行。后来该 10 笔交易皆因持卡人否认于当日发生交易，由广州某银行通过中国银联平台申请向晋江某银行调单（调取交易凭证），晋江某银行在期限内未能提供交易凭证，广州某银行向中国银联平台提出退单。2016 年 2 月 22 日至 2016 年 2 月 29 日间，中国银联通过交易平台扣划晋江某银行账户相应款项退还给广州某银行。之后，广州某银行将款项退还给各持卡人。另外，晋江某银行以其特约商户某商行涉嫌非法经营于 2015 年 9 月 11 日向晋江市公安局报案，公安机关业已立案受理，该案尚未侦破。

2016 年 8 月 11 日，晋江某银行向晋江市人民法院提起诉讼，请求广州某银行偿还晋江某银行垫付款 1142160.5 元及利息；其特约商户某商行对广州某银行的上述偿还义务承担连带责任。

晋江某银行与广州某银行在本案中的法律关系及广州某银行是否有责任承担晋江某银行损失成为本案焦点。晋江某银行主张：第一，从银行卡刷卡交易流程来看，本案中晋江某银行与广州某银行形成委托代理关系，故作为受托方的晋江某银行实施的民事行为法律后果应由作为委托人的广州某银行承担。第二，广州某银行作为银行卡的发卡行，具有采取银行卡风险管理措施防止卡片信息及密码等被盗取的义务，广州某银行未能尽到安全保障义务，是本案损失发生的重要原因。第三，从风险和收益对等性来说，广州某银行取得了

* 薛明波、王祎凡，福建天衡联合律师事务所律师。

绝大部分的手续费用,理应承担更大的交易风险。广州某银行主张其不应承担垫付款,原因:第一,本案中晋江某银行与广州某银行是清算合同关系。双方通过银联平台共同签订了由中国人民银行授权中国银联颁布的《银联卡业务运作规章》等规范性文件,并约定共同接受约束。两者间应围绕双方是否严格依照清算规则执行,以及最后责任承担是否符合规则约定展开。第二,广州某银行依规申请调单、申请退单,晋江某银行无法依规则在时限内提供交易凭证、未在时限内提出异议,也未能举证是广州某银行责任而退单无效,应承担不利后果。另外,依银联规则,因晋江某银行终端违规操作导致的损失及责任,应由晋江某银行先行承担,再由晋江某银行向终端的负责人特约商户某商行追索。第三,晋江某银行主张可能是持卡人泄露密码信息或是磁卡存在质量问题仅是假想并无证据能够证明。第四,《银联卡业务运作规章》明确规定了退单、异议等的时效性,是为了保障金融秩序,超过时限就应承担不利后果,支持晋江某银行诉求将严重扰乱金融交易运作。

【办案纪实】

2016 年 8 月 11 日,晋江某银行向晋江市人民法院提起诉讼,广州某银行委托代理律师应诉。经代理律师据理力争,广州某银行主张得到支持。晋江市人民法院于 2017 年 9 月作出民事判决,(1)判决特约商户某商行判决生效 10 日内偿还晋江某银行款项 1142160.5 元及利息;(2)驳回晋江某银行其他诉讼请求。

晋江市人民法院认为晋江某银行与广州某银行作为加入中国银联网络成员机构,承诺遵守中国银联制定的《银联卡业务运作规章》等各项规则及管理办法。《银联卡业务运作规章》可视为双方之间的约定,该约定不违反法律法规强制性规定,双方均应遵守。现广州某银行已依据《银联卡业务运作规章》通过中国银联对其与晋江某银行涉案交易纠纷处理完毕,并将交易款项退还其发卡的持卡人。因此,晋江某银行主张广州某银行偿还款项缺乏依据,法院不予支持。某商行作为特约商户违反关于消费交易处理的操作规程及与晋江某银行之间的约定,且其是涉案款项的持有人,应依约定对晋江某银行的损失承担民事责任。特约商户某商行承担责任后有权保留行使权利的主张。

2017 年 10 月,晋江某银行不服判决向泉州市中级人民法院提起上诉,请求撤销原判决,依法改判支持其原审诉讼请求。

泉州市中级人民法院认为,晋江某银行与广州某银行均是银联的成员单位，应当遵守《银联卡业务运作规章》。本案中，广州某银行通过中国银联差错争议业务平台调单时，晋江某银行未能提交交易单据，之后，广州某银行在规定时限内提交退单申请，而晋江某银行未在时限内提交再请款或申请进入争议处理程序。根据《银联卡业务运作规章》第四卷第三章第 3.2.3 条，“收单机构应根据本运作规章第二卷中的相关规定和要求与商户签订协议，并在商户违反规定时首先代商户承担责任。”晋江某银行应代特约商户某商行承担责任。根据第四卷第一章总则第 2.2 条，“本规章所规定的时限为最长时限。超出规定的提交或处理时限，入网机构将丧失相应的权利并承担可能产生的经济责任”的规定，广州某银行退单的行为符合银联规则，而晋江某银行在退单流程结束后未按照银联规则在申请裁决期限内向银联提出裁决申请，依据银联规则即丧失相应的权利并应承担可能产生的经济责任，因此，晋江某银行要求广州某银行偿还垫付款，理据不足，不予支持。判决驳回上诉，维持原判。

【律师分析】

首先应理清各方法律主体关系，明确各方主体义务，正确确定法律责任。实务中大部分伪卡交易银行卡纠纷双方当事人分别为持卡人与发卡行，相对于持卡人，因发卡行在金融市场的优势地位、保障持卡人安全用卡的义务等因素，判决发卡行承担大部分责任或全部责任居多。

但本案纠纷发生在收单行与发卡行间，不能惯性思维。本案应考虑双方是平等银联成员单位，共同受银联规则约束。本案涉及的双方依银联规则进行的清算流程，可看作双方在银联平台进行的金融结算业务均成立独立具体的清算业务合同。之后围绕双方是否严格依照清算规则执行，以及最后责任承担是否符合规则约定展开。

认识本案的法律关系之后再是熟悉银联结算规则，从银联清算制度中找出支持代理方合规操作依据，找出对方依规则应尽而未尽的义务。从而论证代理方主张。

本案中晋江某银行因特约商户过错无法提供交易凭证，在晋江某银行与广州某银行法律关系间，应承担不利后果。

【思考与提示】

银行卡被盗刷和伪卡交易案件实际涉及发卡行、持卡人、特约商户、收单行（取款行）等多方对象，许多案件涉及跨行、跨地区取款或消费，法律关系较复杂，主要法律关系包括：(1)持卡人与发卡行之间的法律关系；(2)持卡人与特约商户的法律关系；(3)发卡行与特约商户之间法律关系；等等。在伪卡案件中，绝大多数的起诉人为持卡人，本案纠纷则发生在收单行与发卡行间，比较少见。希望通过这个案件，在伪卡交易发生后，除了大家较为熟悉的持卡人与发卡行之间责任承担外，收单行与发卡行间，发卡行与商户间责任承担如何划分、责任流转问题有新的思路。

伪卡交易案件中的发卡行与收单行，双方是平等银联成员单位，共同受银联规则约束。双方是否严格依照清算规则执行是认定责任的重要依据。以本案为例，根据《银联卡业务运作规章》第四卷《差错争议业务规则》(以下简称《规章》)约定了借记卡消费类交易的差错处理流程及争议流程。本案涉及流程为确认查询，一次退单，收单机构对退单异议期，收单机构向特约商户追偿权。

流程一，基于持卡人否认交易，发卡行提出确认查询(调单)。

本案涉及的持卡人皆否认其在相应的时间在收单行特约商户处发生相应笔数的交易，并向公安机关报案。依据《规章》发卡行在时限内向收单行发起第一个流程确认查询(调单)，具体依据为《规章》第三章第 4.1.2.2 条约定的“6345 涉嫌欺诈的交易需要索取交易凭证”。收单行收到调单申请后依据第三章第 4.1.2.3 条约定，通过平台回复 04—交易凭证无法提供。

流程二，发卡行一次退单(银联将款项划入发卡行账户，发卡行因异议期需将资金暂挂 60 日)。

根据《规章》第三章第 4.1.2.4 条 F 款约定，“发卡行发起确认查询，收单行超过时限没有答复，发卡行可在退单时限内提交一次退单。收单行在时限内答复且答复码为 04，则发卡行在收到查复日起可在退单时限内提交一次退单”。本案中发卡行时限内回复 04，已构成发卡行退单条件。退单依据为第三章第 4.1.4.2 条“4515-持卡人否认交易”。根据第三章第 4.1.4.4 条约定“中国银联对退单交易进行核实；将有效退单并入当日清算进行调账，并将信息转发收单机构。”

流程三，退单成立后收单行可在规定的 60 日内提出疑义或提出银联争议处理。

根据《规章》第三章第 4.1.4.4 条约定“收单机构同意退单的，做相应账务处理；对退单有疑义的，可在退单完成后进行协商由发卡机构提交例外交易处理，或直接提交银联规则争议处理”。《规章》第四章约定，争议处理包括协商解决、争议裁判。而例外交易处理、争议裁判都有时限要求，例外交易处理为正常差错处理流程结束后 60 日，超出后入网机构不得再提交争议处理(详见第三章第 4.4.1.2 条)。争议裁判申请为差错处理流程结束后 60 日内(详见第四章第 3.1.1 条)。如若收单时限内提出疑义，并能够提供持卡人确认交易或收领服务的签名确认文件等证明文件，则发卡行退单无效，资金将可再划回收单行。可见本案收单行如其在清算流程依规操作，其具有救济措施。

流程四，收单机构追偿权。

根据《银联卡业务运作规章》第四卷第三章第 3.2.3 条，收单机构应根据本运作规章第二卷中的相关规定和要求与商户签订协议，并在商户违反规定时首先代商户承担责任。规章对责任先行承担方之后追索权利也做了约定，《银联卡业务运作规章》第四卷第四章第 3 条，争议责任承担方确定后，作为责任承担方的入网机构或中国银联应先行承担争议交易的责任，但不一定是最终责任者，特约商户或其他第三方机构(如 pos 机具维护商)等违反相关规定或约定造成的损失，责任先行承担方可以根据与最终责任人签订的相关合约或规定进行追索。

综上，银行卡交易各方主体应依法依约履行相应义务:发卡行负有保障持卡人用卡安全等义务;收单行负有监督特约商户、保障持卡人用卡安全等义务;持卡人负有妥善保管银行卡及密码等义务;特约商户负有审核持卡人真实身份和银行卡真伪等义务。任何一方违反义务，均应在其对应的法律关系中承担相应责任。举证方面，持卡人应当对因伪卡交易导致其银行卡账户内资金减少或者透支款数额增加的事实承担举证责任。发卡行、收单机构、特约商户应提交由其持有的案涉刷卡行为发生时的对账单、签购单、监控录像等证据材料。无正当理由拒不提供的，应承担不利法律后果。

股东权利行使受阻，投资人能否以合同目的无法实现为由解除投资协议

——华昱投资与凯安阔公司投资合同纠纷案

代理律师　林楚雄　常　静*

【案情简介】

2015年2月2日，厦门华昱笃志股权投资管理合伙企业（有限合伙）（以下简称“华昱投资”）与厦门凯安阔投资管理有限公司（以下简称“凯安阔公司”）签署一份《增资协议》及《补充协议》，约定华昱投资对凯安阔公司投资2000万元，获得凯安阔公司20%股权，其中50万元计入凯安阔公司注册资本，1950万元计入资本公积，成为凯安阔公司的新股东。华昱投资于2015年2月10日向凯安阔公司支付投资款700万元。2016年12月21日、2017年7月6日、2017年7月13日凯安阔公司分别向华昱投资支付三笔50万元共计150万元，用途备注：投资退款。

2017年8月17日，华昱投资对凯安阔公司及其一人股东陈某提起诉讼，称协议签署后凯安阔公司未依约为华昱投资办理股权变更工商登记手续，从未通知华昱投资参加任何股东会会议，两年多未对华昱投资进行分红，华昱投资未能享受任何股东权利，其合同目的无法实现，故诉请法院判令解除《增资协议》及《补充协议》，凯安阔公司向华昱投资返还投资款及利息，股东陈某对凯安阔公司的债务承担连带责任。

凯安阔公司提起反诉，要求法院判令华昱投资立即缴付未付投资款1300万元及迟延付款违约金。

【办案纪实】

2017年9月，凯安阔公司委托福建天衡联合律师事务所代理此案。我们

---

* 林楚雄、常静，福建天衡联合律师事务所律师。

向委托人初步了解情况发现，本案中华昱投资未依约足额支付投资款，凯安阔公司未在规定期限内为华昱投资办理股东变更工商登记手续，但在华煜投资提出退还投资款后，凯安阔公司曾分三次向华昱投资退还投资款共150万元。表面上看，似乎凯安阔公司已答应解除讼争协议并退还投资款。我们担心，法院可能就此认定双方已就解除协议达成一致意见。但随着对案情的深入研究，此担心可以排除，因为原告的诉讼请求是解除协议，退还投资款，这说明其并不认为讼争协议已解除。而且，不知何故，原告要求退款的金额并未扣减上述150万元。本案的根本问题在于，华昱投资以凯安阔公司违约致使其股东权利行使受阻，签订《增资协议》的合同目的无法实现为由行使合同解除权能否成立。如果不能成立，华昱投资不仅不能要求退还投资款，还应缴付未付投资款1300万元。

我们对投资经过及纠纷产生过程进行细致的了解，并指导委托人收集和整理证据，得出基本结论：(1)华昱投资未足额缴付投资款，违约在先。凯安阔公司未为其办理股东变更工商登记，并非怠于履行义务，而是因为华昱投资尚未足额支付投资款。(2)华昱投资在起诉状中所列举的凯安阔公司其他违约行为也不能成立，可以反驳掉。(3)本案应是华昱投资自身资金链断裂后，为抽回投资搜罗理由提起的诉讼。

基于此，我们制定了翔实的诉讼策略，一方面代理凯安阔公司提起反诉，对华昱投资严重违约在先的情形作了充分阐述，请求法院判令华昱投资缴付未到资的投资款1300万元及迟延付款违约金。另一方面在本诉中通过细致整理微信聊天记录、邮件记录等证据材料，对华昱投资在起诉状中列举的凯安阔公司违约行为一一进行反驳，论述讼争合同不存在所谓合同目的无法实现的情形，并就华昱投资企图通过本案诉讼抽回投资向法庭作了充分的展示。同时，庭审中可能涉及的150万元退款的性质及对本案的影响作了充分的预判和准备。

一审法院经审理后认为，华昱投资提供的证据不足以证明凯安阔公司有致使合同目的不能实现的违约行为，且其行使股东权利的前提是按照《增资协议》的约定支付了全部投资款，其要求行使法定解除权依据不能成立。据此，一审法院判决驳回华昱投资的全部诉讼请求，并支持凯安阔公司要求华昱投资支付1300万元投资款及利息的反诉请求。

华昱投资不服一审判决，上诉至厦门市中级人民法院。二审中，华昱投资针对一审判决中关于其未依约支付全部投资款的认定提出：《补充协议》"鉴于”条款第 4 条约定“乙方实际投资金额以实际到账金额为准”，华昱投资与凯安阔公司约定的投资额已由 2000 万元变更为实际到账金额，华昱投资并未违约。其二，凯安阔公司已同意并实际退还投资款 150 万元，原审作出华昱投资收到退还的投资款又继续向凯安阔公司支付投资款的矛盾判决。另外，华昱投资提交了新的证据以期证明凯安阔公司在履行合同过程中有诸多违约行为，其合同目的确实无法实现，有权解除讼争合同。

针对华昱投资在二审中的主张，我们认为双方是否就投资金额变更为 700 万达成合意，以及 150 万元投资退款的性质认定，是关键问题。就本诉而言，核心仍然在于凯安阔公司所谓的违约行为是否致使华昱投资股东权利行使受阻，合同目的无法实现。

首先，我们提出当事人变更合同约定的意思表示必须明确，《补充协议》“鉴于”部分第 4 条表述不能得出双方变更投资金额的结论。从常理上看，对主合同约定投资金额进行变更，是重要的合同变更，应放在补充协议主文中进行明确约定。再者，本案的关键证据材料即华昱投资执行事务合伙人委派代表于 2016 年 7 月 20 日发给凯安阔公司法定代表人的邮件，称“由于我司各方面原因无法按照合同约定时间完成 2000 万元资金的募集任务，原计划拆分逐笔投资进企业，并在投入完成后再进行股权变更。”该证据足以佐证双方未就投资金额变更达成合意，且能证明并非凯安阔公司怠于履行工商登记的义务。

其次，就 150 万元款项的支付，我们一方面通过整理华昱投资执行事务合伙人代表与凯安阔公司法定代表人的聊天记录，提供聊天记录证明 150 万元是因为华昱投资一再声称资金困难且答应会返还款项，凯安阔公司才同意拆借，因此 150 万元的性质为临时借款。另一方面，我们抓住了华昱投资多处自相矛盾的陈述来证明 150 万元实际并非退投资款。华昱投资起诉状中起诉金额为 700 万元，其一审当庭提供 150 万元退款凭证主张双方已经就合同解除达成合意，但仍坚持要求凯安阔公司退还 700 万元，称这 150 万元款项与本案无关。在法官的追问下又改口称 150 万元系退还讼争协议项下投资款，当庭变更诉讼请求为 550 万元。我们再次指出其逻辑漏洞，华昱投资在本案中已明确以起诉方式解除合同，既然此前从未要求解除合同，即不存在退还投资款的前提，也不存在双方就解除合同达成合意之说。

最后，代理人通过整理提交邮件、微信聊天记录、审计报告等证据逐一向合议庭证明：不办理股权变更登记是华昱投资投资款不到位、不配合导致的，责任在华昱投资。办理工商变更登记需要修订公司章程，需要华昱投资配合，但华昱投资不予配合。两方的负责人一直保持密切联系，华昱投资一直参与凯安阔公司的经营决策，不存在对公司经营毫不知情。凯安阔公司前期投入大，这几年处于亏损状态，不存在分红的前提。华昱投资所主张的违约行为，均被我们提供的证据予以反驳。

2018 年 6 月 12 日，厦门市中级人民法院作出终审判决，华昱投资认为投资总额已变更为 700 万元的主张不能成立，因其未能履行合同义务完成 2000 万增资义务，其主张凯安阔公司违约导致其合同目的无法实现，以此为由要求解除讼争合同、退回投资款的请求均不能成立，维持原审判决。

【律师分析】

本案是投资中，投资人与目标公司之间的典型争议。作为投资人的华昱投资未依约足额支付投资款，作为目标公司的凯安阔公司未为华昱投资办理股东变更工商登记。华昱投资认为其要求工商登记、分红、知情权在内的股东权利行使受阻，根据《中华人民共和国合同法》第 94 条的规定，以合同目的无法实现为由要求解除合同并返还出资款。

本案一审判决认为华昱投资行使股东权利的前提是按照《增资协议》的约定支付全部投资款，现因自身原因未依约足额缴付投资款，无权享有相应的股东权利。在二审判决中，法官同样认为因华昱投资未能履行合同义务完成 2000 万元的增资义务，其主张凯安阔公司违约，导致合同目的无法实现，以此为由要求解除讼争合同、退回投资款的请求不能成立。

由此可见，两审法院均认为投资人享有股东权利的前提是履行完毕股东义务，若股东违反了约定的出资义务，其股东权利的行使应当受到一定的限制，这亦是权利与义务统一、利益与风险一致原则的具体体现。回归本案，华昱投资作为凯安阔公司的股东，在没有履行足额出资义务的前提下要求行使股东全部权利，本身有违公平原则，其以股东权利行使受阻为由主张合同目的无法实现，进而要求解除合同，未得到法院的支持。

【思考与提示】

本案的投资人自身违约在先，未依约足额支付投资款，履行股东的出资义务，故其以股东权利行使受阻为由要求解除合同未得到法院的支持。但若投资人履行完毕出资义务之后，目标公司存在怠于履行义务，致使投资人行使股东权利受阻的情形，投资人能否以合同目的无法实现为由行使合同解除权？

对于投资人以股东权利行使受阻为由要求解除投资协议的类型案件中，除考量目标公司是否存在严重违约行为、该违约行为是否致使合同目的无法实现之外，因该类型案件还涉及股东与公司之间的权利义务，我们认为还应从公司法资本维持原则的角度，谨慎对待合同解除的诉求。

目标公司接受投资人出资后，确实应当履行确认股东资格的义务。但工商登记并非设权性登记，不会产生股东权利义务的变化。我们认为，股东身份虽尚未进行工商登记，但在公司内部，是否进行工商登记，对股东权利的行使并无实质的影响。投资人根据约定向目标公司支付了出资款，其事实上已经取得了股东的资格。若公司怠于办理工商登记手续，不予分配利润，或侵害股东知情权的，公司法以及最高人民法院相关司法解释，已经对相应的救济途径进行了规定。股东可依据相关规定，要求公司履行相应义务甚至提起诉讼。若遇到股东权利行使受阻的情形，投资人均以增资协议或投资协议目的无法实现为由解除合同，退回投资款，显然与公司法资本维持原则相悖。

商事实践中，此类型案件时有发生，我们认为，对于股东权利受阻即要求解除投资合同的诉求应持谨慎态度。一方面应结合具体案件事实考量目标公司是否存在违约行为，是否已经过法律规定的非诉讼程序救济；另一方面要考量违约行为是否严重到致使合同目的无法实现的程度。股东权利行使受阻与投资合同目的无法实现不应直接画等号，投资人股东权利行使受阻可通过公司法及相关司法解释规定的途径予以救济。若动辄因投资人股东权利行使受阻即认定投资合同目的无法实现，既不利于交易的稳定也不利于债权人利益的保护。

利用房价信息差倒卖赚取差价 律师巧布局取得案件胜诉

——曾某与陈某某、李某某房屋买卖合同纠纷案

代理律师　涂志文*

【案情简介】

2016 年 5 月 28 日，曾某在第三人某某中介有限公司的居间介绍下与陈某某签订《房产买卖协议》，协议约定：曾某向陈某某购买位于厦门市某小区房屋一套房产，房产总价共计 173 万元，协议签订当日，曾某应向陈某某支付购房定金 20 万元。协议签订后，曾某即向陈某某支付了购房定金 20 万元。但其后，陈某某迟迟不予受领后续相关购房款，并拒绝配合曾某办理房产交易登记手续。曾某后来得知，陈某某并非上述房屋的所有权人，系其伙同中介公司员工李某某利用信息差，倒卖房产赚取差价。

原告多次向陈某某及中介公司协商解决，2016 年 6 月 29 日，在中介公司的见证下，曾某与陈某某、李某某签订《协议书》一份，因在履行买卖合同过程中，陈某某并未取得房屋所有权，故约定：陈某某、李某某于 2016 年 7 月 1 日 24 时前向曾某全款支付人民币 454800 元（此费用包含双倍定金 400000 元、中介费 39800 元、承诺书违约金 10000 元、律师费 5000 元），倘若陈某某、李某某未如期支付，每逾期一日支付协议总金额千分之五的违约金，曾某暂不追究陈某某、李某某的违约责任，因本协议发生的纠纷由某区人民法院管辖。

【办案纪实】

2016 年 7 月曾某起诉至厦门市某区人民法院，要求陈某某与李某某共同向曾某支付 454800 元及按协议总额日千分之五的违约金、承担本案律师费、诉讼费等。原告提交了定金支付凭证、中介费收款收据、佣金确认书、《协议

* 涂志文，北京盈科（厦门）律师事务所律师。

书》、《委托代理协议》、律师费转账凭证、律师费发票等证据材料支持上述主张。

陈某某认为：(1)曾某所主张的违约金过高；(2)中介费不应由陈某某承担，中介公司没有履行其应有责任，所以中介费应由中介公司退还给曾某。(3)承诺书的违约金 10000 元是曾某与李某某双方签订的协议，陈某某并不知情。陈某某提供了手机通话记录，拟证明曾某从未电话联系，没有依约支付首款，曾某先构成违约。陈某某同时提供银行转账凭证、和房东签订的房屋买卖协议，认为其收到曾某款项后将钱转给房东，故不承担责任。

李某某辩称，陈某某提到的 10000 元的违约金由李某某个人承担。第三人中介公司确实未履行中介的义务，应由第三人中介公司退还中介费给原告。双倍返还定金 40 万元李某某无法接受，认为是曾某违约在先。

因此其一，中介费损失是否应有两被告承担；其二，《协议书》中确认的相应款项是否应由两被告承担；其三，陈某某是否应承担违约责任；其四，违约金额是否合理成为本案的争议焦点。

一审法院认为，各方无异议的《协议书》中载明陈某某、李某某同意支付中介费 39800 元，曾某提供的票据、佣金确认书与协议书相印证，能证明陈某某与李某某同意支付中介费 39800 元。陈某某提供的手机通话记录，法院认为该通话记录无法反驳双方无异议的《协议书》，《协议书》中陈某某、李某某已确认违约，且愿意支付相应款项。陈某某提供的银行转账凭证，和房东签订的房屋买卖协议，认为其收到曾某款项后将钱转给房东，故不承担责任。曾某认为该项证据与本案无关。法院认为，根据合同相对性，该证据无法对抗曾某的主张。陈某某提供的与李某某签订的协议书，认为李某某已同意承担全部责任故可免责，曾某认为与本案无关，陈某某与李某某的关系应另案处理。法院认为根据合同相对性，该证据无法对抗曾某主张。

一审法院认为，陈某某和李某某以《协议书》方式确认双方在违约事实发生之后对违约损失的清算和确认，并非约定如发生违约时违约责任如何确定，故不适用违约金调整原则。曾某主张陈某某、李某某依约支付 454800 元，于法有据，法院予以支持。双方约定，如未如期支付上述款项，应按千分之五支付违约金，陈某某、李某某抗辩违约金过高，法院认为，上述违约金计算标准已达到年 182.5%，在双方已就违约损失进行清算确认的情况下，陈某某、李某某拒不支付给原告造成的系资金占用损失，上述标准明显过高，法院依法予以调整，酌定为按年 24%计算，从逾期之日(2016 年 7 月 2 日)起算至实际支付之日止。

一审法院判决：一、被告陈某某、李某某应于本判决生效之日起十日内偿付原告曾某454800元及相应违约损失（从2016年7月2日起，计算至实际偿付之日止，按年利率24%计算）。二、被告陈某某、李某某应于判决生效之日起十日内赔偿原告曾某律师费损失20000元。三、驳回原告曾某其他诉讼请求。

2017年2月陈某某上诉至厦门市中级人民法院，请求撤销原审判决第一、二项，并依法改判陈某某无需承担赔偿责任，陈某某认为其并非2016年5月29日签订的《房屋买卖协议书》的实际出卖人，仅是受原审被告李某某之委托代为签约及收付款项，陈某某从不知情《房屋买卖协议书》的履行情况，一审法院认定陈某某与李某某共同承担赔偿责任存在事实认定错误。曾某答辩称，请求驳回上诉，维持一审判决。

二审法院审理认为，陈某某与李某某以《协议书》的形式确认了因无法履行房屋买卖合同对曾某应承担的违约责任。《协议书》系各方当事人的真实意思表示，陈某某主张其对《协议书》内容并不知悉，其无需承担相应的赔偿责任，以及系曾某先违约的主张，均缺乏相应的事实和法律依据。陈某某并无证据证明《协议书》约定违约金数额过高，故各方当事人应依约履行。至于陈某某与李某某之间的约定，并不能对曾某产生约束力。陈某某主张的缺乏社会经验亦不能作为免除责任的合法事由。《协议书》约定的逾期支付的违约金标准，原审法院已依法作了调低。故陈某某的上诉请求，缺乏事实和法律依据。一审判决认定事实清楚，适用法律正确，应予维持。依照《中华人民共和国民事诉讼法》（以下简称《民事诉讼法》）第170条第1款第1项规定，判决如下：

驳回上诉，维持原判。

【律师分析】

目前厦门市房价大幅度的上涨，房屋买卖合同纠纷也随之大幅增加，在实践中大量存在着买房与卖房人通过中介公司签订《房屋买卖合同》，合同约定了卖房人违约时应支付违约金额的情况。但是，签约后，卖房人由于房屋升值巨大，不愿履行合同。且房屋升值远远大于合同约定的违约金金额。此时买房人在请求解除合同的情况下，能否请求将房屋差价作为买方的损失，由违约方予以赔偿呢？

该问题在实践中比较普遍。《中华人民共和国合同法》（以下简称《合同法》）第113条规定，当事人一方不履行合同义务或者履行合同义务不符合约定，给对方造成损失的，损失赔偿额应当相当于因违约所造成的损失，包括合同履行后可以获得的利益，但不得超过违反合同一方订立合同时预见到或者应当预见到的因违反合同可能造成的损失。在有效的房屋买卖合同履行过程中，由于出卖人拒绝履行合同，导致买受人需要另行购买相类似的房屋，则其需要支付的另行购房成本就同其之前签约的购房成本之间存在明显的价值之差，此种房屋差价是由于违约方的违约行为造成的，可以作为守约方所遭受的损失。

至于当事人已经约定了固定违约金的情况下，能否请求违约方承担房屋差价的违约责任，则涉及《合同法》第 114 条第 2 款规定的适用问题。对此，属于事实认定问题，应由人民法院根据案件具体情况加以处理。当然，如果人民法院能够认定约定的违约金低于造成的损失，则可以适用《合同法》第 114 条及相关司法解释的规定，对违约金予以调整，以房屋差价作为非违约方的损失，由违约方予以赔偿。

出卖人与第三人恶意串通签订房屋买卖合同，对买受人来讲，属于侵权行为，但这种行为不属于《民事诉讼法》及《最高人民法院关于民事诉讼证据的若干规定》中规定的举证责任倒置的情况，因此应适用我国民事诉讼法“谁主张，谁举证”的举证责任分配的一般规则，买受人或被拆迁人应对出卖人与第三人恶意串通事实负有举证责任，即买受人或者被拆迁人提供证据证明出卖人与第三人恶意串通签订房屋买卖合同。由于恶意串通一般在出卖人与第三人之间进行，出卖人与第三人一般对恶意串通的事实予以保密，这样给买受人和被拆迁人提供证据带来困难。但我们对于举证责任倒置有明确的规定，恶意串通不属于举证责任倒置的情况，而且我国法律规定恶意串通合同无效，对于恶意串通当事人处罚较重，因此我们在认定恶意串通时还是要按照我国民事诉讼举证责任分配的一般原则，确定由主张人来承担举证责任，并要看所举证据是否能支持其主张。对于当事人确有困难无法提供证据的，法律及司法解释规定了补救办法。《民事诉讼法》第 64 条第 2 款规定，当事人及其诉讼代理人因客观不能自行收集的证据，或者人民法院认为审理案件需要的证据，人民法院应当调查收集。《最高人民法院关于民事诉讼证据的若干规定》第 3 条第 2 款规定，当事人因客观原因不能自行收集的证据，可申请人民法院调查收集。以上规定补救了当事人由于客观原因举证不能的情形，但是申请法院调查证据要符合一定的条件，《最高人民法院关于民事诉讼证据的若干规定》第 17 条规定，当事人及其诉讼代理人申请人民法院调查收集证据应当符合下列条件之一:(1)申请调查收集的证据属于国家有关部门保存并须人民法院依职权调取的档案材料;(2)涉及国家秘密、商业秘密、个人隐私的材料;(3)当事人及其诉讼代理人确因客观原因不能自行收集的其他材料。

此外,本案中被告陈某某提供银行转账凭证、和房东签订的房屋买卖协议,认为其收到曾某款项后将钱转给房东,故不承担责任。此行为违反合同相对性原则。陈某某与房东签订的合同仅约束合同双方当事人,即陈某某和房东。债权属于相对权,相对性是债权的基础,故债权在法律性质上属于对人权。债是特定当事人之间的法律关系,债权人和债务人都是特定的。债权人只能向特定的债务人请求给付,债务人也只对特定的债权人负有给付义务。《中华人民共和国民法通则》第 84 条第 1 款规定:债是按照合同的约定或者依照法律的规定,在当事人之间产生的特定的权利和义务关系。第 2 款规定:债权人有权要求债务人按照合同的约定或者依照法律的规定履行义务。“特定的”含义就是讲只有合同当事人才受合同权利义务内容的约束。

【思考与提示】

住房问题关系千家万户,安居乐业是最大多数人朴素而现实的需求。从业以来,遇到咨询房屋买卖合同纠纷的案件数量也很多,特别是当前房价居高难下的情况下,房屋买卖关系到一辈人甚至两辈人的财富积累,然而在利益的驱使下,买卖双方会各种违规甚至违法操作,特别是卖方容易出现违约不配合办理手续,致使买方的合法权益遭受巨大侵害,更有中介公司部分员工利用信息的便利,也时常参与到整个事件当中,赚取差价,牟取暴利。

本案即是卖房和中介公司员工勾结,利用信息便利,赚取差价,损害买房合法权益。律师通过利用巧妙的布局,将卖方及其中介公司员工一起拉入被告席中,承担其应有的责任,建议在遇到类似纠纷事宜,应尽早寻求律师帮助,通过律师的合理规划设计,寻找最佳方案,减少诉累,维护自身的合法权利。

抵销权的行使不受诉讼时效的限制

——再审申请人厦门源昌房地产开发有限公司与被申请人海南悦信集团有限公司委托合同纠纷案

代理律师 杨少勇 陈宣文*

【案情简介】

厦门源昌房地产开发有限公司(以下简称"源昌公司")因委托海南悦信集团有限公司(以下简称"悦信公司")办理源昌山庄项目开发所需的部队手续，于2005年4月11日至5月18日期间向悦信公司支付委托费用2000万元，悦信公司亦在给源昌公司的《承诺函》中确认收到委托费用2000万元。后因悦信公司没有完成"办理源昌山庄项目开发所需的部队手续"这一委托事项，应当于2006年2月18日前退还源昌公司委托费用2000万元。

2005年8月15日，悦信公司分两次向源昌公司汇款合计2800万元，用于泉州东海滩涂整理项目的投资；后因泉州市政府推迟工程实施计划，包括源昌公司、悦信公司在内的项目股东同意源昌公司已经收取的投资款退还各股东。2005年10月26日，源昌公司退还悦信公司项目投资款800万元，尚有2000万元未退还。

至此，源昌公司与悦信公司互负债务2000万元，并且在2006年2月18日至2011年11月28日长达5年之久的期间内，双方均没有主张债权，亦未主张债权抵销。

2011年11月29日，悦信公司以2000万元系其作为股东增资源昌公司为由起诉源昌公司，要求支付投资权益款151402484元。源昌公司主张2000万元系泉州东海滩涂整理项目的投资款，已经与悦信公司应当退还源昌公司的委托费用2000万元相互抵销。前述盈余分配案经过福建省高级人民法院一审、最高人民法院再审，均以悦信公司未能提供出资证明和投资合同等能够证

---

* 杨少勇、陈宣文，福建联合信实律师事务所律师。

明存在增资合意的证据为由，驳回了悦信公司的诉求。

此后，悦信公司以民间借贷纠纷为由起诉源昌公司支付本金 2000 万元及利息并得到海南省高级人民法院的二审支持，然源昌公司以委托合同纠纷为由起诉悦信公司确认 2000 万元的债权已经抵销却被海南省高级人民法院二审驳回。为此，源昌公司向最高人民法院申请再审，经最高人民法院提审改判，确认双方的债务已经抵销，支持了源昌公司的诉求。

【办案纪实】

源昌公司与悦信公司之间因互负 2000 万元债务而引发的诉讼纠纷，先后经历了股权投资盈余分配案、民间借贷纠纷案、委托合同纠纷案三次诉讼纠纷，前后历时近 7 年之久，时间跨度之长，法律关系之复杂，不可谓不艰难。

一、接受委托

源昌公司在收到民间借贷纠纷案和委托合同纠纷案的二审判决之后，饱受诉争讼累，却又无法接受如此偏颇的结果。在听取案情介绍之后，凭借丰富的诉讼经验，出于维护公平正义的信念，代理律师决定接受源昌公司的委托，向最高人民法院申请再审。

二、主要分析意见

代理律师认为：

第一，源昌公司因委托悦信公司办理“源昌山庄”开发所需的部队手续事宜，支付委托费用不低于 2000 万元，因悦信公司未能完成委托事项，应当退还委托费用，即可以确认源昌公司对悦信公司享有不少于 2000 万元的债权。

第二，源昌公司对悦信公司享有的债权被认定超过诉讼时效，其主要原因系源昌公司和悦信公司之间互负债务均发生于 2006 年前后，时间相隔甚短；另外，双方实际控制人系结拜兄弟，私下已对互负债务进行多次协商。故此，源昌公司一直未向悦信公司主张权利，亦未主张债务抵销。故，源昌公司对悦信公司的债权是否超过诉讼时效未有定论。

第三，若源昌公司对悦信公司的债权超过诉讼时效，为挽回源昌公司 2000 万元及利息损失，唯有从双方互负债务已在悦信公司股权投资盈余分配案中抵销进行突破。首先，抵销权制度的立法目的在于便宜和公平，便宜在于节约了交易成本，公平在于防止一方只行使权利而拒绝履行义务，是立法为市场经济服务的重要体现；其次，超过诉讼时效的债权只是丧失胜诉权，并非实体权利丧失，根据《中华人民共和国合同法》第 99 条之规定，只要满足标的物种类、品质相同，已届清偿期且不属于依照法律规定或者按照合同性质不得抵销的债务，都可列入当事人行使抵销权的范围，其中就包括超过诉讼时效的自然之债，即抵销之债并未将自然之债排除在外。

三、再审请求获得支持

最高人民法院认为：

(1)源昌公司与悦信公司已经就委托事项如不能完成则悦信公司应在一定期限前退还有关委托费用事宜达成共识，故源昌公司在该期限即 2006 年 2 月 18 日届至时即有权向悦信公司主张权利，诉讼时效亦自此起算。故此，源昌公司请求确认的债权已然超过诉讼时效。

(2)超过诉讼时效的债权是否可以抵销，有赖于抵销权的形成和行使两个方面的原因。源昌公司对悦信公司因互负金钱债务享有抵销权，亦无不合理行使权利之行为。故此，源昌公司主张与悦信公司之间互负债务抵销成立。

【律师分析】

抵销作为一种消灭债权的事由，在现实生活中对于减少履行成本，加快交易速度和经济运行效率具有重要的意义。由于法律规定的有限性和滞后性，抵销权制度的运行过程中不可避免地会遇到问题且存在较大争议。目前在抵销权制度中争议较大的问题是已经超过诉讼时效的债权能否行使法定抵销权。反对者的主要观点是作为法定抵销权基础的债权已过诉讼时效，如果允许抵销相当于强迫债务人履行该债务，违背了诉讼时效的立法目的；支持者认为法定抵销权作为一种形成权不受诉讼时效的约束。两种主张都有一定的法律和理论依据。

本案的主审法官在判决书中对到期债权概念进行深度解读，从法定抵销权的形成和行使角度分析，最后得出已经超过诉讼时效的债权在特定情形下亦可行使法定抵销权的认定结果，该判决具有一定指导意义。

其中，该判决认为双方债务均已到期属于法定抵销权形成的积极条件之一。该条件不仅意味着双方债务均已届至履行期即进入应当履行的状态，同时还要求双方债务各自从履行期届至到诉讼时效期间届满的时间段，应当存在重合的部分。在上述时间段的重合部分，双方债权均处于没有时效等抗辩的可履行状态，“双方债务均已到期”之条件即已成就，即使此后抵销权行使之时主动债权已经超过诉讼时效，亦不影响该条件的成立。反之，上述时间段若无重合部分，即一方债权的诉讼时效期间届满时对方之债权尚未进入履行期，则在前债权可履行时，对方可以己方债权尚未进入履行期为由抗辩；在后债权可履行时，对方可以己方债权已过诉讼时效期间为由抗辩。如此，则双方债权并未同时处于无上述抗辩之可履行状态，亦难认定“双方债务均已到期”之条件实质已满足。

因被动债权诉讼时效的抗辩可由当事人自主放弃，故在审查抵销权形成的积极条件时，当重点考察主动债权的诉讼时效，即主动债权的诉讼时效届满之前，被动债权进入履行期的，则认为满足“双方债务均已到期”之条件；反之则不得认定该条件已经成就。

抵销权的行使不同于抵销权的形成，抵销权的行使不受诉讼时效的限制。我国法律并未对法定抵销权的行使设定除斥期间。在法定抵销权已经有效成立的情况下，如抵销权的行使不存在不合理迟延之情形，综合实体公平及抵销权的担保功能等因素，人民法院应当认可抵销的效力。

【思考与提示】

源昌公司与悦信公司之所以发生近 7 年的诉讼之争，究其原因系未及时行使自己的民事权利。

一、法律保障自由的经济市场

法律虽为市场经济参与者设定权利，但是未经行使并不发生效力，是否行使系参与者个人自由意志的选择。如上所述，抵销权的生效，需要形成和行使两个法律形态，即抵销权依法成立后，尚需要一方通知对方债务抵销，待通知到达对方时双方之间互负的债务才发生抵销的法律效果。

从另一方面来说，道德约束是社会和谐的基础，是经济秩序和繁荣的基石，法律是社会最后的救济手段，是社会对人民行为的最低要求标准。因此，在经济市场中，为了防止经济秩序的被打乱，法律赋予的权利并不是无限度的，需要权利者及时行使自己的权利，肆意放任自己的权利不去行使，超过一定期限，将丧失胜诉权，这就是法律中关于时效制度的意义所在，亦是法律对经济市场自由秩序的保障。

二、权利行使的合理性

抵销权作为形成权，虽然法律并未规定除斥期限，但是根据立法目的及相关法理，并不支持当事人肆意放任权利不行使。本案源昌公司对悦信公司的债权已经超过诉讼时效，最高人民法院之所以认定其仍可与悦信公司抵销双方之间的互负债务，究其原因系源昌公司并非系肆意放任权利不行使。一方面，源昌公司在长达 6 年的时间内未行使抵销权系符合正常经济秩序，并不违反诚实信用原则；2011 年悦信公司提起盈余分配之诉后，源昌公司随即在该案中提出债务抵销之主张，当属在合理期限内主张权利。另一方面，从实体公平的角度看若以源昌公司诉讼时效届满为由认定其不能行使抵销权，不仅违背抵销权的立法意旨，且有悖于民法之公平原则。

三、经济秩序于法律先行

在经济市场活动过程中，秉持诚实信用的道德观念，遵守交易双方的约定固然重要，亦要及时行使法律赋予自身的权利。虽然法律系最低要求的社会准则，但是却有着国家机器作为强力的后盾保障。诉讼以事实为依据、法律为准绳，只有符合证据规则的证据才会被当作事实，法官亦只能根据事实选择合适的法律予以裁判。故此，律师在办案过程中，在遇到法律空白或者难以逾越的法律解释难题时，要及时厘清案件事实，分析当中的经济秩序，探求立法目的，寻求法理的帮助，从而协助裁判者更加准确的适用和解释法律。

国有一人公司滥用股东地位致承担连带责任

代理律师　苏秋斌*

【案情简介】

本案原告闽路润公司对另案被执行人钢翼公司享有生效判决(2012)厦民初字第51号民事判决书项下的合法债权,但在执行过程中,发现钢翼公司已无财产可供执行,同时发现钢翼公司的财产存在异动情形。在听取双方对该财产异动情形的意见陈述后,厦门中院委托东友会计所对钢翼公司进行司法审计,东友会计所为此出具《专项审计报告》。

根据《专项审计报告》,发现本案被告海翼公司存在滥用其作为钢翼公司唯一股东和实际控制人的便利地位,通过非正常的利润上缴、钢材关联交易、代收钢翼公司的应收账款以及与钢翼公司共同虚构借款等方式,恶意转移钢翼公司的财产以实现规避执行的目的,并已造成闽路润公司在前述判决项下的债权无法实现乃至国有资产流失的严重损害后果。

因此,闽路润公司向法院提起诉讼,请求判令海翼公司对上述生效判决所确定的钢翼公司的债务承担连带清偿责任。

【办案纪实】

在本案审理过程中,闽路润公司指出:海翼公司和钢翼公司虽有股权关系,但仍系相互独立的法人主体;通过《专项审计报告》可见,海翼公司滥用股东地位,过度控制钢翼公司的经营行为,对闽路润公司享有的债权造成极大的损害,故应对钢翼公司在上述生效判决项下的债务承担连带责任。

海翼公司和钢翼公司则辩称:(1)《专项审计报告》结论性意见中并没有认定海翼公司"存在转移财产的行为及其他规避执行和转移财产的行为";(2)《专项审计报告》仅是执行程序中的材料,不应作为本案的司法审计报告来使

---

* 苏秋斌,福建世礼律师事务所律师。

用;(3)《专项审计报告》仅属于闽路润公司单方提供的证据,违反法定程序,内容亦有重大瑕疵,不应予以采信,本案应重新进行司法审计;(4)本案不存在任何需要钢翼公司的股东承担公司债务的情形;(5)《专项审计报告》严重违背审计准则及会计准则,不具有可采性;(6)本案适用《中华人民共和国公司法》(以下简称《公司法》)第20条,认定海翼公司的相关行为构成股东滥用法人独立地位和股东有限责任,系严重的法律适用错误。

综合双方观点,本案的争议焦点主要包括:厦门中院在执行案件中依法委托东友会计所出具的《专项审计报告》,可否作为本案的裁判依据?海翼公司是否存在滥用其作为钢翼公司唯一股东的地位,作出有损于钢翼公司的债权人的行为?

笔者作为闽路润公司的代理人,指出:(1)闽路润公司对钢翼公司享有经生效裁判确认的债权且未受清偿,这是不争事实;(2)《专项审计报告》具有公信力,虽形成于执行程序,但仍可直接作为本案的裁判依据,我国法律并未禁止将前案证据作为后案证据,同时,无论从鉴定目的、鉴定范围或者从鉴定程序、当事人参与程序等各方面来看,海翼公司提出的鉴定申请甚至有滥用诉讼权利、拖延诉讼时间之嫌,故本案一审法院未予同意的做法是正确的;(3)《专项审计报告》足以证明海翼公司在明知钢翼公司存在巨额债务尚未偿付的情况下,滥用其作为钢翼公司唯一股东的地位,作出有损于钢翼公司的债权人即原告的行为,故根据我国法律的规定,海翼公司应当对钢翼公司在案涉判决项下的债务承担连带清偿责任;(4)"公司人格否认制度"所适用的情形不仅包括公司资本显著不足、人格混同情形,也包括公司股东对所投资公司的过度控制情形。

本案经审理,一审法院支持闽路润公司的诉讼请求;随后,海翼公司不服一审判决,提起上诉,但被二审法院驳回。二审判决生效后,海翼公司已主动履行债务。本案就此圆满终结。

【律师分析】

《公司法》第20条第3款规定:"公司股东滥用公司法人独立地位和股东有限责任,逃避债务,严重损害公司债权人利益的,应当对公司债务承担连带责任。"

在2019年《全国法院民商事审判工作会议纪要》(以下简称《九民纪要》)发布之前,就上述法条所涉及的"公司人格否认"应如何具体适用并无专门规定，散见于各类案例中的观点也不完全相同。《九民纪要》站在统一裁判思路的角度，针对实践中的法律适用空白和模糊地带，进行了明确，指出："《公司法》第20条第3款规定的滥用行为，实践中常见的情形有人格混同、过度支配与控制、资本显著不足等。"

本案主要涉及的就是《九民纪要》所规定的"过度支配与控制"。根据《九民纪要》第11条的首先规定，"公司控制股东对公司过度支配与控制，操纵公司的决策过程，使公司完全丧失独立性，沦为控制股东的工具或躯壳，严重损害公司债权人利益，应当否认公司人格，由滥用控制权的股东对公司债务承担连带责任"，并在随后列举了若干常见情形，包括"母子公司之间或者子公司之间进行利益输送的"、"母子公司或者子公司之间进行交易，收益归一方，损失却由另一方承担的"、"先从原公司抽走资金，然后再成立经营目的相同或者类似的公司，逃避原公司债务的"、"先解散公司，再以原公司场所、设备、人员及相同或者相似的经营目的另设公司，逃避原公司债务的"等。

虽然本案发生在《九民纪要》之前，但本案两审法院在当时所秉持的裁判思路与《九民纪要》不谋而合。例如，在本案中，对于钢翼公司与其他第三方的钢材贸易所得款项，在执行期间就被直接汇入海翼公司的银行账户，海翼公司对此的解释是钢翼公司用于向海翼公司归还历年欠款。但是，由于此时钢翼公司已对外负有巨额债务，即便不考虑股东借款的真实性以及在偿还时是否需要劣后等因素，直接将款项全部用于偿还海翼公司已是对钢翼公司的其他债权人造成了极大的不公平，同时也表明至少针对该笔应收款项而言，钢翼公司已丧失法律赋予其主体上的独立性，此时就有必要否定母公司与子公司的人格，让滥用控制权的股东对子公司的债务承担连带责任。

需要指出的是，《公司法》第20条第3款并非否认母公司对子公司的控制行为，而是对母公司"滥用"股东地位并"严重"损害债权人利益的行为的禁止和限制，只有同时达到"滥用"和"严重"的情形，才有可能适用该法条追究股东的法律责任。

同时，《公司法》第20条第3款的规定与《最高人民法院关于适用〈中华人民共和国公司法〉若干问题的规定（三）》（法释〔2014〕2号）第13条所规定的"未履行或者未全面履行出资义务的股东在未出资本息范围内对公司债务不能清偿的部分承担补充赔偿责任"也有不同，后者若已承担该补充赔偿责任，"其他债权人提出相同请求的，人民法院不予支持"，但前者并无此限制，包括并未限制此时的股东是否存在"未履行或者未全面履行出资义务"，也未排除其他债权人提出的类似请求。

【思考与提示】

1. 本案的突破口并非在于诉讼过程中的诉辩意见,而在于执行案件中对财产线索的挖掘。在执行过程中,债权人经过阅读被执行人提供的有限财务数据,凭借多年从事类似贸易的经验,隐约发现被执行人的财务状况存在异常,经过调查,锁定异常的可疑原因,并通过法院委托第三方机构对被执行人的财务状况进行专项司法审计,从而查明被执行人的财产去向。

2. 在执行过程中,法院委托第三方机构进行专项司法审计所作出的报告具有公信力;同时,我国对证据的规定并未限制仅能"一案一用",故可直接作为后续诉讼案件的证据之一。在诉讼过程中,债权人通过对审计报告所反映的财务数据进行必要的法律解读,进而认定被执行人财务状况的异常起因于被执行人的股东滥用其作为唯一股东和实际控制人的便利地位,即被执行人股东通过非正常的利润上缴、关联交易、代收应收账款以及虚构借款等方式,恶意转移被执行人财产以实现规避执行的目的,造成债权人无法正常回收债权的严重损害后果。

3.《专项审计报告》是财务机构作出的报告,财务机构在报告中不宜作出法律判断。对于此类报告的解读,应侧重于对报告所反映出的资金流动等客观事实,而非纠结于个别超越财务范畴的意见表述。若在实际操作中遇到财务机构出具的报告对法律事实作出评论,应尽可能避免援引作为己方诉求的依据;相反,就债务人或被执行人而言,可能将紧紧抓住这些不当评论,继而尝试推翻该报告,从而使债权人无法完成"谁主张,谁举证"的诉讼义务。

4. 本案讼争两造当事方均具有国资背景,通过诉讼刺破子公司的面纱,直接追究股东责任,对今后股东如何正确合规地管理其对外投资项目也起到正面的警示作用。自 2015 年 12 月 8 日国务院国资委发布《关于全面推进法治央企建设的意见》(国资发法规〔2015〕166 号)以来,国有企业便开始建立合规管理体系,随着时间的推移,该合规管理体系的建设也必然延伸到国有企业的对外投资项目,对提升企业核心竞争力具有重大意义。

冲突中寻找平衡　律师助力规则的有限突破

——长泰金发房地产开发有限公司与长泰县兴泰资产运营有限公司委托代建合同纠纷再审案

代理律师　李　海　张志瀚　何晓忠*

【案情简介】

长泰县兴泰资产运营有限公司(以下简称“兴泰公司”)和长泰金发房地产开发有限公司(以下简称“金发公司”)于2008年签订《在建工程租赁合同》,双方约定由金发公司在长泰县经济开发区内自筹建设费用建设办公综合楼及配套设施工程,并在建工程大楼及附属楼在竣工验收后出租给兴泰公司,约定租赁期限为三年,建筑物造价控制在2500元/平方米,对应租金为每平方米35元/月,若建筑物造价有上下浮动超过5%的,则租金价格对应增减。金发公司将竣工且装修验收合格的办公楼交付兴泰公司使用之日起计算租金。协议期间,若兴泰公司未按期缴纳租金,每逾期一日,应按违约金额的1.5‰向乙方支付违约金。工程竣工验收后,兴泰公司于2009年4月1日正式入驻。双方在2010年的《补充协议》中约定,兴泰公司按照建筑物造价收购涉案建筑物,并在两年内完成收购。在2008年至2011年期间兴泰公司以借款方式向金发公司支付了1560万元,以租金名义支付了320万元。

其后兴泰公司未再付款,金发公司以《在建工程租赁合同》为依据,于2016年9月向漳州市中级人民法院提起诉讼,要求兴泰公司支付2009年至2016年期间的租金1627万元(扣除已付款1880万元)及相应的违约金。兴泰公司答辩并不否认双方的租赁合同关系,但坚持认为租金标准过高,其中已付款1560万元应当作为建筑物合建款以降低租金标准,同时认为本案诉讼请求超过民法通则规定的租金一年诉讼时效。

本案一审判决认为,双方租赁合同关系合法有效,兴泰公司已付款1880

* 李海、张志瀚、何晓忠,上海锦天城(厦门)律师事务所律师。

万元抵扣租金，驳回诉讼时效抗辩，支持原告租金及违约金诉请。本案二审判决认为，双方租赁合同关系合法有效，兴泰公司已付款 320 万用以抵扣租金，涉案 1560 万元争议另案处理，同时认为超过租金诉讼时效，仅支持金发公司 2015 年 9 月至 2016 年 9 月期间的租金诉请。

【办案纪实】

由于金发公司不服福建省高级人民法院（2016）闽民终 1533 号民事判决，委托上海锦天城（厦门）律师事务所律师代理本案的再审阶段。

代理律师经检索及研究认为关于租金诉讼时效起算点在法理及司法实践中存在一定争议，且本案附属楼面积问题、涉案 1560 万元款项性质等基本事实问题存在商榷之处，遂将此作为撬动再审程序的着力点，同时以增加“新证据”作为《中华人民共和国民事诉讼法》（以下简称：《民事诉讼法》）第 200 条[①]再审事由之一，从而获得最高人民法院申诉审查的听证机会。

2017 年 11 月 7 日，最高人民法院受理了金发公司的再审申请，并于 2017 年 12 月 7 日传唤双方进行询问。代理律师将再审的理由进行充分论述，并在庭后就法庭询问情况、兴泰公司答辩情况及案件事实本身向合议庭补充发表了书面代理意见，针对法庭关注问题，包括诉讼时效问题及面积问题，补充论证及提交现场照片实景等客观实景证据说服法庭。2017 年 12 月 15 日，最高人民法院作出（2017）最高法民申 4510 号裁定，认为金发公司的再审申请符合《民事诉讼法》第 200 条第 2 项、第 6 项规定的情形，裁定本案由最高人民法院提审。

2018 年 4 月 18 日，双方在最高人民法院第三巡回法庭开庭，周伦军大法官主持再审庭审后，建议双方用一揽子解决的方案进行积极磋商调解。于是，从 2018 年 4 月 24 日至 2018 年 7 月 6 日，双方累计进行近 20 次会面沟通，但是由于兴泰公司内部始终无法形成决议，最终双方未成功进行和解。

2018 年 7 月 6 日，代理律师针对法庭关注的合同性质这一焦点问题，就讼争大楼“土地和建筑物权属不一致、土地用途和建筑物用途不一致”的历史

---

① 《中华人民共和国民事诉讼法》第 200 条　当事人的申请符合下列情形之一的，人民法院应当再审：

（一）有新的证据，足以推翻原判决、裁定的；

……

（十三）审判人员审理该案件时有贪污受贿，徇私舞弊，枉法裁判行为的。

成因及金发公司维护合法权益的必要性进行论述，向合议庭递交了补充代理意见，以扭转合议庭潜在的不利观点。同时，代理律师还以申请调解的方式向最高人民法院申请再次安排了三方会晤，妥善兼顾双方利益，最终保障金发公司合法权益全面实现。

2018 年 12 月 28 日，最高人民法院作出(2018)最高法民再 30 号判决书，该判决认为涉案双方法律关系的性质认定和类型划分，应当以当事人在合同中约定的主给付义务的内容加以判断，本案中金发公司的合同义务一是自筹资金办理土地使用权出让及建设手续，并根据兴泰公司的要求完成工程建设和装修；二是工程竣工且装修验收合格后交付兴泰公司使用。金发公司的合同权利是收取三年租金及三年后按照工程总造价将办公大楼转让给兴泰公司。据此金发公司除租金外还享有三年内按照约定价格回购收回建设成本的权利。结合双方再审中陈述的合作本意。法院认定双方之间并不构成一方提供租赁物、另一方支付租金的租赁合同关系，而是委托代建合同关系，即兴泰公司委托金发垫资建设办公大楼，完工后交付兴泰公司使用，兴泰公司在交付使用后三年内付清工程借款并在此期间通过租金方式支付因垫资建设应获得的利润。双方当事人在原审中关于租金支付、违约责任承担等诉辩理由均未客观反映本案实际情况及双方真实的法律关系。对此本案应认定为委托代建合同纠纷。

其次，涉案合同及补充协议合法有效，金发公司依约履行主要义务后，兴泰公司未能依约在交付使用三年内向金发公司支付代垫工程款及约定投资回报的义务，应当承担相应的违约责任。同时法院认为，金发公司关于支付租金及违约金的诉讼主张，核心诉求系收回垫资建设工程的成本及约定收益，并要求兴泰公司承担逾期支付的违约责任。为避免当事人诉累，在征得双方同意的基础上，最高人民法院在再审中对此一并予以处理。该判决撤销了原一审、二审的民事判决，并判令兴泰公司于判决生效之日起十日内向金发公司支付 27022669 元及逾期付款利息。

【律师分析】

一、关于民事诉讼判决方式的探讨

(一)传统判决方式——“封闭式”判决

处分原则和不告不理原则是我国民事诉讼的基本原则。处分原则强调尊重当事人的处分权利，当事人有权在法律规定的范围内处分自己的民事权利和诉讼权利。[①] 也就是说当事人是否提起民事诉讼、如何提起民事诉讼、提起民事诉讼所要保护的外观等因素都是当事人的权利，而不受到任何干涉。这也直接决定了在民事诉讼中法官必须遵循不告不理的原则。该原则要求法院只能在当事人请求保护的范围内进行裁判，裁判的结果不能超出当事人诉讼请求的范围。甚至，法院裁判结果超出诉讼请求范围的情形可能构成严重的程序违法，属于提起再审的理由之一。因此，长久以来，我国法院都尽量确保最终的判决结果被封闭在原告的诉讼请求范围内而不得自行变更，从而形成了传统的"封闭式"判决，这也是我国民事诉讼最基础和主流的判决方式。

（二）新兴判决方式——"开放式"判决

但随着司法实践的进步和发展，"封闭式"判决逐步显现出无法与争议解决目的完全契合的弊端。仅仅围绕当事人诉求进行判决的方式，在某些情况下与案结事了、纠纷一次性解决的争议解决的司法理念之间存在难以调和的鸿沟。比如"封闭式"判决对于原告有着过高的要求，若要使纠纷得到确切的解决，则原告的诉讼请求必须真实反映出其权利内核，这不仅要求原告对于纠纷的性质及事实的规律等因素都有着充分且科学的认知，而且还必须拥有较高的法律素养。

虽然民诉法亦有通过法院释明权等方式试图修正"封闭式"判决所产生的上述矛盾，也即当事人对争议的理解和法院对争议理解存在差异时，通过释明方式给与当事人重新选择的机会。但在特殊情形下，释明权的有限性仍然难以真正、妥善解决纠纷。比如在原被告之间都对争议的理解发生偏差的时候，往往使争议背后所隐瞒的解决逻辑难以被法院及时发现。

显然，过高的要求也直接导致了现实中经常出现案结但无法事了的局面。为了解决"封闭式"判决所导致的"形式正义"，"开放式"判决在近年逐渐显现出自身的优势。"开放式"判决是相对于"封闭式"判决而言的，是指裁判的结果从形式上看未局限于原告的诉讼请求之中，而是为了纠纷的一揽子解决而最终对诉讼请求形成一定限度的突破的判决方式。

从司法哲学的层面来看，民事诉讼的本质或目的在于解决民事争议，设置民诉法及请求权基础的裁判法则的目的在于将社会冲突或纠纷按照实体法指

① 《民事诉讼法》第 13 条　民事诉讼应当遵循诚实信用原则。当事人有权在法律规定的范围内处分自己的民事权利和诉讼权利。

引的权利类型或案由进入法院的裁判视角，以期按照实体法的规定及精神进行争议解决。但长久以来，受当事人主义或辩论主义浸润的民诉规则，导致了法院惯性的采取“封闭式”判决，而此种非黑即白的判决在某些情形下往往忽略了民事诉讼解决纠纷的目的。“开放式”判决理念的兴起，可以说一定程度上在我们的司法判决中借鉴了法律的实用主义思维，从而形成法律效果和社会效果的有效统一。

（三）本案中的“封闭式”判决与“开放式”判决

本案各阶段的判决正是“封闭式”判决和“开放式”判决对立的显证。本案中若围绕原告诉讼请求即租金请求权，那么委托代建合同项下的代建款则并非法院审判的范围。因本案再审系按照二审程序审理，故理应对代建款不处理。但若不对代建款一并进行处理，则本案客观上难以解决原告租金诉求的合法性及合理性问题。由于在本案审理过程中，双方均认可了存在代建的事实，亦接受了最高人民法院关于本案的一次性解决的协调方案。换言之，本案中双方均有意在案件中对代建款问题、租金问题进行一次性解决。因此，本案中，法官在保证原、被告双方基本权利义务的前提下，结合本案的现实情况，在对处分原则和不告不理原则予以合理限制的情况下，灵活对本案作出了一并处理的裁判。客观来讲，本案裁判确对现行民事诉讼法规则作出了有限度的突破，由此可以看出，在程序正义和争议解决两种理念并不完全契合的情形下，最高人民法院对于“开放式”判决方法的倾斜。

二、关于合同性质及效力的司法裁量权

所谓合同性质及效力问题，即从法律规定的角度对当事人签署的合同进行判断和评价，本质来说，这种判断和评价的“最终解释权”归属于司法裁判者。本案中，单从租金的约定来看，特别是结合原告诉请及被告答辩的主张，本案原一、二审认定双方之间就建筑物使用权问题的法律关系为租赁合同关系，无可厚非。但从合同的整体来看，特别是综合《在建工程租赁合同》《补充协议一》《补充协议二》三份先后形成的合同内容及再审阶段双方的陈述，最终再审法院从合同的整体性解释角度，基于对双方合同主要义务的判断，对本案合同的性质重新作出了认定。从本案可以看出，合同性质的认定本质上属于司法判断权的范围，裁判者本身对法律规定的理解程度以及对现实世界的经验认知，客观上决定了裁判者的价值取向。可以说，合同性质及效力的认定在司法实务中仍具有一定程度的主观性，但这种主观性并非恣意性，仍然受到法律规则、原则以及法律方法论的制约。

三、关于价值取向的裁判理念及其方法论

法律教科书中所言的裁判者的三段论，即法官的视角游弋于法律规定和案件事实之间，并按照“大前提”和“小前提”的逻辑演绎得出裁判结论。但是司法实务中，仅仅是逻辑演绎法所得出的裁判结论难以完全和纠纷解决的需求相符。所以司法实务裁判者在面对案件之时除吻合法律精妙的构造需求外，还需要对案件之中所隐含的各方利益做出妥善平衡和处理。本案即可管窥一斑，虽然其未直接体现在本案裁判文书之中，但认真揣摩本案的审理及其裁判结论，可以看出隐含在裁判文书字里行间的民事裁判理念以及以合同可得利益标准为判断的裁判方法论。

再审法院在深究本案系列合同的背景后认为，本案项目的合作初衷某种程度上系为当地政府在某一时期解决某一特殊问题(办公用房)而展开的，但由于政策变迁的原因导致原有的合作出现阻碍，此非为双方当事人在合作之初所能合理预见的。本案双方虽都是独立的商事主体，但仍应有别于其他的商事案件。如果将双方视为平等的商主体，适用商事主义裁判理念，则无法将客观因素考虑在内，故而本案裁判不能纯粹适用商事裁判理念，需由法官自由裁量权的介入及衡平。

由于本案合同签订时双方就未来几年的合作作出了约定，但是合同约定的租金本质上应该是根据建造成本按照约定比例折算出来的一定期限内的投资回报。若按照一审裁判结论，则金发公司客观上所取得的租金利益已经远远超出原先合同约定的三年期可得利益。而基于客观履行环境的变更给一方带来合同外的额外利益，显然对另一方有失公允。一审判决虽恪守了合同文本规定，但其裁判理念存在一定欠妥之处；而二审判决虽然考虑到合同可得利益问题，但错误适用了法律。而再审法院则是基于合同三年期约定的可得利益，结合资金沉淀的成本等因素，在综合考量后作出了改判结论，妥善平衡和兼顾了双方合同利益同时减少了双方诉累。

【思考与提示】

关于裁判方式，“开放式”判决是法院根据客观实务情况变化发展而对“封闭式”判决作出“有限突破”的产物，其本身带着不可比拟的先进性，有法律实用主义思维的显证。诚然，如果一味改成“开放式”判决，即法官判决可以不拘泥于原告诉请，也会使法律的可预测性规则大为减弱，并一定程度上增加了法官的恣意。故而，“开放式”判决的适用也应当受到一定的限制，不宜轻易被突破。实务中应当综合考量案件的各个要件因素，比如法院受理案件的层级、纠纷本身的特殊性等。因此，如何把握“开放式”判决的适用范围，值得进一步的研究与思考。

关于办案心得，本案代理律师入手时以诉讼时效作为法律切入点，以建筑面积作为基本事实切入点，从而叩开最高人民法院再审的大门。但倘若本案代理思路维持不变的话，则再审结果恐难以理想。为此在再审程序中我们根据法庭关注的问题，适时调整案件思路，选择以调解之由获取再次当庭陈述的机会，并提交了无人机航拍取得的照片及影像形成的视觉化冲击，剖析纠纷背后的因素，从而矫正法官的观念，改变本案最终的命运。因此，该案的胜诉不仅仅只是在当事人和律师的共同努力下获得再审改判的理想结果，更重要的意义是让我们感悟到在“敬畏法律”的同时，也要有“挑战法律”的勇气，敢于在合法的范围内与各方共同配合去突破规则而寻找更加有效的纠纷解决途径。

多重法律关系下商事委托合同权利义务的认定

——航开公司与南钢金易买卖合同纠纷案

代理律师　刘鹭华*

【案情简介】

2012年2月3日，厦门航空开发股份有限公司（以下简称“航开公司”）与厦门东方龙金属有限公司（以下简称“东方龙金属公司”）签订一份《委托代理协议书》，由东方龙金属公司委托航开公司购买国内钢材。《委托代理协议书》约定，航开公司接受委托以自身名义与供应商签订钢材购销合同，受托方航开公司在收到委托方支付货款金额15%的保证金后，支付供应商货款。协议还特别约定，受托方收到供应商货物后，委托方提货应遵循款到发货原则（注：即委托方应付清受托方垫付货款后方可提取货物）；在委托方依据本协议约定付款提货前，本协议项下货物所有权归属受托方，在委托方依据本协议约定付款提货后，所提货物所有权始得转移给委托方等。

2012年5月23日，东方龙金属公司出具《委托函》，委托航开公司以自身名义向北京南钢金易贸易有限公司（以下简称“南钢金易公司”）采购钢材4500吨，货款总金额1984.75万元。同日，航开公司与南钢金易公司签订《钢材购销合同》，并向南钢金易公司支付了1984.75万元的货款。南钢金易公司为履行其与航开公司签订的购销合同，同日与马鞍山开明实业发展有限公司（以下简称“开明公司”）签订《钢材购销合同》，向开明公司采购相应数量的钢材。

上述合同签订后，南钢金易公司未依约向航开公司交付货物。2012年9月7日，航开公司向厦门市中级人民法院提起诉讼，请求解除《钢材购销合同》，并要求南钢金易公司返还合同项下的款项1984.75万元及相应的利息、律师费。

---

* 刘鹭华，福建天翼律师事务所律师。

南钢金易公司辩称，合同项下的货物已由开明公司向东方龙金属公司交付。东方龙金属公司认可南钢金易公司的交付义务已履行完毕，并终止航开公司对涉案合同的一切授权，要求航开公司不得向南钢金易公司主张任何权利。

本案主要的争议焦点在于：(1)航开公司对案涉购销合同是否享有独立的权益，航开公司作为受托方，案涉购销合同是否仅约束于航开公司与南钢金易公司之间；(2)东方龙金属公司是否对《委托代理协议》具有法定任意解除权。

【办案纪实】

为本案诉讼，2012 年 8 月 28 日，航开公司委托福建天翼律师事务所律师代理诉讼。

代理律师在诉讼中，向法院充分阐释了其代理观点：(1)航开公司对受托签订的涉案合同享有独立的合同权益。航开公司与东方龙金属公司对于取得的合同权益归属有特别的约定，因履行购销合同取得的钢材或因解除购销合同取得的返还货款权益首先应归属于航开公司，如东方龙金属公司未偿还代理合同约定的代垫款及费用，购销合同的权益依约不归属于东方龙金属公司，充分证明了航开公司对本案受托签订的涉案合同享有独立的权益，且符合《中华人民共和国合同法》(以下简称《合同法》)第四百零二条“但有确切证据证明该合同只约束受托人和第三人的除外”的但书规定；(2)东方龙金属公司发函终止委托代理关系的行为不发生消灭航开公司合同权益及相应诉讼权利的法律后果。东方龙金属公司此前已书面特别同意由航开公司独立行使本案的诉权、受偿权，且航开公司在对外购销合同项下以自有资金支付货款，代理协议关于受托人独立行使诉权的约定并非为委托人利益而在于保护受托人。东方龙金属公司临时主张航开公司无权行使诉权，不符合法律规定；(3)与本案毫无关联的开明公司交货给东方龙金属公司的行为并不影响南钢金易公司对涉案合同的履行义务。航开公司与南钢金易公司并未作出南钢金易公司的交付义务由第三人代为履行的约定与安排，南钢金易公司也从未指示开明公司交货。开明公司向东方龙金属公司的交货行为自然与本案无关，并不影响南钢金易公司对涉案合同的履行义务。

厦门市中级人民法院认为，从法律关系看，航开公司作为受托人，其接受东方龙金属公司的委托与南钢金易公司签订买卖合同，该买卖合同的最终权益应归委托人东方龙金属公司所有。东方龙金属公司已经函告航开公司终止

委托代理关系，故航开公司基于委托事务取得的合同权益应返还委托人东方龙金属公司。从合同履行方面分析，航开公司受东方龙金属公司的委托，以自己的名义与南钢金易公司签订买卖合同，南钢金易公司在订立合同时知道航开公司与东方龙金属公司之间的代理关系，该买卖合同可直接约束东方龙金属公司和南钢金易公司。南钢金易公司主张已按买卖合同的约定向东方龙金属公司交付相应的货物并提供相应的证据，东方龙金属公司对此予以认可并确认南钢金易公司已履行了买卖合同项下的全部交货义务，故应认定南钢金易公司已履行了其与航开公司之间买卖合同项下的交货义务，该买卖合同已经实际履行完毕。据此，厦门市中级人民法院判决驳回航开公司的诉讼请求。

因不服一审判决，航开公司上诉至福建省高级人民法院。福建省高级人民法院经审理后认为，航开公司遵循我国《合同法》的规定，通过讼争《钢材购销合同》《委托代理协议书》中相关权利义务设置，对讼争《钢材购销合同》享有独立的地位，有权独立收货并控制货权，进而保障其收回货款等权利。航开公司系以独立的身份与南钢金易公司签订合同，也有权以独立身份向南钢金易公司主张合同项下的权利。我国《合同法》第 402 条但书亦规定在委托代理关系下受托人签订的合同可只约束受托人和第三人。据此，福建省高级人民法院作出终审判决，撤销原判，改判解除案涉《钢材购销合同》，并判令南钢金易公司向航开公司返还货款 1984.75 万元及利息等，全面支持航开公司的诉讼请求。

南钢金易公司因不服生效判决，向最高人民法院提起再审程序。最高人民法院经审查后，认为二审判决并无不当，遂裁定驳回南钢金易公司的再审申请。

最终，经代理律师的不懈努力，航开公司全面胜诉，委托人的合法权益得到维护。

【律师分析】

本案经过了厦门市中级人民法院一审，福建省高级人民法院二审，最高人民法院再审并作出最终的裁定，该裁定入选最高人民法院公报案例。最高人民法院认为：(1)南钢金易公司对航开公司与东方龙金属公司在《委托代理协议书》中的特别约定内容是知晓的，在航开公司不知情的情况下，南钢金易公司通过案外人直接向东方龙金属公司交付了货物，实际上损害了航开公司的利益；(2)本案应适用《中华人民共和国合同法》第 402 条但书规定中的“确切证据”,涉诉合同只约束航开公司和南钢金易公司;(3)东方龙金属公司实际领取了钢材,却未支付货款,是最终责任人,南钢金易公司在承担本案责任后,可以向其追偿。笔者在最高人民法院再审裁定的基础上,再作如下分析:

第一,多重法律关系下的委托合同,如涉及委托利益不完全归属于委托人的情形,直接适用委托人的任意解除权,可能造成委托人和受托人之间权利义务的严重失衡,应综合实际情况考量,对委托人的任意解除权予以限制。

《合同法》第 410 条规定,“委托人或者受托人可以随时解除委托合同。因解除合同给对方造成损失的,除不可归责于该当事人的事由以外,应当赔偿损失。”笔者认为,本条款应仅适用于一般单纯的委托合同。在单纯的委托合同中,受托人是基于委托人的利益行使代理活动,其委托利益完全归属于委托人。在这种情况下,委托人有权基于其自身利益与考量,行使合同解除权,解除与受托人的委托合同。

但在商事领域委托活动中,在受托人与委托人之间往往并非仅存在委托关系,可能还涉及买卖、借贷以及担保等多重法律关系。在该种情况下,委托利益并非只归属于委托人,若对此单纯适用委托人的任意解除权,可能出现权利义务严重失衡的情形,从而严重损害受托人利益。同时,该利益损害也往往难以通过《合同法》第 410 条规定的赔偿损失得以弥补。

在本案中,航开公司与东方龙金属公司签订的《委托代理协议书》明确约定,航开公司以自身名义签订买卖合同并支付货款,所购得的货物所有权由航开公司取得,委托人东方龙金属公司未能履行还款义务,航开公司有权自行卖出货物。

上述委托人和受托人就委托关系项下委托利益归属的安排表明,因航开公司在委托合同关系项下还为委托人东方龙金属公司代垫货款,为保障该代垫货款的回收安全,航开公司与东方龙金属公司明确约定,航开公司以自身名义对外签订购销合同,并据此收取的货物归受托人所有,东方龙金属公司只有在付清代垫货款后才能提取货物,并取得委托利益。该约定体现的交易安排是双方的真实意思表示,应当得到法律切实的保护。东方龙金属公司在未支付代垫货款,从而不享有购销合同项下委托利益的情况下,通过发函解除委托关系,明显违背双方既定的权利义务安排,恶意损害航开公司的合法权益,违背诚实信用原则,其作为委托人的任意解除权应当予以限制。

第二,《合同法》第 402 条的适用应综合案件的实际情况,平衡各方利益。

《合同法》第 402 条规定,“受托人以自己的名义,在委托人的授权范围内

与第三人订立的合同，第三人在订立合同时知道受托人与委托人之间的代理关系的，该合同直接约束委托人和第三人，但有确切证据证明该合同只约束受托人和第三人的除外。”一般情况下，受托人以自己的名义从事的活动，若第三人清楚地知道受托人与委托人之间的代理关系，其活动后果直接由委托人承担。但在该402条的但书中，特别规定了合同只约束受托人和第三人的情形，即“有确切证据证明”。

一般情况下，“有确切证据证明”包含以下两种情况：(1)受托人与第三人在签订合同时明确约定“本合同仅约束签订双方当事人”；(2)受托人与第三人在签订合同时没有特别约定条款，但通过交易习惯、交易方式、受托人与委托人之间的实质权利义务关系等方面，判断合同只约束受托人与第三人。

本案中，航开公司与东方龙金属公司间除存在委托合同关系外，还涉及航开公司为东方龙金属公司代垫货款，及为该代垫货款设置的货物归属等诸多其他法律关系。航开公司通过约定代垫货款、款到发货等条款，为保障代垫货款的收回，设置货物的所有权约定归属于受托人的担保，在这种情况下，若简单适用《合同法》第402条关于合同约束于委托人和第三人之间的规定，将会导致航开公司无权向南钢金易公司主张涉案合同项下的权利，明显损害了航开公司的合法权益。故综合本案实际情况，平衡各方利益，本案应适用《合同法》第402条但书的规定，即涉案合同只约束航开公司与南钢金易公司。

【思考与提示】

本案入选了《中华人民共和国最高人民法院公报》案例(《最高人民法院公报》2017年第1期)。裁判摘要：《合同法》第402条但书前的规定，仅仅适用于单纯的委托合同关系。实践中因委托合同产生的法律关系，往往不仅仅涉及委托关系，还可能涉及买卖、借贷以及担保等多重法律关系。在此情况下，如简单适用《合同法》第402条但书前的规定，可能损害委托方合法权益，故应综合考虑全部案情，谨慎衡量，正确适用《合同法》第402条的规定。

笔者认为，当今商业活动体现为日益纷繁复杂的趋势，当事人之间往往设置的多重交易架构以实现其商业目的，在法律框架上则体现为多重法律关系的交集。因此，在商事领域纠纷的审判实践中，当事人意思自治、契约自由原则在不违反法律强制性规定的前提下，应予充分尊重，并辅以诚实信用和公平的原则适用，合理的衡量当事人之间的权利义务关系，维护合同当事人的合法权利。在本案中，福建省高级人民法院的终审判决和最高人民法院的最终再审裁定，通过针对商事领域中多重法律关系的委托合同项下，对法定委托人任意解除权法律适用的突破，以及对《合同法》第402条规定的正确适用，体现了商事审判充分尊重当事人合法的意思自治，公平裁量当事人之间的合法权益的司法精神。

涉及行业整体利益的不正当竞争之诉原告难点

——某石业公司与某陶瓷公司的不正当竞争纠纷案

代理律师　赖丽华　周金雨*

【案情简介】

2015年厦门市石材商会接到多家大理石公司反映，某陶瓷公司在机场、高铁站、建材市场等场所发布大量广告，称其仿天然大理石纹理的瓷砖为"××大理石瓷砖"，并用其瓷砖和天然大理石的物理属性作片面对比，暗示消费者其瓷砖产品属性优于天然大理石，诋毁天然大理石声誉。于是，厦门市石材商会委托律师进行诉前调查，分析进行民事诉讼的可行性。经律师团队反复论证，2016年3月正式接受大理石龙头企业某石业公司委托，以某陶砖公司和其厦门销售代理商为共同被告，向厦门市湖里区人民法院提起不正当竞争之诉。某石业公司主张两被告的广告内容属于虚假宣传和商业诋毁的不正当竞争行为，严重损害了其生产和销售的大理石产品声誉，要求两被告立刻停止侵权广告行为并消除不良影响、赔偿维权损失。该案历经两级法院共四次审理，目前等待发回重审的二审合议庭作出终审判决。厦门市湖里区人民法院在原一审和发回重审的审判中均支持了某石业公司的诉讼主张，认为某瓷砖公司的广告行为构成不正当竞争。

【办案纪实】

2016年3月，大理石建材经营者某石业公司以某陶瓷公司及其厦门销售代理商在中央电视台新闻频道、网站、微信公众号、门店等渠道，宣传其仿大理石纹理的瓷砖时，发布如下广告：(1)"××大理石瓷砖"；(2)"××大理石瓷砖，拥有大理石的逼真效果，没有大理石的各种缺陷"；(3)"大理石瓷砖摒弃了

* 赖丽华，福建旭丰律师事务所律师。
周金雨，北京盈科(厦门)律师事务所律师。

天然大理石色差大、瑕疵多、易渗水渗污、难打理、价格高昂且供货周期长等缺陷”;(4)“高档装修,不用大理石,就用××,××大理石瓷砖”;(5)“我们没有发明大理石,我们只是让绝迹的名贵大理石复活”。涉嫌虚假宣传和商业诋毁,诉至厦门市湖里区人民法院,要求法院依据《中华人民共和国反不正当竞争法》(以下简称《反不正当竞争法》)第 2 条、第 8 条、第 11 条,判令两侵权者停止使用侵权广告用语、赔礼道歉消除不良影响、赔偿损失 1 元(象征性赔偿)以及赔偿维权的合理支出等。

某陶瓷公司作为被告辩称:(1)大理石和瓷砖属不同建筑材料,某石业公司和某瓷砖公司不存在直接的市场竞争关系,且其合法权益不因被告的行为受到直接损害,不能提起本案之诉,即某石业公司无原告主体资格;(2)国内生产仿大理石纹理的瓷砖生产商已大量使用“大理石瓷砖”作为产品名称,“大理石瓷砖”是瓷砖行业内公认的一个品类,是约定俗成的通用名称。因此,两被告在生产、销售大理石瓷砖时,将其公司名称及商标“××”与“大理石瓷砖”合并使用,合法合理且符合商业规范,非不正当竞争行为;(3)“大理石瓷砖”在瓷砖市场里占有率很高,消费者早就知道其是不含大理石成分的仿大理石纹理的瓷砖,不会引起误认;(4)大理石行业的市场萎缩是其落后、不环保造成,与被告广告行为无关,不存在被告抢占原告市场的情况;(5)大理石瓷砖是极具创新的朝阳行业,大理石行业作为夕阳产业不应以大欺小,恶意诉讼。

原一审法院支持了原告的诉求,认为两被告实施了虚假宣传和商业诋毁的不正当竞争行为,两被告应立即停止在中央电视台、官方网站、微信公众号等使用虚假宣传和商业诋毁的广告、收回和销毁载有虚假宣传和商业诋毁内容的相关宣传册、广告页、门店装潢等;两被告应登致歉声明,消除不良影响(声明内容须经法院审定);赔偿原告损失 1 元以及维权的合理支出。

两被告不服判决,上诉至厦门市中级人民法院。该院认为本案审理结果可能会涉及大理石行业和瓷砖行业利益,属于具有一定社会影响的案件,原一审使用简易程序进行审理,适用程序不当,撤销原判,发回重审。

2018 年 11 月,厦门市湖里区人民法院对此案重新组成合议庭,公开开庭审理,再一次判决某陶瓷公司使用“××大理石瓷砖”等构成虚假宣传,对比广告构成商业诋毁,应立即停止侵权广告、刊登致歉声明以消除不良影响、赔偿原告经济损失 1 元及维权的合理支出等内容。

【律师分析】

作为原告方代理律师，认为某陶瓷公司用"大理石瓷砖"称谓其仿大理石纹理的瓷砖，是为了搭大理石纹理美观、大气等所产生的高档感的便车，进行各种虚假宣传。达到目的后，又以诋毁大理石的其他特质将自身商品身价抬高一阶。显然，某陶瓷公司商品不含任何大理石成分，却要自称"大理石瓷砖"，严重误导消费者的购买选择，恶意抢占大理石建材的市场份额，违反了《反不正当竞争法》的相关规定，侵犯了大理石经营者原告的合法权益，两被告应当承担民事侵权责任。原告代理律师解决本案焦点问题的诉讼策略：

1. 关于某石业公司的原告主体资格。根据《民事诉讼法》第 119 条的规定以及《反不正当竞争法》第 2 条的规定，能提起不正当竞争之诉的被侵权方，因与侵权方必须有直接的市场竞争关系，但并未要求侵权行为必须指向的是某一具体企业；而仅要求被侵权主体是特定的，所谓特定可以是特定的一个企业也可以是一个特定范围的群体。

为此原告作了如下举证：(1)被告某陶瓷公司经营的瓷砖与原告公司经营的大理石均属建筑装修材料，使用范围高度重合有相互替代性，双方产品在市场上形成了直接竞争关系；(2)涉诉宣传广告虽没指向原告公司却指向大理石这一特定商品，抢占了大理石建材市场份额，侵害了大理石这一特定的行业；(3)指导原告搜集被告广告用语给其造成直接损害后果的证据；(4)大量举证不正当竞争之诉中被告侵权行为针对为特定群体被法院认定不正当竞争成立的相关案例，以证明某石业公司与某陶瓷公司的涉诉侵权行为是直接利害关系的，即具有适格的原告主体资格。

2. 如何证明，当市场上有其他仿大理石纹理的瓷砖商家也将其瓷砖称为"大理石瓷砖"时，被告作为使用该称谓的商家之一，是构成虚假宣传的。

首先，寻找"某陶瓷公司为抢占大理石市场，自创'大理石瓷砖'称谓其仿大理石纹理瓷砖"的证据。

其次，从语言理论上并配合其使用的场景，分析广告用语的用意以及普通消费者的观感，结合后可得出被告具有故意造成混淆的恶意，并且会发生混淆和误认的结果，所以"大理石瓷砖"属于《反不正当竞争法》的虚假宣传。代理律师建议原告聘用权威的专业机构对被告广告用语进行是否存在歧意和误导的分析，出具正式的分析报告。

3. 原告代理律师设计调查问卷向有意购买建筑装修材料的普通消费者

进行市场调查，调查真实的消费者看过被告的广告用语后，是否会造成混淆被告的产品为大理石产品。为保证市场调查结果的公正性，对市场调查全程进行了公证。事后对所有市场调查问卷结果统计并进行了数据分析说明，用于证明消费者存在误认被告产品为大理石的事实。

最后，将涉案宣传广告在律所内座谈中进行调研。从大量法律人的视角分析被告的广告行为哪些存在不正当竞争的可能性等。

【思考与提示】

1. 就某公司在宣传自己仿大理石纹理的瓷砖时，仅是用大理石产品作不当比对，没有指向具体公司的大理石产品时，作为大理石经营者之一的某石业公司是否有原告主体资格？

根据《民事诉讼法》第 119 条的规定以及《反不正当竞争法》第 2 条的规定，原告与本案的被告必须有直接利害关系但不要求被告指向某一具体企业。就本案而言，原告的商品大理石板材和被告的商品瓷砖，是具有相互替代性的建筑材料，所以原告和被告属同业竞争者；同时，被告为宣传其商品时所使用的涉诉不当宣传广告语，虽没指向原告却指向大理石这一特定商品，给所有大理石经营者造成巨大的经济损害、商誉损害，作为大理石从业者之一的原告也受其害。显然，原告与被告有直接利害关系，所有大理石公司都具有原告主体资格，包含原告。

2. 被告举证国内有超过 50 家瓷砖商家将自己的仿大理石纹理的瓷砖称为“大理石瓷砖”，那么“大理石瓷砖”，是否认定为商品通用名称？如是商品通用名称，将瓷砖产品称“大理石瓷砖”是否构成虚假宣传？

(1)“大理石瓷砖”不是商品通用名称。

首先，商品名称是指为了区别于其他商品而使用的商品的称呼，可见不论何种命名方式均应有“区别于其他商品”的识别功能。本案中，被告的“大理石瓷砖”用两种可相互替代的建材商品名称即大理石、瓷砖，作为一种与大理石有竞争关系的商品名称，本身就是虚假称谓，自然会引起建材市场消费者的认知混淆，混淆其商品与天然大理石的关系，使消费者对其商品的成分、来源等发生误解，因此即使是依其外观命名，也无法达到商品名称所应有的识别功能，不是商品名称。

其次，根据法律规定，商品名称分为法定的商品名称或者约定俗成的通用名称。法定商品名称，指依据法律规定或者国家标准、行业标准属于商品通用名称的。本案中，被告无法举证该名称已经被法律规定或者国家标准、行业标准认定为通用名称。所谓的约定的商品名称，通常指全国范围内相关公众清楚知晓某一名称能够指代一类商品时，该名称即为约定的商品名称。本案中，“大理石瓷砖”仅为部分生产瓷砖的商家认可使用，其在行业内仍属有争议性的名称，而且全国消费者中也没有形成统一的认知，大多数消费者都认为其是含大理石成分的新型瓷砖，因此该称谓不属约定俗成的通用名称。

(2)使用“大理石瓷砖”称谓瓷砖商品，属于误导消费者、侵犯大理石经营者权益的不正当竞争行为，构成虚假宣传。

商品名称要有区别某类商品和其他品类商品的识别性，而被告的“××大理石瓷砖”称谓是用两种可相互替代的建材商品作为一种与大理石有竞争关系的瓷砖商品名称，足以引起建材市场消费者的认知混淆，混淆其商品与天然大理石的关系，使消费者对其商品的成分、来源等发生误解，误导有意选择大理石商品的消费者作出购买其仿大理石纹理的瓷砖商品的错误决策，其结果必然是损害到建材市场中大理石经营者的合法权益，扰乱了建材市场经济秩序，违背了一个商品分类或商品通用名称设立的基本原则。因此，“大理石瓷砖”的称谓即便是被告自创使用推广后并由部分同业厂商、民间团体使用，但是因其损害其他经营者的合法权益，扰乱了经济秩序，就应当被认定为违反《反不正当竞争法》的行为，应被制止和禁止使用。

厦门市首例祭奠权争夺案

——孔文与孔锦山、厦门市殡仪服务中心一般人格权纠纷

代理律师　郑少泽*

【案情简介】

孔锦青(化名)系厦门水务物业管理有限公司(以下简称"水务公司")派驻在厦门某公交场站的维序员。2015年7月22日,孔锦青上班时,发现停放的车辆突然着火。不料,在扑火过程中,孔锦青被浓烟呛到倒地,后经医院抢救无效死亡。遗体于同日被运送至厦门市殡仪服务中心(以下简称"殡仪中心")冷藏保存,公安机关向殡仪中心出具了一份孔锦青的《尸体冷藏火化通知书(殡葬管理处联)》,载明:因办案需要,需对孔锦青尸体进行冷藏保存,时间从2015年7月22日至2015年8月2日,家属逾期未办理相关手续的,请殡仪中心依照法律法规和公安局有关文件的规定予以强制火化处理。

事故发生后,作为孔锦青独生子的孔文(化名)取得了公安机关出具的《死亡证明》及《尸体冷藏火化通知书(死者家属联)》。此后,孔文在当地派出所办理了父亲的《户籍注销证明》。其中《尸体冷藏火化通知书(死者家属联)》明确载明孔锦青家属在接此通知后于2015年8月2日之前到市殡葬管理处办理尸体火化手续,逾期未办理者,殡葬管理部门将依照相关法律法规和公安局有关文件的规定予以强制火化处理。

孔锦青发生的该事故经厦门市人力资源和社会保障局认定为"因工死亡"。由此,孔锦青近亲属可以向工伤保险基金领取丧葬补助金、供养亲属抚恤金和一次性工亡补助金(以下统称"工亡补助")。此前,孔锦青与孔文的母亲离婚,孔文与父亲孔锦青、祖母陈玉(化名)曾经长时间居住在一起,但由于孔文常对陈玉进行呵斥,影响陈玉子女照顾陈玉,陈玉不堪忍受,后来提起物权保护诉讼,要求孔文搬离陈玉房屋。陈玉胜诉后,通过法院执行使得孔文搬

---

* 郑少泽,福建英合律师事务所律师。

离房屋。此后，孔文多次回到陈玉住处开锁，入户打砸。由于双方心生间隙，陈玉和孔文对于谁来领取工亡补助僵持不下，这笔补助便暂时无人领取。陈玉通过其大儿子孔锦山（化名，孔锦青大哥）及孔文的姑姑们联系孔文，要求孔文搁置争议，先操办孔锦青的后事。因为办理孔锦青遗体火化手续，必须向殡仪中心提交《死亡证明》等证明材料，而这些材料的原件都存放在孔文手中。但孔文迟迟不答应。而此时，孔锦青的遗体已经在殡仪中心的冷藏柜中存放了近半年时间。

面对孔锦青遗体长时间无法火化的情形，作为兄长的孔锦山，实在看不下去。由于孔锦青母亲陈玉年迈，故委托孔锦山到医院、公安机关重新开具办理遗体火化所需的文件，并持这些文件到殡仪中心办理遗体的火化事宜。由于此前孔文有暴力行为，孔锦山担心办理孔锦青后事会遭到孔文的阻挠，因此没有通知孔文参加父亲的告别仪式。2016 年 1 月 3 日，孔锦山及相关家属在殡仪中心举行了遗体告别仪式，而后火化，相关殡葬费用已由孔锦山支付。遗体火化后，孔锦山向殡仪中心办理了骨灰寄存手续，将孔锦青骨灰存放于殡仪中心处，殡仪中心亦出具了相关《火化证》及《骨灰安放证》。

【办案纪实】

2016 年 3 月 30 日，孔文将孔锦山、殡仪中心起诉至厦门市某区人民法院（以下简称“一审法院”）。孔文诉称：火化其父亲遗体所需的有关文件原件均由孔文保管。然而，孔锦山、殡仪中心在未通知孔文且未获得孔文同意的情况下，违反火化程序擅自将孔文父亲的遗体火化并私自处理骨灰，孔锦山、殡仪中心的行为违反了公序良俗和社会公德，侵害了孔文的合法权益，故请求判令两被告：公开、书面赔礼道歉；提供孔锦青的骨灰完整档案信息并归还骨灰；向孔文支付精神损害抚慰金 5 万元。

由于代理律师此前参与陈玉与孔文关于工亡赔偿金分配的谈判事宜，孔锦山便委托代理律师代理本案。代理律师提出答辩意见：(1)孔锦山受孔锦青母亲陈玉的委托办理遗体火化事宜，程序和条件符合《福建省殡葬管理办法》的规定。(2)孔文长期拖延办理父亲的后事，怠于行使其权利，也未履行其义务。以至于父亲遗体在长达 165 天的时间内未火化，由此产生了高达人民币 15832 元的遗体冷冻费，且难以入土为安。孔锦山办理后事，符合法律规定及公序良俗，不存在过错，无须支付精神抚慰金。(3)陈玉与孔锦青系母子关系，且长期与孔锦青共同居住。基于关系的亲疏远近及孔文此前对父亲未尽赡养义务的行为，陈玉对遗体及骨灰的处分权优于孔文对遗体的处分权，死者骨灰及档案信息理应由陈玉管理、处分。

殡仪中心答辩认为：(1)《福建省殡葬管理办法》第 8 条规定，死者有亲属的，亲属是丧事承办人。孔锦山为死者兄长，陈玉为死者母亲，均为近亲属，当孔锦山携带母亲陈玉的《授权委托书》及相关法定证明文件前来申请遗体火化时，殡仪中心予以受理并无不当。(2)孔锦山除了提交法定证明文件，殡仪中心还要求其提交有关医院出具的《居民死亡殡葬证》(殡葬管理部门保有)及亲属身份证件，按规定填写《居民死亡火化登记表》，表明被告殡仪中心对处理死者遗体火化事宜持极其慎重的态度。而《骨灰安放证》是证明骨灰持有人的证明，也是当事人领取骨灰的凭据，在孔锦山持有《骨灰安放证》情况下，殡仪中心无权将骨灰交予孔文。(3)孔文长期怠于办理父亲后事，长期占用殡仪中心紧缺资源冷藏柜，损害社会公共利益。

一审法院认为：(1)祭奠权系指公民基于与逝者的亲属身份关系而享有的对逝者表示追思、寄托哀思的一种人格利益，依法应受保护。本案各方均享有对孔锦青表示追思的祭奠权利。(2)本案中，孔锦山办理孔锦青遗体火化事宜不仅符合《福建省殡葬管理办法》的相关规定，亦符合我国社会生活中基本的伦理道德观念。(3)孔文作为逝者之子，既享有祭奠孔锦青的权利，亦负有妥善操办孔锦青丧事的义务，但孔文怠于履行。此情形下，孔锦山以逝者长兄身份承办丧事，符合社会公德和民间习俗；且根据在案证据及证人证言，孔锦山在丧事操办过程中，不仅对孔锦青遗体进行面容修复，还通知了孔锦青生前的亲朋参加丧礼，并承担了相关丧事费用，故其系妥善办理孔锦青丧事。结合孔锦山系妥善操办丧事之事实，不宜认定孔锦青侵犯了孔文的祭奠权利。现通过本案，孔文已能知晓孔锦青骨灰下落，其可通过祭拜等方式合理行使其祭奠权利。由此，一审法院判决：驳回孔文的诉讼请求。此后，孔文不服一审判决，向厦门市中级人民法院(以下简称“二审法院”)提起上诉。

二审法院认为，(1)孔文在无正当理由拒不办理遗体火化手续的情况下，让父亲遗体在冷藏柜存放了 150 多天。基于此，孔锦山接受陈玉委托办理遗体火化手续符合社会公德和民间习俗，同时也符合相关规定。(2)本案中，殡仪中心根据孔锦青亲属提供的证明等办理孔锦青遗体火化，符合相关规定。(3)孔文作为孔锦青的儿子、陈玉作为孔锦青的亲属，均有权保管孔锦青的《骨灰安放证》。孔锦青的《骨灰安放证》载明持证人为陈玉，且现由陈玉持有，故孔文欲保管孔锦青的《骨灰安放证》，应当与陈玉协商。孔锦山并不持有孔锦青的《骨灰安放证》,故孔文要求孔锦山向其交付孔锦青的《骨灰安放证》缺乏事实依据。最终,二审法院判决:驳回孔文的上诉,维持原判。

【律师分析】

本案是厦门市首例祭奠权的诉讼争夺战。对于祭奠权是否属于法院管辖的范围。司法实践中存在争议,此前南京市发生一起诉讼案件,即姐姐操办亡父母后事,未在亡父母墓碑刻上弟弟的名字,弟弟起诉姐姐要求支付精神赔偿。2013 年,二审法院南京市中级人民法院曾以“祭奠权”不在《民法通则》的调整范畴中,不属于法院管辖范围为由,驳回了当事人的诉讼请求。这在当时,曾引发社会热议。但是,司法实践中的,多数法院认为祭奠权属于法院管辖受案的范围。代理律师在本案中研究了三个问题:(1)祭奠权是什么性质的权利?(2)祭奠权的保护是否有法律依据?(3)谁享有办理死者后事的权利。具体分析如下:

第一,祭奠权是一般人格权。该权利系基于近亲属的身份关系而产生的,是死者近亲属的精神利益,包含以特定的仪式对死者的遗体、骨灰、墓地等能够表征死者身份的相关事物进行缅怀、凭吊、寄托哀思的权利。

第二,虽然法律没有明确提及祭奠权的概念,但基于其一般人格权的性质,属于法律保护的范畴。《中华人民共和国民法总则》第 3 条规定:“民事主体的人身权利、财产权利以及其他合法权益受法律保护,任何组织或者个人不得侵犯。”《最高人民法院关于确定民事侵权精神损害赔偿责任若干问题的解释》第 1 条第 2 款规定:“违反社会公共利益、社会公德侵害他人隐私或者其他人格利益,受害人以侵权为由向人民法院起诉请求赔偿精神损害的,人民法院应当依法予以受理。”第 4 条规定:“具有人格象征意义的特定纪念物品,因侵权行为而永久性灭失或者毁损,物品所有人以侵权为由,向人民法院起诉请求赔偿精神损害的,人民法院应当依法予以受理。”因此,当公民的祭奠权受到侵害时,可依据上述规定请求人民法院予以保护;符合法定条件的,可向人民法院起诉要求由侵权人赔偿精神损害。

第三,死者亲属持有合法手续,就可以办理死者后事。依据《福建省殡葬管理办法》第 8 条规定:“死者有亲属的,亲属是丧事承办人。”第 9 条规定:“火化遗体必须凭公安机关或国务院卫生行政部门规定的医疗机构出具的死亡证明。”因此,依据上述规定,只要是死者亲属,就可以作为丧事承办人。丧事承办人持有公安机关或医疗机构出具的死亡证明,就可以办理遗体火化手续,并非只有死者的直系亲属或者近亲属才可以办理丧事。

【思考与提示】

两年来，代理律师参与了孔锦青工亡赔偿金分配的谈判事宜及本案，感慨颇深。虽然案情简介仅寥寥数语，但办案期间遭遇了许多阻碍、困难，在此无法一一赘述。无论是对于案件相关理论及实务的研究，还是与一审、二审经办法官的不断沟通，都经过了诸多努力。如孔锦山未征得孔文同意也未通知孔文参与孔锦青丧礼一事，是否欠妥？这也确实引人深思。本案中，代理律师建议孔锦山提交了背景证据如孔文与祖母陈玉的物权保护纠纷案件判决书、强制执行文书、孔文回家打砸的报警回执等证据，以此证明孔文对祖母、父亲存在不孝及暴力行为。此外，代理律师还建议孔锦山提交为孔锦青细致操办后事的证据。这一些证据，都能够体现孔文怠于办理其父亲丧事不符合公序良俗，而孔锦山受陈玉委托办理孔锦山后事合法合情，更符合公序良俗及民间习俗。因此，无论是一审法院还是二审法院，都认为孔锦山未通知且征得孔文同意就直接办理孔锦青丧事的行为情有可原，未侵犯孔文的权利。

代理律师认为，孔文在父亲生前曾有诸多恶劣行为，且未尽赡养义务，应当丧失祭拜父亲的权利。当然，这样的观点在目前还没有法律予以支撑。但是，子女未履行赡养父母的义务，到底应否丧失祭奠权？代理律师认为，基于"权利义务相一致"原则，祭奠权虽是基于与逝者的身份关系而取得的权利，但其也与其对逝世者所尽的诸如赡养、抚养、扶养等义务有直接关联。如果说一个负有赡养、抚养、扶养义务的人未尽到上述义务，由此应当永久剥夺其祭奠权或在一定期限内剥夺其祭奠权，这样的剥夺具有惩罚性。《中华人民共和国继承法》(以下简称《继承法》)第 7 条对于"继承权丧失的情形"进行了规定，即在扶养或赡养义务人有《继承法》第 7 条规定情形的，如遗弃被继承人或者虐待被继承人的，则继承人丧失继承权。在未来我国民法典立法活动中，可以参考上述《继承法》的规定，规定祭奠权丧失的情形。但扶养或赡养义务人具有悔过情形或者其他情形的，可以恢复其祭奠权。若今后我国民法典在祭奠权、祭奠权丧失的情形、恢复祭奠权的条件等方面进行规范的，更有利于维护我国社会公序良俗，树立我国公民的社会主义社会价值观。

占有权与所有权冲突时的处理原则

——陈某与厦门市某区某居民委员会物权保护纠纷案

代理律师　谢　峰*

【案情简介】

1998年11月28日，大某公司与东某公司签署《合作开发合同书》，约定共同开发某项目商品房，并承诺向某居委会提供70平方米的办公场所。2003年4月25日，东某公司与某居委会签署《拆迁补偿协议》，约定东某公司安置某居委会某小区3号楼204B房产。3号楼建成后，东某公司将204B房产与205房产（讼争房产）提供给某居委会作为办公场所使用。2011年11月11日，东某公司与某居委会签署《置换协议书》，约定将3号楼204B房产置换到1号楼402、403室，置换后某居委会应将讼争房产205室归还给东某公司。但该《置换协议书》一直没有履行。

2011年11月17日，东某公司将讼争房产205室出售给案外人纪某。2013年，讼争房产被另案法院裁定过户给案外人黄某。2014年10月，黄某将讼争房产抵债给陈某，双方办理了权属过户登记手续。

因某居委会拒绝向陈某交付讼争房产，陈某起诉至厦门市某区法院，要求某居委会搬离讼争房产并支付占有使用费。一审法院以某居委会系有权占有为由驳回陈某的全部诉讼请求。陈某不服，上诉至厦门中院。厦门中院虽然认可某居委会的占有系有权占有，但认为该占有权不能对抗陈某的所有权。最后，厦门中院二审撤销一审判决并改判支持陈某的诉讼请求。

【办案纪实】

陈某在一审败诉后，委托代理人代理本案诉讼的二审程序。代理人通过向陈某询问相关事实、查阅一审庭审笔录、案件卷宗等材料了解案情，并深入

* 谢峰，福建瀛坤律师事务所律师。

分析一审《判决书》中相关裁判观点。代理人注意到，一审法院是在认定"某居委会系有权占有"这一事实的基础上，依据《中华人民共和国物权法》(以下简称《物权法》)第 241 条"基于合同关系等产生的占有，有关不动产或者动产的使用、收益、违约责任等，按照合同约定；合同没有约定或者约定不明确的，依照有关法律规定"之规定，驳回陈某的诉讼请求。

代理人认为，本案争议的焦点为"当房屋所有权与占有权能发生分离的情况下，买受人是否可以其为房屋的所有权人基于返还原物请求权要求房屋内的实际占有人迁出"。围绕上述争议焦点，代理人起草了《上诉状》向二审法院提交，并在庭审过程中充分阐述了本案应区别于《最高院公报》"连成贤诉臧树林排除妨害纠纷"一案[①]适用法律的相关依据。具体而言：一方面，《物权法》第 241 条适用的前提是双方之间存在合同约定，而根据某居委会的主张，相关合同约定是其与东某公司之间的合同约定。依据合同相对性的原则，合同仅在合同当事人之间发生法律效力(除非法律另有规定)，因此受合同约束的仅是东某公司与某居委会，而作为合同之外的陈某不受相关合同的约束。因此，一审法院错误适用了《物权法》第 241 条；另一方面，即便某居委会依据合同约定占有讼争房产，其也是依据与东某公司的合同约定，此种权利的来源是基于合同之债。因此，某居委会的占有的基础为债权；而陈某作为讼争房产的所有权人，具有绝对性、排他性的性质，占有作为所有权的权能之一，更是陈某行使所有权的体现。根据物权优于债权的原则，陈某的权利当然优于某居委会，法院更应该支持陈某的相关请求。根据《物权法》第 243 条"不动产或者动产被占有人占有的，权利人可以请求返还原物及其孳息"之规定，陈某作为本案讼争房产的权利人完全有权要求某居委会返还讼争房产。因此，根据物权优于债权的原则，本案应适用《物权法》第 243 条的规定。为了厘清本案相关事实及法律关系，代理人还整理了《一审证据摘要》及《代理词》供二审法院参考。

---

① 《最高人民法院公报》2015 年第 10 期案例。基本案情：2011 年 8 月，李榛以臧树林代理人身份将臧树林名下的讼争房屋售与谢伟忠并变更产权。2011 年 10 月，谢伟忠与连成贤就讼争房屋签订买卖合同并变更产权。2012 年 7 月，连成贤诉谢伟忠要求交付讼争房屋，法院确认以臧树林名义与谢伟忠签订的买卖合同无效。2013 年 10 月，连成贤再诉至法院，要求臧树林迁出讼争房屋。一审法院支持其诉讼请求。臧树林不服上诉。二审法院认为，生效判决已确认臧树林代理人与谢伟忠就系争房屋所签订的买卖合同无效，因此臧树林占有、使用该房屋具有合法依据。产权人连成贤在从未获得系争房屋实际控制权的情况下，不得径行要求实际占用人迁出。二审法院遂依法作出改判，驳回了连成贤的诉讼请求。

基于东某公司与某居委会之间的相关合同，二审法院确认某居委会对于讼争房产的占有系有权占有。但在该有权占有的基础上，二审法院采纳了代理人的代理意见并作如下分析：某居委会的有权占有具有相对性的特点，乃针对东某公司而享有的合法占有。某居委会基于其与东某公司的合同而产生的占有，该占有权系当东某公司主张返还时得以抗辩之法定事由。讼争房产经依法转让至陈某，陈某取得完全的所有权，某居委会无偿使用讼争房产时的占有权不能对抗陈某的所有权。陈某行使所有权依法可以向某居委会请求返还占有并要求支付使用费。

最终，二审法院判决撤销厦门某区法院作出的一审判决，明确某居委会应于二审判决生效之日起三个月内搬离讼争房产，并要求某居委会按每月1800元的标准向陈某支付自2015年6月1日起至实际搬离之日止的房屋占有使用费。

【律师分析】

本案系物权保护纠纷案件，争议焦点在于某居委会占有讼争房产是否可以对抗所有权人。本案应适用《物权法》第243条的规定，排除适用《物权法》第241条，并应区别于《最高院公报》“连成贤诉臧树林排除妨害纠纷”案例。

最高人民法院在“连成贤诉臧树林排除妨害纠纷”一案中指出，在买受方虽取得房屋产权但未实际占有，且占有人对房屋的占有具有合法性时，买受方仅基于物权请求权主张占有人迁出的诉请不应获得支持；买受方应以合同相对方为被告提起债权给付之诉，要求对方履行交付房屋的义务或在房屋客观上无法交付的情况下承担相应的违约责任。

若简单参照该公报案例观点，那么本案陈某基于物权请求权主张占有人某居委会迁出的诉求就可能不被支持。但本案二审法院未机械参考公报案例，从对本案“占有”的性质分析，适用“债权相对性”原则，支持了所有权人陈某的诉请。代理人认为，本案中的“占有”与该公报案例中的“占有”明显不同，因而本案的法律适用应区别于该公报案例。

1. 公报案例中的“占有”应指依所有意思的合法占有。对物的占有使用关系，以所有权为基础的占有使用关系比以债权为基础的占有使用关系，更具有原发性、坚固性和持久性。所谓原发性，即基于所有权的对物的占有使用本是所有权的应有内容，而基于债权并不一定有对物的占有使用内容；所谓坚固性，即基于所有权的占有使用要比基于债权的占有使用牢固得多；所谓持久性，即基于所有权的占有使用通常要长久于基于债权的占有使用。[①] 因此，公报案例的裁判观点并非适用于一切占有，对于“非法占有”、“基于债权之占有”等非所有权的占有，不具备参考或适用的意义。

2. 本案占有是基于债权，具有相对性的特点，仅能对抗合同关系的当事人。根据王泽鉴在《基于债之关系占有权的相对性及物权化》一文中的论述，债之关系可作为占有之本权，但因债之关系仅具相对性，基于债之关系之占有权，仅得对他方当事人主张之，不得对抗第三人。债之关系之相对性，一方面系基于债之本质，另一方面亦顾及交易安全，因债之关系缺少公示性，从而基于债之关系之占有权亦不能对抗第三人。[②] 故本案某居委会基于债权关系对讼争房产的占有权利，仅能向债权关系的相对方即东某公司主张及抗辩，不得对抗债权关系之外的第三人即陈某。

【思考与提示】

本案一审判决致使陈某作为讼争房产的权属人的权利受损且无法救济，不符合《物权法》的精神，亦不符合社会公共价值。代理人通过对“占有”的深入分析和充分说理，使二审法院注意到了本案“占有”是基于债权性质的占有，不同于公报案例中的“占有”情形，因此并未机械适用《物权法》第 241 条，也并未对公报案例予以参考适用。本案的判决结果，从某种意义上看，可以是公报案例的补充或细化，进一步确定了“占有权”与“所有权”相冲突时的处理原则。即基于所有权或法律直接规定（如租赁权）的合法占有，得以对抗所有权人的物上请求权；基于债权的合法占有，得以对抗债权的相对人，但不得对抗债权关系之外的第三人。

---

① 董学立：《论“不动产的善意取得与无权占有”——兼评“连成贤诉臧树林排除妨害纠纷案”》，载《法学论坛》2016 年第 6 期。

② 王泽鉴：《民法学说与判例研究》（第七册），中国政法大学出版社 1997 年版，第 76～77 页。

债务人以房抵债后房屋被查封，债权人是否享有足以排除强制执行的民事权益分析

——蒋某与某银行、某糖业公司案外人执行异议之诉

代理律师　张晨蓉*

【案情简介】

蒋某于2014年11月6日出借给邱某500万元；月利息3%；借款期限从2014年11月6日起至2015年1月6日止；由某糖业公司及案外人王某、中盈公司作保证人，承担连带责任保证。由某糖业公司提供某商业综合体商铺一套（以下称“案涉房产”）作抵押担保，蒋某委托案外人谢某代表蒋某作为抵押权人，于借款当日即2014年11月6日办理抵押权登记，抵押债权500万元。

借款到期后，邱某未按期偿还500万借款及180万利息。经蒋某不断向邱某、保证人追讨，至2015年11月，经估价案涉房产市值约500万，蒋某与某糖业公司达成协议，某糖业公司将案涉房产抵偿给蒋某并不再承担其他保证责任。据此，某糖业公司与蒋某于2015年11月6日签署《以房抵债协议》并作出了同意以房抵债的《股东会决议》。协议生效后，某糖业公司依约于2015年11月7日将案涉房产交付给蒋某。

案涉房产交付后，蒋某同某糖业公司前往某市住建局办理房屋过户手续，并依住建局要求于2015年12月19日进行了登报声明，后因住建局业务整改的原因直至2016年5月18日，蒋某才收到住建局出具的领件通知书通知蒋某于2016年6月2日凭通知书到窗口领件。

2016年6月2日，蒋某持领件通知书前往住建局领件时被告知，因某银行与某糖业公司的金融借款合同纠纷，法院判决某糖业公司向某银行清偿借款，在判决生效后，某银行向福建省高级人民法院申请了强制执行，福建省高级人民法院查封了案涉房产，现在无法继续办理不动产过户手续。

* 张晨蓉，福建瀛坤律师事务所律师。

蒋某向福建省高级人民法院申请执行异议，但被福建省高级人民法院驳回。蒋某收到裁定后依法提起案外人执行异议之诉，经福建省高级人民法院审理查明，认为蒋某对案涉房产享有足以排除强制执行的民事权益，判决不得执行案涉房产。某银行不服判决提起上诉。

【办案纪实】

虽然张律师在代理蒋某的一审案件时已经经过了大量的研讨和调查，包括画出案件各方法律关系、时间关系、债权债务关系的思维导图，但二审在最高人民法院，仍然要谨慎对待。为了确保案件顺利，前后更是多次到现场调研店铺情况，对物权、债权的法理关系抽丝剥茧进行解读。

针对某银行的上诉理由(1)《以房抵债协议》以消灭金钱债务为目的，而物的交付仅是以物抵债的实际履行方式，因此而产生的权利与买卖合同关系产生的物权期待权具有基础性区别。故在案涉房产完成不动产变更登记之前，案涉以物抵债协议不足以形成优先于一般债权的利益，不能据此产生物权期待权。一审判决适用《最高人民法院关于人民法院办理执行异议与复议案件若干问题的规定》(以下简称“《执行异议与复议规定》”)第28条错误。(2)因蒋某未完成案涉房产的不动产登记手续，故依据《中华人民共和国物权法》相关规定，法定公示要件不具备，案涉以物抵债行为不产生物权变动效力。(3)蒋某与某糖业公司签订《以房抵债协议》后，在长达6个月时间里未完成房屋所有权变更，系自身过错。

张律师在反复论证，就《以房抵债协议》的效力在张律师团队内部展开研讨，不同律师就持有不同的观点。部分律师认为《以房抵债协议》属于流质抵押，违反“《中华人民共和国担保法》第40条订立抵押合同时，抵押权人和抵押人在合同中不得约定在债务履行期届满抵押权人未受清偿时，抵押物的所有权转移为债权人所有”的规定，《以房抵债协议》无效。但张律师认为《以房抵债协议》消灭了原有债权债务关系，建立了新的买卖合同关系，邱某的欠款已经转化为购买房屋的对价，《以房抵债协议》有效。

确定了基础的代理思路，张律师前往房屋所在地实地考察房屋状态及调取相关不动产信息，准备答辩意见。万事俱备，张律师坐上前往南京的飞机，在最高人民法院第三巡回法庭，与某银行的代理人唇枪舌剑。最终合议庭作出终审判决，维持原判。

蒋某的500万终于救回来了，在张律师的努力下，蒋某基于《以房抵债协议》享有排除强制执行的民事权益,此后张律师顺利帮助蒋某向省高级人民法院申请解封,并提醒尽快办理产权变更登记,以免再生事端。

【律师分析】

时值《执行异议与复议规定》于 2015 年 5 月 5 日刚刚实施。其中第 28 条的规定是否同样适用《以房抵债协议》,尚无相关判决。张律师团队经过讨论和分析认为:

1. 蒋某与某糖业公司之间基于借款担保所形成的债权债务关系,以及蒋某享有的抵押权,已经被《以房抵债协议》《存量房买卖合同》中的权利义务关系所取代。

第一,某糖业公司到期未履行连带还款责任,即 2015 年 11 月 6 日签订的《以房抵债协议》之前,债务已到期,债务总额为 680 万元,若不及时清算债务,利息会导致债务增加,且虽抵押权人为案外人谢某,但实际上是蒋某委托谢某代为办理抵押登记。

第二,某糖业公司签订《以房抵债协议》之前作出股东会决议,同意用案涉房产承担连带担保责任并且签署了借款协议备忘录。

第三,某糖业公司为了减轻责任,合法处分案涉房产合情合理,据此,《以房抵债协议》依法成立,是双方真实意思表示,不违反法律和行政法规的强制性规定,合法有效,具有法律效力。

蒋某与邱某之间的借款协议、蒋某与某糖业公司签订的抵押担保协议均真实合法有效,蒋某与某糖业公司之间在签订《以房抵债协议》后,基于上述借款协议所形成的债权债务关系已经被《以房抵债协议》《存量房买卖合同》中的权利义务关系所取代,双方基于真实法律关系所进行的以物抵债行为不存在虚构债权债务关系损害第三人利益的情况。

2.《以房抵债协议》已经实际履行完毕,现在案涉房产被查封,蒋某无过错。

第一,蒋某与某糖业公司按照抵债协议的约定交付了房产并签署了房屋移交单,之后蒋某就一直合法占有案涉房产。

第二,蒋某与某糖业公司按约定与 2015 年 12 月 18 日,第一次办理过户,经审核需要经过登报公示程序才可办理,蒋某依此于 2015 年 12 月 19 日在《泉州晚报》刊登产权过户声明。

第三,2016 年 5 月 18 日,蒋某与某糖业公司签署《存量房买卖合同》,完成办理过户登记手续，办理窗口通知于同年 6 月 2 日取件。

第四，因福建省高级人民法院的查封、导致过户程序中止，非蒋某自身过错未办理过户登记。

第五，从民法意思自治、公平公正的原则来看，抵债行为不侵害任何人权益包括某银行利益。且本案的抵债行为本身就是蒋某退让受损。

基于上述分析，代理律师认为根据本案的情形，依据"《执行异议与复议规定》第 28 条：金钱债权执行中，买受人对登记在被执行人名下的不动产提出异议，符合下列情形且其权利能够排除执行的，人民法院应予支持：(1)在人民法院查封之前已签订合法有效的书面买卖合同；(2)在人民法院查封之前已合法占有该不动产；(3)已支付全部价款，或者已按照合同约定支付部分价款且将剩余价款按照人民法院的要求交付执行；(4)非因买受人自身原因未办理过户登记。"蒋某享有对案涉房产的物权期待权属于足以排除强制执行的民事权益。具体而言是(1)蒋某于 2015 年 11 月 6 日便签订《以房抵债协议》，而法院于 2016 年 5 月 10 日和 2016 年 5 月 24 日才做出查封、冻结裁定；(2)某糖业公司已经签署《房屋移交单》移交了案涉房产的钥匙，蒋某已经事实占有了案涉房产；(3)蒋某对邱某的债权已经转化为房屋的对价，并已经履行完毕；(4)蒋某是因为法院的查封、冻结才未办理过户登记，蒋某本身没有过错。

【思考与提示】

因本案为办理过户登记已经解除了案外人谢某帮蒋某办理的抵押登记，若不动产被拍卖，蒋某的债权显然难以得到保障，故只能提起案外人执行异议之诉来维护自身的合法权益。

案外人执行异议之诉，是案外人对于执行依据所确定的执行标的主张自己享有实体上的权利，而请求法院对该实体上法律关系进行裁判，以阻止法院对执行标的进行强制执行的救济方法。

基于买卖关系排除强制执行，被认为是物权期待权的一种，但物权期待权在我国法律中并无明文规定，以房抵债协议可以认为是一种特殊的房屋买卖协议，即借款转化为购买房屋的对价，但其是否享有物权期待权，排除强制执行，争议较大，不同法院存在截然相反的观点。经最高人民法院审理完结的本案分析，在满足一定条件的情形下，可以类推适用《执行异议与复议规定》第 28 条的规定。

结合基于以房抵债协议申请执行异议的情形是否可以认定为足以排除强

制执行的民事权益分析：

第一，双方在人民法院查封、冻结之前就要签订以房抵债协议，关键在于以房抵债协议的合法性，需要满足以下三大条件：(1)以房抵债协议基础的债权债务关系合法并已经到期；(2)抵债的不动产价值应当与债权相当；(3)以房抵债协议不可侵犯其他债权人的利益、不存在规避执行或逃避债务的情形。

第二，双方已经完成了不动产的交付，债权人已经完成了对不动产的实质占有，一般有不动产交接单、相邻人的证言、物业证明等方式去证明实质占有不动产。

第三，双方必须就债权和房款进行了清算，即债权已经转化成了支付房款的对价。

第四，债权人在必须积极催促或履行过户登记，但是因为非自身的原因而未完成过户登记，在以房抵债协议中一般是由于登记机关未及时办理、出卖人拒不协助以及办理过户登记存在客观障碍等原因导致过户登记未办理完结而被法院查封、冻结。

其中最重要的一点是以房抵债的约定应当债权债务到期之后达成，否则按照 2015 年《最高人民法院关于审理民间借贷案件适用法律若干问题的规定》第 24 条出台后。债权人与债务人在债务履行期届满前作出以物抵债的约定，由于债权尚未到期，债权数额与抵债物的价值可能存在较大差距，此时直接认定该约定有效，可能会导致双方利益显失公平，因此应参照《中华人民共和国物权法》关于禁止流押、流质的相关规定，对该种情形下签订的以物抵债协议的效力不予确认，法院或仲裁庭将按照借贷法律关系审理，买卖合同视为债权实现的担保，在按照借贷关系作出的判决或裁决生效后，借款人不履行的，债权人可以申请拍卖买卖合同的标的物，以偿还债务，差额部分补足或予以返还。只有以房抵债的约定在债权债务到期之前达成，才具有消灭了原有债权债务关系，建立了新的买卖合同关系，即以消灭旧债为目的而成立新债，以新债替代旧债，发生了债的更改。

农村侵权责任引争议　律师代理意见得支持

——陈某 1 等与某小组、某村委会、陈某 2 生命权、健康权、身体权纠纷

代理律师　林声贤*

【案情简介】

陈某 1 等 4 人系陈某某(本文简称为“受害者”)的亲属。2014 年 2 月 7 日晚，因找不到受害者，亲属向派出所报案，《报警回执》显示：……受害者外出未归，四处寻找，后在某村土地公池(以下简称“水池”)岸边发现独轮车和水桶，不见受害者人影，怀疑落水报警，民警到达现场帮忙打捞，捞起后经现场 120 医生确认受害者已死亡……受害者于 2014 年 2 月 8 日火化并户籍注销。该水池系历史形成的农用水源，该水池及周边的农地属于某小组的集体用地，2010 年间某小组为方便组员灌溉，经申请对该水池进行了机械开挖清淤等作业；陈某 2 于 2010 年 4 月 6 日向某小组承包五年并签订《合同书》。

2014 年 3 月 17 日，陈某 1 等 4 人向一审法院起诉，请求判令某村委会、某小组共同对其因受害者死亡造成的各项经济损失及精神抚慰金承担 70% 的赔偿责任。2014 年 5 月 10 日，一审法院依照当事人申请追加陈某 2 作为本案被告参加诉讼。

本案的争议焦点是：侵权行为又是什么，即受害者的死亡原因如何？“土地公池”周围是否设立警示标志？受害者的不幸溺亡，“土地公池”的所有者(即本案的某村委会、某小组)管理人(即本案的陈某 2，但事实上是否为管理人仍有待商榷)是否存在过错？受害者的不幸溺亡与某小组、某村委会、陈某 2 的行为是否存在因果关系？

【办案纪实】

在一审开庭前，陈某 2 接到一审法院的参加诉讼通知书，经其亲戚推荐，

---

* 林声贤，北京大成(厦门)律师事务所律师。

笔者接受陈某 2 的委托作为其代理律师。

经查阅本案起诉材料及各方的证据材料等资料，提出一审的答辩、质证和代理意见：第一，陈某 2 无需对本案承担责任。自 2013 年起陈某 2 就没有承包该水池；该水池系历史形成的池塘，且向全体村民开放使用，全体都是根据约定俗成的村规民俗来使用、管理该水池的。同时，该水池的相关管理责任是由某村委会和某小组进行管理，故而不应由陈某 2 来承担责任；第二，受害者的过错程度以及溺水的原因。陈某 1 等有提供证据证明的义务，且受害者系成年，长期生活在当地，对该水池的情况是知根知底的，能对危险进行准确的预测；且不排除受害者自身原因导致的溺水或者故意而为；根据派出所的询问笔录显示，家属对其死亡是无异议；第三，该水池已合理设置警示标志或者安全防护措施并尽到相应的管理责任，且其是否存在与受害者的溺水是没有关联的；第四，陈某 1 等 4 人适用的法律规定错误。其提出的主张适用《中华人民共和国侵权责任法》第 6 条、第 69 条、第 72 条，但本案并不属于高度危险物造成他人损害的案件。

一审法院评判各方意见后，认为：受害者作为理性的成年人，具备完全的民事行为能力，应当对其自身的生命健康安全负最高的注意义务。该水池系作为农用灌溉水源而存在多年，受害者在当地生活多年，对于该水池的存在及其危险性，应当有充分的认识和了解，其不顾危险到水池边清洗农具，导致事故的发生，应当自己承担责任。现有证据尚不足以证明某小组、某村委会和陈某 2 存在过错。现有证据尚不足以证明受害者的死亡与某小组、某村委会和陈某 2 的行为之间存在因果联系。故一审法院判决：驳回陈某 1 等 4 人的全部诉讼请求。

一审宣判后，陈某 1 等 4 人不服，提起上诉，认为：一审判决认定事实不清，没有查明本案的事实；认定受害者清楚该水池的危险性不符合事实；一审判决适用法律错误；一审严重超过了法定的审理期限。综上，请求撤销一审判决，改判支持其全部诉讼请求。

笔者继续接受陈某 2 的二审委托，认真分析上诉材料等资料后提出二审代理意见：一审认定事实清楚，适用法律正确，陈某 1 等 4 人的上诉理由不能成立，请求二审法院驳回上诉，维持原判；一审法院已查清受害者溺水身亡事实，与本案无关；《某村危险水域隐患排查登记表》说明责任主体不是管理人，相关责任不应由管理人承担；一审法院对该水池是否设立警示牌已调查清楚。陈某 1 等 4 人提供照片无法全面反映事发现场照片，从而认定无法确认警示标志的存在，该逻辑是正确的。本案溺水与“是否设置警示标志或者安全防护措施以及管理责任”并不存在关联性；一审适用法律正确，管理人对受害者的死亡没有过错，也不存在任何因果关系，相反，陈某 1 等 4 人适用法律错误；受害者作为理性成年人，应当自己尽注意义务并自己承担自己行为造成的一切后果。

二审法院认为，自然人对其生活周边的环境应是熟悉和了解的，而本案生活周边的范围应以地理概念来理解，行政隶属关系与本案中危险来源无关，不应以行政隶属关系来理解。陈某 1 等 4 人以该水池隶属某小组所有而受害者不是该组成员为由，主张受害者对该水池不了解的理由不能成立，该水池作为农用灌溉水源而存在多年，2011 年某村委会就有在事发的水池边设立警示标志，受害者在当地生活多年，对此是清楚的。受害者作为具备完全的民事行为能力的成年人，应对自身的生命健康安全尽到充分的注意义务，然而其忽视潜在的危险，到该水池边清洗农具时未尽谨慎注意义务，导致事故的发生，应当自己承担责任。现有证据尚不足以证明某小组、某村委会和陈某 2 对受害者的死亡存在过错，不足以证明受害者的死亡与某小组、某村委会和陈某 2 的行为之间存在因果联系。况且，对受害者落水溺亡的原因相关部门并未给出明确的结论。综上，二审法院判决：驳回陈某 1 等 4 人的上诉，维持原判。

最终，一、二审法院均驳回原告/上诉人的请求，即事发“土地公池”的所有者、管理人无需承担责任。

【律师分析】

根据法律法规规定结合法理来分析，侵权责任的构成要件，是指构成侵权责任所必须具备的条件，即只有具备全部构成要件的，才构成侵权责任；欠缺任一构成要件，都将导致不构成侵权责任。

本案适用的案由是生命权、健康权、身体权纠纷，人民法院受理是根据《中华人民共和国侵权责任法》第 6 条第 1 款的规定：“行为人因过错侵害他人民事权益，应当承担侵权责任。”所以，本案是否最终被认定侵权，应结合前述争议焦点对四个构成要件进行分析，即：

一、主观过错（是指侵权行为人进行加害时的主观心理状态）

庭审已查明，该水池作为农用灌溉水源而存在多年，2011 年某村委会就在该水池边设立警示标志。受害者作为理性的成年人，具备完全的民事行为能力，应当对其自身的生命健康安全负最高的注意义务，且其在当地生活多年，对该水池的存在及其危险性应当有充分的认识和了解，其在该水池边清洗农具导致事故的发生，应当自行担责。所以，一、二审法院均认定“现有证据尚不足以证明某小组、某村委会和陈某 2 对受害者的死亡存在过错”是正确的。

二、侵权行为(是指侵犯他人权利/合法利益的加害行为)

庭审已查明，受害者在该水池不幸溺亡，死亡原因尚未查明，且对于死亡的原因相关部门并未给出明确的结论。可见，是什么原因导致发生死亡就是本案需查明的，但本案却无法查明死亡原因，也就无法进一步认定加害行为是什么，即到底是什么行为导致受害者死亡的。

三、造成损失/后果(是指对他人财产/人身权益产生不利影响，包括人身损害等)

庭审已查明，受害者在该水池洗水桶过程中不幸溺亡。所以，本案造成的损失/后果是人身损害即受害者不幸溺亡。

四、侵权行为与造成的损失之间存在因果联系

本案受害者的死亡与某小组、某村委会和陈某 2 的行为之间是否存在因果关系，即“是什么原因导致受害者不幸溺亡的”。庭审已查明，在 2011 年该水池周围已设立“水深危险，禁止下水”的石碑警示牌，2014 年 2 月 7 日事发当日警示标志是否存在无法确认，目前警示标志不存在。法院认为，自然人对其生活周边的环境即受害者对本案该水池是熟悉和了解的，而本案生活周边的范围应以地理概念来理解，行政隶属关系与本案中危险来源无关，不应以行政隶属关系来理解。陈某 1 等 4 人以该水池隶属某小组所有而受害者不是该组成员为由，主张受害者对该水池不了解的理由不能成立。因此，一、二审法院均认定“现有证据尚不足以证明受害者的死亡与某小组、某村委会和陈某 2 的行为之间存在因果联系”是正确的。

综上，本案虽有受害者不幸溺亡的事实，也是所谓的“侵权行为”的发生，但是陈某 1 等 4 人并未举证证明过错的事实以及所谓“侵权行为”与本案造成的损失/后果之间的因果关系的建立；同时，法院亦认为，受害者作为理性的成年人，应当对其自身的生命健康安全负最高的注意义务，且受害者在当地生活多年，对于该水池的存在及其危险性，应当有充分的认识和了解，其不顾危险到该水池边清洗农具，导致事故的发生，应当自己承担责任。

根据《中华人民共和国侵权责任法》第 6 条第 1 款，《中华人民共和国民事诉讼法》第 64 条第 1 款的规定：“当事人对自己提出的主张，有责任提供证据。”陈某 1 等 4 人要求某小组、某村委会和陈某 2 承担赔偿责任的诉讼请求，

事实和法律依据不足，一、二审法院依法不予支持，是正确的、合情合理的。

【思考与提示】

作为一名执业多年的律师，经历太多侵权纠纷案件，类似的案例，甚至是见义勇为等案例，很多时候的结果会被适用公平原则而判决由相对方承担次要责任或者象征性责任（如承担受害者1%～10%的损失等）。这样的结果从表面上看似公平、有一定道理，实则是对公平公正、诚实信用原则的最大违背，最终还导致更大的伤害，甚至影响人们的价值观。唯有对案件的客观审理、按规则裁判，才能让大家相信：法律是来保护遵守规则的人，如此，整个社会才能形成良性循环，从而让越来越多的人守规则、明道理。

本案除了结果对当事人是公正的即所有者、管理人无需承担责任之外，最大意义在于一、二审法院敢于坚持按法律即规则裁判，让人民群众和我们代理律师真正感受到习总书记所说的“让人民群众在每一个司法案件中感受到公平正义”。

拨开云雾　追求实质正义

——陈东毅、桥箱公司与厦门厦工买卖合同纠纷案

代理律师　林镜桂　王婉萍*

【案情简介】

2011 年 1 月 1 日，厦门厦工机械股份有限公司（以下简称“厦门厦工”）与鹰潭厦工机械销售服务有限公司（以下简称“鹰潭厦工”）签订《厦工产品经销协议》，约定：2011 年 1 月 1 日至 2015 年 12 月 31 日，厦门厦工根据鹰潭厦工的申请和对鹰潭厦工经营能力的审核，结合当年的市场发展需要，厦门厦工将分年度与鹰潭厦工签订补充协议，授权鹰潭厦工在指定区域（按国家行政区域划分）经销厦门厦工机械产品。同日，厦门厦工与鹰潭厦工分别签订 2 份《2011 年厦工产品经销协议》，有效期均为 1 年，即 2011 年 1 月 1 日至 2011 年 12 月 31 日。

2012 年、2013 年，厦门厦工与鹰潭厦工签订了《2012 年厦工产品经销协议》《2013 年厦工产品经销协议》，有效期均为 1 年。

2011 年，陈东毅、黄秀华、颜鸣建、林月珠、张晓晔、沈明治向厦门厦工出具《担保书》，厦门市桥箱机械工业有限公司（以下简称“桥箱公司”）向厦门厦工出具《第三方单位担保书》，均承诺自愿为鹰潭厦工在与厦门厦工业务往来中对厦门厦工所承担的一切责任与义务承担连带责任保证担保，并均说明担保书为《2011 年厦工经销合作信用担保协议》的共同组成部分。厦门厦工、鹰潭厦工、张琦签订《最高额抵押合同》，并办理抵押权登记。

2012 年，张晓晔、沈明治、颜鸣建、林月珠、桂碧慧、庄丽向厦门厦工出具《担保承诺函》。

2012 年 9 月 26 日，陈东毅向厦门厦工出具《担保书》承诺：自愿为鹰潭厦工在与厦门厦工业务往来中对厦门厦工所承担的一切责任与义务中的 51% 的份额、最高额不超过 4000 万元的范围内承担连带责任保证担保。

* 林镜桂、王婉萍，北京大成（厦门）律师事务所律师。

2013年2月，张晓晔、沈明治、桂碧慧、庄丽、鹰潭厦工向厦门厦工出具《担保承诺函》。

签订本案相关协议时，陈东毅、黄秀华系夫妻关系；颜鸣建、林月珠系夫妻关系；张晓晔、沈明治系夫妻关系；桂碧慧、庄丽系夫妻关系。

2017年1月10日，鉴定机构鉴定意见表明：2011年《担保书》、2012年《担保承诺函》不是黄秀华、林月珠所签。

2012年至2014年，厦门厦工均向鹰潭厦工出具《厦工应收账款确认函》、《往来账户对账调节表》及《应付账款余额调节表》。

江西厦工机械有限公司（下称江西厦工）于2014年1月6日成立，注册资本200万元，法定代表人桂碧慧，股东：张晓晔、桂碧慧。2014年5月22日，张晓晔、桂碧慧将各自名下持有的江西厦工的股权质押给厦门厦工，为经销协议项下厦门厦工对债务人享有的债权提供质押担保。

一审福建省高级人民法院认为，张晓晔、桂碧慧于2014年1月6日成立江西厦工与本案无关。鹰潭厦工拖欠厦门厦工货款的事实客观存在。同时认为厦门厦工主张保证人陈东毅、颜鸣建、张晓晔、沈明治、桂碧慧、庄丽、桥箱公司应就2011年、2012年、2013年期间鹰潭厦工对厦门厦工的全部债务及相应的逾期付款资金占用费承担连带清偿责任，有合同依据和法律依据，予以支持。因此作出（2013）闽民初字第120号民事判决，判决鹰潭厦工应向厦门厦工偿还尚欠货款67786027.14元及逾期付款资金占用费，桥箱公司、陈东毅、颜鸣建、张晓晔、沈明治、桂碧慧、庄丽对鹰潭厦工的上述债务承担连带清偿责任，厦门厦工对张琦抵押的房产在85万元范围内享有优先受偿权，驳回厦门厦工的其他诉讼请求。

二审最高人民法院认为，基于鹰潭厦工2011年至2013年9月25日欠付厦门厦工的货款事实上已经清偿完毕，对该部分债权的相关担保亦因此而消灭，故厦门厦工的诉讼请求丧失了相应的事实依据，应予驳回。最高人民法院据此作出（2018）最高法民终795号民事判决，判决撤销福建省高级人民法院（2013）闽民初字第120号民事判决，驳回厦门厦工的诉讼请求。

【办案纪实】

本案二审法院对一审判决全部撤销，并驳回厦门厦工的诉讼请求。那么二审法院改判的主要依据在哪？以下我们重点来看一下二审法院的裁判思路。

二审最高人民法院先从担保人担保所针对的债务是全部债务还是年度债

务入手分析，通过综合分析各保证人提供的系列担保文件，评析如下：

1. 陈东毅等人共同签署的《担保书》系基于鹰潭厦工的股东身份而为厦门厦工的债权提供担保，应当认定为股东担保。案涉三份担保函保证人签章处均表明了保证人系鹰潭厦工的股东及配偶。2011年陈东毅等鹰潭厦工股东及配偶作为保证人为鹰潭厦工的债务提供担保，2012年由鹰潭厦工新股东桂碧慧及配偶庄丽与原有股东张晓晔等签订保证合同，2013年保证人变为张晓晔、桂碧慧及二人的配偶。桥箱公司在2011年2月10日为鹰潭厦工的债务向厦门厦工提供担保，亦是因陈东毅既是桥箱公司的法定代表人，又是鹰潭厦工的股东。据此，厦门厦工的意思表示很明确，即确保与厦门厦工有经销关系的鹰潭厦工的股东对鹰潭厦工的债务承担保证责任。

2. 陈东毅等人共同签署的担保书或者担保承诺函系对厦门厦工与鹰潭厦工所签订的年度经销协议的保证。陈东毅等人于2011年签订《担保书》作为《2011年厦工经销合作信用担保协议》的组成部分，为出具担保书前后鹰潭厦工因经销厦门厦工工程机械、配件等应付货款提供担保。陈东毅于2012年9月26日单独出具《担保书》对鹰潭厦工所欠债务的51%、最高额不超过4000万元的范围内承担保证责任。2012年陈东毅退出鹰潭厦工，桂碧慧作为新股东与原有股东在最高额2000万元内承担保证责任。2012年的股东担保相较于2011年的股东担保的债权范围明显限缩。若按照厦门厦工的陈述，2011年之后所提供的担保是为了加强2011年《担保书》的保证，则无法合理解释已经在2011年《担保书》上签名未退出鹰潭厦工的股东为何还要在2012年的《担保承诺函》上签名。且相较于2011年的股东担保范围，2012年《担保承诺函》中各担保人所担保债权范围也有明显的限缩，担保人只在最高额2000万元内承担保证责任。同时，更无法合理解释陈东毅为何单独提供一份《担保书》，该《担保书》所担保的债权相较于2011年陈东毅与其他股东一起签署的《担保书》，不仅在数额比例上明显限缩，而且缩减了所担保债权的形成期间。2013年鹰潭厦工股东又出具了《担保承诺函》，所担保的债权又有变化。在没有特别约定的情况下，对上述事实合理的解释是陈东毅等人以鹰潭厦工股东名义提供的保证应为年度担保，保证担保的债权只及于当年度的未结账款。

3. 2011年2月10日，陈东毅作为法定代表人的桥箱公司出具《第三方单位担保书》，其中明确该担保书为《2011年厦工经销合作信用担保协议》的共同组成部分，可以认定桥箱公司2011年出具的《第三方单位担保书》系对2011年度鹰潭厦工欠付厦门厦工货款的担保。

据此，最高人民法院认为，陈东毅依据2011年出具的《担保书》和2012年9月26日出具的《担保书》应分别承担2011年度鹰潭厦工所欠付厦门厦工的货款和2012年1月1日至2013年9月25日鹰潭厦工所欠付51%的货款在最高额不超过4000万元范围内的保证责任。桥箱公司依据2011年2月10日出具的《第三方单位担保书》承担2011年度鹰潭厦工所欠付厦门厦工的货款的担保责任。

在对担保人所担保的主债权范围厘清后，最高人民法院对关于桥箱公司、陈东毅所担保的鹰潭厦工欠付厦门厦工货款这一主债务的数额进行分析和计算，最高人民法院认为：

二审期间，厦门厦工向本院提交了厦门厦工与鹰潭厦工、江西厦工年度结算表，载明从2011年至2017年年度销售款、回款及欠款数额。鹰潭厦工向本院提交鹰潭厦工与厦门厦工之间2011年销售、回款及欠款余额汇总数据以及江西厦工与厦门厦工之间2014年至2017年销售、回款及欠款余额汇总数据。鹰潭厦工提供的数据与厦门厦工的数据相吻合。根据上述数据计算，截至2017年度，鹰潭厦工仍欠付2012年度的货款4212106.68元。

但是，2014年鹰潭厦工的股东桂碧慧、张晓晔又新设了江西厦工，桂碧慧为法定代表人。之后鹰潭厦工与厦门厦工的案涉经销业务转至江西厦工，江西厦工与厦门厦工另行签订《厦工产品经销协议》，其经销模式与鹰潭厦工一致，均采取连续购销、连续回款方式，2014年江西厦工当年就向厦门厦工回款24121090.74元。因鹰潭厦工与江西厦工的股东结构、法定代表人、所采取的经销模式及交易对象均具有同一性，江西厦工与厦门厦工的该项业务应视为对鹰潭厦工与厦门厦工经销业务的承继，尤其考虑到诸多担保人尤其是鹰潭厦工原股东陈东毅曾在2011年、2012年（桥箱公司在2011年）为鹰潭厦工的债务向厦门厦工提供担保、鹰潭厦工尚欠厦门厦工大额货款未还的事实，江西厦工对厦门厦工的债务清偿应与鹰潭厦工对厦门厦工的债务清偿合并核算，如此才更符合本案的实际情况，符合公平与诚实信用的基本法律原则。江西厦工2014年至2017年向厦门厦工共清偿1.22亿元，足以覆盖鹰潭厦工2012年、2013年所欠厦门厦工货款。据此，可以认定鹰潭厦工2012年及2013年所欠厦门厦工货款事实上已经清偿，桥箱公司、陈东毅所担保的债权均因清偿而消灭。

最高人民法院认为，基于鹰潭厦工2011年至2013年9月25日欠付厦门厦工的货款事实上已经清偿完毕，对该部分债权的相关担保亦因此而消灭，最高人民法院因此对本案全部改判。

代理律师接受当事人陈东毅和桥箱公司委托后，在初步了解情况后，认为一审法院存在诸多问题没有理清。比如：基础债权债务是否真实？鹰潭厦工是否与厦门厦工串通？厦门厦工为何与鹰潭厦工终止合作？鹰潭厦工与江西厦工的股东结构、法定代表人均一致与本案是否有关联？是否构成人格混同？厦门厦工是否提供了充分的证据证明其债权数额？债权数额是否确定？担保人保证的债权数额是否确定？担保的范围是否明确？是不是年度签署担保文件？是否能找到还款的约定依据和还款的事实证据？担保的债权金额是否已经清偿完毕？若未清偿，应承担的担保责任如何确定？在进一步了解实际案情后，认为本案应当改判。

第一，对债权债务真实性的合理怀疑。厦门厦工与鹰潭厦工对债权债务的确定文件仅为《厦工应收账款确认函》《往来账户对账调节表》《应付账款余额调节表》。对于如此大额的货款，不可能没有基础的交付环节的证据。而按照协议的约定，销售台数是以实际开票数为准。但厦门厦工在一审期间未提供该基础证据。同时，厦门厦工也没有提供交付凭证。

第二，厦门厦工起诉鹰潭厦工及其众多担保人后，厦门厦工提起财产保全措施，提供的财产线索绝大部分仅限于担保人，特别是桥箱公司、陈东毅夫妻的财产，而对鹰潭厦工的实际控制人桂碧慧没有采取有效的财产保全措施。不仅如此，一审庭审过程中桥箱公司、陈东毅明确提出主债务人鹰潭厦工名下尚有资产，并予以举证说明，但厦门厦工仍未向法院申请采取相应的诉讼保全措施。这个细节，让代理律师非常疑惑，也分外重视。因为这不符合常理。

第三，主债务人对债权人的主张没有任何有效的抗辩，这更不符合常理。

厦门厦工提供的《厦工应收账款确认函》《往来账户对账调节表》《应付账款余额调节表》上的数据中有明显有利于主债务人的部分，且主债务人在起诉之后也还有陆续偿还部分债务，但主债务人在审理过程中高度配合债权人，这更不符合常理。

第四，在债权人厦门厦工起诉各债务人后短期内，由主债务人的法定代表人和原股东立即成立另外一家江西厦工，其经营模式、经营范围、股东结构都与主债务人鹰潭厦工一致。在原有债务未做厘清之前，作为上市公司的厦门厦工居然可以与同是债务人且是诉讼中的对方当事人的实际控制人、股东、法定代表人再建立合作关系，这就绝对不符合常理了。

分析以上众多的不合常理之处，代理律师认为，本案极有可能是债权人与主债务人串通，意图损害担保人的合法权益，因此必须要在二审时全力维护担保人的合法权益。

在代理律师的极力主张下，最高人民法院注意到了相关细节，并拨开江西厦工与鹰潭厦工在表面上属于不同主体的这层面纱，将江西厦工的回款认定为优先偿还形成时间在先的鹰潭厦工的债务，从而维护了担保人的合法权益，实现了实质正义。

【思考与提示】

本案最重要的法律意义在于：体现了公平与诚实信用的基本法律原则，保护了民事主体的合法权益不受侵犯。本案在查明案件事实的基础上，以公平与诚实信用原则为基础，正确适用法律，维护了担保人的合法权益，具有很强的指导意义。

一是本案有关事实让人足以怀疑厦门厦工与鹰潭厦工串通合谋损害担保人利益。综合本案的事实，任何普通人都会产生一个合理的怀疑：厦门厦工在与鹰潭厦工合作协议尚未到期、未终止的情况下，在鹰潭厦工尚欠厦门厦工巨额债务的情况下，在诉讼过程中，厦门厦工与由鹰潭厦工的原股东新设的江西厦工（股东一致、法定代表人一致、与厦工的交易模式一致）进行交易。这样操作的后果就是鹰潭厦工的原股东陈东毅及关联担保方仍需承担担保责任，而鹰潭厦工已经无偿债能力，损害了担保人的合法权益。在诉讼过程中，保全的财产也直接针对鹰潭厦工的原股东陈东毅、其配偶及其任法定代表人的桥箱公司。鹰潭厦工、股东及法定代表人均未采取保全措施。匪夷所思的是，鹰潭厦工的银行账号，存放机器的场所、机器，厦门厦工是一清二楚的，厦门厦工也不提供给法院。这种种情形下的不合理情况，让人生疑。只能有一个合理解释，本案就是指向陈东毅及其关联担保方。因此，桥箱公司和陈东毅一直认为本案是虚假诉讼，应当移交公安机关处理。

二是关于江西厦工与鹰潭厦工对厦门厦工的债务清偿合并核算的问题。一审判决没有将江西厦工与鹰潭厦工对厦门厦工的债务清偿合并核算，而最高人民法院从桥箱公司、陈东毅的担保系年度担保的事实以及江西厦工与鹰潭厦工在股东构成的同一性、业务的承续性等方面拨开云雾，将江西厦工与厦门厦工的该项业务视为对鹰潭厦工与厦门厦工经销业务的承继，对江西厦工与鹰潭厦工对厦门厦工的债务清偿合并核算，打破了不同法律主体的形式障碍，实现了实质正义，依法维护了担保人的合法权益。

房企危机走重整，拨开迷雾迎重生

——漳州市龙文区桂溪房地产开发有限公司破产重整案

代理律师　杨少勇　王　宁*

【案情简介】

漳州市龙文区桂溪房地产开发有限公司（以下简称“桂溪公司”）系2002年7月12日成立于漳州市龙文区的企业法人，注册资本2.5亿元，主营业务为房地产开发、销售及物业管理。因受产业环境下行及内部管理混乱等诸多因素影响，桂溪公司的生产经营及财务状况持续恶化，负债高达十多亿，涉及各类债权人近千户，牵涉范围极广，其开发的“万嘉世贸广场”项目亦自2014年起长期处于停工状态，各类诉讼纷至沓来，有价值的资产陆续被法院查封、冻结，失去信心的债权人不断上访维权，成为当地政府维稳的重点、难点。

桂溪公司及万嘉世贸广场项目的问题引起了漳州市委、市政府以及龙文区委、区政府的高度重视，为整体盘活万嘉世贸项目，系统解决该项目存在的各类法律及社会问题，龙文区政府牵头成立了包括街道办、住建局、公安局、市场监督局等相关部门以及律师参与的破产重整清算小组（以下简称“清算组”）。后漳州市龙文区人民法院（以下简称“龙文区法院”）于2016年1月20日以（2016）闽0603民破1号《民事裁定书》裁定受理债权人福建省惠三建设发展有限公司对桂溪公司的重整申请，同时指定清算组作为管理人。管理人聘请福建联合信实律师事务所（以下简称“信实”）担任法律顾问，信实高级合伙人律师杨少勇、王宁分别担任清算组成员，带领律师团队成员具体负责桂溪公司破产重整的各项工作。

为促进万嘉世贸广场项目的顺利复工，保证众多债权得到最大限度的公平有序清偿，在经过大量细致严谨的债权申报审核、清产核资、资产评估、造价鉴定等工作厘清桂溪公司的资产及负债情况后，经龙文区委、区政府和管理人

---

* 杨少勇、王宁，福建联合信实律师事务所律师。

长达两年多的不懈努力，终于招募到实力雄厚的诏安碧桂园房地产开发有限公司与漳州东南花都体育休闲有限公司组成的联合体（以下简称“碧桂园联合体”）成为桂溪公司的战略投资人。2018 年 6 月 27 日，龙文区法院裁定批准桂溪公司重整计划，此后碧桂园联合体正式接手桂溪公司。截至目前，桂溪公司整体运作良好，已及时支付第一期债权清偿款 1.2 亿元，万嘉世贸广场项目的复工建设也在有序推进中。

【办案纪实】

一、法律关系复杂

作为福建省第一例房地产企业破产重整案件及漳州市第一例破产重整案件，桂溪公司破产重整案涉及债权人近千人，债权类型涵盖职工、税收、拆迁安置户、购房户、施工单位、金融机构、广告商、材料商、民间借贷等，法律关系复杂，包括所谓“明股实债”“以房抵债”“合伙商铺”“名为购房，实为融资”，等等。管理人在债权审核认定的过程中可谓是壁垒重重，频繁的破产债权确认之诉更是成为本案的重要组成部分。

二、摸着石头过河

桂溪公司重整案件涉及众多购房户和拆迁安置户的“生存权”，他们要求交房的呼声强烈，对社会稳定造成不小的影响，成为市、区两级政府维稳工作的重点。因此，在重整过程中，一方面，需要消除广大购房户和拆迁安置户的不安情绪；另一方面，如何在最短时间内甄别商品房买卖合同背后真实的法律关系以最大可能保护购房户的“生存权”，如何处置破产财产，探索房地产企业续建，引进战略投资人等问题亟待解决。桂溪公司重整案系福建省第一例房地产企业破产重整案件，在整个福建省范围内皆无先例可循，我们只能从全国范围内寻找成功案例，认真研读《中华人民共和国企业破产法》（下称“《破产法》”）等相关法律规定，积极探索创新，摸着石头过河！

三、清算还是重整

破产清算和重整属于《破产法》规定的两种不同的破产程序。清算意味着消亡，管理人需要将公司有价值的资产以最合理的价格处置，然后将所获的资金按照法律的规定分配给债权人；重整则意味着重生，通过调整债权偿还比例或延迟还款时间，引进新的战略投资人，使企业重新焕发生机。对于一个企业是应该进行破产清算还是破产重整，我们认为最重要的考量标准就是社会价值的实现，避免破产清算带来的社会秩序动荡，是破产重整对比破产清算所具备的最大优势。桂溪公司人数占比最多的债权人类型就是购房户和拆迁安置户，一旦桂溪公司进入破产清算并最终宣告破产，他们要求交房的愿望就会落空。其中，部分付款比例不高的购房户只能成为普通债权人，清偿顺序位列工程款债权人、抵押担保债权人等诸多优先债权人之后，根本没有剩余财产可供其分配；就部分付款比例较高、优先于工程款债权人的购房户或拆迁安置户，在破产清算条件下即便获得全额货币清偿，也不足以弥补房价上涨所带来的损失。这显然无法充分保护广大购房户和拆迁安置户的切身利益，势必造成社会秩序的动荡。另外，由于万嘉世贸广场项目是以桂溪公司的名义办理各项规划、建设及施工审批手续的，在房屋权证办理之前，一旦桂溪公司被宣告破产清算，主体资格消亡，购房户和拆迁安置户办理房屋权证将遇到重重障碍，甚至面临无法办证的局面。故唯有启动重整程序，引入战略投资人注入资金，激活复工建设进而实现交房办证，同时采取比破产清算程序更高的比例清偿各类债权，平衡各类债权人的利益，才是最佳选择。

四、守得云开见月明

功夫不负有心人！在龙文区委、区政府的全力支持下，在管理人负责人纪建仁副区长的坚强领导下，在龙文区法院的依法监督下，在信实王平主任的悉心指导下，信实高级合伙人律师杨少勇、王宁带领的律师团队历尽艰辛、排除万难，最终招募了全国著名房地产企业碧桂园集团主导的联合体作为战略投资人，参与桂溪公司的破产重整，制定了最大化维护债权人（尤其是职工、拆迁安置户、购房户等弱势群体）的重整计划，顺利通过了债权人会议的分组表决，并最终获得了龙文区法院的裁定批准。

【律师分析】

作为福建省第一例房地产企业破产重整案件，桂溪公司破产重整案存在债权人数众多、债务关系复杂等特点，管理人在债权审核及债权分类工作中遇到不同于一般企业破产重整的新问题，其中较具代表性的问题之一即购房户债权如何认定的问题。

一、购房户债权人身份甄别问题

在房地产企业重整实践中，进入重整的企业往往都存在经营管理不规范甚至混乱的问题，在具体甄别购房户债权人身份时，需要注意考量以下四个方面：

1.商品房预售条件问题。我国的商品房预售制度规定开发商必须办理商品房预售许可证，在未办理预售许可证的情况下签订的预售合同无效。因此，当房地产企业进入重整后，作为无效合同的一方，买受人不具备合法的购房人地位，不能依据合同向债务人即房地产企业要求交付房产，只能根据缔约过失责任申报债权。

2.购房合同形式问题。进入重整的企业由于管理混乱，购房合同形式往往复杂多样，除办理了预售登记备案的商品房买卖合同或商品房预售合同这样相对规范的合同形式之外，还有包括认购书、购房协议、预订协议等。在审查债权人与债务人是否存在商品房买卖合同关系时，不能局限于必须具备规范或已备案的商品房买卖合同形式条件，而应当注重审查是否符合《商品房销售管理办法》第 16 条规定的商品房买卖合同主要内容的实质条件。

3.商品房预售合同备案登记问题。房地产企业破产重整实践中，债权人往往以商品房预售合同已经政府主管部门办理备案登记为由，要求交付房产、办理产权登记手续等。对此，我们认为，商品房预售合同的登记备案是政府主管部门行使监管职权、房地产经营企业满足预售条件履行报备义务并接受资格审查的一项行政管理行为，只是确认合同的真实存在，并不对合同效力产生影响，更不具有物权对抗第三人的效力。因此，是否进行商品房预售合同备案登记并不是判定债权人是否系购房户的要件。而经过商品房预售合同备案登记的，也不一定就是购房户，比如下文分析的"以房抵债"。

4.以房抵债问题。在房地产企业破产重整案件中，以房抵债的形式通常为债务人以其开发的房屋抵偿工程款、材料款、广告款或其他债务。我们认为，在重整案件中，为公平保障各类债权人，要特别注意强调以房抵债的要物性，即应当更多考虑以交付行为的完成为生效要件，特别是对企业已经发生严重债务问题、可能进入重整前发生的以房抵债，更应严把认定尺度。而且，从释放更多房源以吸引战略投资人的角度出发，认定以房抵债协议无效，让债权回归原基础法律关系的性质而进行认定，更有利于重整企业成功招募战略投资人，从而从更大范围平衡保护各类债权人的利益。

二、购房户债权清偿顺序问题

根据《最高人民法院关于建设工程价款优先受偿权问题的批复》第 1 条、第 2 条规定，建筑工程承包人的优先受偿权优于抵押权和其他债权；消费者交付购买商品房的全部或者大部分款项后，承包人就该商品房享有的工程价款优先受偿权不得对抗买受人。由此可知，已支付全部或大部分款项的消费购房人的债权请求权具有优先于建设工程承包人的建设工程价款请求权和抵押权的地位。对以上批复的理解需要注意两个问题：

1.关于“交付购买商品房的全部或者大部分款项”的理解。对于交付全部的一般不存在争议，但“大部分款项”应如何界定争议颇大。仅从文义解释来看，“大部分”是指超过一半的部分。2015 年前可以参照《最高人民法院关于审理买卖合同纠纷案件适用法律问题的解释》第 36 条第 1 款的规定，买受人已经支付标的物总价款百分之七十五以上，出卖人主张取回标的物的，人民法院不予支持。因此，管理人将付款比例确定为百分之七十五以上。2015 年《最高人民法院关于人民法院办理执行异议和复议案件若干问题的规定》有更具有针对性的解释，其第 29 条第 3 项规定，可对抗执行的商品房买受人是“已支付的价款超过合同约定总价款的百分之五十”的。该解释也更符合文义上“超过一半”的意思表示。

2.购房户债权优先受偿范围。《最高人民法院关于建设工程价款优先受偿权问题的批复》对于商品房买受人的优先受偿权虽未限定为购房款本金，但是参照该《批复》第 3 条，对于享有优先受偿权的建筑工程价款，限定为仅仅包括承包人为建设工程应当支付的工作人员报酬、材料款等实际支出的费用，不包括承包人因发包人违约所造成的损失。我们可以推断，该司法解释的本义要保护的商品房买受人的优先受偿权应限于买受人实际支出的购房款及其他相关费用，不应包括买受人因房地产企业违约所造成的损失，后者应当纳入普通债权。

桂溪公司破产重整一案，通过上述甄别标准和方式，有效区别了享有优先权的购房户、普通购房户和非购房户，并在清偿方案上加以区别，使得桂溪公司破产重整一案能合法预留更多房源吸引战略投资人，同时最大化保护购房户的权益，最终也成为桂溪公司破产重整成功的重要因素之一，使更多债权人避免因桂溪公司破产清算而遭受更大损失。

【思考与提示】

其一，对于房地产企业来说，一旦出现资金链断裂，小额资金无法填补漏洞，大额资金又很难募集，到期债务无法及时清偿，在建工程停工及销售停摆，企业面临高额财务成本及逾期交房违约金等多重压力，很容易迫使企业在社会上进行非法集资，造成一系列不稳定的社会因素。这种情况下，与其让企业东拼西凑地苦苦支撑，不如尝试适用企业破产程序系统解决问题。但是，破产程序并不限于破产清算，还包括重整、和解程序，通过这些程序可以使陷于经营困境的企业暂时免受债权人的催讨，并通过资源整合，公平有序地解决债务问题，使企业获得涅槃重生的机会，取得比破产清算消亡企业更积极的法律效果和社会效果。因此，管理人在选择破产程序适用时应多方论证，分析利弊、因案制宜、因企施策。

其二，房地产企业破产重整案件利益牵扯广泛，复杂多样，债权的认定看似简单，实则艰难，如何准确甄别法律关系，十分考验管理人的法律认知水平。为此，我们在债权认定过程中，不仅要考虑如何在合法合理范围内减轻企业债务负担，还要从社会的角度考量如何稳定民心，慎重地考虑广大债权人利益，特别是广大购房户和拆迁安置户的"生存权"问题。而后续重整方案的拟定，不仅是在对债权债务的归类清点之后，针对现有的资产和债权的清偿顺序制定一个清偿计划，还要考虑广大债权人的接受程度、重整企业的存续发展、战略投资人的商业利益、职工权益的保障等诸多问题，必须在法律允许的范围内妥善地加以解决。

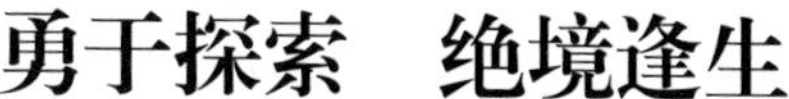

勇于探索 绝境逢生

——厦门星星工艺品有限公司重整案

代理律师 王 平 刘加桓*

【案情简介】

厦门星星工艺品有限公司(以下简称“星星工艺品公司”)系由香港星星实业有限公司于1997年6月17日投资设立的外商独资企业,企业类型为有限责任公司,注册资本为500万美元,投资总额为1000万美元,法定代表人和实际控制人为黄忠国。住所位于厦门市海沧区海沧街道坪埕北路3、7、11号。星星工艺品公司目前的经营范围主要包括:从事各类工艺美术品、塑胶电子产品及其配件、户外花园配套装饰品、燃气火盆系列产品的生产和销售,旅行用品、手提包袋、纺织品、按摩器具、玩具的进出口,佣金代理(拍卖除外)。

星星工艺品公司从成立至2006年期间一直处于高盈利状态,并发展成为中国大陆树脂工艺品生产出口龙头企业。但自2006年起,一方面,外部市场环境发生巨变,树脂工艺品主要原材料树脂价格随国际原油价格上涨而持续上扬,在短短的不到两年间上涨近3倍;中国大陆有关树脂实业的出口退税率大幅下调,导致出口退税额大幅下降;《中华人民共和国劳动合同法》实施后,星星工艺品公司作为劳动密集型企业,劳动力成本支出骤然加大;美元兑换人民币汇率持续下降,导致其汇兑损失严重,美元存款也大幅贬值;星星工艺品公司从高盈利转为亏损。另一方面,星星工艺品公司及其母公司香港星星实业有限公司内部又出现严重决策失误,盲目投资高成本、无收益的健康产品、玩具等项目,并进行大规模基础建设,占用了大量资金,造成资金链紧绷。为缓解收支失衡状况,星星工艺品公司开始大举向民间举债,背负巨额的民间借贷。2008年受全球金融危机影响,星星工艺品公司国外客户货款回笼困难,产生大量坏账,收支失衡,资金链断裂,陷入实质性破产。

* 王平、刘加桓,福建联合信实律师事务所律师。

2009年初，星星工艺品公司向厦门市海沧区人民法院（以下简称"海沧法院"）申请重整，海沧法院于2009年1月22日受理厦门星星工艺品有限公司破产重整申请，于2009年2月27日作出（2009）海民破字第2号《民事裁定书》，准许厦门星星工艺品有限公司破产重整，并同时指定福建厦门远大联盟律师事务所为管理人（以下简称"原管理人"）；2009年7月6日，海沧法院准许福建厦门远大联盟律师事务所辞去管理人职务，并另行指定福建厦门联合信实律师事务所和天健光华（北京）会计师事务所有限公司厦门分公司担任联合管理人（以下简称"管理人"）。

【办案纪实】

鉴于管理人接管星星工艺品公司重整时，已经接近2009年7月22日重整计划草案提交的6个月期限届满时间，管理人接管后，立即向海沧法院申请延长3个月提交重整计划草案，并组织资深的并购重组律师设计重整计划草案；同时，依照破产法对原管理人债权申报审查、清产核资等基础性工作进行调整和完善。

2009年8月26日，管理人正式向海沧法院提交《厦门星星工艺品有限公司重整计划草案》。该重整计划草案主要包括：

一、债务人经营方案

实际控制人黄忠国先生提供星星工艺品公司持续经营所需的资金，星星工艺品公司则恢复、拓展、加强其具有传统优势的工艺品业务，并剥离玩具、按摩器具等健康用品和旅游用品的生产和销售等业务。方案中还同时提出具体的经营理念、经营范围、经营方式、管理体制调整方案。

二、债权调整与清偿方案

（一）具体清偿方案

担保债权中可就特定担保财产获得清偿的部分，其具体清偿方案如下：星星工艺品公司在重整计划草案获得法院批准后，自批准满一周年之日起3年内分6期清偿完毕，每6个月清偿1/6。此外，星星工艺品公司应向担保债权人支付自法院批准重整计划草案之日起计算的贷款利息，计算标准为中国人民银行公布的金融机构同期贷款基准利率（但如星星工艺品公司在法院裁定准许其重整之前与相关担保债权人另有书面约定，且该等约定符合相关法律法规的，从其约定）。星星工艺品公司应在每季度终了前向相关担保债权人支付该季度的前述贷款利息。

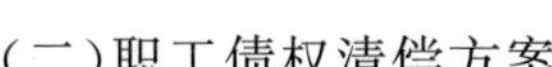

（二）职工债权清偿方案

职工债权组的确认债权金额共计16,061,113.61元，包括：厦门市海沧区财政局代为垫职工工资和经济补偿金15,844,108.10元、尚欠5名职工工资142,437.60元、社会保险费74,567.91元。职工债权按照星星工艺品公司与债权人协商签订协议，在协议规定的期限内全额偿付。

（三）税收债权清偿方案

星星工艺品公司税收债权245,951.08元按100%清偿，在重整计划草案获得法院批准之日起90日内偿还。

（四）普通债权清偿方案

普通债权确认金额为95,774,156.60元，共计202家债权人。普通债权不超过5万元的部分将按30%的清偿比例获得清偿，超过5万元但不超过150万元的部分将按20%的清偿比例获得清偿，超过150万元的部分则将按16%的清偿比例获得清偿。具体清偿进度如下：(1)对于普通债权不超过5万元的部分，星星工艺品公司将在重整计划草案获得法院批准之日起90日内，向普通债权人按30%的清偿率予以清偿。(2)对于普通债权超过5万元但不超过150万元的部分，星星工艺品公司将分3期清偿完毕，即：在重整计划草案获得法院批准之日起90日内按20%的清偿率清偿其中1/3，在重整计划草案获得法院批准之日起360日内按20%的清偿率清偿其中1/3，并在重整计划草案获得法院批准满4周年之日起1年内按20%的清偿率清偿其余1/3。(3)对于普通债权超过150万元的部分，星星工艺品公司将分4期清偿完毕，即：在重整计划草案获得法院批准之日起90日内按16%的清偿率清偿其中1/4，在重整计划草案获得法院批准之日起360日内按16%的清偿率清偿其中1/4，在重整计划草案获得法院批准满4周年之日起1年内按16%的清偿率清偿其中1/4，并在重整计划草案获得法院批准满4周年之日起2年内按16%的清偿率清偿其余1/4。

海沧区法院经审核，认为重整计划草案符合破产法有关规定，决定于2009年9月24日、25日分组召开第二次债权人会议对重整计划草案进行表决。2009年9月24日担保债权组、劳动债权组、税收债权组均全票通过。但2009年9月25日普通债权组表决未通过，管理人立即启动协商程序，于2009年10月30日进行再次表决，普通债权组以赞成户数占与会户数86%、赞成金额占该组债权总额70.35%表决通过。2009年11月6日，海沧法院作出(2009)海民破字第2－(6)号《民事裁定书》，批准厦门星星工艺品有限公司重整计划草案，并终止破产重整程序。自此，星星工艺品公司进入重整计划执行阶段。

【律师分析】

一、坚持"三公"原则，加强信息披露与沟通

由于《破产法》刚颁布，破产观念及文化尚未深入民心，企业进入破产后，大多债权人都带着强烈抵触的情绪，部分债权人甚至把管理人当成是债务人的代理人进行指责攻击。为此，管理人除了对破产法的破产清算、重整、和解三个子程序进行了解释，还向债权人传达破产理念和功能。为了让债权人了解破产程序本质及法院、管理人的职责及法律地位，管理人采取将相关法院受理文书、案件所涉法律文书挂在本所官网或是发送给债权人等开诚布公的方式，让债权人了解并监督管理人工作的开展，取得了债权人的认可和信任。为此，在星星工艺品公司重整过程中，信实律师投入大量精力，走访90%以上的债权人，甚至对于一些较为偏执的债权人多次走访，进行耐心细致的交流。管理人通过公开、公平、公正地展开破产程序及解决破产程序中各个实体权力争议问题，一方面赢得债权人的理解、信任和支持，另一方面也潜移默化地为重整方案被普遍接受奠定认识基础。

二、规范破产债权申报审查

在接收债权申报及审查方面，信实律师根据债权审查要点，拟定了《债权申报表》《债权申报须知》《债权申报登记簿》《债权申报审查意见书》等一系列文本，并为债权审查环节制定了流程管理制度，同时采取"1+1"，即资深律师+执业律师交叉审查复核的债权审查模式，有效保证债权审查的规范性、严谨性、科学性。

三、维持重整期间持续经营

在重整期间，为保证企业可持续经营、防止客户订单流失，同时也为了增强企业的偿债能力，维持重整价值，保护广大债权人及债务人利益，管理人在接管企业后，聘用企业原经营管理人员，迅速组织恢复生产经营。重整期间公司继续营业不同于企业正常状态下的经营。为强化管理人的监督管理职责，保证企业生产经营活动平稳开展，管理人制定了相应的财务管理制度、仓库管理制度、印章使用制度等，通过财务管理制度监管企业生产经营管理涉及成本、费用的审批及支出、收入的支取等资金流向情况；通过仓库管理制度把控企业生产过程涉及的原材料入库及产成品出库；通过印章使用管理制度管控

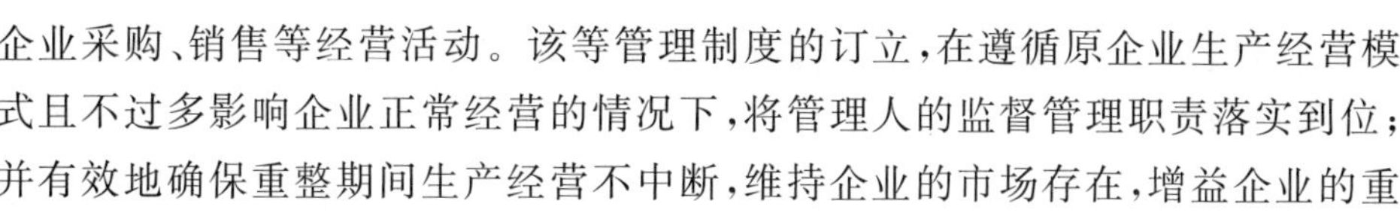

企业采购、销售等经营活动。该等管理制度的订立，在遵循原企业生产经营模式且不过多影响企业正常经营的情况下，将管理人的监督管理职责落实到位；并有效地确保重整期间生产经营不中断，维持企业的市场存在，增益企业的重整价值；同时也为重整计划顺利执行奠定基础。

四、量身定做重整计划草案

众所周知，没有一个可以适用于任何企业的千篇一律的重整方案，每一个破产案件的重整方案都是量体裁衣的结果，否则即使方案通过也会因为无法执行而让企业重回破产清算。管理人接受法院指定接管企业时，看到的是一片狼藉混乱，各种问题交织在一起，千头万绪，应接不暇。这就要求从事重整工作的管理人要有极强的宏观驾驭能力，不会被眼前的凌乱和纷繁所迷惑，能汇集各种信息，迅速理出头绪，做出判断，勾画出重整的框架思路，并在此基础上拟定具体方案。管理人通过收集确凿的数据、资料，综合分析星星工艺品公司的核心竞争力、重整价值、经营规模、财务状况，明确星星工艺品公司竞争优势在于：①是中国大陆树脂工艺品龙头企业，有行业最顶尖的产品开发能力，庞大的研发设计团队仍然坚守岗位，进入重整以来，生产仍未中断；②是沃尔玛、COSTCO、JC PENNY、K-MART 等世界著名连锁大卖场主要的树脂工艺品供应商；③出口业务主要控制在实际控制人黄忠国手中。与此同时，管理人也掌握企业历年的经营情况，星星工艺品公司年出口大约在 2000 万美元到 4000 万美元之间。星星工艺品公司可变现资产合计 56,455,673.85 元，其中：存货账面价值 4,760,505.92 元、固定资产账面价值 2,024,862.91 元、投资性房地产账面价值 47,305,900.00 元及无形资产（包括土地使用权、软件和研究开发费等）账面价值 2,364,405.02 元。星星工艺品公司负债为148,374,010.42元：担保债权 36,292,789.13 元，职工债权 16,061,113.61 元，税收债权 245,951.08 元，普通债权 95,774,156.60 元。管理人结合企业上述实际情况，联系出走美国的实际控制人黄忠国，通过多轮沟通，说服其通过采购商预付货款等方式筹资解决流动性。与此同时，在技术层面切断与另一家同时启动破产重整的关联企业厦门星星实业有限公司的关联关系，让星星工艺品公司重组达到资产规模与债务规模相协调，资产规模与经营规模相协调，债务规模与经营规模相协调，债务清偿期限结构与经营调整周期相协调，以此实现星星工艺品公司快速恢复造血功能及盈利能力，既能维系生产，又能按时履行重整计划债务清偿义务，同时还可以实现企业稳步发展。

【思考与提示】

星星工艺品公司破产重整案与厦门星星实业有限公司破产重整案均是于2009年1月22日同时受理立案的，是《中华人民共和国企业破产法》自2007年6月1日起实施以来福建省第一起破产重整案。因破产法实践刚刚起步，相关法律制度、司法解释及其他配套制度尚极不完善，且存在严重的脱节和冲突，重整程序进行过程中遇到的许多法律问题和实务操作问题无明文规定，也无先例可循。为了顺利推进重整程序，管理人依据相关法理并结合实际情况，在受理法院的监督和指导下“摸着石头过河”，创设了一系列针对破产程序独有的操作流程及管理制度，如破产重整工作计划、债权申报登记与审查、接管企业资产、债务人财务、印章、档案等管理人内部管理制度。以本案中形成的相关实务操作模式和所涉法律文本为雏形，信实律师在2016年起草和编撰了全国首创的地方性管理人业务操作规范《厦门市破产管理人业务操作指引》。该业务操作指引在《破产法》及相关司法解释的框架内，提供了一整套较为全面、详细的工作方法，供业内人士参考、交流。

星星工艺品公司破产重整案因成功重整及法院审判团队、管理人团队出色的探索工作，被最高人民法院评为2009年度“全国法院践行能动司法理念优秀案例”。星星工艺品公司也经破产重整，成功地脱胎换骨，涅槃重生，截止到本文完稿日，仍是厦门市重要的出口企业。

"府院联动"维护破产企业运营价值的典型案例

代理律师　潘新水　郑春萍*

【案情简介】

泉州A公司于2003年8月20日在福建省南安市工商行政管理局登记设立，位于福建省南安市滨江工业园区，系自然人独资的有限责任公司，注册资本为1200万元，法定代表人为吴某某。现公司登记股东为吴某某，持有公司100%的股权。泉州A公司的经营范围为：生产、制造工程机械配件、机床配件、建筑机械。

泉州A公司是一家专业生产进口、国产挖掘机、推土机配件的知名企业，具有成套先进的生产设备和专业的技术人才，主要产品远销东南亚和国内各大专业市场，并准备投建一条具有较高技术含量、目前国内先进水平的工程机械生产线。2013年，企业由于盲目扩大生产规模，投资建设新厂房，为解决自有资金不足的问题，向社会以较高利率进行融资，导致债务规模过大。2015年下半年起，因经营严重亏损，企业部分生产线被迫停产，流动资金逐步枯竭。至2016年7月，企业开始拖欠水电费，陷入濒临停产的困境。2016年8月5日，南安市人民法院根据债权人吴某某的申请，裁定受理泉州A公司重整案。

【办案纪实】

2016年8月5日，南安法院受理泉州A公司重整案，福建联合信实(泉州)律师事务所副主任潘新水律师会同福建联合信实律师事务所高级合伙人陈宇峰律师担任泉州A公司清算组成员，并组织相关律师，履行管理人职责。

管理人协助南安法院分别于2016年8月18日、8月20日在《人民法院报》《海峡都市报》刊登了关于泉州A公司重整案件受理、债权申报期限和要

* 潘新水、郑春萍，福建联合信实(泉州)律师事务所。

求以及第一次债权人会议时间和地点的公告，为债权申报和审查以及第一次债权人会议的召开奠定了良好的基础。

管理人于2016年8月9日在南安法院的组织和监督下，办理了财产及营业事务的移交手续。管理人接管后，立即安排律师到相关银行、工商行政管理部门、国土、房产、车辆管理等单位和部门，调查泉州A公司的财产情况。

管理人自2016年8月18日开始接受债权申报，至2016年10月9日债权申报期限届满。申报期限内，管理人共受理141家债权人的债权申报，申报债权总额高于1.7亿元。管理人安排债权审查律师逐一进行审查，分别出具《债权申报审查意见书》并编制《债权表(第一次债权人会议核查稿)》，提交第一次债权人会议核查。此外，根据管理人调查的情况，泉州A公司自2016年5月开始大范围拖欠职工工资(2016年5月前也有拖欠少数职工工资)，截止到管理人接管公司之日，泉州A公司共拖欠职工近200万元工资。

管理人于2016年8月9日接管泉州A公司后，立即对泉州A公司未履行完毕的合同进行梳理，走访相关采购、销售、仓管等人员了解情况。经调查发现，泉州A公司在管理人接管前承接了许多国内外采购商的订单，部分订单已近约定交货日期，延迟履行或解除以上合同有可能使客户大量流失，影响公司生产经营，并可能导致泉州A公司承担违约责任，不利于全体债权人利益的保护。有鉴于此，管理人于2016年8月12日向南安市人民法院报送《泉州永丰机械制造有限责任公司管理人关于公司急需履行的一批合同的报告》，请求法院批准泉州A公司在上述待履行合同范围内开展有限的生产经营活动。南安市人民法院于当日批复同意泉州A公司继续履行上述合同。

管理人接管泉州A公司后，经初步调查认为，债务人继续营业将有利于广大债权人、职工和相关各方的利益，且泉州A公司具备恢复生产、继续经营的能力，继续营业有助于提升泉州A公司的重整价值。因此，管理人于2016年8月22日向南安市人民法院提交《关于提请人民法院许可继续债务人营业的报告》。南安法院于2016年8月24日批复同意泉州A公司继续营业，继续营业期间由管理人负责管理泉州A公司的财产和营业事务。管理人通过公开招募意向重整投资人，并经过不断洽谈、谈判，最终选定重整方，并制定《重整计划草案》。《重整计划草案》包括经营方案、债务重组方案、债权受偿方案、出资仍权益调整方案、重整计划的执行期限等内容。

2017年1月6日，泉州A公司重整计划(草案)以非现场书面方式表决，并获得债权人投票通过。2017年1月13日，南安法院作出(2016)闽0583破

2号之二《民事裁定书》，裁定批准泉州A公司重整计划，终止泉州A公司重整程序。

【律师分析】

法院之所以裁定破产重整是基于债务人尚有重组价值，有希望可以挽救。根据《中华人民共和国企业破产法》的规定，提交重整计划草案的期限在自受理裁定后6个月，可延期3个月，也即提交重整计划草案的最长期限是9个月。管理人要在短短数月间全面了解企业情况、管理企业事务、寻找意向投资人、审查债权等事务就已经承受巨大压力，还要在此期间制定重整计划草案，对管理人提出更高的要求。

重整程序中受到关注度最高的无疑是债权审查和重整计划草案，接下来将从这两方面对泉州A公司重整案进行分析。

一、债权的审查与确认

债权申报与审查，是司法重整案件顺利开展的基础性工作之一。为更好地了解债权情况，管理人综合考虑既不影响泉州A公司正常的生产经营，又能节省工作费用且便于管理等多方因素，在泉州A公司附近租赁两间办公室作为债权申报点和审查工作室，指派多名专业律师和工作人员负责受理债权人的债权申报。

泉州A公司重整案的债权构成是较为复杂的，一是债权类型多，包括职工债权、银行债权、税收债权、供应商债权、工程类债权、民间借贷债权等；二是债权组成复杂，个人债权与公司债权的重叠，导致难以区分是公司债权，还是个人债权；三是工程类债权是否享有优先权以及优先权是否因待遇履行而消灭。这些债权的复杂性给管理人的债权审查工作增加了不小的难度。为此，管理人通过内部分工分组审查债权，再通过集体讨论确认债权。经过集体讨论尚无法确认的债权暂缓认定后，则进一步了解债权成因，再与审计机构、债务人等多方面审查，最终结合现行法律法规的相关规定，才形成最终的债权确认。管理人对债权确认后，依法制作债权核查表提交债权人会议审查，对债权确认有异议的可以在限定期限内向管理人提出复议，也可以向法院提起诉讼。

二、重整计划草案的制定

就本案而言，泉州A公司能够重整的最大优势是经营管理团队大部存续，客户资源、市场资源仍保存较好。泉州A公司出现财务危机后，公司股东、管理层均积极寻求挽救公司的方法，且愿意积极配合有关方面对公司进行重整。在南安法院立案前，公司仍在进行小规模的维持性生产；法院立案后，管理人决定并经南安法院许可，公司得以在管理人负责管理财产和营业事务的情况下，继续营业。因此，公司的客户资源、市场资源仍保存较好。更值得一提的是，泉州A公司的员工凝聚力强，即使泉州A公司已进入破产重整程序，所有的员工均表示仍愿意继续上班，共渡难关。其次，泉州A公司是泉州地区一家集锻造、机加工、热处理、销售、服务于一身的，专业生产工程机械底盘件、汽车配件及各种高强度螺栓的机械制造企业，在业内享有一定知名度。同时，泉州A公司具备完善的质量管理体系，构筑了一套独特的管理和生产开发模式。泉州A公司还引进国内外先进、高效、精密的生产和检测设备，其产品畅销全国各地、东南亚及欧美地区。

当然，泉州A公司在重整时也面临着一些困境。一是目前经济基本面可能影响资产处置。管理人认为，目前国内经济形势仍处于继续下行探底阶段，市场疲软，不利于土地房屋、生产设备等资产处置。二是应收款项追索难度大。泉州A公司存在应收款项账龄长、原始凭证残缺不全等情形，应收款项回收可能存在难度大、周期长、成本高等情形，根据审计师的初步函证结果及向公司了解的情况，应收款项的可回收金额不高。三是融资难。在缺乏外部资金或破产援助基金和银行信贷支持的情况下，泉州A公司现有的资产无法及时进行最大利益化的处置，企业重整期间继续经营的资金需求无法得到落实。

根据泉州A公司实际情况，管理人在努力争取债权人利益最大化的基础上，创新工作方法，实现多方共赢，重整工作特色鲜明，主要体现在以下几个方面：

一是提前引入战略投资，维持企业正常生产经营。根据泉州A公司技术团队、管理团队、销售渠道保留完整的特点，管理人向法院申请企业继续经营，原有销售合同继续履行，并提前与战略投资人开展重整谈判，由投资人在重整期间先行注入500万元流动资金保证企业正常运营，保留并提升了企业重整价值。

二是重视银行债权，精心设计重整草案。针对银行债权存在审批难的问题，在设计重整草案时，提前与银行债权人沟通，市政府主持召开了银企沟通协调会，根据泉州A公司银行债权的特点，提早布局，充分利用债务重组等手段，不损害银行债权，不出现贷款劣变，实现银行贷款的平稳过渡，涉及兴业银行和泉州银行都及时对重整草案进行了审批。

三是创新工作方法，保证重整草案顺利通过。针对泉州A公司民间借贷债权人人多面广的特点，对重整计划草案采用非现场书面表决方案，管理人与债权人逐一沟通，阐明重整利弊，沟通一例，表决一例，减少了成本，节约了时间，提高了效率，实现了普通债权组赞成人数占比94.57%，赞成债权金额占比73.69%，大比例通过重整草案。

四是优化经营管理模式。利用泉州A公司完整的经营管理体系优势，结合“互联网+”，引导客户开展产品和品牌推广活动，提升品牌认知度和影响力；结合“渠道+”，开拓各种销售渠道网络；建立完整的成本核算体系，对每个细分产品从材料成本、单位耗能、设备折旧、厂房土地摊销、直接人工、耗用物料、包装费用、仓储费用、物流费用和财务销售管理费用等方面进行全方位的核算，并加以控制优化，使产品定价更加合理，增强市场竞争力。

泉州A公司重整案是“府院联动”维护破产企业运营价值的典型案例。法院受理本案后，及时启动府院联动会商机制，借助政府招商平台，引入意向战略投资人为企业提供流动性支持。同时，充分发挥政府经济职能部门行政指导功能，解决恢复生产面临的各项实际问题。最终，泉州A公司重整案在多方面的努力下，债权人会议顺利通过重整计划草案，仅用短短5个月的时间就完成破产重整程序。

【思考与提示】

大多数的破产案件中，都会出现五花八门的债权类型，管理人在处理债权申报和审查工作时必须勤勉尽责，认真甄别，严格审查债权的真实性、合法性、时效性。管理人在债权审查过程中必须秉持审慎负责的态度，既要考虑单个债权人的权益，也要维护全体债权人的利益。

重整计划草案是整个重整程序的核心，若未能在法律规定的期限内提交，法院应当依法裁定中止重整程序，宣告债务人破产。而重整计划草案的内容要包括经营方案、债权调整方案、债权受偿方案、出资人权益调整方案、重整计划的可行性分析等多方面的内容。此外，重整计划草案还要考虑重整方、债务人、债权人、职工等各方主体面的利益。

除了债权审查和重整计划草案的制定，管理人还要处理债务人其他方方面面的事务，而不同的债务人进入破产程序多少都会存在一些棘手的法律问题。这些方方面面问题的处理，以及时间上的紧迫性，给管理人带来了极大的压力和考验。因此，管理人一旦接受重整案件就必须专心致志，心无旁骛，还要尽到勤勉义务和忠实义务。另一方面，管理人还应当擅于利用“府院联动”机制的优势，高效解决疑难问题。

最后，肺腑之言共勉：已具备管理人资格以及有意向成为管理人的机构或个人，除了增强专业学识，还应提高解决各方面问题的能力，才能成为适格的管理人，更好地开展破产法律事务。

刑事篇

如何在死刑案件中贯彻和落实“疑罪从无”原则

——曹某某涉嫌故意杀人被判无罪案

辩护律师　吴情树　涂明忠*

【案情简介】

曹某某(曾用名“曹甲”,化名“李某某”),男,1973年2月7日出生,汉族,初中文化,农民。因涉嫌犯故意杀人罪于2013年3月13日被抓获,同月15日被刑事拘留,同月29日被逮捕。

1995年10月23日晚,李甲向南安市公安局报案称,其妻许甲在家中被杀,并同时丢失7000余元人民币。经查,被害人许甲的邻居证实在案发当天,在村口偶遇神情可疑的曹某某,曹某某的雇主吕甲与老乡曹乙保分别证实曹某某在案发后不知去向,案发后曹某某曾“打探风声”。公安机关据此认定曹某某具有重大作案嫌疑并对此案立案侦查,在18年后的2013年3月,犯罪嫌疑人曹某某才在浙江省温州市被公安机关抓获。归案后,曹某某对犯罪事实供认不讳,侦查阶段曾做过八次稳定的有罪供述。2013年12月,泉州市人民检察院以曹某某涉嫌故意杀人罪向泉州市中级人民法院提起公诉,指控称:被告人曹某某曾受雇于许甲,后因故离开。1995年10月23日中午,被告人曹某某酒后窜至南安市水头镇西锦村许甲家中询问是否需要招工。其间,双方因言语发生冲突,被告人曹某某遂掐住许甲颈部致其不能动弹,后又用包装绳绑住许甲的双手,再到许家厨房持一菜刀朝许甲的颈部砍数下后逃离现场。经法医鉴定,许甲系被他人扼颈致机械性窒息而死亡。

在本案中,由于侦查机关对证据保管不善,导致带血菜刀、血迹、足迹等关键物证丢失,未能随案移送,证人证言均为间接证据,无法直接作为定案依据;唯一一项可作为定案依据的直接证据是被告人曹某某的有罪供述,但该项供

---

* 吴情树,北京市京师(泉州)律师事务所律师。
涂明忠,福建泉中律师事务所律师。

述不具有稳定性。法庭经过多次的开庭审理，曹某某在最后几次审理中开始翻供，称其没有实施杀人行为。2016 年 3 月，泉州市中级人民法院以被告人曹某某故意杀人罪，判处其死刑，缓期二年执行，剥夺政治权利终身。[①] 宣判之后，被告人不服遂上诉至福建省高级人民法院。福建省高级人民法院经过审理，于 2016 年 9 月以本案事实不清、证据不足为由发回泉州市中级人民法院重新审理。泉州市中级人民法院经过审理认为，本案缺乏锁定被告人曹某某作案的客观证据，公诉机关提供的证据无法形成完整的证据锁链，未达到确实、充分的法定证明标准，无法认定被告人曹某某实施了指控的犯罪行为。2018 年 7 月 20 日，泉州市中级人民法院根据疑罪从无原则和相关的证据裁判规则，宣告被告人曹某某无罪，并驳回附带民事诉讼原告人的诉讼请求。[②] 随后，泉州市人民检察院不服提起抗诉，后福建省人民检察院经审查撤回抗诉，案件判决已经发生法律效力。

【办案纪实】

本案在福建省高级人民法院发回重审之后，泉州市法律援助中心指派我们担任本案被告人曹某某的辩护人，出庭为曹某某辩护。我们在接受指派之后，到泉州市中级人民法院查阅复印了本案的全部卷宗材料，多次到南安市看守所会见了曹某某，了解了本案的基本情况，并组织华侨大学法学院 12 位研究生对本案的证据材料进行“地毯式”的全面分析，还组织学生采取陪审团的方式对本案进行模拟审理。最后，大家一致认为本案事实不清、证据不足，指控曹某某故意杀人罪不能成立，应该做无罪辩护。在讨论期间，许多学生根据曹某某的有罪供述和其他相关证据，从内心感觉其就是杀人凶手，只是由于公安机关没有保管好证据，导致关键证据丢失，使得从法律上无法认定其有罪。为了慎重起见，辩护人还通过微信向北京大学法学院的陈瑞华教授请教，陈瑞华教授回复说，“关键的物证等客观证据不存在，仅凭被告人的有罪供述，不能认定被告人有罪，况且，被告人又有翻供，其有罪供述的证明力不强。”

辩护人从证据的角度进行分析，认为公诉机关指控被告人曹某某犯故意杀人罪的证据不足、事实不清，依法不能认定曹某某构成故意杀人罪。主要理由：(1)本案缺乏能够直接认定曹某某实施犯罪的客观证据。现场提取的多项

---

① 泉州市中级人民法院(2014)泉刑初字第 2 号刑事附带民事判决书。

② 泉州市中级人民法院(2017)闽 05 刑初 8 号刑事附带民事判决书。

客观证据或未依法进行检验、鉴定，或因保管不善已遗失；(2)证人证言多为猜测性、评论性、推断性证言，无法直接证明曹某某实施犯罪行为；(3)被告人对本案多处细节的供述存在反复且供述内容不一致。

本案经过两次开庭，法官归纳了控辩双方的争议焦点：(1)本案关键物证、痕迹的缺失问题；(2)关于现场勘查记录的证据效力问题；(3)在案多名证人证言的证据能力和证明力问题；(4)被告人有罪供述能否采信问题；(5)本案件的其他疑点。

控辩双方围绕上述争议焦点展开了法庭辩论，最后法院经审理认为：(1)案发现场提取的一系列物证、痕迹为认定本案犯罪行为的直接证据，对锁定作案人员有关键作用。但该证据却因故未依法提取、保存、检验或者鉴定，并已遗失，锁定曹某某作案的直接证据缺失，且无法补救。故辩护人提出本案没有任何客观证据能够直接证实曹某某实施指控的犯罪行为的意见成立；(2)现场勘查记录未严格依法制作，不具刑事证据的合法性，不能作为定案依据；(3)涉案多名证人证言证明被告人与本案可能存在关联，但均非案发现场目击证人，证言系间接证据，证明力较弱。辩护人提出的相应意见，具备一定合理性，需结合在案其他书证物证进一步评判；(4)在案有罪供述中，曹某某一方面对其实施杀害许甲的犯罪行为供认不讳，另一方在行凶杀人的关键细节上反复，考虑到本案证据均为先证后供，且曹某某庭审上翻供，其供述真实性可靠性存疑，辩护人观点具有合理性；(5)本案还存在其他疑点：①作案时间存疑，《尸体检验报告》并未提取许甲的胃容物进行检验以确定具体死亡时间。综合多名证人的证言，许甲被害时间应在下午4—5时。若采信李乙关于“曹某某进村到许甲被害相差3小时左右的时间”的证言，在案也没有任何曹某某在长达3小时左右的时间段出现在A村的证据，常理上不符合“外地人”出现在“农村”的情况。而且，曹某某寄放及取走行李的时间事关曹某某是否有作案时间的认定，本案却未对上述时间进行排查，导致在曹某某是否具备作案时间的关键问题存在合理怀疑。②丢失款项存疑。关于许甲之夫李甲报称案发时其家中丢失七八千元。但李甲的询问笔录已遗失，且因李甲已故，无法再向其补充取证。而曹某某归案后多次有罪供述中对杀害许甲的行为供认不讳，但矢口否认拿走该款项，且辩称许甲家有第三人出现。在案证据无法完全排除该笔款项丢失是否因其他人到过现场甚至作案的合理怀疑。本案缺乏锁定曹某某作案的客观证据，公诉机关提供的证据无法形成完整的证据锁链，未达到确实充分的法定证明标准，无法认定曹某某实施了指控的犯罪行为，根据疑罪从无原则和证据裁判规则，应当宣告曹某某无罪。刑事附带民事诉讼原告人的相关意见，缺乏事实和法律依据，不能成立，不予采纳。被告人曹某某关于其未实施指控的犯罪行为及其辩护人关于指控曹某某犯罪的证据不足等意见成立，予以采纳。最后，法院作出了上述判决。

【律师分析】

辩护人在经过集体讨论和会见被告人曹某某后，确实曾心生曹某某就是杀人凶手的感觉，但仅是一种基于朴素正义观而生的预判而已。从在案的证据和法律规定来看，能够认定曹某某就是杀人凶手的证据显然不充分、不确实。可另一面是，本案也难以找到其就不是杀人凶手的确凿证据，此可谓案件事实真伪不明。在这种情况下，根据疑罪从无的原则，辩护人只能认定其不是杀人凶手。因此，依法做事实不清、证据不足的无罪辩护。

(1)尊重当事人曹某某的态度和意见。全国律师协会颁布的《律师办理刑事案件规范》第5条规定："律师不得违背当事人的意愿提出不利于当事人的辩护意见。"因此，当事人是否承认起诉书所认定的事实决定了律师的辩护方向。如果当事人拒不承认起诉书所认定的事实，他始终为自己作无罪辩护，那律师就不能以"律师独立履行辩护职责"为由为当事人作轻罪辩护或者量刑辩护，否则，违背了当事人的意愿，有损被告人的利益。

在本案中，辩护人在接受泉州市法律援助中心的指派之后，立即前往南安市看守所会见了曹某某，其对起诉书认定的事实有异议，多次表示自己没有杀害许甲，是通过他人了解许甲被害一事，具体是谁不清楚。辩护人有将曹某某此前曾做过有罪供述一事与其核实，但曹某某表示自己是受到了办案民警的逼迫、威胁、殴打才不得已认罪，实际上自己并没有杀人。另外，辩护人通过对曹某某所作供述进行全面审查、对比后发现曹某某的供述存在反复、不一致的情况，其甚至连犯罪动机、地点、工具以及作案手段等犯罪细节都无法统一回答，口供的真实性、可靠性均大打折扣。加上，本案也没有直接、确定的证据可与曹某某的有罪供述相印证。辩护人遂由此初步判断本案有作无罪辩护的空间。

(2)根据案件的事实、证据与法律规定，本案也只能做无罪辩护。当事人的认罪态度并不是律师选择作无罪辩护还是罪轻辩护的唯一根据。归根结底，律师辩护还是要"以事实为依据，以法律为准绳"。办案机关做出的任何决定都不能脱离案件的事实和法律，而事实只能是依法查明的事实、证据能够证明的事实，即法律事实。我们花费了大量时间与精力，组织华大法学院的研究生反复研读卷宗材料、对比分析证人证言、细致归纳本案证据疑点、多次到看守所与曹某某核实案件相关证据，最终认定本案事实不清、证据不足。

根据最高人民法院、最高人民检察院、公安部、国家安全部、司法部在《关于推进以审判为中心的刑事诉讼制度改革的意见》中传递的理念，归纳即为“坚持疑罪从无原则，认定被告人有罪，必须达到犯罪事实清楚，证据确实、充分的证明标准……”以及《关于办理死刑案件审查判断证据若干问题的规定》的证据要求，归纳即为“法院审理死刑案件，既要能从正面肯定的角度做到内心确信无疑，又要能从反面否定的角度做到排除合理怀疑，得出唯一结论，否则不能作出有罪认定、适用死刑的裁判。”辩护人有理由相信本案证据尚未达到死刑案件的证据标准，有理由相信曹某某可能无罪。

死刑缓期执行属于死刑适用的一种方式，认定被告人曹某某有罪并判处死缓，案件证据必须遵循更为严格的死刑适用标准，必须符合“两高三部”颁发的《关于办理死刑案件审查判断证据若干问题的规定》的证据要求，即达到确定无疑、排除一切合理怀疑的程度，否则，法院就不能对本案作出有罪认定，并判处曹某某死刑缓期执行。

由于本案发生在 1995 年 10 月 23 日下午 4 点左右，年代久远，当时公安机关的侦查水平和侦查技术非常有限，对死刑适用的证据标准和要求也没有现在这么严格，因此，如果从现在认定犯罪和适用死刑的标准来看，本案从客观证据到主观证据，从实物证据到言词证据，仍存在着诸多疑点。于是，辩护人便从本案的客观证据、证人证言以及被告人的供述与辩解等三方面的证据，全面展开分析。

最后，我们认定，本案能够证明被告人曹某某实施故意杀人行为的直接证据只有其有罪供述，而数次有罪供述均存在反复与矛盾，并且，由于案发年代久远，当年对证据采集要求不严格，漏检或遗失了所有实物证据与犯罪现场的痕迹，用于定罪的证人证言也互有冲突，无实物证据与之印证。法院审理死刑案件，既要能从正面肯定的角度做到内心确信无疑，又要能从反面否定的角度做到排除合理怀疑得出唯一结论，能够证明被告人无罪或者罪轻的证据也应予以全面收集，否则不应做出有罪判决。因此，本案事实不清、证据不足，无法形成完整的证据链，依法不能认定被告人曹某某构成故意杀人罪。

【思考与提示】

本案的无罪辩护意见虽然最终被法院采纳,但我们作为辩护人没有自豪感和成就感,律师事务所也没有对此进行宣传。尽管律师在执业当中要遇到一个真正被判处无罪的案件非常困难,但我们内心知道,这种事实不清、证据不足的案件,虽然根据疑罪从无的原则,从法律上必须判处无罪,但并不等于这就是客观真实,法院原来判处其有罪的也并非就一定是冤假错案。何况,辩护人在办理这个案件的过程中,内心也曾产生其可能是杀人凶手的怀疑。在此类事实真伪不明的案件中,根据法律的规定和“宁可错放一个被告人,也不可错判一个被告人”的裁判原则,只能宣告被告人无罪,这是法治的胜利,也是法治的代价。我国既然已经选择了依法治国、建设社会主义法治国家的伟大战略,便要承受法治建设过程中可能衍生的代价。从权衡利弊和长远发展的角度考量,这种代价是不可或缺的,如此才有利于最大限度地保障所有公民的人权。

可是,当我们亲眼看到被害人家属在听到法庭宣告被告人无罪而失望的眼神时,我们也不禁心生疑问,被害人的正义如何实现?真正的杀人凶手是谁?如果曹某某不是杀人凶手,那杀人者是谁?今又何在?也许,这只有上帝和被告人知道。因此,辩护律师在面对这种案件时,到底是要从法律和证据的角度慷慨陈词来论证被告人无罪?还是从自然正义的角度,拒绝当事人的委托或者法律援助中心的指派而拒绝担任辩护人,或者在接受委托、指派后选择消极辩护,去做被告人的思想工作,让其认罪认罚,争取法律从宽处罚?这是一个值得我们每位辩护律师思考的问题。但无可非议,在现有的法律规定中,我们只能选择前者,尊重当事人的意见,维护当事人的合法权益,而这正是我们刑事辩护律师能够赢得当事人信赖的根基。

同时,刑事辩护律师在对这类事实不清、证据不足的案件中,一定要遵照从客观证据到主观证据、从实物证据到言词证据的顺序进行审查,重视物证、书证等客观证据的证明力,不能太依赖于被告人的供述或者证人证言等主观证据,要采取由证到供的审查方法,只有证与供能够相互印证,排除一切合理怀疑,才能得出案件事实清楚、证据确实充分的结论。

执行法官被控滥用职权无罪，源于司法无罪推定

——邹某某滥用职权案

辩护律师　黄家焱*

【案情简介】

被告人邹某某是某县人民法院执行局原副局长，因涉嫌犯执行判决、裁定滥用职权罪，于 2014 年 6 月 25 日被刑事拘留，2014 年 7 月 12 日被执行逮捕。公诉机关指控，在邹某某担任某县人民法院执行局执行员期间，在办理申请执行人钟某燕等四人与被执行人朱某金雇员损害赔偿纠纷执行案件过程中，徇私情滥用职权，在申请执行人了解有关执行情况时候，被告人邹某某隐瞒已冻结被执行人银行存款足以支付执行款重要事实的情况下，多次组织双方当事人进行和解，放弃部分债权，包括赔偿本金 97518.84 元和延迟履行期间的债务利息 97255.04 元，被告人邹某某执行判决滥用职权的行为造成申请执行人经济损失共 194733.88 元。公诉机关认为邹某某在任执行员时候就上述案件执行中滥用职权，不履行法定职责，致使申请执行人的经济损失共 194733.88 元，构成执行判决、裁定滥用职权罪。黄家焱律师担任其辩护人，一审经黄家焱律师作无罪辩护，辩护意见获得法院采纳。

2015 年 2 月 2 日，漳平市人民法院作出判决：被告人邹某某无罪。宣判后漳平市人民检察院认为该判决认定事实错误，导致适用法律错误，一是被告人邹某某造成的经济损失赔偿本金 97518.84 元，延迟履行金 97255.04 元，合计 194733.88 元就是被告人邹某某犯罪行为导致的直接经济损失，本案不存在间接损失问题。二是被告人邹某某在执行工作过程中滥用职权，多次违反法律规定，申请执行人上访和申请执行人钟某然死亡之后其家属抬尸体闹访，造成恶劣的社会影响，应当予以严惩。龙岩市人民检察院审查后认为抗诉正确，应予支持。二审黄家焱律师继续担任辩护人为被告人邹某某作无罪辩护。

---

* 黄家焱，福建金磊律师事务所律师。

而后，龙岩市检察院又提出抗诉，获得福建省检察院的支持，向福建省高级人民法院提起抗诉，成为2015年福建省抗诉第一案。2016年12月6日，福建省高级人民法院作出宣判，不支持福建省人民检察院的抗诉，判决原审被告人邹某某无罪！本案三次审理，三次判决无罪，终于尘埃落定。

【办案纪实】

本案被告人邹某某担任(2009)武民初字第×号民事判决的执行员，在执行过程中申请执行人上访和申请执行人钟某然死亡后家属抬尸闹访，造成了一定的社会舆论风波。黄家焱律师接受当事人家属委托后，通过会见、阅卷和法律分析，认为被告人邹某某不构成犯罪。虽然邹某某在侦查阶段和审查起诉阶段均"自愿认罪"，在法院审理前对事实和罪名没有异议，只祈求免于刑事处罚，拟想保留"公职"。但刑事审判认定的是法律事实而不是客观事实，从法律事实和法律适用来认定，被告人邹某某不构成执行判决、裁定滥用职权罪，辩护人为此向公诉机关出具了书面辩护意见，理由有三：第一，在执行(2009)武民初字第×号民事判决过程中导致申请执行人上访和申请执行人钟某然死亡后家属抬尸闹访与被告人邹某某的履职并无关联性，不能被认定为指控被告人邹某某构成犯罪的事实。第二，被告人邹某某造成的直接损失为97518.84元，迟延履行期间的债务利息97255.04元，因迟延履行期间的债务利息属于间接损失。第三，造成恶劣的社会影响不是执行判决裁定滥用职权罪的立案标准。所以，被告人邹某某的行为不符合执行判决、裁定滥用职权罪的立案标准。

【律师分析】

1. 侵权赔偿金97518.84元为直接经济损失，迟延履行金97255.04元为间接经济损失

辩护人认为迟延履行金兼具惩罚性和补偿性，是由人民法院在赔偿本金之外所确定的，且与赔偿本金具有牵连性并由其派生的经济利益，属于间接经济损失。抗诉书则认为一审法院依据侵权赔偿金与迟延履行期间的债务利息在民事诉讼中的不同属性来认定他们属于执行判决、裁定滥用职权罪的"直接经济损失"或"间接经济损失"，是对基本概念的错误理解，辩护人不同意此观点，理由在于：

(1)执行款＝清偿的法律文书确定的金钱债务＋清偿的迟延履行期间的

债务利息，辩护人对于相关司法解释的规定没有任何异议，但认定直接损失和间接损失的时候公诉机关不能将执行款的两项损失作为一个整体，全部认定为“直接经济损失”。《最高人民检察院关于渎职侵权案件立案标准的规定》附则(四)对直接经济损失和间接经济损失进行了规定，“间接经济损失”是指由直接经济损失引起和牵连的其他损失。迟延履行金是人民法院在赔偿本金之外所确定的，且与赔偿本金有牵连并由其派生的经济利益，是随着赔偿本金的多少和迟延履行的期间的长短来确定的，和生活中借款的利息具有相同的特点，不管是利息还是人民法院生效法律文书所确定的迟延履行金都具有派生性的特点，是由本金引起的，只不过迟延履行金同时具有惩罚性的特点。由此看来，当事人损失的迟延履行金和利息一样都应当是“间接经济损失”。是否属于间接损失与是不是平等主体之间约定没有任何关联，所以抗诉书上提出的“迟延履行债务利息属法定的应予执行的款项，不是平等主体之间的约定”来区别直接经济损失与间接经济损失显然是错误的。

(2)不可否认被告人的行为确实导致了执行款的减少，但并不能因此认定执行款中的金钱债务和迟延履行期间的债务利息减少都与被告人邹某某的行为存在直接因果关系，都是直接经济损失。辩护人认为首先应当厘清下面三个问题：①本案受到经济损失的主体是谁？②法院判决的朱某金应当支付的侵权债务赔偿金和迟延履行金与钟某燕等人申请执行的侵权债务赔偿金和迟延履行金是不是同一个生效裁判文书的内容？③朱某金不支付生效判决所确定侵权赔偿金和迟延履行金给钟某燕等人造成的经济损失与被告人邹某某不执行生效判决所确定侵权赔偿金和迟延履行金给钟某燕造成的经济损失这两个经济损失之间概念有何不同？辩护人认为：①本案受到经济损失的主体很明显是钟某燕等人；②法院判决的朱某金应当支付的侵权债务和迟延履行金与钟某燕等人申请执行的侵权债务赔偿金和迟延履行金也显然是同一个生效裁判文书的内容；③朱某金不支付生效判决所确定侵权赔偿金和迟延履行金给钟某燕等人造成的经济损失与被告人邹某某不执行生效判决所确定侵权赔偿金和迟延履行金给钟某燕造成的经济损失，这两个经济损失之间概念并没有不同。

(3)直接经济损失和间接经济损失并不会因为案件类型的改变而改变，请注意一点，本案经济损失的主体是申请执行人钟某燕等，朱某金应当支付的执行款和被告人邹某某应当执行的执行款都是“法律文书确定的金钱债务＋迟延履行期间的债务利息”，都是同一个判决文书确定的内容。抗诉书不能将民事案件和刑事案件分离开来单独进行分析，应当从整体出发，从经济损失所对应的主体出发，才能得到问题的本质所在，在实践中假设朱某金因为不支付执行款到最后涉嫌拒不执行判决、裁定罪，朱某金所给钟某燕等人造成的经济损失照样还是那个经济损失，并没有因为案件性质的改变而改变。所以辩护人认为，区分直接经济损失与间接经济损失并不能以案件的性质来认定，自然，抗诉书认为这两个执行款是不同概念的理由是无法成立的。

(4)目前并无法律规定迟延履行金是直接经济损失。法无明文规定不定罪，应当按照有利于被告人的解释，认定为间接经济损失。

(5)认定侵权赔偿金 97518.84 元为直接经济损失，迟延履行金 97255.04 元为间接经济损失是正确的。那么，本案直接经济损失与追诉标准 100000 元相差 2481.16 元；间接经济损失与追诉标准 500000 元相差 305226.12 元；造成经济损失总和（直接损失与间接损失相加总和 194773.88 元）与追诉标准 300000 元相差 105226.12 元。法律是准绳，哪怕相差一分一毫，也不能追诉，也不构成犯罪。

2. 多次滥用职权造成恶劣社会影响并不是执行判决、裁定滥用职权罪的立案标准

《最高人民检察院关于渎职侵权案件立案标准的规定》并未规定造成恶劣社会影响是执行判决、裁定滥用职权罪的立案标准之一。目前亦无法律规定多次滥用职权造成恶劣社会影响是执行判决、裁定滥用职权罪的立案标准或定案依据。

【思考与提示】

首先，被告人邹某某身为执行局法官滥用职权，给申请执行人造成损失，引发抬尸体闹访，在法治时代，一切都应该遵循“以事实为根据，以法律为准绳”的原则。

其次，舆论与司法的关系有一个原则，司法是主张无罪推定的，而舆论大部分时候是主张有罪推定的。不可否认被告人的行为确实导致了执行款的减少，但并不能因此认定执行款中的金钱债务和迟延履行期间的债务利息减少都与被告人邹某某的行为存在直接因果关系，都是直接经济损失。这个案件，在一定程度上受到了舆论的干预，“抬着尸体上门闹访”，在社会舆论的干预下，尤其在被告人是法院执行局副局长的敏感身份下，舆论干预了司法，干预了检察机关的决策权，给了被告人一个有罪控告。

《中华人民共和国刑法》第3条规定:“法律明文规定为犯罪行为的,依照法律定罪处刑;法律没有明文规定为犯罪行为的,不得定罪处罚。”“法无明文规定不为罪,法无明文规定不处罚”的罪刑法定原则是现今刑法基石。罪与非罪的界限一定要非常明晰,定罪的标准,差一分一毫就不能入罪。法官道德层面的瑕疵常常被上升到“罪”的程度,而社会舆论往往是“定罪”的发酵器。在法治社会,一定要坚持罪刑法定原则,才能让法律保障人权。

替法官辩护不值的舆论质疑,已经不是针对律师的职业道德,而是进入了政治和道德的质问。目前这个领域(官员辩护领域)易触发社会的热议与分歧,对此,可以说,鲁酒无忘忧之用。舆论会说,报应活该,但法律人不会这么说。如果拿这个标准,几乎没有法官值得被公正审判。不少人对体制的看法,已经变成我们和他们,划分成不同社会阶层的对立面。但真的是这样吗?其实不是。对于抽象的体制和具体的个人,是要区分的,原则就是,责任自负,以及有一分证据说一分话,不能有罪推定,更不能将道德和法律混同,理智和情感混杂。

尊重和保障人权是社会主义法治的基本原则。人权是人之所以作为人都应该享有的权利,是现代社会的道德和法律对人的主体地位、尊严、自由和利益的最低限度的确认。人权来源于人的理性、尊严和价值。基本人权则是当代国际社会所确认的一切人所应当共同具备的权利。人的主体地位、尊严、自由和利益之所以被宣布或确认为权利,不仅是因为它们经常面临着被侵犯、被否定的危险,需要社会道德的支持和国家强制力量的保护,而且是因为人权是社会文明进步的标尺和动力。司法不该被舆论绑架,在鼎沸舆论面前,事实和法律仍应是司法工作者的“定海神针”。

最后,“唯有金刚钻,敢揽瓷器活”,作为法官的被告人邹某某委托律师无罪辩护成功,这无疑让其更加坚定法治信念,让其有胆量和信心为自由和政治生命而抗争,这得益于中国法治的真正进步!

几枚“烟蒂”证据背后的盗窃案

——解读李某某被指控盗窃4起，3起无罪的案件

辩护律师　何秀英*

【案情简介】

公诉机关指控2010年1月至2016年5月期间，被告人戴某某单独或伙同李某某、刘某某等人窜至某县某乡等6地的养猪场，盗窃变压器铜线、铝芯线、彩钢带及小猪等。其中戴某某盗窃作案6起，涉案价值217170元；李某某盗窃作案4起，涉案价值人民币167770元；刘某某盗窃作案1起，涉案价值64350元。

【办案纪实】

一、李某某第1起被指控盗窃案件

办案机关在现场提取烟蒂3枚，经鉴定，编号烟蒂3为李某某所留，烟蒂1为戴某某所留。被害人被盗物品经鉴定价值8220元。戴某某和李某某均作无罪供述。

二、李某某第2起被指控盗窃案件

办案机关在犯罪现场提取烟蒂和帽子，经鉴定烟蒂及帽子上的斑迹、吸附物为戴某某所留。被害人被盗99头小猪经鉴定价值64350元。戴某某、李某某均作无罪供述。刘某某作有罪供述，指认系戴某某与李某某共同犯罪。第二次开庭过程中，公安机关补充出示两份新证据：第一，被告人刘某某与李某某通话话单，以证实李某某接听刘某某电话时在案发现场。第二，监控卡口拍摄的面包车照片，证实刘某某有罪供述属实，案发当晚刘某某确实与戴某某驾驶该部面包车经过该监控卡口，前往案发现场。

三、李某某第3起被指控盗窃案件

---

* 何秀英，福建矩圆律师事务所律师。

办案机关在犯罪现场提取7处烟蒂检材，经鉴定其中5处烟蒂系李某某所留，1处系戴某某所留。被盗财物74头小猪仔经鉴定价值59200元。戴某某与李某某均作无罪供述。

四、李某某第4起被指控盗窃案件

办案机关在犯罪现场提取8处烟蒂检材，经鉴定其中3处烟蒂为戴某某所留，4处为李某某所留。被盗财物45头小猪仔经鉴定价值36000元。戴某某与李某某均作无罪供述。

本案经某县人民法院一审判决被告人戴某某、李某某、刘某某盗窃罪成立，判处戴某某有期徒刑7年10个月，并处人民币70000元；判处李某某有期徒刑6年3个月，并处罚金人民币55000元；判处刘某某有期徒刑3年，缓刑4年，并处罚金人民币15000元。判决后，被告人戴某某、李某某不服提起上诉。二审期间，该案未经开庭被发回一审法院重审。被告人李某某亲属于发回重审后的一审诉讼阶段前来办理委托手续，要求担任李某某一审阶段辩护人。

五、办案结果

辩护律师提出针对被告人李某某指控的第1、3、4起盗窃事实不清，证据不足的无罪辩护观点得到法院采纳。法院经审理认为“在没有其他证据印证系被告人作案的情况下，不能排除指控不能成立的合理怀疑。而且指控第1起未提供现场遗留物的提取笔录；第3起是根据公安机关的DNA比中通知书而未提供DNA鉴定意见书。本院认为，对被告人李某某指控的第1、3、4起指控属证据不足，不予支持。辩护人的相关辩护意见予以采纳。”但是对于指控的第2起，法院认为指控成立，予以支持。因此，对于被告人李某某的4起指控中，只成立1起，涉案金额从167770元减少到64350元。故法院对于被告人李某某的判决从“有期徒刑6年3个月，并处罚金人民币55000元”变成“有期徒刑3年5个月，并处罚金人民币15000元”（备注：宣判后，被告人都服从判决，未提起上诉，检察院抗诉，但在二审期间撤回抗诉）

【律师分析】

本案虽然是发回重审后的一审案件，但是整个诉讼过程历经二次庭审，由承办法官两次提交审判委员会讨论。因为辩护律师经过阅卷、会见等工作后，发现公诉机关对于指控被告人罪名成立的思路是“一个前提、两个推定”。

“一个前提”指的是在本案中，三名被告人均不是在案发现场抓获，案发当晚也没有目击证人指认被告人犯盗窃罪。三位被告人到案以后，除却被告人刘某某作有罪供述以外，戴某某、李某某均作无罪供述。因此，办案机关并没有直接证据证实被告人实施了盗窃犯罪。办案机关凭借现场提取的烟蒂DNA就认定是被告人实施了犯罪，首先应当先证实一个前提，即各被盗的地点在案发当晚之前，都不存在被告人的烟蒂。只有这样，现场提取的烟蒂才能作为证实"被告人案发当晚实施了盗窃犯罪，并在现场遗留了烟蒂"。针对这一点，辩护人的应对策略是在法庭上，向法庭陈述办案机关的逻辑思路，指出只有这个前提能够被论证，公诉机关的指控才有逻辑基础。进而特别论证从公诉机关提供的全案证据来看，其并不能构建这个逻辑前提展示给法庭审查。

"两个推定"指的是公诉机关在论证本案指控能够成立时建立了两个有罪推定。第一，办案机关认为案发现场发现了含有被告人 DNA 的烟蒂，就推定本案 6 起盗窃犯罪就是被告人实施的。关于这一点，辩护人的应对策略是认真分析本案证据的提取、送检等程序，以及鉴定意见的质疑来破解。第二，案发当晚李某某接听刘某某电话时，被盗的猪场所处的地理位置在李某某接听电话时对应的移动基站覆盖范围内，就推定李某某在案发现场。针对这一点，辩护律师阅读并研究了大量的"电话记录分析原理、方法"等相关知识、学术论文，借力学术和科学技术知识的力量来驳斥控方的观点。

基于以上的分析与对策，辩护律师二次庭审的主要辩护意见如下：

公诉机关关于被告人构成盗窃罪的指控事实不清、证据不足、其指控不能成立，主要理由如下：

（一）事实不清部分

1.本案公诉机关指控被告人实施盗窃犯罪行为的赃物并未被查扣，无法确定被盗财物的数量，本案几份价格鉴定结论的鉴定数据全数来自被害人单方提供，并无其他证据可供核实，该鉴定结论缺乏客观性。公诉机关指控被告人的犯罪数额不能成立。

2.第 4 起现场提取的烟蒂是 8 枚，但是只有 7 枚鉴定认为是本案被告人戴某某和李某某所留，那么还有一枚究竟是何人所留未查清。

（二）证据不足部分

1.对于本案指控的第 2 起犯罪事实，本起证据材料中现场勘验笔录中记载现场勘察只有 4 枚烟蒂，但《现场勘验检查提取痕迹、物证登记表》中记载的烟蒂却出现了 6 枚。本起案件中的物证来源不明，龙岩市公安局 DNA 比中结果通知单记载的 DNA 比中结果(即)不得作为本案的定案依据。

2.对于本案指控的第 3、4、5 起犯罪事实。本案公诉机关为指控被告人犯盗窃罪，所运用的主要证据有：物证烟蒂、某市公安局物证鉴定所出具的某公鉴[2016]352、353、354、535号《鉴定文书》、某市公安局物证鉴定所某公鉴[2017]1164《鉴定文书》。

公诉机关对以上证据进行如下论证：(1)现场勘查提取的烟蒂与2016年6月17日补送的血样进行鉴定，得出烟蒂DNA与2016年6月17日被告人血样DNA一致，即，某市公安局物证鉴定所出具的某公鉴[2016]352、353、354、535号《鉴定文书》。(2)2016年6月17日血样与2017年10月24日提取血样进行鉴定，得出两次血样DNA一致，即某市公安局物证鉴定所，某公鉴[2017]1164《鉴定文书》。(3)论证结论：现场提取的烟蒂DNA与2017年10月24日在看守所被告人提取的血样DNA一致，从而论证被告人犯罪事实成立。

辩护人认为，公诉机关对本案证据的论证不能成立，理由如下：

首先，本案中所有被提取的烟蒂均不是在被盗猪场内部，全部出现在猪场外的山路、草丛、空坪等地方，因此本案所有被提取的烟蒂均不是出现在案件的中心现场，不得作为指控被告人的直接证据，这是其一。第二，本案虽然有提取烟蒂，但也仅仅只能证明外围现场出现了烟蒂，只能证实这个事实，甚至不能推导出被告人有去过案件现场的事实。

其次，本案的所有鉴定文书的鉴定结论均不得作为本案的定案依据，理由如下：

第一，物证登记表提取的烟蒂与鉴定文书中的烟蒂检材同一性无法认定。现有证据无法证实现场勘查提取的烟蒂有分开包装，进行检材编号，现有证据无法与各份《鉴定文书》中所列的检材进行精准识别，也就是说无法准确识别鉴定文书中各个编号的检材究竟属于《现场勘验检查提取痕迹、物证登记表》中究竟哪个部位提取的。

第二，鉴定文书中所列的检材烟蒂来源不明。因为《现场勘验检查提取痕迹、物证登记表》中提取的烟蒂，缺乏鉴定委托送检手续，无法证实《鉴定文书》的检材全部来自各物证登记表提取的烟蒂。

第三，2016年6月17日补送的被告人的血样，缺乏提取程序，缺乏血样检材分开包装、编号程序，也缺乏委托送检程序，被鉴定血样检材来源不明。

根据《中华人民共和国刑事诉讼法》的解释第85条“鉴定意见具有下列情形之一的，不得作为定案的根据：……(三)送检材料、样本来源不明，或者因污染不具备鉴定条件的；”的规定，本案烟蒂在提取时因无法证实有分开包装、编

号，故不能排除检材被污染的风险，这是其一。其二，本案的烟蒂来源不明、2016 年 6 月 17 日血样来源不明，因此，本案的所有《鉴定文书》不得被作为定案根据，应当予以排除。因此，公诉机关对证据的论证不能成立。

最后，公诉机关第一次庭审之后补充侦查期间提交的两份新证据：①被告人刘某某与李某某通话话单，以证实李某某接听刘某某电话时在案发现场。②监控卡口拍摄的面包车照片，证实刘某某有罪供述属实，案发当晚刘某某确实与戴某某驾驶该部面包车经过该监控卡口，前往案发现场。辩护律师经认真审查后，认为并不能证实控方的主张。理由如下：

第一，刘某某的供述与公安机关提交的某县监控卡口照片 3 相互矛盾。如果刘某某供述是真是的，那么在凌晨 4 点 11 分 52 秒时，李某某的面包车还在由刘某某、戴某某使用中。可是，在短短的 6 分钟之后，2016 年 1 月 12 日 4 时 17 分 56 秒在监控卡口却出现了一部同样外形特征的面包车（照片 3），首先时间上不可能实现。另外刘某某对于照片 3 中的面包车驾驶员和副驾驶室的乘员无法辨认出。因此这张卡口照片并不能证实控方的主张，是相互矛盾的。

第二，即便李某某与刘某某通讯话单真实，基站代码也只能证实李某某当晚接听刘某某电话时，其接听电话的位置在基站辐射信号覆盖范围内，不能得出李某某就一定在被盗猪场的案发现场这一唯一结论。基站，即公用移动通信基站，是无线电台站的一种形式，是指在一定的无线电覆盖区中，通过移动通信交换中心，与移动电话终端之间进行信息传递的无线电收发信电台。基站的覆盖范围内市内和郊区有所不同，在市内由于阻挡物较多，因而其覆盖范围一般较小，多为二三公里，在郊区则覆盖范围较大，一般为 5 公里。当通话记录显示接打该通电话的基站代码时，只能说明行为人可能位于该基站覆盖范围内的任意一处地点，并不能确定其所处的具体位置。因此，不能证实李某某就一定在被盗猪场的案发现场，而只能证实李某某接听该电话时，在该基站辐射范围内。

【思考与提示】

本案虽然没有达成全案无罪的完美辩护效果，但是经过律师的辩护，达到了部分无罪的效果，大幅度地降低了被告人的刑期与财产刑的金额，受到了被告人及亲属的认可。但是，对于法院采信公诉机关庭审阶段补充侦查收集的话单证据，从李某某接听电话所处的基站位置就认定李某某案发时在被盗现场，辩护律师依然认为审判机关没有客观尊重科学，以及没有严格审查把关该份证据的三性。

首先，基站的覆盖范围内是一个区域，而不是具体的某个地理位置。基站的覆盖范围因市内和郊区有所不同，在市内由于阻挡物较多，因而其覆盖范围一般较小，多为二三公里，在郊区则覆盖范围较大，一般为 5 公里。因此，当通话记录显示接打该通电话的基站代码时，只能说明行为人可能位于该基站覆盖范围内的任意一处地点，并不能确定其所处的具体位置。因此，仅凭基站代码不能得出被告人就在案发现场的唯一结论。

其次，通话话单本质上属于电子证据，依照最高人民法院、最高人民检察院、公安部《关于办理刑事案件收集提取和审查判断电子数据若干问题的规定》第 14 条、第 15 条、第 24 条的规定，以及《公安机关办理刑事案件程序规定》第 63 条的规定："通话清单属于电子数据，存储于通讯运营商的服务器，能够提供原件的，应当提供原件，应当由侦查人员签名、盖章来证实证据来源的合法性；同时还应当由电子数据原件持有人签名、盖章来确定真实性。"但是本案中，公诉机关出示的话单证据其中一份只有侦查人员的签名加盖章，另外一份只有办案机关的公章，连制作人也就是侦查员的签名都没有。证据的来源合法性存疑。

最后，话单内容不具有客观性。本案公诉机关出示的几组话单都不属于号码使用人在 2016 年 1 月—2016 年 5 月时间段的原始通话记录，而是侦查人员自行制作整理后形成的通话记录，不具有客观性。

个案刑事辩护的精准化

——李某私分国有资产案

辩护律师　邱宁江　陈　君*

【案情简介】

2005年，某市测量队在编职工22人共同出资人民币122.338万元购买某房产，其中首付人民币65.538万元，按揭贷款人民币56.8万元，分5年还清，该房产为22人共有。后该房产租赁给某市测量队并约定由该队负责该房产装修，折旧期限为5年，5年内以装修费用抵扣租金。2005年至2009年，测量队队长邱某、副队长洪某、詹某、办公室主任李某、出纳阮某利用职务便利，通过收入不入账、虚开劳务发票等套取某市测量队公款，用于归还购房贷款。经该市人民检察院司法会计鉴定，该行为共私分国有资产66.974509万元。

2011年至2013年期间，被告人邱某、詹某、李某利用担任某市测量队队长、副队长的职务便利，违反有关规定，通过收入不入账、虚开劳务发票等方式套取公款，以发放奖金的名义在账外私分国有资产。经该市人民检察院司法会计鉴定，该行为共私分国有资产合计334.34万元。其中，被告人李某个人分得人民币15.76万元。

【办案纪实】

2017年9月，被告人李某因涉嫌私分国有资产罪，被某市检察院电话通知接受刑事侦查。李某经朋友推荐，委托某市律师事务所代理此案。

辩护人随后向某市检察院提出取保候审请求，认为李某符合取保候审情形，2017年9月21日，某市检察院决定对李某进行取保候审。

某市检察院刑事侦查结束移送审查起诉，辩护人随即向该检察院提出阅卷请求。查阅侦查材料后，辩护人认为本案中，案涉某市测量队的单位属性、

* 邱宁江、陈君，福建邱宁江律师事务所律师。

涉案资产的国有性质以及发放总额上均有较大争议，辩护人随即向承办检察官提出案涉证据不足，指控罪名存有较大争议等问题。

2017 年 12 月，某市检察院审查起诉完结，案件移送某市法院进行刑事审判。辩护人向该法院提出对李某继续取保候审的申请，某市法院决定对李某取保候审。

2018 年 1 月，李某涉嫌私分国有资产罪开庭。辩护人针对案涉单位属性、发放的资产和数额、证据互相矛盾等争议为李某进行充分辩护，并向法院提出李某具有自首、积极退赃等量刑情节。

2018 年 4 月，某市国有资产监督委员会、某市财政局对本案所涉单位及资产作出界定，认为某市测量队收益属于国有资产，测量队属于国有事业单位。

2018 年 8 月，某市法院作出判决，认为某市测量队收入属于国有资产，测量队替职工归还房屋贷款行为并非事业单位必要的生产经营开支，李某等人行为构成私分国有资产罪。采纳辩护人关于测量队在 2011 年至 2013 年期间以套取方式违规发放绩效工资 334.34 万元的行为不构成犯罪行为的辩护意见，且认定李某具有自首情节。故某市法院判决李某犯私分国有资产罪，但免于刑事处罚。

【律师分析】

对于本案，其一，某市测量队属自收自支的事业单位，在本案中仅有拨付的两间店面及其所收租金系国有资产，其余均系某市测量队通过参与市场竞争而获取报酬转化的财产，测量队对其具有自主支配权，私分的财产不属于国有资产。其二，本案中，2011 年至 2013 年某市测量队发放的员工工资、福利等数额，并未违反法律规定，甚至总额远低于政策允许发放范围，且该期间账外发放给合同制员工绩效奖金系履行劳动合同义务。其三，公诉机关在各年发放总数额基本持平的基础上，指控 2011 年至 2013 年因没有将发放金额计入财务账册，从而指控各被告人私分国有资产，但事实仅系款项发放手段不合法，而非发放资产总额和对象违法。其四，控方以【某市人事局、某市财政局文件(明人〔2010〕316 号)】文件作为指控本案被告人犯罪的主要证据，但该文件仅适用于直属部门所属其他事业单位，某市测量队在此期间系由该市国资委监管，故该文件对某市测量队不发生监管的法律效力。

(一)从定性方面分析

首先，从罪名的构成要件入手，分析被告人李某的行为是否符合该罪的犯罪对象。根据《中华人民共和国刑法》第 396 条的规定，私分国有资产罪是指国家机关、国有公司、企业、事业单位、人民团体，违反国家规定，以单位名义将国有资产集体私分给个人，数额较大的行为。即只有当被告人私分的资产属于国有资产时，才构成该罪的犯罪对象。

关于国有资产的概念必须明确，不是事业单位的所有财产都属于国有资产。《关于人民检察院直接受理立案侦查案件立案标准的规定(试行)》第 4 条第 6 款规定："本规定中有关私分国有资产罪案中的'国有资产'，是指国家依法取得和认定的，或者国家以各种形式对企业投资和投资收益、国家对行政事业单位拨款等形成的资产。"即国家对行政单位的拨款或投资系国有资产。《国有资产产权界定和产权纠纷处理暂行办法》第 12 条第 3 款规定："可分配利润及税后利润中提取的各项资金中按投资比例所占的相应份额，不包括已提取用于职工奖励、福利等分配给个人消费的基金，界定为国有资产。"即国有资产不包括职工奖励、福利、补贴等非投资性或者拨款性的资产。而《全民所有制工业企业转化经营机制条例》第 19 条规定："企业的工资总额依照政府规定的总额与经济效益挂钩办法确定，企业在提取工资总额内，有权自主使用、自主分配工资和奖金。"第 24 条规定："企业职工的工资、奖金、津贴、补贴以及其他工资性收入，应当纳入工资总额。"即某市测量队有权自主根据经济效益分配工资和奖金，这些部分应当纳入工资总额，不属于国有资产范围。本案中，某市测量队属于典型的自收自支型事业单位，其国有资产应当仅为财政拨付的两间店面和店面收取的租金，而发放给员工工资、福利等数额均不属于国有资产，该部分财产均系其通过市场竞争而获得的报酬所转化的财产。

其次，分析公诉机关指控的犯罪事实。2010 年至今，测量队发放数额年均 200 万元，但检察院只指控了 2011 年至 2013 年测量队未将发放金额入账的 334.34 万元，对于 2011 年之前发放的绩效资金超额部分不予指控，原因是财政局的文件未下发，对于 2013 年后超出的部分不予指控，原因是发放金额如实上报入账。

2011 年，某市测量队按该市人事局的文件要求上报工资绩效方案，但所上报的方案根本不合理，严重不符合测量队实际运营模式，因该市人事局的文件仅考虑全部事业单位统一发放标准，完全没考虑自收自支单位的特殊情况。测量队系需要长期野外工作，经常保持风餐露宿和昼夜加班加点干活的局面。虽然系事业单位，但自成立以来，一直以招投标方式、签订招投标合同和作业合同等方式参与市场化竞争，承揽业务维持运营。与普通事业单位工作不同，某市测量队的员工在日常工作中是长期处于加班、出差等高强度工作状态。控方以某市测量队未按所上报的文件要求进行工资总额核定而指控违法违规甚至犯罪，是没有依据的。

某市测量队在2011年至2013年发放工资标准中，各被告人平均绩效工资发放水平均不超过1.5倍，该标准远低于该市人事局和财政局《关于市属其他事业单位实施绩效工资有关问题的通知》【某市人事局、某市财政局文件（明人〔2010〕316号）】文件中第3条第11款所规定的“1.5—2.5”倍的幅度。

公诉机关在各年发放总数额基本持平的基础上，指控2011年至2013年因未将发放金额入账而私分国有资产，显然系因为发放手段不合法，而非发放数额和对象违法。某市测量队没有将发放的金额以合理合规方式计入账务账簿，而是采取了贴票等方式获取。但是，该行为显然不符合私分国有资产罪构成要件，与私分国有资产罪所保护的客体不相吻合，辩护人认为这仅是违反财经纪律的行为。

（二）从量刑方面分析

(1)从犯。即使认定被告人李某构成私分国有资产罪，也应当充分考虑量刑情节。李某2012年才成为某市测量队副队长，列席班子成员。2005年决定用测量队资金偿还贷款事宜时，李某仅仅是办公室主任，负责日常会议记录等事宜，不具有决定权。通过贴票等方式套取资金的犯罪行为，是2011年由领导班子成员决定并予以实施，李某2012年才任领导班子成员，虽参与过关于测量队账外资金用于分发奖金的班子会，但其目的只是为了延续前任班子成员的决定。故李某在本案中起次要、辅助的作用，应当认定为从犯。

(2)自首情节。起诉书载明李某于2017年9月21日接到某市人民检察院干警电话传唤到案，到案后如实供述自己的犯罪事实，符合自首的构成要件，可以从轻或减轻处罚，犯罪较轻的，可以免除处罚。

(3)立功情节。李某与其余被告人积极配合办案人员，给单位其他职工做工作，才使得某市测量队代为支付的房贷66.974509万元一天之内清退出来，及时挽回国家损失，属于立功行为。

【思考与提示】

办理刑事案件，在严格遵循犯罪构成要件的基础上，应当注重个案的特殊性。对个案特殊性的发现和精准辩护，影响着最终定罪量刑。

辩护人在承办刑事案件时，应避免僵硬化、流水线辩护。精准辩护要求辩护人不仅要熟悉指控罪名的基础法律法规，更要求辩护人擅于发现个案中的独特点。所谓的独特点是指个案中，对犯罪事实、罪名构成、量刑影响区别与普通化罪名的要点。辩护人在发现个案特殊情况时，应当积极与检察官、法官沟通，避免司法机关将案件普通化对待。

本案中，辩护人发现涉案单位区别于普通的事业单位的特殊情况，即测量队需要常年野外工作，风餐露宿，昼夜加班，较普通事业单位发放的绩效奖励的方式定然不同。辩护人就该特殊情况与检察官、法官多次沟通，并针对犯罪手段、犯罪对象进行精准辩护，法院在最终的定罪与量刑中采纳了辩护人的辩护意见，酌情减轻被告人的量刑。

严格把握罪刑法定原则，莫让金融创新沦为新型金融犯罪案件的入罪事由

——林某某非法经营罪一案

辩护律师　林　建　王忠钦*

【案情简介】

被告人：林某某，系某普惠公司福清分公司负责人，因涉嫌犯非法经营罪于2012年7月26日向公安机关投案，并于同日被取保候审。

一审判决审理查明：某公司下辖某普惠公司、某惠民公司、某普诚公司等子公司在经营过程中，某普惠公司向社会招揽借款人，帮助其办理借款手续；某惠民公司向社会招揽投资人或出借人，并提供还款管理服务；某普诚公司居间出具信用审核意见。三个公司分别向借款人，收取费用合计月费率约0.6%左右。投资人或出借人与某惠民公司签订《出借咨询与服务协议》，某普惠公司的法定代表人唐某以个人名义与借款人签订《借款协议》，借款人民币1万元至50万元不等。所借款项，从唐某的银行账户汇入借款人的银行账户，并经借款人同意和授权，唐某将借款本金数额在扣除替借款人应交给上述三公司的审核费后，由唐某将剩余款项支付到借款人的专用银行账户。之后，借款人按照等额本息还款的方式，每个月需支付约1%左右的利息，由某惠民公司委托第三方支付公司即广州某支付有限公司负责按期扣划及代收付。

2012年3月19日，被告人林某某受聘于某普惠公司，担任个贷营销中心福清地区营业部经理。2012年6月8日，某普惠公司福清分公司成立，由被告人林某某实际负责管理。2012年6月26日，该公司正式对外营业，由业务员在福清、平潭、长乐、莆田等地招揽客户至某普惠福清分公司。由该公司的行政客服专员协助客户办理相关手续。至2012年7月25日，王某某、蔡某某等32名客户通过某普惠福清分公司共借款人民币159.5万元。某普惠公司、

* 林建、王忠钦，福建闽天律师事务所律师。

某惠民公司、某普诚公司收取各项费用共计人民币 45.46 万余元，合同金额共计人民币 204.96 万余元。2012 年 7 月 26 日，被告人林某某向福清市公安局投案，如实供述上述事实。

一审判决认定被告人林某某负责某普惠福清分公司的经营管理期间，在未取得相关金融业务经营行政许可的情况下，参与非法发放贷款业务，判决被告人林某某犯非法经营罪，判处有期徒刑 2 年，缓刑 2 年，并处罚金人民币 10000 元。

【办案纪实】

一审判决后，被告人林某某不服一审判决提出上诉，被告人林某某及其任职的某普惠公司均认为被告人林某某是无罪的。被告人林某某于 2014 年 7 月 2 日委托福建闽天律师事务所林建、王忠钦律师作为其二审辩护人。

接受委托后，辩护人经阅卷认为本案中某普惠公司并没有对外放贷，对外放贷的是唐某，上诉人林某某任职的某普惠公司只是从事中介服务，为借款人和出借人唐某牵线搭桥，向借款人收取中介费。同时辩护人还查阅了相关金融法律、法规，当时相关金融法律、法规并没有将唐某这种小额放贷行为界定为非法放贷，也没有规定唐某这种小额放贷行为以及为小额放贷提供中介服务需特别金融许可。既然相关金融法律、法规没有规定林某某、唐某以及某普惠公司的涉案行为属非法放贷行为或非法金融行为，又怎么能将这种行为上升到刑事犯罪用《刑法》来打击呢？所以，辩护人向福州市中级人民法院提出了林某某无罪的二审辩护意见，辩护人认为：上诉人林某某任职的某普惠公司只是从事中介服务，为借款人和出借人唐某牵线搭桥，向贷款人收取中介费。另外，唐某的行为也不属非法放贷，上诉人林某某的行为不具有违法性。原判认定上诉人林某某参与非法放贷，构成非法经营罪，事实不清，证据不足，适用法律错误，请求二审法院改判上诉人林某某无罪。

福州市中级人民法院经审理认为：原判认定上诉人林某某犯非法经营罪没有证据支持。在案证据证明，唐某以个人名义与借款人签订《贷款协议》，资金走向均是从唐某银行账户往来，整个借款和还款流程中某普惠公司没有参与资金流转，没有收取利息或赚取利差，只收取中介咨询费。唐某作为个人与借款人之间的借贷法律关系，属“民间借贷”，应由民事法律关系调整。而上诉人林某某负责管理的某普惠福清分公司只是为借款人和出借人唐某牵线搭桥，提供中介服务。原判将某普惠公司这种经营模式和经营行为界定为《刑法》打击的对象没有法律依据。上诉人林某某及其辩护人相关的上诉理由和辩护意见，本院予以采纳。

福州市中级人民法院于 2014 年 12 月 6 日作出二审判决：撤销福建省福清市人民法院(2013)融刑初字第 1400 号刑事判决，上诉人林某某无罪。

【律师分析】

涉案的某普惠公司是全国知名的从事 P2P 普惠金融的一家公司，P2P 在案发当时是一种新兴的金融创新模式，2014 年 7 月 2 日，辩护人接手该案件时，本案是全国唯一一例因 P2P 经营模式被认定构成非法经营犯罪的案件。本案的二审判决结论将直接影响整个 P2P 行业的发展走向。接手该案件后，辩护人深感责任之重大，意义之深远。该案的办理结果不仅影响上诉人林某某的个人前途，也影响 P2P 整个行业的发展。经仔细阅卷并听取上诉人林某某的意见后发现，在这个案件中上诉人林某某任职的某普惠公司本身没有放贷，也没有参与资金流转，放贷的是唐某个人，某普惠公司只是为唐某个人与借款人的借贷从事中介服务，提供咨询、收集资料，为借款人与唐某牵线搭桥，可以说某普惠公司从事的仅是放贷中介服务，并非放贷行为。上诉人林某某的行为究竟构不构成非法经营罪，核心焦点在于两个方面：第一，为他人放贷提供中介服务需不需要特别金融许可，如果不需要特别金融许可，则上诉人林某某及某普惠公司为他人放贷提供中介服务的行为本身不构成非法经营罪；第二，唐某个人放贷是否需特别金融许可，如果唐某个人放贷需要特别金融许可，唐某在未获得特别金融许可的情况下从事放贷行为，则构成非法经营罪，上诉人林某某及某普惠公司为唐某的放贷提供中介服务，则构成唐某非法经营罪的共犯。否则唐某、上诉人林某某及某普惠公司的行为都不构成犯罪。

带着这两个问题辩护人仔细查阅了相关金融法律、法规后发现，当时相关金融法律、法规并没有将唐某这种小额放贷行为界定为非法放贷行为，也没有规定唐某这种小额放贷行为以及为小额放贷提供中介服务需特别金融许可。而且《最高人民法院关于被告人何伟光、张勇泉等非法经营案的批复》(〔2012〕刑他字第 136 号)指出：“被告人何伟光、张勇泉等人发放高利贷的行为具有一定的社会危害性，但此类行为是否属于《刑法》第 225 条规定的‘其他严重扰乱市场秩序的非法经营行为’，相关立法解释和司法解释尚无明确规定，故对何伟光、张勇泉等人的行为不宜以非法经营罪定罪处罚。”既然案发时相关金融法律、法规没有规定上诉人林某某、唐某以及某普惠公司的涉案行为属非法放贷行为或非法金融行为，最高人民法院批复也指出发放高利贷的行为不宜以非法经营罪定罪处罚，何况唐某还只是普通放贷，不属于发放高利贷，更不应以非法经营罪定罪处罚。所以，辩护人坚决向福州市中级人民法院提出了林某某无罪的二审辩护意见，最终辩护人的二审辩护意见全部获福州市中级人民法院采纳，福州市中级人民法院二审改判林某某无罪。

【思考与提示】

随着国家经济的不断发展和提高，金融领域经常会出现一些新型的金融创新模式，金融创新与金融犯罪的界限在于有无触犯刑事法律或金融管理法律法规。作为经营者在从事新型金融模式之前要注意对所要从事的新型金融模式进行刑事合规审查，作为行业管理者或是司法部门在对新型金融模式进行管理或司法评判时，要注意在国家对于一种新型的经营模式没有明确规定为违规或违法时，不应轻易地否定、随意地予以打击，更不应将该经营模式上升到犯罪的高度，用《刑法》予以规制。《刑法》除了惩治犯罪的功能外，更重要的是保护社会的有序发展，促进国家和社会的进步。律师在刑事案件办理过程中也应从有利于国家和社会进步的大局考虑问题，提出相应的辩护意见，督促有关部门及时纠正不利于社会发展和进步的不当刑事惩罚行为。

“人质”型绑架案件的辩护思路

——李某非法拘禁案

辩护律师 翁京才[*] 颜晓东[**]

【案情简介】

张某与李某在2013年初确定了恋爱关系，在见过双方的家长后，二人原计划在2014年下旬订婚。而就在订婚的前夕，李某突然提出分手，从此杳无音信。经多方查找，张某得知李某在某市某化妆品有限公司上班，便只身前往某市寻找。2015年5月17日7时50分许，张某终于在某市某化妆品有限公司的工作地见到了李某，便向李某提出与其一同回李某老家跟家长说清楚问题，后被李某拒绝。在双方争执的过程中，李某向单位的同事呼救，要求单位保安将张某驱逐出厂区。情急之下，张某遂随手捡起地上的玻璃片抵住李某的脖子，欲带李某离开公司至李某老家，同时要求在场民警安排车辆让其带着李某离开现场。后民警借机将张某控制，解救出李某。公诉机关以绑架罪向人民法院提起公诉，张某行为是否构成绑架罪成为本案的焦点。

【办案纪实】

接案时从张某家属的陈述得知：2015年5月17日8分许，张某在某区一工厂内因与女朋友的感情纠纷，劫持女朋友作为人质，现场出动了多个警种，包括反恐警察以及特警队狙击手。公安机关以绑架罪立案侦查。承办律师判断本案的定性是关键，如果绑架罪成立，张某将会被重判。

接受委托后，辩护人立即安排会见。通过会见了解到案件的以下细节：第一，案件的起因是张某与被害人李某系男女朋友关系，原已进入谈婚论嫁的阶段。但在订婚的前夕，李某突然要求分手，从此杳无音信。张某经多方寻找得

---

* 翁京才，上海靖予霖（福州）律师事务所。

** 颜晓东，北京观韬中茂（福州）律师事务所律师。

知李某在某市某区一工厂工作，便只身来到该厂区想与李某将事情说清楚。第二，之所以会出现挟持的行为系李某拒绝与张某交流，同时要求工厂保安将张某驱逐出厂，张某情急之下所为。第三，张某作案的工具是一块碎玻璃片，来源是从地上随手捡起的，非事先准备。第四，张某现场提出的要求仅仅是送其和女友回家，可以用警车也可以让其家人送其回去。第五，家属在委托时表示张某平时精神状态不是很好，家族中存在精神病史，但碍于面子一直也没有去医院进行检查。因此，在会见时辩护人仔细观察了张某，辩护人注意到在交谈时张某的精神一直无法集中，在回答问题时逻辑混乱，心智方面与其年龄不相匹配，不排除存在精神方面的疾病。

侦查阶段：辩护人向侦查机关提交委托材料后，一方面向公安机关了解案情，另一方面就张某是否具有刑事责任能力的问题进行沟通，随后向公安机关提交了刑事责任能力鉴定的书面申请，但由于辩护人接受委托时本案即将侦查终结，因此，公安机关并未启动刑事责任能力鉴定程序。

审查起诉阶段：辩护人随即到人民检察院复制卷宗，制作阅卷笔录，同时对事实的细节、证据等问题逐一进行核实。在形成初步辩护意见后，辩护人与经办检察官沟通并提交了书面的法律意见书以及刑事责任能力鉴定的申请。公诉机关接受辩护人的刑事责任能力鉴定申请，退回公安机关补充侦查，并要求公安机关启动鉴定程序，鉴定意见认为张某具有完全刑事责任能力。辩护人对鉴定意见的程序、适用标准等问题进行逐一审核，虽然该鉴定意见的结论与此前的预判不同，但还是应当尊重科学，决定不再申请重新鉴定，将工作重点着眼于案件的定性及寻求被害人的谅解上。

审判阶段：公诉机关审查后以绑架罪向人民法院提起公诉。辩护人向人民法院申请查阅公安机关现场执法记录仪录像。通过对时长共计 88 分 08 秒的 10 个现场执法记录仪录像进行逐一、反复查看，辩护人从视频中张某的肢体语言、现场各方人员的态势等方面挖掘出对张某有利的细节，进一步印证辩护观点。①从执法记录仪所记录的现场情况可以看出，在案发现场，张某右手的内肘扣住被害人，而左手的手掌呈半弧形包住玻璃片，靠在右手上。包住玻璃片的左手里脖子有一段的距离，并且右手手背实际上是挡在玻璃片前面的，并非起诉书所描述的抵住李某的脖子。②根据执法记录仪的记录，在 2015 年 5 月 17 日 08 时 52 分 46 秒至 08 时 52 分 49 秒，张某跟李某说："别动啦，等下刮到了！"，此后也多次跟李某强调这点。③张某多次跟在场的人员表示："你们放心，我不会伤害她的。"足见张某在主观上的目的是不让他人干扰其与李某进行感情问题的处理，并非以李某生命安全相威胁来达到非法的目的。随后辩护人对发问提纲、质证提纲、法庭辩论提纲等材料逐步完善，同时搜集了湖北省、江西省、浙江省、江苏省等多省份有利的案例并制作成检索报告，形成了完整的辩护思路，进行了充分的庭前准备工作。庭审中辩护人就案发时的细节逐一向张某发问以便法庭更好地查明案件事实，结合客观证据，力求削弱法官庭前对于本案性质恶劣的主观印象，重点围绕本案的定性展开法庭辩论，庭后，辩护人再次向法庭表达了希望通过调解的方式化解双方的矛盾。经过多方努力，被害人李某对张某给予了谅解。最终，人民法院作出判决，对公诉机关指控的罪名进行变更，认定张某构成非法拘禁罪，判处有期徒刑 1 年零 6 个月。

【律师分析】

张某的行为定性问题

辩护人在介入案件后便对案件的定性提出异议，很遗憾的是在审查起诉阶段并未被采纳，公诉机关仍以绑架罪向人民法院起诉并当庭提出 10～12 年的量刑建议。本案的定性就成为案件辩护的焦点，辩护人认为本案应当定性为非法拘禁罪，主要有以下几个理由：

一、“绑架他人作为人质”并不一定构成人质型绑架犯罪

1.绑架他人作为人质应以不法请求为前提

我国刑法的定罪原则是行为人犯罪主客观要件的合一性，而主观要件不仅反映了行为人实施犯罪的主观恶性与社会危害程度，而且也直接影响到案件的定性和量刑。《刑法》第 239 条第 1 款前段规定：以勒索财物为目的绑架他人的，或者绑架他人作为人质的……。实质上将绑架罪分为“以勒索财物为目的绑架他人”的勒索财物型绑架和“绑架他人作为人质”的人质型绑架两种类型。对于勒索财物型绑架犯罪，其绑架他人的目的即为“勒索财物”；但对于人质型绑架犯罪，因现行刑法并未对其目的作出明确的规定，以致人们难免产生认识或理解上的意见分歧和争议。一种观点认为，“绑架他人”即为人质型绑架犯罪的目的；另一种观点则认为，人质型绑架犯罪除“勒索财物”目的外，还应当以行为人以“提出不法要求”、“获取不法利益”或“满足不法利益”为主观要件。辩护人认为从主客观合一性的原则出发，应当依据后一种观点。

首先，从行为实质看，人质型绑架的外延要大于勒索财物型绑架，勒索财物型绑架可以说是人质型绑架的一种特殊的犯罪形式。因为是勒索财物型绑

架，行为人在勒索他人财物之前必定有将被害人绑架为人质的过程，其后才会向关心被绑架人安危的第三人提出不法要求，而行为人“绑架他人作为人质”的过程，则已经满足了人质型绑架犯罪的主客观要件构成。如果，人质型绑架不含有不法请求，那么立法者完全可将绑架罪中有关“绑架他人作为人质”的规定作为该罪的兜底性条款内容，而无需将它与勒索财物型绑架内容相并列。

其次，如果认为“绑架他人”即为人质型绑架犯罪的目的，则犯了逻辑学上同义反复的错误。“绑架他人”首先是行为手段，如果“绑架他人”又是犯罪的目的，那么手段又是目的，目的又是手段，势必混淆了犯罪构成中主观要件与客观要件的界限。

最后，在勒索财物型绑架司法实践中，将索取“合理”债务为目的而限制人身自由的行为认定为非法拘禁罪，而将索取“超过合理限度”为目的而限制人身自由的行为认定为为绑架罪，其中就隐含着是否有不法请求因素的考量。那么作为与之并列的人质型绑架罪，其在侵犯的法益的严重程度上应当是相等的，我们不能不论行为人的主观目的是什么，只要其将他人作为人质的，就都可以构成人质型绑架犯罪。这样可能会扩大绑架罪的构罪边界，造成打击面过宽的不良后果。因此，但构成人质型绑架犯罪则必须以行为人具有“不法要求”的主观目的为标准。

2.不法请求的具体定义

《刑法》对于不法请求并没有进行明确的定义。从法律解释的文义解释而言，“不法”是不符合法律规定的意思，应当理解为“不法利益”。

就本案而言，张某客观上实施了限制他人根据执法记录仪所反映的现场情况，张某在与被害人见面时就请求被害人与其一起回家见父母商量感情的问题，在限制被害人的人身自由后仍然只是要求与被害人一起回家。从要求的表现形式看，张某提出要求时使用“帮我”“警察叔叔送我们回家”等词，可以看出张某并未以被害人的人身安全威胁其他人员。从要求的实现形式看，张某并没有特殊的要求，无论是民警安排，还是自己的堂哥送他和被害人回去都可以。张某的要求显然不属于伤害他人合法权益的不法要求。

二、根据张某的行为手段、主观恶性、社会危害性，认定其构成绑架罪，可能导致出现罪刑不相适应的结果。

1.张某的在本案中的行为是相对克制，暴力程度较低。

在绑架案中，行为人一般都采取高强度的暴力等手段，致使被害人不能反抗、无法反抗和不敢反抗。本案中，张某的限制人身自由的行为在客观上没有达到威胁李某生命安全的程度。现场录像可以看出，张某采取的暴力程度远低于一般非法拘禁案所表现的暴力强度。为了给法官更加直观的感受，辩护人向法庭提供了多份的非法拘禁罪的判决书，在提交的判决书里面，各行为人采取的暴力手段远远高于本案。

值得注意的是，李某在被解救后，脖子上存在一处 3.5cm 斜行划伤。辩护人对《法医临床司法鉴定意见书》进行了反复的查看，并结合执法记录仪的录像，向法庭提出：被害人李某的伤口系警方在抓捕张某时，一名现场处置的民警在按住张某手部时无意中划伤的。首先，根据《鉴定意见书》及附图，李某伤口呈左上到右下的走向，并且上深下浅，属于典型的快速划伤的伤痕。其次，执法记录仪的录像可以证明张某在整个过程中并没有划伤李某的，在被抓捕前李某脖子上也没有任何的伤痕，最后，案发时张某一直站在被害人身后，如果是在限制被害人李某人身自由期间划伤的，张某衣服上不可能有喷溅的血迹。以上三点可以印证辩护人的观点。

2.本案系因感情纠纷引起，属于事出有因。张某的“挟持”行为并非事先预谋，所使用的工具也是临时从草地上拾起的。张某的主观上并不是想通过“挟持人质”来达到其不法的目的。张某的主观恶性较一般绑架案件中的行为人低。

3.案发现场属于相对封闭的厂区，从执法记录的记录情况上看，现场除了办案民警并没有引起其他人的围观，厂区的工人在推车径直从旁边经过，正常从事生产作业工作，可见张某的行为并没有严重扰乱社会公共秩序和工厂的生产秩序。

因此，本案如果定性为绑架罪，即便是按照“情节较轻的，处五年以上十年以下有期徒刑”，张某需至少判处五年有期徒刑，辩护人认为综合全案来看，仍然有法益保护过度之嫌，且有悖于刑法的罪刑相适应原则。因此辩护人向法庭提出了本案应当以非法拘禁罪定罪论处更为适宜。

【思考与提示】

在我国，绑架犯罪自唐代起就为成文法典所确认，并作为严重刑事犯罪予以处罚。新中国绑架罪的罪名源于 1991 年全国人大常委会《关于严惩拐卖、绑架妇女儿童的犯罪分子的决定》的规定，1997 年刑法正式设立了绑架罪的法条罪名。它对于严厉打击此类严重影响社会秩序和社会安定的犯罪，保障公民的人身权利和自由安全，起到了至关重要的作用。随着社会的发展，各类矛盾冲突的出现，人质型绑架案件时有发生，辩护人在处理这类案件时，不妨跳出惯性思维，在着眼于事实和法律的同时，还要兼顾案件所隐含的社会矛盾，以多维的角度进行辩护，为辩护工作寻找更大的空间，以实现法律效果与社会效果的统一。

黄色木桶内的生死对决

——从刘某制造毒品案定性之争看刑事案件事实真伪的辩护

辩护律师　杨俊荣*

【案情简介】

2014年8月，被告人姚某在福建省连城县境内寻找到一废旧生产稀土矿场地，作为生产制毒物品麻黄素的窝点，并雇请了被告人刘某等人到窝点从事制毒物品麻黄素的生产。

2014年9月6日，各被告人开始生产麻黄素。2014年9月12日，连城县公安局民警在生产窝点当场抓获被告人姚某、刘某等，现场查获含甲卡西酮的红褐色液体857.9千克、含甲卡西酮的红褐色固体3727.3千克、含甲卡西酮的白色粉末62.82千克。

2015年7月9日，龙岩市人民检察院以被告人姚某、刘某等犯制造毒品罪起诉至龙岩市中级人民法院。2017年9月27日，龙岩市中级人民法院以各被告人行为均构成非法买卖制毒物品罪，分别判处4年至7年零6个月有期徒刑并处罚金5万至10万元的刑罚，其中被告人刘某犯非法买卖制毒物品罪，判处有期徒刑5年，并处罚金人民币6万元。本案一审判决后，公诉机关未提起抗诉，各被告人均服判未上诉，刑事判决发生法律效力。

【办案纪实】

甲卡西酮(俗称"长治筋""丧尸药")，是苯丙胺的一种类似物，属于国家管制精神类药物，一般为粉末状态或与水混合液体，吸食饮用后有提神作用，与苯丙胺类效果类似。研究表明，该物质能导致急性健康问题和毒品依赖，过量易造成不可逆的永久脑部损伤甚至死亡。2005年，中国国家药品食品监督管理局将甲卡西酮规定为I类精神药品管理，2005版和2007版《麻醉药品和精

---

* 杨俊荣，福建博益律师事务所律师。

神药品品种目录》中甲卡西酮均被列入其中，不论生产还是销售都受到严格管制。

根据司法解释的数量认定标准，甲卡西酮<40 克为少量毒品，40 克≤甲卡西酮<200 克为数量较大，甲卡西酮≥200 克为数量大。本案现场查获的毒品，经检验含甲卡西酮，共计 4648.02 千克，数量特别巨大。本案定性是制造毒品罪还是非法买卖制毒物品罪，决定了对被告人量刑是制造毒品罪的死刑、无期徒刑、10 年以上有期徒刑，抑或是非法买卖制毒物品罪的 3～10 年的量刑结果，可谓生死攸关。因此，案件的定性之争，即成为公诉、辩护和裁判的重点和焦点。

根据侦查卷宗，现场查获的毒品均检出甲卡西酮，未能检出麻黄素，仅从表面的现有证据分析，公诉机关指控制造毒品罪并无不当。本案的特殊性在于除各被告人供述外，并无其他证据支持其陈述和申辩。在辩护中能否充分了解和掌握溴代苯丙酮生产麻黄素的合成工艺，如何去伪存真，从中发掘出有利于被告人的重要证据，按照排除合理怀疑及存疑有利于被告人的刑法规则，实现成功辩护，成为辩护的关键，是本案辩护策略的重中之重。

在本案的审查起诉及审判阶段，辩护律师针对此争议焦点，查阅了溴代苯丙酮合成麻黄素的精细化工流程，努力在科学上寻求辩点的依据。在明确溴代苯丙酮合成麻黄素的某种工艺流程中，确实可能产生甲卡西酮后，辩护的关键即集中在如何取得有利于证明被告人的主观犯罪目的的客观证据上。

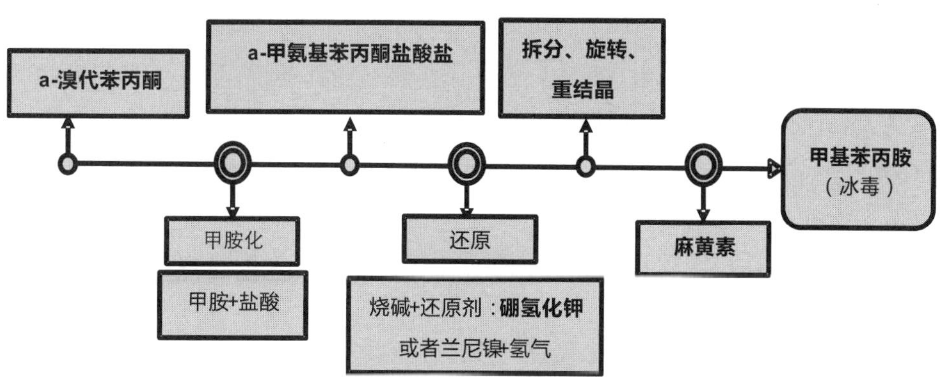

图示：α-溴代苯丙酮为主原材料合成麻黄素路线略图

根据上图合成路线所示，可以知道以 α-溴代苯丙酮为主原材料合成麻黄素的工艺流程中，在溴代苯丙酮甲胺化后会产生 α-甲氨基苯丙酮（IUPAC 名称:3-甲氨基-1-苯基-1-丙酮盐酸盐),此阶段被查获则对案发制毒现场的中间产物进行检验时,完全可以检验出甲卡西酮的阳性反应。

根据溴代苯丙酮合成麻黄素的工艺流程,α-甲氨基苯丙酮盐酸盐生成后,在制造麻黄素的过程中,还原反应是必经程序,是否存在相对应数量的还原剂成为查明本案定性的关键性证据。综合本案已有的证据,其中80桶黄色木桶包装因未逐一检验鉴定,认定均属于酒石酸的依据不足,根据还原剂硼氢化钾(KBH4)包装保管的特性以及单纯生产甲卡西酮无需硼氢化钾作为原材料的指向性,辩护律师怀疑在遗漏检验的黄色木桶包装中,可能存在对本案定性有重要价值的还原剂硼氢化钾,在审判阶段提出原鉴定意见检验中存在漏检,要求对是否存在硼氢化钾这一对定性具有指向性作用的还原剂进行补充鉴定。

经补充鉴定,福建警察学院司法鉴定中心出具《司法鉴定检验报告书》证实:对制毒现场提取并送检的8份检材进行检测,检验结果为:检材编号1-3的红色液体、棕色膏状物、无色液体,经检验为甲卡西酮;检材编号4-5的无色液体,经检验为甲苯;检材编号6的黄绿色液体,经检验为2-溴-1-苯基-1-丙酮;检材编号7的无色液体,经检验为乙酸乙酯;检材编号8的无色液体,经检验为盐酸。福建历思司法鉴定所出具《司法鉴定意见书》,对查获的80桶黄色木桶装的物品重新进行编号,提取1～80号白色固体检材进行鉴定,检材16、18、20、30、39、40、42、44、47、57、61、60、62、72、73、78、79、80检出硼氢化钾成分,其余检材检出酒石酸成分。

据了解,各被告人构成制造毒品罪还是非法买卖制毒物品罪的定性之争,经由审判机关在不同层级系统内研判,最终采纳了辩护律师的辩护意见。本案一审《刑事判决书》认为,被告人刘某等共同制造麻黄素,非法买卖制毒物品数量大,其行为均已构成非法买卖制毒物品罪。本案制造现场虽查获含甲卡西酮的半成品和成品,但据此尚不足以认定被告人刘某等人系制造甲卡西酮,根据现场查获的还原剂和制造原料及各被告人的供述等证据,不能排除被告人刘某等人制造麻黄素的可能。公诉机关指控各被告人的行为构成制造毒品罪的证据不足,不予支持。各被告人及其辩护人对定性提出的辩解和辩护意见理由成立,予以支持。被告人刘某在犯罪中起次要、辅助作用,是从犯,依法予以从轻处罚。

一审判决后,公诉机关未提起抗诉,各被告人均服判息诉,本案已经发生法律效力。被告人刘某自2014年9月12日被采取刑事拘留强制措施起,至2017年9月27日一审当庭宣判,已被羁押3年零15天,一审判处有期徒刑五

年，余刑期不到 2 年，悬挂在头顶的重刑之剑终未落下，被告人当庭表示服判。

【律师分析】

本案中，原有证据有利于各被告人非法买卖制毒物品罪的只有各被告人的供述和申辩，不足以对抗现场查获的毒品甲卡西酮此一重要物证，如不能取得与被告人供述相一致的客观性证据，辩护律师的单纯抗辩显然不足以被人民法院裁判所采纳。

根据本案的事实、证据和适用法律，辩护律师认为刘某等被告人涉嫌的罪名应当为非法买卖制毒物品罪[根据《刑法修正案（九）》，现应为非法生产制毒物品罪]，并不构成制造毒品罪，主要辩护观点包括如下几点：

首先，在犯罪主观上，被告人刘某等均陈述申辩生产制毒物品麻黄素；其次，根据精细化工科学，在麻黄素的化学合成过程中产生甲卡西酮主要成分的可能性客观存在，符合化工科学及本案的事实和证据，在现场查获 80 桶黄色木桶装的物品中，检验出 18 桶 450 千克为硼氢化钾，原料配比符合生产所需，对本案的定性具有指向性的作用；再次，各被告人供述、指向性物证硼氢化钾及其他证据，形成证据链，能够证明各被告人实际犯罪的主观目的、客观事实确系合成麻黄素，而不是用于制造毒品甲卡西酮，在麻黄素的化学合成过程中，即便发现中间物含甲卡西酮成分的情形，根据现有证据仍然不足以认定被告人构成制造毒品罪，依法应当确定罪名为非法买卖制毒物品罪；最后，根据刑法的主客观相统一、有利于被告人、排除合理性怀疑等原则，本案各被告人应当认定构成非法买卖制毒物品罪，公诉机关指控的制造毒品罪不能成立。

【思考与提示】

俗语云：隔行如隔山。涉及相关专业领域的刑事案件，在事实认定上，往往涉及与案件事实有关的专业知识，如何跨越专业知识的障碍，跳出单纯的法律之辩，避免被告人因客观归罪导致重判，有赖于辩护律师不畏艰难、追寻案件事实真相的求索精神和不屈意志。

辩护律师应当不迷信现有鉴定、检验、测量、监测、勘验等结论，尽快补齐与重要事实认定有关的专业短板，在对案件事实去伪存真的基础上，根据犯罪构成理论，充分遵循主客观相统一、存疑有利于被告人等刑法原则，作出符合法律规定的辩护意见，争取法庭的采纳，避免发生所见即所判、轻罪重判的严重后果。

在本案的辩护中，如何找寻到客观证据证明各被告人客观上进行麻黄素的合成，是本案定性能否改变的关键。辩护律师通过请教精细化工专家、学习以溴代苯丙酮为主原材料合成麻黄素工艺流程，了解到土法手工合成麻黄素工艺流程主要包括：溴代苯丙酮甲胺化、还原、拆分、旋转、重结晶等流程，在采用溴代苯丙酮法合成麻黄素过程中，可能产生 α-甲氨基苯丙酮（包括甲卡西酮）这一中间产物。因案发现场并未查获催化剂兰尼镍和还原剂氢气，是否存在物证硼氢化钾，对被告是构成非法买卖制毒物品罪或者是制造毒品罪，具有重要的指向性意义。

经补充鉴定，现场查获的原料中发现相当数量的硼氢化钾，案件定性最终在物证上取得实质性的突破，被告人由制造毒品重罪改为非法买卖制毒物品罪的曙光来临。一审判决根据该重要物证与各被告人供述及其他证据，遵循主客观相一致、有利于被告人解释原则、排除合理性怀疑原则，认为各被告人构成非法买卖制毒物品罪的主客观证据体系成立，并据此判决各被告人构成非法买卖制毒物品罪。辩护人的有效辩护，维护了被告人合法的权利，取得了被告人及其家属的极大肯定，在案件宣判后，公诉人对辩护律师攻坚克难求索相关精细化工知识的精神和积极有效的辩护，同样也给予了充分的肯定。

本案的成功辩护，彰显了律师执业秉承法律至上的信仰精神、上下求索的求知精神、精益求精的品质精神、不畏权威的抗争精神、客户至上的服务精神的重要性，律师刑事辩护要同时铸造好辩的“矛”和护的“盾”，这正是我们积极倡导的中国特色社会主义进入了新时代律师行业的“工匠精神”。

《红楼梦》太虚幻境中有一对联“假作真时真亦假　无为有处有还无”，其意为把假当真，则真的便成了假，把没有的视为有的，有的也就成了没有。此对联看似简略，但其中蕴含的辩证法原理却相当深刻，阐释了“假”“真”“有”“无”之间可能相互转化的哲理，对辩护律师在办理刑事案件中如何去伪存真，揭开现象看本质，充分还原案件事实真相的辩护策略，以及全力履行好辩护职责，力求达到最佳辩护效果，实现当事人合法利益最大化的辩护目的，给予了深刻的启迪。

不以抵扣税款为目的,不会造成国家税款损失的伪造发票行为不构成涉税类犯罪

——蔡某被控伪造增值税专用发票、非法制造发票无罪案

辩护律师 林 丹*

【案情简介】

被告人蔡某,原系福建德胜集团有限公司(下称德胜集团)董事长、香港远东生物制药科技有限公司董事会主席。2004 年 5 月 14 日因涉嫌犯伪造增值税专用发票罪、非法制造发票罪被福州市公安局刑事拘留,同年 6 月 12 日被逮捕,同年 6 月 23 日转取保候审,后因脱保被上网追逃。

与蔡某同时被刑事拘留的德胜集团员工陈某、范某等人则被福州市人民检察院起诉至福州市中级人民法院。福州市中级人民法院经审理查明:

2000 年初,时任德胜集团董事长、香港远东生物制药科技有限公司董事会主席的蔡某,为了远东公司在香港包装上市及在香港证券市场融资的目的,指使员工陈某、范某等人伪造增值税专用发票和普通发票,用于提高远东公司参股的国内相关公司的销售收入和利润,虚增远东公司的业绩。被查获的伪造的增值税专用发票计 15773 张,伪造的普通发票共计 87439 张。

2005 年 8 月 5 日,福州市中级人民法院对陈某、范某等 5 人作出(2005)榕刑初字第 78 号刑事判决书,以伪造增值税专用发票罪、非法制造发票罪,分别判处陈某、范某等人 3 年至 13 年不等的有期徒刑。

陈某、范某等人不服提出上诉后,福建省高级人民法院于 2005 年 11 月 8 日作出(2005)闽刑终字第 624 号刑事判决书,认为陈某、范某系受蔡某指使而实施犯罪,应认定为从犯,遂以同样罪名改判陈某、范某等人 1 年至 7 年不等的有期徒刑。

2011 年 11 月,蔡某响应两高两部清网行通告,在香港向福州市公安局清

---

* 林丹,福建辉扬律师事务所律师。

网行动小组投案，并于 2012 年 3 月 30 日向福州市公安局正式投案自首，同日被取保候审。

【办案纪实】

蔡某投案自首后，向福建辉扬律师事务所林丹律师咨询，并将省、市两级法院对陈某、范某等人作出的生效判决书提供给律师，告知律师上述生效判决查明的事实是正确的，其在投案时，亦向侦查机关作了与生效判决查明事实相同的供述。蔡某向律师辩称，其当时只叫员工伪造增值税专用发票的记账联，而没有伪造抵扣联，只将伪造的发票用于制作香港上市、增发使用的假账，以应对香港审计师事务所的核查，所伪造的发票没有用于向税务机关报税，没有流入社会，德胜集团及相关国内公司均依法纳税，希望律师能为其作无罪辩护。

律师告知蔡某，由于省、市两级法院已对陈某、范某等同案犯作出有罪判决，蔡某属于主犯，且该生效判决未被再审撤销，其无罪的可能性很小。并且根据查获的发票数量，仅伪造增值税专用发票罪，法定基准刑就在 10 年以上有期徒刑，即使自首适用减轻处罚，其刑期也在 7 年以上。而且，侦查阶段律师无法阅卷，仅凭同案犯的生效判决，律师无法确认蔡某上述辩解是否有证据支持，具体该如何辩护，需等案件移送审查起诉，律师阅卷后，再确定辩护思路。蔡某表示理解，遂办理了委托辩护手续。

在蔡某被移送审查起诉后，律师经阅卷，发现被查获的增值税专用发票的确只有记账联，而没有抵扣联，并且税务机关在前案的侦查阶段就已出具了关于德胜集团及相关公司没有使用伪造的增值税专用发票、普通发票进行报税和抵扣税款的说明，未发现德胜集团及相关公司有偷逃税款行为的证明材料。

为此，律师向检察机关出具了蔡某不构成犯罪的律师意见书，但福州市台江区人民检察院在 2013 年 6 月 28 日以蔡某犯伪造增值税专用发票罪、非法制造发票罪为由，将蔡某起诉至福州市台江区人民法院。在一审中，律师为蔡某作无罪辩护，主要辩护观点是，蔡某是为了虚增德胜集团的境外上市的业绩，而不是为了偷逃税款，主观上不具有偷逃税款的故意，且伪造的增值税发票记账联和普通发票不具有抵扣税款的功能，国家税款不可能因此受到损失，没有危害税收征管秩序这一同类客体，不构成危害税收征管类犯罪，也不构成其他犯罪，应认定蔡某无罪。

福州市台江区人民法院于 2013 年 12 月 20 日作出(2013)台刑初字第 539

号刑事判决书，宣告蔡某无罪。2014 年 1 月 2 日，福州市台江区人民检察院提出抗诉。检察机关认为，伪造增值税专用发票、非法制造发票罪是行为犯，只要伪造、非法制造了一定数量的发票，就构成犯罪，与是否用于抵扣税款，是否可能造成税款损失无关；并且省、市两级法院之前对同案犯某、范某等人已作出有罪判决，蔡某属于主犯，在生效判决未被撤销的情况下，判决宣告蔡某无罪是错误的。

在二审中，律师的主观辩护观点是，同类犯罪客体是否有可能被侵犯，是判断某个行为是否构成该同类客体所指向的罪名首先要考虑的前提条件。在国家税收征管秩序这一同类客体不可能被本案行为所侵犯的情况下，蔡某就不应被认定为有罪。

2014 年 4 月 3 日，福州市中级人民法院作出(2014)榕刑终字第 118 号刑事裁定书，裁定驳回检察机关的抗诉，维持福州市台江区法院对蔡某作出的一审无罪判决书。

【律师分析】

在蔡某的同案犯已被省、市两级法院判决有罪，且蔡某已被该生效判决认定为主犯，该生效判决至今未被撤销的情况下，法院还能宣告蔡某无罪，主要原因是律师从犯罪的同类客体是否有可能被侵犯入手，提供充分的材料及理由，论证了增值税发票和普通发票的记账联不具有抵扣税款的功能，国家税款不可能因此受到损失，税收征管秩序这一同类客体没有也不可能被侵犯，发票管理这一直接客体亦不可能被侵犯的无罪辩护观点。

犯罪客体分为一般客体、同类客体、直接客体。其中，同类客体就是刑法分则每一章、节所规定的类罪名所保护的秩序，直接客体是刑法分则条文所规定的具体罪名所保护的秩序。同类客体与直接客体之间关系，与刑法分则的章、节所规定的类罪名与该章节项下具体条款的罪名之间关系是一样的，都是种属关系。也就是说，当某个行为没有侵犯同类客体，没有侵犯刑法分则某个章或节的类罪名时，就不可能侵犯该章、节下所规定的具体罪名所保护的直接客体。

《中华人民共和国刑法》第 205 条至第 210 之一条，涉及发票的共有十个罪名，均规定在刑法分则第三章第六节“危害税收征管罪”内，即所有涉及发票的罪名所侵犯的同类客体都是“税收征管秩序”，如果行为没有侵犯或危害“税收征管秩序”，就不构成“危害税收征管罪”一节中的所有罪名。

就发票管理来说,《中华人民共和国发票管理办法》第 1 条明确规定:"为了加强发票管理和财务监督,保障国家税收收入,维护经济秩序,根据《中华人民共和国税收征收管理法》,制定本办法。"即,国家的发票管理制度是根据《税收征收管理法》来制定的,立法的目的是保障国家的税收收入不因发票违法行为所侵犯。而《税收征收管理法》第 1 条明确规定:"为了加强税收征收管理,规范税收征收和缴纳行为,保障国家税收收入,保护纳税人的合法权益,促进经济和社会发展,制定本法。"即《税收征收管理法》的立法目的是保障国家的税收收入。由此可见,国家对发票犯罪的打击锋芒是可能造成国家税款损失的涉税行为。因此,如果某个发票违法行为,不会侵犯或危害国家的税收收入,不会造成国家税收收入的减少,"税收征管秩序"这一同类客体就不会被侵犯,就不构成《刑法》第 3 章第 6 节"危害税收征管罪"中包括伪造增值税专用发票罪、非法制造发票罪在内的所有罪名。

在本案中,蔡某不是为了骗取国家税款,而是为了德胜集团在香港包装上市和股票的增发,虚增公司的业绩,才指使员工伪造增值税专用发票和普通发票的记账联,用于制作香港上市所需的虚假财会报表,以应对香港审计师事务所的核查,而没有在企业报税账册中使用伪造的发票,并且没有伪造抵扣联,不具备抵扣税款的功能,不可能造成国家税款的损失,没有也不会侵犯"危害税收征管秩序"这一同类客体,因此,也就不构成"危害税收征管秩序"这一同类罪名项下的伪造增值税专用发票罪、非法制造发票罪。

【思考与提示】

本案特点及辩护的难点是,蔡某的同案犯已被省、市两级法院判决有罪,蔡某本人已被同案犯的生效判决认定为主犯,并且直至蔡某被终审宣告无罪,同案犯的有效生效判决都未被撤销(实际上福建省高级人民法院至今也未撤销蔡某同案犯的生效判决)。

在此情况下,要能使法院采纳律师的无罪辩护观点,除了充分详尽地阐述、论证无罪辩护理由外,很重要的一项辩护工作是进行法律、类似案件判决、司法观点的检索,并将检索结果提交给法院,以支持无罪辩护。

在同案犯已被判决有罪的情况下,即使法官认为律师无罪辩护有道理,法院一般也会与作出生效判决的审判人员进行汇报、请示。因此,后到案的犯罪嫌疑人、被告人的辩护律师如对同案犯的生效判决有不同意见,也要应尽可能地与作出生效判决的审判人员进行沟通,争取他们理解、采纳律师的辩护意见。

在对蔡某辩护的过程中，律师通过法规、案例检索，查到与本案类似的，最高人民法院于 2002 年 4 月 26 日发给福建省高级人民法院的“2001 刑他字第 148 号”《关于被告单位泉州市松苑锦涤实业有限公司、被告人林建基、陈松柏、施维昌虚开增值税专用发票、购买伪造的增值税专用发票请示一案的批复》及无罪判决书，以及《刑事审判参考》总第 37 辑刊登的第 285 号指导案例《董博等提供虚假财会报告案》、总第 41 辑刊登的《经济犯罪案件中的法律适用问题》、总第 49 辑刊登的《虚开增值税专用发票、用于骗取出口退税、抵扣税款发票犯罪法律适用若干问题》等支持无罪辩护理由的案例、文章。上述批复、判决、案例、文章不仅证实，福建省高级人民法院刑二庭在对蔡某的同案犯作出有罪生效判决之前，就对类似的不以抵扣税款为目的，购买增值税专用发票记账联的行为如何适用法律，向最高人民法院作过请示，最高人民法院对此作过无罪的批复，福建省高级人民法院根据最高人民法院的批复直接作出了无罪的判决，而且最高人民法院刑二庭法官撰写的文章、相关会议研究综述亦认为，只要行为人不具有抵扣税款的主观故意，客观上没有也不可能造成国家税款损失的虚开、伪造、购买增值税专用发票的行为，均不应认定为税收类的犯罪。

律师将上述材料提交给法院后，不仅使合议庭相信律师的无罪辩护是正确的，而且使省高院刑二庭发现原来对蔡某同案犯的有罪终审判决存在问题。

同时，律师还通过走访省、市税务局的法规处、稽查局，了解到国家制定有关发票管理规章时，还没有公司上市制度，当时伪造、买卖、虚开发票的目的都是为了偷逃税，而要偷逃税或抵扣税款，肯定要伪造、买卖、虚开发票的抵扣联，并且当时涉及发票的违法犯罪，要么是伪造、买卖全部联次完整的发票，要么是虚开增值税专用发票后，将抵扣联交给受票人。因此，在立法时，就没有对仅伪造、买卖、虚开某一联次发票的行为性质进行界定。在公司上市制度出现后，才发生伪造、买卖、虚开发票的记账联用于虚增公司业绩的行为，由于这种虚增公司营业额、虚增业绩的情况，不会体现在企业用于报税的真实的财务账目中，不会造成国家税收收入的减少，在某些情况下，企业可能还要就虚增的营业额多纳税，所以税务机关几乎就没有对仅伪造、买卖、虚开发票记账联的行为进行查处。

律师将上述情况向合议庭汇报，合议庭亦进行了相关走访、研究，进一步促使合议庭采纳律师的无罪辩护观点。

另外需要说明的是，如果企业伪造、买卖、虚开发票的记账联用于制作境内上市所需的假账，虚增境内上市公司业绩，则有可能构成《刑法》第 161 条所规定的违规披露、不披露重要信息罪。但在蔡某案中，侦查机关没有查到用于欺骗香港联交所的虚假财务账目，另一方面违规披露、不披露重要信息罪是打击、规范在境内上市的行为，而无法打击、规范在境外上市的行为，德胜集团是在香港联交所上市，而不是在大陆境内上市，因此，司法机关也就无法以违规披露、不披露重要信息罪对蔡某等人进行定罪，也就只能宣告蔡某无罪。

介绍贿赂罪之法律实务分析

——王某1介绍贿赂案

辩护律师　陈常青*

【案情简介】

2012年上半年,被告人王某1的堂弟王某2找其帮忙找关系让女儿王某某违规入读某重点小学。被告人王某1找到本市台江区教育局干部吴某波,让其帮助王某某违规入读某重点小学。吴某波答应帮忙后,提出5万元疏通关系。后被告人王某1告知王某2,并将王某2准备的5万元贿赂款于2012年7月递送给吴某波,最终成功让王某某入读某重点小学。

2013年上半年,被告人王某1的朋友谢某建找其帮忙找关系让潘某林的儿子潘某某违规入读某重点小学。被告人王某1又找到吴某波帮助,吴某波答应后提出5万元疏通关系。被告人王某1告知谢某建可以入读,但要5万元。谢某建表示同意。2013年7月,被告人王某1将谢某建准备的5万元贿赂款递送给吴某波用于疏通关系,最终成功让潘某某入读某重点小学。

此外,被告人王某1于2014年12月18日作为吴某波涉嫌受贿罪一案的证人主动交待上述贿赂行为。2015年3月23日,王某1以涉嫌犯行贿罪被立案侦查。

本案争议焦点:(1)被告人王某1触犯的是行贿罪还是介绍贿赂罪;(2)在他人犯罪案件中供述自身介绍贿赂的行为,是否算《中华人民共和国刑法》(以下简称《刑法》)第392条的“在被追诉前主动交待”。

【办案纪实】

2015年8月7日,福州市台江区人民检察院向福州市台江区人民法院起诉认为,被告人王某1的上述行为构成为他人谋取不正当利益,且经手给予国

---

* 陈常青,福建君立律师事务所律师。

家工作人员财物达10万元，数额较大，其行为应当以行贿罪追究其刑事责任。

接到案件初期，通过当事人自身对案件的初步描述，辩护人归纳了以下四种辩护思路：(1)被告人王某1虽作为行贿罪的帮助犯，但客观上并未从中获取任何不正当利益，主观恶性低，理应从轻处罚；(2)由于台江区教育局干部吴某波主动提出需要5万元人民币用于疏通关系等，是否存在索取贿赂的嫌疑，如果是，被告人王某1又未从中谋取不正当利益，根据《刑法》第389条“因被勒索给予国家工作人员以财物，没有获得不正当利益的，不是行贿”之规定，被告人王某1不构成行贿罪；(3)被告人王某1如果主观上将行贿的钱款认定为学校收的“赞助费”(根据当时的时代背景，社会上存在较多类似行为)，那么被告人王某1主观上就没有行贿或者介绍贿赂的意图。而行贿罪或是介绍贿赂罪均是故意犯罪，那么被告人王某1的行为应当认定为无罪；(4)根据被告人王某1自身陈述的情况来看，其主观上并没有强烈希望某某子女顺利进入某重点小学的目的，仅仅具有撮合、促成此事的目的，其行为模式与介绍贿赂罪的构成要件更为吻合。因此，被告人王某1所触犯的罪名应当是介绍贿赂罪，而非检察机关所指控的行贿罪。

在与被告人王某1深入沟通、阅卷以及查阅相关法律法规及判例以后，辩护人从以下几点，排除了前三种辩护思路：(1)被告人王某1客观上虽并未从中为自身谋取不正当利益，但如果是行贿罪的帮助犯，在为行贿正犯谋取不正当利益的情况下，很多情况也存在没有为自身谋取不正当利益的情形，从这一点上看，王某1的情况看似非常符合行贿罪共犯的特征。但是，作为行受贿罪的帮助犯，其主观上更多表现的是为促成行、受贿双方目的的实现，其主观犯意体现的是更为积极主动，与行、受贿人的合意较为明显；客观行为表现的也往往是本来行、受贿双方本没有贿赂的意思，而因行为人的行为诱发导致了行贿、受贿的意图和结果。这与王某1在本案中表现的主观目的和客观行为具有明显不同；(2)虽然本案的贿赂款系由受贿人吴某波主动提出的，可能存在索贿的情况。但根据案件深层次的了解之后，虽然受贿人吴某波主动要求一次性支付5万元的贿赂款用于打通关系，但实际上并未强迫或者以不利后果威胁被告人及其亲友。但根据上述分析，法院仍然可以认定被告人王某1从中谋取了不正当利益，构成行贿罪；(3)如若要从主观上认定被告人王某1没有存在行贿的意图，那么辩护人所要准备足以支持其观点的证据链颇有难度。且即便准备了充足的证据链，对于被告人王某1主观态度的判断，法官也拥有较大的自由裁判空间，存在巨大的不可控因素。这种情况下，被告人虽有机会直接脱罪，但并非最优解，且法院存在主观归罪的极大可能性。

辩护人之所以选择了“被告人所触犯的罪名应是介绍贿赂罪而非行贿罪”的辩护思路，一方面不仅是因为被告人王某1的行为模式属于本案的行、受贿其中一方本就有贿赂意图，而其只是为行、受贿双方进行沟通、联系或代为传递钱物，与行、受贿双方的合意不明显，所以更符合介绍贿赂罪的构成要件；另一方面更重要的是在了解案件的过程中，得知被告人王某1在被检察机关立案侦查之前，就已经在吴某波受贿案中，将自己介绍贿赂的行为告知了检察机关。根据《刑法》第392条明确规定：“向国家工作人员介绍贿赂，情节严重的，处三年以下有期徒刑或者拘役”。辩护人先从该法条“情节严重”的标准入手，查明：介绍个人向国家工作人员行贿的立案标准为“数额在2万元以上”。被告人王某1介绍贿赂的数额高达立案标准的5倍，即有较大的可能被审判机关认定为“情节严重”的情形。由此，辩护人将辩护重点转向该条第2款“介绍贿赂人在被追诉前主动交代介绍贿赂行为的，可以减轻处罚或者免除处罚。”辩护人在《最高人民法院司法观点集成》(刑事卷)查得指导性案例第787号中的观点明确认为：被告人在检察机关对其行贿行为立案查处前已经交代了行贿事实，属于“被追诉前主动交代”。虽不是直接针对《刑法》第392条作出的阐述，但根据其性质，理应可以同等适用。再根据指导性案例的性质，虽不是法律渊源，但系对法律所规定概念的解释、条文的具体化，仍然具有积极的意义。即指导性案例虽然没有法律上的强制约束力，但具有事实上的拘束力。所谓事实上的拘束力，是指本级和下级法院“必须”充分注意并顾及，如明显背离并造成裁判不公，将面临司法管理方面的惩罚和纪律处分的风险，案件也将依照法定程序被撤销、改判或者被再审改判等。因此，辩护人认为该辩护思路将极大可能使法院对被告人判处免于刑事处罚，这是最有利于被告人王某1的，同时也是被告人能够接受的刑罚结果(因其是机关单位公职人员)，即使一审法院，乃至二审法院不支持辩护人的辩护意见，辩护人仍然有其他寻求救济的途径，使被告人得到最公正的审判。

最终，法院判决被告人王某1犯介绍贿赂罪，判处免于刑事处罚。

【律师分析】

辩护律师认为在本案中，被告人王某1触犯的罪名应是介绍贿赂罪而非行贿罪。《起诉书》指控的两起犯罪事实具有高度相似性，均是被告人王某1受亲友(王某2、谢某建)之托，将经手收取的两笔钱款共10万元现金全数交予吴某波，未从中截留分文。王某1的初衷和最终目的没有掺杂任何自己谋利的因素和成分，只为帮亲友排忧解难。

行贿是指为谋取不正当利益，给予国家工作人员以财物的行为；介绍贿赂是指向国家工作人员介绍贿赂，情节严重的行为。此两项罪名特别是行贿罪的共犯与介绍贿赂犯罪在犯罪的构成要件上存在相似之处但又有所区别，行贿罪在主观上要求必须存在谋取不正当利益的意图，该不正当利益一般是属于自身的不正当利益；介绍贿赂罪在主观要求方面更为广泛，行为人对于自身而言并非必须是为了谋取某种利益，也可以是为了他人谋取不正当利益，如无偿为亲友帮忙等。当然，行贿罪的帮助犯与介绍贿赂罪在某种情况下可能同样存在没有为自己谋取不正当利益的情形，区分两者的主要判断标准是在主观上有无与行、受贿双方形成合意，如果完全是为了促成行、受贿双方实现目的，则主观合意明显，是行、受贿的共犯；如果主观上仅仅是为了介绍、撮合，对于行受贿双方是否完成行受贿结果其并不追求，则合意并不明显，应为介绍贿赂罪。另外，在客观方面，行贿罪更强调财物的给予、处分；介绍贿赂罪则更注重体现沟通、撮合，其目的是促使行贿受贿关系得以实现，通常表现为：受行贿人之托，为其物色的行贿对象表达行贿意图；应受贿人之托，为其寻找的索贿对象传递索贿信息，疏通行贿渠道；引荐行受贿双方、转达行贿信息、为行贿人转交贿赂物、向受贿人转达行贿人的要求等等形式。

本案中，被告人王某1主观上更多体现的是为亲友义务帮忙。因此，从主观方面被告人王某1并不十分契合行贿罪的犯罪构成要件。

从犯罪客观构成要件上来说，行贿人给予国家工作人员以财物的行为在客观上更多体现的是对财物的处分，即行贿人有权处分行贿款项，而被告人王某1在本案中所送的两笔钱款共10万元，其所起到的作用正如《起诉书》中所描述的，仅是“经手”。这两笔共10万元钱款的提供人是被告人王某1的亲友，有处分权的也是被告人王某1的亲友，被告人王某1将两笔钱款共10万元转交给受贿方完全体现的是其亲友的意志。被告人王某1在其亲友与受贿方之间起到的是一种撮合的作用，其对钱款并无处分的权利也没有处分的主观意图，其仅是充当一个其亲友与受贿方沟通的桥梁，可以说其地位独立于行受贿双方，既不从属于其亲友一方亦不从属于受贿方一方，同时既代表其亲友一方的利益亦代表受贿方的利益，这是介绍贿赂罪的一个显著的特征。

因此，辩护律师认为其行为所触犯的罪名应为介绍贿赂罪。且《刑法》第392条明确规定：“介绍贿赂人在被追诉前主动交待介绍贿赂行为的，可以减轻处罚或者免除处罚”。本案立案时间为 2015 年 3 月 23 日，但被告人王某 1 早在 2014 年 12 月 18 日在配合检察机关反贪部门调查吴某波受贿一案中就已完整交待本案两起介绍贿赂行为，其交待介绍贿赂行为的时间早于对其立案查处的时间整整 3 个多月，完全可以认定其属于在被追诉前主动交待介绍贿赂行为，依法可对其免除刑事处罚。

特别值得欣慰的是，法院完全采纳了辩护律师的观点，判处王某 1 犯介绍贿赂罪，并判处免于刑事处罚。

【思考与提示】

如何区分介绍贿赂罪还是行贿罪的共犯，在刑法学界一直存在两种不同的观点。一是区别论，其认为介绍贿赂行为是独立的中介行为，区别于行贿行为和受贿行为。二是同一论，即介绍贿赂罪系行贿罪帮助犯的一种表现形式而已，没有必要加以区别。辩护人支持区别论的观点。

首先，介绍贿赂罪独立成罪，有其独立的构成要件，其是否为罪并不以行受贿罪构成犯罪为前提。另由于介绍贿赂行为具有严重的社会危害性，其直接促成了行、受贿犯罪。所以在司法实践中，如果行、受贿罪都不构成犯罪，但此时介绍贿赂行为达到了情节严重的程度，那么对此行为理应按照介绍贿赂罪定罪处罚。

其次，在行、受贿罪不成立的情况下，如果符合介绍贿赂罪的构成要件，也必须对其严惩。例如，行贿人为谋取“正当利益”，此时行贿人不为罪，同时按照“共犯从属性”说，帮助贿赂的行为人也是不构成犯罪的，但此时帮助者由于其主客观均具有危害性，完全可能单独构成介绍贿赂罪，这种情况下适用介绍贿赂罪是极为必要的。

最后，对于其他的情况，辩护人认为应按照想象竞合犯来处理，即如果同时触犯介绍贿赂罪和行贿、受贿罪的帮助犯，应当从一重罪论处，这样才能做到罪责刑相适应。按照这种处理方案来对介绍贿赂罪进行界定，虽然看起来其适用范围会缩小，但从司法实践来看，并不会产生大的影响。相反，如果不采取此种方式，则可能会导致重罪轻判或轻罪重判的严重后果。两者相比较，辩护人认为本文中的处理方案更为妥当。一方面有利于打击贪污贿赂犯罪；另一方面也有利于保障人权，进而实现介绍贿赂罪的立法价值。

成功的辩护，公正的判决

——记毛某寿非国家工作人员受贿罪终审判决无罪案

辩护律师　徐一凡*

【案情简介】

毛某寿，男，原任福州市台江区宁化街道某村党支部书记。2013 年 1 月 24 日，因涉嫌挪用资金罪被刑事拘留，同年 3 月 1 日因涉嫌犯非国家工作人员受贿罪被批准逮捕。

本案经侦查机关侦查结束后，移送福州市台江区人民检察院审查起诉，台江区人民检察院经审查后，向福州市台江区人民法院提起公诉，起诉书指控：1991 年 1 月至 2010 年，在被告人毛某寿担任福州市台江区宁化街道某村党支部书记期间，海某建筑公司和海某房地产公司的负责人陈某忠先后多次通过被告人毛某寿帮助，让毛某寿所在的某总公司借用资金 445 万元给海某建筑公司、海某房地产公司使用，且未收取借款利息。

2000 年 4 月，被告人毛某寿将其儿子毛某涛介绍到海某建筑公司工作，负责开车，后调至海某房地产公司开车。2004 年 12 月，由毛某涛经手与海某房地产公司签订商品房买卖合同，被告人毛某寿出资购买陈某忠开发的“××苑”×号楼××号店面(35.2 m^2)，总价人民币 10 万元；2005 年 6 月，又以总价 5000 元的价格购买“××苑”×号楼×层××号车位。被告人毛某寿明知是陈某忠看在其之前对海某建筑公司、海某房地产公司资金资助的情况下将该店面、车位以低价出售给毛某涛。仍出资以毛某涛的名义购买店面、车位。经福州市价格认证中心鉴定，上述店面价值 323599 元、车位价值 45917 元，合计 369516 元。由此，被告人毛某寿以毛某涛名义购买的店面、车位的价格与市场价格差额为 264516 元。公诉机关进一步认为，被告人毛某寿身为村民委员会负责人，利用职务上的便利，非法收受他人财物，为他人谋取利益，收受财

---

* 徐一凡，福建天人和律师事务所律师。

物，价值达人民币264516元，其行为已触犯了《中华人民共和国刑法》第163条之规定，犯罪事实清楚，证据确实、充分，应以非国家工作人员受贿罪追究刑事责任。

【办案纪实】

辩护律师所在的律师事务所接受了本案被告人毛某寿亲属的委托，并指派辩护律师承办此案。辩护律师接受指派并初步了解了本案案情和会见了在押的被告人毛某寿后，同时进一步了解到毛某寿购买案涉房屋的具体情况，同时根据其他相关材料认为毛某寿的行为可能不构成犯罪，基本观点为：(1)被告人毛某寿之子毛某涛购买本案案涉房屋并不是其利用职务之便的结果；(2)涉案人员陈某忠的供述不具有客观性；(3)证人王某坦(系陈某忠公司的副总经理，负责所建房屋的出售)与陈某忠没有共同的主观犯意。

在台江区人民法院的开庭审理中，辩护律师将上述观点细化后向法庭作了具体阐述。但台江区人民法院经审理认为：被告人毛某寿身为公司工作人员，利用职务之便，非法收受他人财物，为他人谋取利益，金额达264516元人民币，其行为已构成非国家工作人员受贿罪，应予依法惩处，公诉机关指控被告人毛某寿犯非国家工作人员受贿罪，犯罪事实清楚，证据确实、充分，罪名成立。被告人毛某寿的辩护人关于其行为系无罪的辩护意见因与事实不符、不予采纳。遂作出如下判决：(1)被告人毛某寿犯非国家工作人员受贿罪，判处有期徒刑5年。(刑期从判决执行之日起计算。判决执行以前先行羁押的，羁押一日折抵刑期一日，即自2013年1月24日起至2018年1月23日止。)(2)继续追缴被告人毛某寿的非法所得人民币264516元予以没收，上缴国库。

一审判决宣告后，不论是辩护律师、被告人及被告人家属均感到了巨大的压力，尤其是被告人家属，甚至向辩护律师提出放弃上诉。辩护律师与被告人毛某寿充分沟通后，被告人却坚决要求上诉，并仍旧寄厚望于辩护律师，为此，辩护律师继续作为被告人毛某寿不服一审判决提出上诉后的二审辩护人。

在福州市中级人民法院的二审期间，辩护律师认为有必要向二审法院申请相关证人出庭作证，以证明海某房地产公司对内部员工售卖房屋优惠条件的公开性及部分已享受优惠条件购房的业主的客观真实性，上述证人能够进一步证明毛某寿之子毛某涛购买涉案房屋的相关事实与被告人毛某寿无关。证人出庭作证的申请被准许后，二审法庭再次组织了开庭审理。在二审开庭审理中，辩护律师在原一审辩护观点的基础上，进一步认为：(1)海某公司当时的销售情况不好，店面没人买，毛某涛是在负责销售的副总经理王某坦的动员下买的店面和车位，并且此事王某坦在事前并未与总经理陈某忠协商及告知。(2)王某坦卖给毛某涛的案涉房屋价格系在其享有的公司授权内，此价格并不违法，应当视为公司的市场行为，并且毛某涛所享有的价格不具有唯一性，其他公司内部人员，甚至社会人员也享有，而毛某涛也是海某公司的员工，且工龄达5年，他享受的价格是员工的正常待遇。(3)一审将某公司(毛某寿所在公司)与海某公司两个平等主体之间的相互借款认定为其利用职务便利的结果实属错误，没有法律依据。(4)毛某寿的涉案标的，不是其利用职务便利形成的犯罪结果。(5)陈某忠关于卖房子给毛某涛是报答毛某寿的证言不具有客观真实性。王某坦与陈某忠没有共同的主观故意，其和毛某涛的销售合同是合法的民事行为，毛某寿帮助海某公司贷款与毛某涛低价购买海某公司的房产没有必然的法律上的因果关系。(6)毛某涛作为公司员工有权享有公司对员工购买本公司开发的房产予以低价出售的权利，法律对此并无禁止性规定。故一审认定毛某寿犯罪属适用法律错误，请求宣告无罪。

二审法院经审理后查明：原判认定上诉人作为台江区宁化街道某村党支部书记、某企业总公司法定代表人，借钱给海某公司为陈某忠提供帮助以及其子毛某涛低价购买海某公司房产的事实清楚，有经一、二审庭审出示并质证的证据证实，证据确实充分，足以认定。

但二审法院经审理认为：原判认定的“毛某寿利用职便为陈某忠谋利”与“毛某寿之子毛某涛低价购房”之间没有因果关系。毛某涛低价购买海某公司房产的直接来源是王某坦基于公司员工的优惠价格及其本人的自主定价权，以及王某坦照顾其驾驶员的因素，没有证据证明王某坦基于陈某忠的授意或王某坦个人代表公司给予毛某寿好处，也没有证据证明毛某寿和陈某忠、王某坦之间有过这方面的沟通和要求。而陈某忠在合同上签字以及无论是否有打电话给毛某寿，可能包含了感谢之前毛某寿的提供借款支持这样一种心态，但这种心态并不是毛某涛获得该价格的起因和决定性因素。毛某寿借钱给海某公司为陈某忠提供帮助与其子毛某涛低价购买海某公司房产之间没有直接的因果关系。原判认定上诉人毛某寿犯非国家工作人员受贿罪不能成立。上诉人毛某寿及其辩护人的相关辩护意见，本院予以采纳。遂以(2014)榕刑终字第×××号刑事判决书作出如下判决：(1)撤销福建省福州市台江区人民法院(2014)台刑初字第××号刑事判决书；(2)上诉人(原审被告人)毛某寿无罪。

二审宣判时，辩护律师应法院的要求随同前往看守所，宣判后，辩护律师

心中实乃百感交集，当事人毛某寿更是带着迷茫和疑惑的眼光看着宣判法官，随后，又见他回过头来，两眼饱含着激动的泪水，用颤抖的双手紧紧握着辩护律师的手连说“谢谢，谢谢。”当法官宣布当庭释放时，只见他迈着疲惫的脚步走出了关押了他 2 年零 6 个月的看守所。

【律师分析】

辩护律师在深入了解了本案案情后认为，本案的争议焦点应为：(1)关于毛某涛在海某公司工作是否系毛某寿接受陈某忠利益输送的渠道问题。(2)关于毛某涛购得店面、车位是否系“享受公司内部优惠价”的问题。(3)关于陈某忠和毛某寿是否有就毛某涛购买房产之事有过较为明确的意思联络或他们有没有就此请托或授意过王某坦的问题。(4)关于陈某忠在合同上签字是否系毛某涛购得房产的决定性因素的问题。

在认定了争议的焦点后，辩护律师在此基础上形成了辩护思路并认为：被告人毛某寿虽然身为福州市台江区宁化街道某村的党支部书记及某企业总公司的法定代表人，其虽然客观上确有借钱及帮助借钱给海某房地产开发公司的法定代表人陈某忠，其子毛某涛也确有以较低价格购买了海某公司开发建设的房产，但其子毛某涛作为海某公司的员工，并非仅有其一人享受公司内部优惠价购房。此辩护思路确定后，同时确定了以下几点为切入点：其一，毛某寿在本案中的涉案标的，不是其利用职务之便所形成的犯罪结果。其二，涉案人员陈某忠的供述不具有客观真实性。其三，王某坦与陈某忠没有共同的主观故意。其四，一审判决采纳的相关证据不是事实，故应当认定一审判决认定的部分事实不清，证据并不充分。其五，一审判决认定上诉人毛某寿身为公司工作人员，利用职务之便以帮助他人公司贷款收受他人财物，其行为构成“非国家工作人员受贿罪”实属适用法律错误。

上述分析，由于紧紧围绕着犯罪构成的四大要件，即：主体、客体、主观、客观要件展开，尤其是在二审期间的相关证人出庭作证，充分证明了毛某寿之子毛某涛作为海某公司的员工按照公司的内部规定而购买的涉案房屋，与毛某寿无关，毛某寿与本案不存在所谓的“利益输送”等任何可构成犯罪的问题。此观点由于主题鲜明、客观中肯，故被二审法院采纳。

【思考与提示】

以房产明显低于市价销售给受贿人或受贿人指定的登记人属利益输送型

受贿的法律根据出自最高人民法院的司法解释。但本案的关键点就在于毛某寿之子毛某涛向所在公司购买涉案房屋，是否属于海某建筑公司的法定代表人陈某忠为感谢毛某寿曾经向其出借资金，故意以低价向毛某寿之子毛某涛出售房屋而形成的“利益输送”。辩护律师为此提出了所谓的“利益输送”在本案中不成立的几个问题：

1. 综前所述，毛某涛购买涉案楼盘产品当属法无禁止的行为

2. 导致本案错误认定毛某涛购房差价属其父毛某寿非国家工作人员受贿的数额的几个原因，主要是相关办案机关在主观上习惯性以“类推”犯罪的思维推定毛某寿的行为性质所导致，同时，在客观上，相关办案司法机关无视或忽视了毛某涛作为售房公司老员工的客观事实，进而无端剥夺了毛某涛可享受公司(福利性)低价售房的权利

3. 毛某寿帮助其子所在单位向商业银行贷款与其子低价购买所在单位房产没有必然的法律上的因果关系。

笔者作为本案的辩护律师认为，在目前法制建设越来越完善，且各办案单位的办案水平越来越高，办案程序越来越严谨的今天，能够成功辩护一起无罪案件应属难得和不易。在现实的司法环境中，司法机关不可能对每一个案件都能做到严把严控，不可能做到对每一个案件都能理性客观地分析证据，正确运用法律。有的案件甚至在刑事诉讼的每一个不同程序中都会引起办案机关的内部讨论，有时甚至是激烈的争议，但体现到案件的结论上只能是一个。这时，这个结论不论是对还是错，都将直接影响到刑事案件被告人的切身利益，有的甚至影响其一生。律师制度作为我国司法制度的一个组成部分，法律赋予律师的职责就是根据事实和法律，提出犯罪嫌疑人、被告人无罪、罪轻或者减轻、免除其刑事责任的材料和意见，维护犯罪嫌疑人、被告人的诉讼权利和其他合法权益。所以，作为一个律师，作为一个刑事案件的辩护人，应当时刻牢记自己的责任和明确自己肩上的重担。笔者同时认为：律师在办理任何一起刑事案件时，首先应当熟知法理和法律规定，具备熟练的业务技能，在接受一个刑事案件的委托时，应当客观认定相关事实，认真分析相关证据，研判可能产生的争议焦点并确定明确的辩护思路，当在办案过程中遇有挫折时，更应当理性自信而不是盲目自信，并以此为动力去努力实现辩护的目标，只有这样，才能合法有效的维护被告人的诉讼权利和权益。

最难的不是法律上的辩护，而是对"疑罪从轻式"判决的挑战

——以石某受贿罪再审案为例

辩护律师　郑文鑫　张中成*

【案情简介】

原审被告人石某，男，1956年2月9日出生于福清市，汉族，大学文化，原系福建省福清市安全生产监督管理局综合科负责人。因涉嫌受贿罪于2005年5月31日被刑事拘留，同年6月8日被逮捕。2005年12月23日被取保候审。

2005年11月11日，福清市人民检察院向福清市人民法院提起公诉，指控石某犯受贿罪。指控的犯罪事实如下：2004年底，福清市安全生产监督管理局（以下简称"安监局"）向福清市辉云印刷厂（以下简称"辉云印刷厂"）印制《安全生产簿册》3000套，每套单价16元。安监局发文向各镇及有关单位推销该簿册。一段时间后，辉云印刷厂向有关单位售出簿册1000余套。2005年春节前，被告人石某打电话给周某云要求先按销售2000套每套6.5元给予回扣，次日，周某云将装有13000元人民币和一张写有"付局现金13000元"字样的便笺的信封送到石某办公室交给石某。

2005年12月21日，福清市人民法院作出（2005）融刑初字第802号刑事判决，认定被告人石某犯受贿罪，判处有期徒刑1年，缓刑2年。赃款人民币13000元，予以没收。

石某不服，提出上诉。2006年3月28日，福州市中级人民法院作出（2006）榕刑终字第194号刑事裁定，撤销原审判决，发回重审。

2006年8月23日，福清市人民法院作出（2006）融刑初字第304号刑事判决，认定被告人石某犯受贿罪，判处免于刑事处罚。被告人石某退出的违法所

---

* 郑文鑫、张中成，北京大成（福州）律师事务所律师。

得款人民币 13000 元，予以没收。

石某不服，提出上诉。2006 年 11 月 13 日，福州市中级人民法院作出(2006)榕刑终字第 659 号刑事裁定，驳回上诉，维持原判。

石某不服福清市人民法院的有罪判决、福州市中级人民法院维持的刑事裁定，向福建省高级人民法院提出申诉。2011 年 6 月 4 日，福建省高级人民法院指令福州市中级人民法院再审。2011 年 11 月 18 日，福州市中级人民法院经再审，维持原判。

石某不服再审判决，再次向福建省高级人民法院申请再审。2016 年 4 月 27 日，福建省高级人民法院再次决定再审。2017 年 10 月 27 日，福建省高级人民法院开庭审理，辩护人提出如下主要辩护观点：(1)原审据以认定石某个人收受周某云人民币 13000 元回扣款的证据不确实、不充分，主要证据之间存在严重矛盾；(2)原审认定石某自行提供的录音资料系“证人证言”，且属于“偷录”行为构成违法，不能作为定案依据，属于适用法律错误；(3)原审认定石某应对接收回扣款是单位集体研究和款项去向承担举证责任，系举证责任分配不当，属适用法律错误，而且施某某等人的录音资料也可以证明系单位集体研究以及款项去向两个核心事实。综上，应改判石某无罪。庭上，出庭检察员发表维持原判的检察意见。

2019 年 4 月 22 日，福建省高级人民法院经再审查明，原判认定原审被告石某于 2005 年春节前在办公室收取福清市辉云印刷厂负责人周某云交给其印刷簿册回扣款 13000 元的事实清楚，证据确实充分，予以确认。关于石某解除羁押后提交法庭的录音资料和“往来账本”的问题，录音资料是其在取保候审期间违反相关规定私自录制的，不具有合法性，不予采信。

此外，综合以下四点分析，原判认定系石某个人受贿的证据不足：(1)石某始终否认 13000 元是辉云印刷厂周某云送给其个人的回扣款。周某云在 2005 年 5 月 30 日的第一、第二次的调查笔录明确陈述 13000 元回扣款是经过安监局领导商议的，该款用于安监局发放福利奖金。该证言在同日得到其妻子周某珠的证言印证。供述和证言不能确认石某个人受贿的事实；(2)周某云将装有 13000 元回扣款的信封送到石某办公室，在第三人在场的情况下，当面交给石某，要石某点一下，这与个人受贿的常理也不符；(3)2005 年 5 月 31 日在石某办公室搜查到写有“交老石收”字样的信封一个，信封内有写有“付局现金 13000 元”和“已发放单位”字样的福清市辉云印刷厂便笺写的安全生产簿册销售清单一张，该物证、书证不能证实石某个人受贿的事实；(4)本院在审查石某申诉期间向施某某作了调查，施某某承认局里有部分开支是石某报销的。

最终福建省高级人民法院认为，原判认定原审被告人石某收取福清市辉云印刷厂负责人周某云交给其印刷簿册回扣13000元的事实清楚，但认定系石某个人受贿的证据不确实、不充分，依法应予纠正。原审被告人石某及其辩护人提出石某不构成受贿罪的主要诉辩理由成立，予以采纳。作出如下判决：

1. 撤销福州市中级人民法院(2011)榕刑再终字第4号刑事裁定和(2006)榕刑终字第659号刑事裁定及福清市人民法院(2006)融刑初字第304号刑事判决；

2. 原审被告人石某无罪。

3. 原审被告人石某退出的非法所得人民币13000元予以追缴，上缴国库。

【办案纪实】

在形成辩护思路之前，石某案件的以下几个因素是我们重点考量的：

第一，外部高压反腐的政策压力。申诉案件，最难的是如何才能获得再审的机会。但是，获得再审的机会，也不一定意味着一定能成功改判。石某第一次再审就是如此。第二次是否一定会改判，同样是个疑问，尤其是要考虑当时还处于高压反腐阶段的政策性因素。

第二，检察院的态度。另外一个因素是检察院的态度，庭前我们经过沟通，了解到虽然省高院决定第二次再审，但是，省检察院并不支持改判。这与其他许多再审案件已经事先经过检法两家协商一致的不同，这也意味着石某案件的改判，仍然面临来自检方的现实阻力。

第三，法院的态度。石某这个案件是典型的“和稀泥”式的判决，虽然我们有疑罪从无的规定，但是，司法实践中经常被异化为“疑罪从轻”判决。石某一审被判缓刑，到发回重审改判免刑，这应该是当前司法环境下，对于无罪案件变相从轻处理的典型了。某种程度上，要在免刑的基础上，改判无罪，这对于法院内部而言，同样有不同的声音。

第四，证据情况。一般能够改判的案件，大多数要有新的证据支持，纯粹以疑罪改判无罪的案件，实践中并不多。石某这个案件同样没有取得新的证据，因此，要存在以疑罪的观点推翻原审判决，同样有现实的压力。

对于政策性因素，由于是整个大环境背景，在个案中基本上比较难有效去衡量。

我们重点关注的是检察院的态度，基于多次的沟通，检察官虽然发表了维持原判的意见，但他们对于我们提出的原审认定事实所依据的证据的证明能力和证明力的质疑，同样没有采取太多强硬的对抗。某种程度上，争取让出庭检察员对于某些问题采取“消极应对”的态度，同样是律师在再审过程中，需要积极争取的。

至于法院内部的态度，我们应当重点以石某个案的特殊性来化解“疑罪从轻式”的压力，尽可能不因为此案而动摇“疑罪从轻”的整体裁判思路。也必须让法院感到石某个人对无罪的渴求程度，不会因为第二次再审依然维持原判就会放弃申诉，让经办法官意识到，这是一个“必须解决的问题”。

最后，对于案件的处理，务必回归到事实、证据和法律上，这是石某能不能改判的关键性因素。《中华人民共和国刑法》第 385 条与第 387 条分别规定了受贿罪与单位受贿罪，据当时《人民检察院直接受理立案侦查案件立案标准的规定（试行）》规定，前者的立案金额为 5000 元以上，而后者的立案金额为 100000 元以上，本案涉及金额 13000 元，因此，如果系单位受贿行为，则不构成犯罪；如果是个人受贿行为，则构成犯罪。所以，该案中收取回扣款系安监局集体决定还是石某个人受贿的定性尤为重要。

围绕着是个人受贿还是单位受贿，我们重点对本案的证据进行了细致而深入的分析：

1. 原审主要依靠言词证据定案

原审认定石某系个人受贿的证据，仅有言词证据，而且这些言词证据自相矛盾、前后矛盾。

2. 仅靠言词证据定案，经不起检验，具有危险性

石某私下取得的录音，无论录音材料是否具有合法性，既然安监局工作人员对于某一事实，可以有两种完全矛盾的说法，这不仅可以动摇安监局工作人员此前证言的真实性，也恰恰进一步证实了仅仅依靠言词证据定案的危险性和经不起检验性。

经过对案件的梳理分析，可以得出，本案的争议焦点有二：第一，收受周某云 13000 元回扣系安监局集体研究决定还是石某个人受贿行为？原审据以认定石某个人受贿的证据是否充分；第二，石某提供的录音资料能否作为证据使用。

因此，通过讨论，本案决定从以下几个方面进行辩护：

1. 原审认定石某个人收受周某云人民币13000元回扣款的证据不确实、不充分

原审认定石某个人收受周某云人民币13000元回扣款的证据不确实、不充分，主要证据之间存在严重矛盾：(1)原审据以定案的主要证据系行贿人周某云与时任安监局工作人员陈某某、施某某、林某某等人相互印证部分的证言，而周某云的证言前后矛盾。安监局工作人员则与案件处理结果之间有利害关系，且石某提供的录音资料可以证明安监局工作人员的在案证言不具有客观真实性。(2)周某云初始的两份证言可以和其妻子周某珠的证言、石某的辩解以及其本人提供给安监局的结算清单相印证，证明收受回扣是安监局集体研究决定收取，并作为安监局相关工作人员的年底奖金。

2. 原审应着重审查录音资料的真实性而非合法性

原审认定石某自行提供的录音资料系“证人证言”，且“偷录”行为构成违法，录音材料不具有合法性，不能作为定案依据，属于适用法律错误。石某提供的录音是客观性资料，应重点审查其真实性而非合法性，只要录音内容是真实的，就应采信。

3. 原判违背疑点利益归于被告人原则

原审认定石某应对回扣款系“单位集体研究”以及“款项去向”两个事实承担举证责任，属于举证责任分配不当、适用法律错误。而且安监局工作人员的录音资料也可以证明收取回扣款系单位集体研究以及款项去向两个核心事实。原审判决只采信不利于石某的相互印证部分的证据，而不采纳有利于石某相互印证的证据，明显违背疑点利益归于被告人的原则，认定石某有罪也不能排除合理怀疑，故应改判石某无罪。

最终，福建省高级人民法院经审查认定石某个人受贿的证据不确实、不充分，对原判认定系石某个人受贿的证据不足的辩护理由予以采纳，改判石某无罪。但仍然认定石某偷录的录音证据不具有合法性，不予采纳。

【律师分析】

本案中，争议焦点主要集中在控方提交的证据是否已经达到了可以排除收受周某云13000元回扣系安监局集体研究决定的可能，并且可以得出系石某个人受贿的排他性结论。

收款行为是否系单位集体研究决定，直接关系到本案的性质：如果是单位集体研究，则属于单位受贿，因涉案数额达不到单位受贿的立案标准，故不构

成犯罪;如果是石某个人决定的,则属于个人受贿行为。

原审据以定案的主要证据是行贿人周某云与时任安监局工作人员陈某某、施某某、林某某等人的证言。而其中,周某云的证言最为重要,因为其系行贿人,对行贿对象和行贿过程当然最为清楚。虽然周某云的证言严重自相矛盾,但在七份证言中周某云两份初始证言没有受到其他影响,而且能够与妻子周某珠的证言、结算清单相互印证,故其真实性已经得到印证,明显是最可靠的,应当优先采信其初始的两份证言,证明收受回扣是安监局集体研究决定的,回扣款是作为安监局相关工作人员的年底奖金。而之后周某云在检察院向安监局的工作人员进行询问的同一天改变了证言,称回扣款是给石某个人,但安监局的工作人员均与本案的处理结果存在利害关系,且他们在私下承认安监局有集体研究过也收到石某给的1500元,这与他们本身的证言也是自相矛盾的。因此,周某云证言中,与侦查机关调取的时任安监局工作人员陈某某、施某某等人的证言相互印证部分不宜作为定案依据。

除此之外,依据当事人石某提供的录音证据,也足以说明,回扣款是安监局集体研究决定的,施某某有收到石某支付的1500元的核心事实。原审认定石某提供的录音资料不能作为证据使用,属于适用法律错误。

1.录音资料的证据种类属于视听资料,是客观性证据,不属于证人证言。

2.《刑事诉讼法》中关于取保候审部分规定:“不得以任何形式干扰证人作证。”本案中,第一,不得以任何形式干扰证人作证,不等于不能会见证人。第二,石某提供的与施某祥的第一次录音对话,是施某祥主动到石某家看望石某的,不是石某找施某祥的。第三,录音是原始的、完整的,在录音中,也未见任何石某干扰(威胁、利诱等)证人做虚假陈述的内容。第四,证人根本就不知道石某有录音。简言之,只要录音内容是真实的,就可以采信。

3.我国刑事诉讼法关于取证的程序性的约束规定,只适用于侦查机关,并未规定辩方调查取证也要适用相关程序。我国刑事诉讼法之所以规定取证程序,是为了避免拥有强势资源的侦查机关及其办案人员滥用权力,违法取证。而辩方没有这样的权力,当然也不受这样的约束。

4.辩方提供的证据,应重点审查的是真实性问题,而不是合法性问题。比如,甲被指控杀人,甲知道乙家中藏有可以证明他不在案发现场的视频证据,但乙拒绝提供,甲偷偷潜入乙家中,偷得视频证据,果然发现当日甲不在案发现场。此时,甲是采用盗窃的方式取得了视频证据,但视频证据的内容是真实的,可以证明其无罪,这个证据能不能用?当然可以用!

5.本案中，录音证据恰恰因为是偷录的，更能够佐证其真实性，因为可以排除串通作证的可能性。众所周知，证人证言是最不可靠的证据，因为其受各种因素影响，充满变数。根据逻辑经验，要让一个人主动、公开承认不利于自己的事实，尤其是犯罪事实，这是很难做到的，而在私下场合，不受其他因素影响的情况下，他们往往才更有可能说真话。而且，安监局四个参与集体研究的人以及周某云在私下对话中，都明确表示了收取回扣款是安监局集体研究决定，而安监局工作人员都有分到利益，这种私下、不知情的情况下，一致的说法，才是最真实的，最应该采信的。

综上，原审认定系石某个人收受周某云 13000 元回扣款事实不清，证据不足，应依法撤销原判决，改判石某无罪。

【思考与提示】

这个案件有标志性意义，最难的不是法律上的辩护，而是对“疑罪从轻式”判决的挑战。石某并非被判处重刑，他仅仅被判处免刑。他不服的是这种以轻罪代替无罪的“和稀泥”做法。该案也给了我们许多办案的启发：

首先，办案要从案件性质入手。我们需要检查检察院的起诉书中对案件事实的描述与我们从当事人处所了解的事实是否有出入；关于定罪量刑的检察建议是否存在定性不准确或适用法律错误的问题。这就要求办案律师平常注重对专业知识的积累，以及了解相关政策规定，通过一系列检索，对案件所涉及的法律及相关规定进行定位，综合当下政策环境，进而对案件性质作出初步判断和定性。

其次，办案需要留意检察院和法院的态度。案件的控诉方系检察院，裁判者系法院，二者均处于案件的重要地位，若能在相应阶段就能与检察院或法院进行良好沟通，为自己的当事人争取最大的权益，甚至在案件正式起诉前便进行拦截就再好不过。但要做到如此并不容易，这其中的关键，得让法院和检察院愿意与你沟通。那么，这便需要我们综合案件性质、当下环境的政策因素以及通过接触形成的对案件经办性格的初步判断，去了解检察院和法院对案件的态度，从而“对症下药”，而不是一味地“对抗”。

最后，律师也应当着重证据审查。本案中，原审犯的最重要的一个错误系将石某提供的录音资料归为“证人证言”，参照证人证言的审查方法将其予以排除。虽然最终省高院亦未将该证据采纳为合法材料，但原审法院这属于对证据性质分类的错误。这就要求我们律师也要对案件证据有正确的认知，才能发现问题进行辩护。此外，我们会发现，大多数刑事案件，特别是重点打击的犯罪，多数是言词证据，实际合法有效且能够与证人证言相互印证的物证少之又少。这便导致法官判案主要依靠言词证据定案，但证人证言会受许多其他因素影响，存在变数，往往是最不可靠的证据。那么，在仅有言词证据的情况下，这更需要办案律师去探求证人证言背后的真相，设想可能导致证人证言变化的原因，针对现有证据或原审判决存在的漏洞进行辩护。证明有罪的责任，不应分配给被告人，而应由控方来承担。对于被告人来说，举证是权利，不是义务。辩护律师要对侦查机关提供的证据存有一分怀疑，不能一味相信侦查机关提供证据的真实性，这才能从本质上防止冤假错案的发生。

该案的意义不仅是个案意义，还告诉我们，办案不仅要有专业知识，还要“审时度势”，了解相应的政治环境、了解案件经办对案件的态度，从而对案件进行综合分析和判断。但办案的根源系案件的证据重组，一切均应回复到证据上，从证据出发，才能发现问题，抓住案件的“辩点”。

坚持法治思维，为涉黑案件有效辩护

——徐某组织、领导、参加黑社会性质组织案

辩护律师 金 涛 胡雄善*

【案情简介】

被告人徐某，男，汉族，初中文化，个体工商户，因犯故意伤害罪，于 2001 年 8 月 6 日被福州铁路运输法院判处有期徒刑 4 年 6 个月，后于 2004 年 10 月 12 日刑满释放。2015 年 8 月 6 日，因涉嫌犯罪被南平市公安局刑事拘留，同年 9 月 11 日经南平市人民检察院批准，同日由南平市公安局执行逮捕。本案由南平市公安局侦查终结，于 2015 年 11 月 10 日向南平市人民检察院移送审查起诉叶某、柳某、徐某、赵某、邱某、谢某、林某、黄某、杨某、占某、江某涉嫌组织、领导、参加黑社会性质组织罪、故意毁坏财物罪、非法拘禁罪、寻衅滋事罪、敲诈勒索罪、强迫交易罪、聚众斗殴罪、以危险方法危害公共安全罪一案。因案件属基层人民法院管辖，2015 年 11 月 25 日，南平市人民检察院将该案指定邵武市人民检察院管辖。

2016 年 2 月 2 日，南平市公安局向南平市人民检察院移送审查起诉陈某、詹某、宋某、祝某等 4 人涉嫌组织、领导、参加黑社会性质组织罪、非法拘禁罪、寻衅滋事罪、故意毁坏财物罪、聚众斗殴罪一案。因案件属基层人民法院管辖，2016 年 2 月 16 日，南平市人民检察院将该案指定邵武市人民检察院管辖。

2016 年 4 月 27 日，南平市公安局向南平市人民检察院移送审查起诉张某涉嫌参加黑社会性质组织罪、非法拘禁罪、故意毁坏财物罪，陆某涉嫌敲诈勒索罪、聚众斗殴罪，王某涉嫌聚众斗殴罪一案。因案件属基层人民法院管辖，2016 年 5 月 4 日，南平市人民检察院将该案指定邵武市人民检察院管辖。因本案属共同犯罪，2016 年 5 月 17 日，邵武市人民检察院将上述三个案件并

---

* 金涛、胡雄善，福建亚轩律师事务所律师。

案审查，后以邵检公刑诉（2016）73号《起诉书》向邵武市人民法院提起公诉。本案系福建省公安厅挂牌督办案件，共有18名被告人被提起公诉，徐某在《起诉意见书》中位列第二，在《起诉书》中位列第三。

《起诉书》指控被告人徐某：

一、组织、领导、参加黑社会性质组织案

“2013年6月25日，被告人叶某刑满释放后，先后纠集徐某、陈某、黄某、赵某、詹某、张某等人作为组织成员，逐步形成了以被告人叶某为组织、领导者，被告人黄某、徐某、谢某、邱某、柳某和周某（另案处理）为骨干成员，被告人赵某、陈某、宋某、林某、杨某、祝某、占某、詹某以及刘某、刘某、杨某（均另案处理）等人为一般成员的黑社会性质组织。”“该组织通过违法犯罪活动及非法手段获取经济利益，具有一定经济实力，同时以暴力、威胁等手段，有组织地多次进行违法犯罪活动，为非作恶，欺压、残害群众，通过实施违法犯罪活动，称霸一方，严重破坏经济、社会生活秩序，系黑社会性质组织。其中……徐某系积极参加者。”

二、童某被非法拘禁案

2015年4月1日，徐某因向童某追讨债，被与童某一起的邓某一脚踹倒在地，后便纠集杨某、祝某强行带童某至叶某的广鑫寄售行进行长时间殴打。经鉴定，被害人童某的伤情为轻微伤。

公诉机关认为，被告人徐某的行为已触犯《中华人民共和国刑法》第294条第1款、第4款、第238条第1款之规定，应以参加黑社会性质组织罪、非法拘禁罪追究其刑事责任。

本案经公开开庭审理，邵武市人民法院对被告人徐某及其辩护人提出的徐某不构成参加黑社会性质组织罪，以及非法拘禁罪具有法定从轻、酌定从轻情节的辩解和辩护意见予以采纳。邵武市人民法院（2016）闽0781刑初188号《刑事判决书》判决：被告人徐某犯非法拘禁罪，判处有期徒刑1年零6个月。（刑期从判决生效之日起计算。判决执行以前先行羁押的羁押一日折抵刑期一日，即自2015年8月6日起至2017年2月5日止。）

一审宣判后，徐某未提出上诉，并于2017年春节前与家人团聚。

【办案纪实】

被告人徐某被羁押后，其亲属即委托福建亚轩律师事务所金涛、胡雄善两位律师担任徐某辩护人。辩护人克服徐某多次被变更羁押场所、会见遭遇种种无故阻挠的困难，认真听取徐某的合理辩解，结合案件全部证据进行综合分析判断。辩护人与徐某经过多次沟通，共同确定了对组织、领导、参加黑社会性质组织罪进行无罪辩护，对非法拘禁罪在认罪认罚的前提下，进行罪轻辩护的方案。在庭审中，辩护人提出了以下主要辩护意见：

1. 徐某没有实施加入黑社会性质组织的行为。

其与叶某仅仅是发小，是同学关系、邻居关系、朋友关系，即没有任何证据可以证明徐某参加了叶某组织的黑社会性质组织。在公诉机关提交的证据中，没有任何一份证据能够证明徐某参加黑社会性质组织罪的时间、地点、方式等具体犯罪事实。

2. 徐某没有参加黑社会性质组织的任何犯罪活动

徐某与本案其他被告人也只是一般相互认识的关系。他们所实施的违法犯罪活动徐某都没有参与，虽然叶某手下其他人员早就认识徐某，认为叶某下来地位最高的是徐某，徐某也是大哥，叶某有事情都会和他商量，但没有证据证明徐某存在组织、指挥或者参加叶某为首的黑社会性质组织罪的犯罪活动。

3. 徐某不属于骨干成员、积极参加者

徐某对所谓黑社会性质组织的人、财、物的运作、安排等事项从未参与，更不存在起什么重要作用和影响的事实，公诉机关也没有任何证据证明徐某属于骨干成员、积极参加者。

4. 徐某非法拘禁童某，属于独立的犯罪行为，与黑社会性质组织罪无关

徐某实施该犯罪行为完全出于自身利益的需要，叶某事先并不知道非法拘禁童某，叶某出面处理徐某事先也不知道，叶某只是为了朋友义气出面帮忙，故徐某非法拘禁童某与所谓的黑社会性质组织不具有关联性。

5. 公诉机关指控的 16 起犯罪案件中，除非法拘禁童某一案系徐某所为，且与涉黑无关之外，其余 15 起均与徐某无任何关系

辩护人认为，纵观本案全部证据，都无法证明徐某参加黑社会性质组织的具体事实，公诉机关没有提供确实的、充分的、能够得出唯一性结论的证据，对徐某涉黑的指控抽象笼统空洞，没有形成证据锁链，不足以证明所指控的犯罪事实，故徐某参加黑社会性质组织的罪名依法不能成立。

福建省邵武市人民法院经审理查明：被告人徐某及其辩护人提出徐某不构成参加黑社会性质组织罪的辩解和辩护意见。经查，虽然其他多名被告人供述徐某和叶某早就认识了，是发小，也是大哥，除了叶某其地位最高，其他被告人要听他的。但没有其他证据证明徐某除了非法拘禁童某外，有指挥或参

与黑社会性质组织罪的违法犯罪活动。童某被非法拘禁，系徐某为自身利益而利用自己与叶某私人关系密切，对其他被告人所产生的影响，而临时利用黑社会性质组织实施的犯罪活动，具有临时性、突发性，不具有组织动因，故不能因此认定被告人徐某是黑社会性质组织成员。被告人徐某及其辩护人该节辩解及辩护意见，予以采纳。

同时，福建省邵武市人民法院认为：以被告人叶某为首的犯罪团伙，已形成较稳定的犯罪组织，人数较多，有明确的组织者、领导者，骨干成员基本固定；该组织通过违法犯罪活动及其他手段获取经济利益用于组织发展，具有一定经济实力；同时以暴力、威胁等手段，有组织地多次进行违法犯罪活动，称霸一方，严重破坏经济、社会秩序，系黑社会性质组织。其中被告人叶某系组织、领导者，构成组织、领导黑社会性质组织罪。被告人黄某等系积极参加者，被告人谢某等为一般参加者，均构成参加黑社会性质组织罪。

【律师分析】

本案焦点问题之一，是与黑社会性质组织的组织者、领导者个人关系密切的人，如何甄别其是朋友关系还是黑社会性质组织的成员。

辩护人认为，认定被告人是否参加黑社会性质组织应当围绕以下几个方面审查：

(1)该被告人在何时、何地，以何种方式参加黑社会性质组织；是否存在接受黑社会性质组织的领导和管理的相关证据；其人身及行为方面是否受到黑社会性质组织及其组织者、领导者的管理、约束。

(2)是否组织、指挥、策划或者参与黑社会性质组织的违法犯罪活动。

(3)是否直接、间接地参与黑社会性质组织的人、财、物的运作、调配、安排、使用、管理等事项。

(4)在经济方面与黑社会性质组织是否存在关联；是否从中进行敛财，获取经济利益或其他利益。

(5)是否有其他证据证明其在黑社会性质组织中所处的地位和作用。

(6)应当对证据进行全面审查判断，查明其本人是否仅仅了解、知道、听说黑社会性质组织的违法犯罪活动情况，而实际上并未直接、间接地参与该违法犯罪活动；是否只属于证人的身份。

知道情况并不等于参与涉黑犯罪，本案中徐某的大量供述虽然反映了叶某及其手下人员的一些情况，不能据此认定徐某参加了黑社会性质组织。公诉机关仅凭徐某与叶某个人关系好，且供述了大量该黑社会性质组织的情况，又有其他被告人供述称其为“大哥”，除了叶某，徐某地位最高等言词证据，就认定徐某参加黑社会性质组织，混淆了朋友关系与黑社会性质组织成员之间的关系。

本案焦点问题之二，是如何判断某一犯罪属于独立的犯罪行为还是黑社会性质组织的犯罪行为。

(1)该犯罪行为是否存在黑社会性质组织的动因；是否代表组织的意志、受到组织的安排，或为了组织的利益。

(2)黑社会性质组织的组织者、领导者或其他成员是否参与该犯罪活动的通某、策划、指挥；该犯罪活动是否按照黑社会性质组织的惯例、“家规”、“活动规约”而实施的行为。

(3)该犯罪行为与维护和扩大黑社会性质组织的势力、实力、影响、经济基础有无关联。

(4)该犯罪行为是否存在其他与黑社会性质组织具有关联性事实，例如，是为了称霸一方、欺压残害群众、巩固黑社会性质组织的势力范围等。

凡具备上述情形之一，即为黑社会性质组织的犯罪行为，反之即应认定为独立的犯罪行为。故本案徐某涉及的非法拘禁案最终认定为徐某单独犯罪行为。

【思考与提示】

刑辩律师的职责和使命既是为犯罪嫌疑人、被告人辩护，又是通过具体个案的辩护，捍卫每一个人生命、自由和财产。刑辩律师既要做到坚守法治底线，依法辩护，更要敢辩能辩，不懈追求有效辩护。以本案为例，在办理涉黑案件时需要考虑以下几点：

第一，不仅要对于黑社会性质组织的认定要准确把握，对具体涉案人员是否属于黑社会性质组织成员、是否构成组织、领导、参加黑社会性质组织罪，同样需要认真、全面地审查判断。

第二，对于是否属于黑社会性质组织内的犯罪的判断，一般并不困难，但对于黑社会性质组织的一些成员，或者个别成员集体或者个人单独实施的犯罪是否属于黑社会性质组织内的犯罪，同样需要审慎甄别。

第三，公诉机关对于黑社会性质组织所实施的具体犯罪认定，一般证据较为扎实，但对于参加黑社会性质组织罪的认定则或多或少地存在指控抽象笼统，证据形态单一，言词证据居多，不足以证明所指控的犯罪事实的情况。辩护律师应当从大量的证据中，去粗取精，去伪存真，抓住本质的、关键的证据，进行研究，进而提炼出有证据和法律支撑的辩护观点。

从买毒人证言细节入手，击破控方证据链，贩卖变非法持有

——杨某贩卖毒品案

辩护律师　宫一兵*

【案情简介】

福建省邵武市人民检察院以被告人杨某犯贩卖毒品罪向福建省邵武市人民法院提起公诉。公诉书指控，2013 年 7 月间，被告人杨某在邵武市名仕豪庭 6 栋 701 室自己家中，先后三次向兰某贩卖冰毒，一次为 0.8 克、一次为 0.3 克、一次为 0.2 克，共得赃款人民币 1000 元。2013 年 8 月 19 日下午，杨某再次在家中向兰某贩卖冰毒 0.3 克，得赃款人民币 200 元。当日，杨某在家中被抓获，当场从其家中查获冰毒 20.76 克，查扣毒资人民币 200 元。

被告人杨某辩解：自己没有贩卖毒品，从其家中查出的冰毒仅供自己吸食，且是其主动交出来的。

辩护人认为，指控被告人杨某涉嫌贩卖毒品罪，事实不清、证据不足。理由：第一，被告人杨某仅称兰某是其朋友，平时有在一起吸过毒，但始终未供述过其贩卖毒品给兰某；第二，2013 年 8 月 19 日下午，侦查人员在邵武市名仕豪庭 6 栋 1 楼电梯口将从杨某家出来的兰某抓获，但侦查人员未在兰某身上搜查出其“购买”的毒品，该毒品的下落至今未查找到；第三，证人薛某、陈某的证言，仅能单方证明他们曾向杨某购买过毒品，但无法证明杨某四次向兰某贩卖毒品；第四，杨某建行账户尾号为 2153 的交易明细单，仅能证实该账户交易明细有多项 300 元、500 元的交易记录，无法证实是贩毒的赃款；第四，最为关键的是兰某对所购买的毒品的去向交待不明且有矛盾，其证言的真实性无法确认；第五，在案证据仅有兰某的证言指向杨某贩毒的待证事实，指控贩毒的证据链条未形成。另外，侦查人员在杨某家中查获的 20.76 克毒品系杨某主

* 宫一兵，福建欣开元律师事务所律师。

动说出存放位置,具有坦白情节。

法院经审理查明了案件事实,采纳了辩护人的辩护意见,认为公诉机关仅凭购毒人兰某的孤证指控杨某四次贩卖毒品给兰某的证据不足,查扣的人民币 200 元现金亦无法认定为毒资。但依据公安机关在杨某家中查获冰毒 20.76 克的事实,本案系非法持有毒品。公诉机关指控的贩卖毒品罪不当,应予纠正。杨某被抓获后,主动供述毒品的存放位置,是坦白,可以从轻处罚。杨某有前科,酌情予以从重处罚。据此,依法判决被告人杨某犯非法持有毒品罪,判处有期徒刑 2 年,并处罚金人民币 1 万元。

【办案纪实】

辩护人是在案件侦查阶段接近尾声时接受当事人杨某家属的委托,辩护人多次会见杨某,杨某始终说自己跟兰某只是“毒友”关系,从未贩卖毒品给他,案发当天是兰某约杨某并到杨某位于邵武市名仕豪庭小区的家中聊天并吸毒。

案件移送检察院后,辩护人仔细阅卷,发现案发当日买毒人兰某购买的毒品不知下落,兰某的证言也存在多处疑点和矛盾。案发当天警察把兰某带回办案中心进行询问,兰某对其从杨某处购买的毒品的去向并没有明确陈述,之后的两次询问笔录中兰某陈述自己从杨某处购买毒品后感觉附近有警察,非常害怕,慌忙将毒品丢弃,但丢弃地点两次说的不一致。第一次说是出杨某家后从公共走道的窗户扔出;第二次又改称是走出杨某家客厅正准备出门时,从杨某家阳台的窗户向外扔出。

案发当日兰某为何不说丢弃毒品?之后说了丢弃但为何要变更丢弃地点?警察为什么没有找到丢弃的毒品?这些疑问不断地在辩护人脑海中闪现。带着疑问,辩护人决定到杨某家中进行仔细勘查。勘查中发现杨某家是小区的高层建筑,从其居住的 7 楼下楼到 1 楼后只有一个门禁出口,故兰某丢弃毒品的范围十分有限,不可能找不到。整幢楼公共走道均是封闭没有窗户,杨某家的阳台也没有窗户,而兰某陈述其从杨某处购买的毒品被其从杨某家阳台的窗户扔出,显然这是谎言。辩护人还发现即便兰某将毒品从杨某家阳台窗户中扔出,由于丢弃地域是封闭的住宅小区,且案发前有多名警察蹲点守候,警察不可能找不到被丢弃的毒品。通过分析,辩护人预判兰某关于购毒丢毒的证言是谎言,原因要么是兰某根本没有向杨某购买毒品,要么是警察有意让兰某陈述购毒后丢弃毒品,以此为警察因疏忽未在现场找(或者找了但根本没有找到)兰某所购毒品找一个合理的借口。

经过会见被告人、阅卷、现场勘查，辩护人的辩护思路逐步形成，即：兰某购买的毒品的下落是本案最为关键的核心问题，直接关系到被告人杨某能否被认定为贩毒罪，找出兰某证言的破绽就可以达到证伪目的，并以此为突破口，集中火力，击破控方的证据链条，为杨某洗脱贩毒罪，最终以非法持有罪收场。

基于以上辩护思路，开庭前辩护人申请法院让证人兰某和办案民警出庭作证。为此，辩护人精心设计了发问提纲，目的就是要让兰某的证言漏出破绽，“自圆不能其说”。果不出所料，在庭审的交叉询问中，证人兰某非常肯定地说自己将毒品从杨某家的阳台窗户扔出，辩护人再次追问阳台是否有窗户，兰某回答肯定有，当辩护人当庭出示已提交给法庭的该阳台并没有窗户的照片时，现场一片哗然，证人的谎言即刻被揭穿，公诉机关的证据链条即刻被拆解打断。同时，办案民警当庭陈述案发前有多名民警进行守候抓捕，且该楼房每个单元只有一个门禁出口，因此兰某如真有从窗户扔出毒品，案发现场周边不可能找不到毒品，办案民警的证言进一步证实兰某关于丢弃毒品的证言不真实。

开庭后不久，法院宣判，认为公诉机关指控被告人杨某贩卖毒品罪证据不足，并以非法持有毒品罪判处杨某有期徒刑 2 年，并处罚金 1 万元。

【律师分析】

贩卖毒品罪的证据，一般情况下，当场查获双方交易的毒品是定罪的关键物证。同时，就毒品种类及数量、交易时间及地点、毒资金额及交付方式等，被告人的供述与包括买毒人在内的相关证人证言能相互印证，贩毒的证据链条便形成，定罪证据才能达到确实充分的证明标准。

本案没有被告人杨某的贩毒供述，也没有从买毒人兰某身上查获涉案毒品，仅有兰某的证言为直接证据，系孤证。此情况下，公诉机关必须通过其他间接证据来补强并形成完整的证据链条，否则证据无法达到确实充分的证明力。

辩护人在阅卷时，发现买毒人对其毒品丢弃地点说法不一，前后矛盾，辩护人敏锐地感觉到本案有辩点，通过对案发现场勘查，果然发现兰某描述丢弃毒品的场景与实际案发现场具有重大不符。发现并确定辩点只是辩护成功的第一步，还需精心设计辩护策略和方式。本案中辩护人紧紧抓住庭审发问环节，以戳穿证人证言不真实来瓦解控方构建的指控体系，从而动摇法官对证人证言真实性的评判，达到重罪变轻罪的辩护目的，这是本案辩护成功的关键之所在。

司法实践中，贩毒者往往具有较强的反侦查意识和能力，故贩毒案的证据固定较其他犯罪而言相对较困难，公安机关往往需要借助“特勤”力量破案。现实中，从严厉打击毒品犯罪的国情和立场出发，法院在审理毒品犯罪案件时，对公诉机关的证据审查往往尺度相对宽松。本案中，辩护人要说服法官，辩护意见必须要有充分的说服力。为此，辩护人通过仔细阅卷和现场勘查，从细节上发现问题，在问题中找出辩点，于辩点中击破控方证据链条，以实现精细且有效辩护的最大化。

非法持有毒品罪是贩卖毒品罪的补漏罪名，立法目的是对已查实犯罪嫌疑人持有较大数量以上毒品但又无法证实其具有贩卖毒品的主观犯意，也能给其定罪量刑，这是从严从重打击毒品犯罪，从源头上遏制毒品犯罪的必要而有效的立法措施。司法实践中，辩护人欲将贩卖毒品罪辩成非法持有毒品罪，是常见的辩护策略，但辩点大多集中在涉嫌贩毒人是否具有贩毒犯意上做文章，而本案辩护人打破常规，将案件的主要焦点集中于买毒人证言的真实性上，通过阅卷发现证言疑点可能存在，再通过现场勘查确定疑点确实存在，然后集中火力，通过庭审发问揭穿证人的谎言，并以此击破控方的证据链条，起到了“四两拨千斤”和“细节决定成败”的关键作用，使本应量刑在有期徒刑 8 年零 6 个月至 9 年零 6 个月的贩卖毒品重罪变更为有期徒刑 2 年的非法持有毒品轻罪，辩护效果明显，对此类毒品犯罪有一定的借鉴意义。

【思考与提示】

通过本案办理，辩护人感悟颇深。针对具体案情，辩护人要善于精准确定案件的主要矛盾和辩护重点，并恰当地确定哪个要件、哪个辩护点是最关键的且最容易为法官所重视所接受的，这就是辩护亮点，而辩护亮点必须从控方的指控弱点上去寻找。正如本案中，辩护人从控方的证人证言中发现问题，从而确定了有效辩点。

辩护亮点与指控弱点很可能是相互对应的，找准了辩护亮点，并尽力展开证据、事实、法理的充分阐述，让法官受到感染甚至震动，这样的刑事辩护通常才是有效的。同理，找准了指控弱点，也要尽力展开证据、事实、法理的充分阐述，让法官信服指控弱点的客观存在，并在此基础上作出有利于被告人的证据采信、事实认定和法律定性的处理，这样的刑事辩护才是真有效、最有效的。正如本案中，辩护人虽发现买毒人的证言是控方弱点，但辩护人仍须精心设计发问提纲，并结合其他证据，讲清说透辩点，最终让买毒人的谎言暴露于法庭中，让法官和听众信服指控不实。

作为辩护律师，我们深知厉行禁毒、依法禁毒，是国家当前和今后相当长一段时期的重要政治任务。我们辩护律师在其中不能缺位。作为辩护律师，我们既要诚恳地奉劝社会公众都要远离毒品，为每个人、每个家庭、每片社区乃至全社会健康发展营造良好条件。同时，我们也应依法为每一位涉嫌毒品犯罪的当事人提供卓有成效的刑事辩护，以确保无辜者不受刑事追究，有罪者不受滥施刑罚，依法、有效地维护每位犯罪嫌疑人或者被告人的合法权益。

晓之以法，动之以情，助力司法公正裁决

——谭某重大责任事故案分析

辩护律师　吕　平　王庆娟[*]

【案情简介】

被告人谭某，男，大学文化，原A工程咨询股份有限公司员工。2015年5月4日因涉嫌工程重大安全事故罪被厦门市公安局某某分局取保候审。

起诉书指控：2012年7月29日凌晨2时许，某集团有限公司东南分公司在厦成高速公路厦漳公路（厦门段）A4合同段雷公山隧道右洞YK8＋826桩位掌子面上台阶右侧进行初期支护钢拱架安装作业时，该处掌子面右上方拱顶发生坍塌，导致四名作业人员死亡，二名作业人员受伤。谭某作为该标段监理员，未认真履行监理职责，在关键节点、关键工序上监理不到位，未按有关规定进行有效监理等。谭某在施工作业中违反有关安全管理的规定，因而发生重大伤亡事故，直接经济损失达人民币411.5万元，对其行为应当以重大责任事故罪追究刑事责任。

【办案纪实】

辩护人接受委托后，提出了以下辩护意见：其一，本案中，检察机关对谭某的指控理由是未认真履行监理职责，在关键节点、关键工序上监理不到位。这是从监理员应当履行职责的角度出发所得出之结论，但本案中谭某主观不知、客观不能履行该项职责，指控理由依法不能成立。其二，从监理单位接手监理项目开始，监理单位不仅有义务充分履行监理职责，而且应指导监督派驻工程项目现场的员工认真切实履职。而专监在工程监理中是现场监理方的直接负责人，其因私事缺位，缺位前其并未切实履行交接手续与注意事项的提醒义务，且监理单位亦未第一时间补足符合资质的监理人员。在此情况下，谭某不

* 吕平、王庆娟，福建联合信实律师事务所律师。

应为此承担责任。其三，根据相关专家鉴定报告，本案中的事故是由于天气恶劣、事故发生段隧道超挖及未打超前小导管所致。而对于这一切，被告人谭某主观上都不能预判，其并不存在任何失误。其四，结合本案庭审查明的各方面事实及关于本罪法理性理解，辩护人认为谭某被刑事追责本身就有违公平、公正原则，若其最终被刑事定罪，更是难以令人信服。刑法理论上，重大责任事故罪属于业务过失类犯罪，是指从事业务的人员出现违反业务上的注意义务，造成他人死伤的行为。成立本罪的前提是行为人业务过程中存在监理失误行为。经法庭审理可知，本案中谭某在业务过程中并不存在监理失误行为，不满足本罪的主客观构成要件。

一审法院经审理认为：谭某系厦漳公路（厦门段）A4 标段监理员，明知事故段为 V 级围岩，施工中必须打超前支护小导管，在旁站及协助验收的工作中，其应当发现施工人员未打超前小导管，进尺过量，但却未能发现上述安全隐患，也未及时向专监和总监汇报。谭某违反了国家标准、行业标准和《监理岗位职责》的要求，违反了安全管理规定，致使施工中存在的未打超前小导管、超挖进尺过量问题未能及时被发现和控制，其行为与事故的发生具有一定因果关系，其对事故的发生应当承担一定责任，其行为构成重大责任事故罪。鉴于谭某系监理员，职责轻于专业监理工程师，在专监缺位的情况下，其未能得到有效指导，相应的行为属犯罪情节较轻。谭某在施工作业中违反有关安全管理的规定，因而发生重大伤亡事故，造成四人死亡二人受伤，直接经济损失达人民币 411.5 万元，其行为已构成重大责任事故罪。被告人谭某具有自首情节，且犯罪情节较轻，依法可以免除处罚，辩护人相关辩护意见，予以采纳。

二审法院经审理认为：谭某犯重大责任事故罪的犯罪事实不清，证据不足，裁定撤销一审判决，发回重审。

发回重审后一审法院认为：因谭某情节显著轻微，不构成重大责任事故罪，公诉机关申请撤诉符合法律规定，准许撤诉。

案件结果：发回重审后，公诉机关撤回了对谭某的起诉，法院准许撤诉。

【律师分析】

原起诉书指控谭某未认真履行监理职责，在关键节点、关键工序上监理不到位，未按有关规定进行有效监理，以此主张谭某应承担重大责任事故罪的刑事责任。基于此，我们首先对重大责任事故罪进行了法理分析，以期找到谭某不构成此罪的突破口。

重大责任事故罪属于《中华人民共和国刑法》(以下简称《刑法》)第15条规定的过失犯罪，而过失犯罪是应当预见自己的行为可能发生危害社会的结果，因为疏忽大意而没有预见，或者已经预见而轻信能够避免，以致发生这种结果的行为。就本案而言，辩护人认为谭某既不存在疏忽大意的过失，亦不存在过于自信的过失，其行为不构成过失犯罪，遑论重大责任事故罪。

首先，谭某作为监理人员，协助专监进行施工质量检查。经过全面审查证据，我们不难发现，证人证言显示，在施工方有报检的时候或根据规定需要监理员旁站的时候，谭某都会协助专监，也都进行了旁站，谭某均有按规定履行监理员职责。

其次，根据报检流程，应该是劳务队做完一个工序后通知施工方，再由施工方通知监理工程师李某进行质量检查。但是由于施工方没有打超前小导管，也就没有以后的报检流程，监理人员没有接到报检通知，也就没有后面的需要对小导管注浆进行旁站之流程。且谭某只是监理人员，在之前的监督过程中有对专监提出过劳务队没有打超前小导管，专监有时会要求整改而有时也没要求整改。而谭某当时作为刚大学毕业不久的行业内新人，缺乏业务经验，尚不能够独立判定什么时候该打什么时候不该打超前小导管。虽然根据一般的经验不打超前小导管可能会导致坍塌，但因谭某的业务主管存在没有让他们整改的行为，导致谭某认为小导管的重要性不大。谭某对打不打小导管的重要性认识产生了模糊，因此对不打小导管可能产生的危害结果的预见可能性也有所降低。

而关于判断对结果的预见可能性，辩护人认为，在本案中谭某作为监理人员，其对事故的过失应属于业务的过失，其对监理业务的认知能力和水平应高于普通人的认知。但是谭某对结果的预见义务又应该以谭某的注意能力(业务经验和知识)为标准。显然谭某作为一个新人，没有足够的知识和经验独立对什么时候打小导管什么时候不打小导管作出判断。法不强人所难，因此不应该对超出谭某注意能力范围的行为进行非难。

再次，谭某毕业于2011年，在事故发生时并未有2年以上的从事桥梁或类似工程的工作经历，不符合招标文件中的对监理人员的最低限度要求。监理单位让不符合要求的人员担任监理员在民法上属于违约，在刑法上也是有过失的。谭某应聘的时候，公司未对其条件和资质提出质疑。公司作为监理单位，调配不符合资质的监理人员，对事故的发生亦存在着重大过失。根据要求，专监是需要每天进行检查的，但在专监请假期间，监理单位并没有调配人手暂代专监的岗位,在这方面,监理单位也是存在着重大过失的。

最后,在事故发生后,安监局对被告人陈某1、李某某、刘某某及陈某2均作出了相关行政处罚决定,但并未对谭某作出行政处罚,并未认定谭某是相关责任人员。违法不一定是犯罪,但犯罪一定是违法。安监局并未将谭某列入行政处罚对象范围,意味着并未认定其构成违法。谭某并不符合一般违法的要求,公诉机关却反而将其列为被告人,指控其构成比违法更为严重的犯罪,未免不公。

基于以上的分析考虑,我们逐步确定了辩护策略,辩护方向从始至终系无罪辩护。通过分析谭某自身的情况(工作经验、监理资质、该项目履职情况等)、事故发生的原因、专监缺位的事实、监理公司未及时补足监理员到场履职的情况、安监局追责的情况等,结合在案证据与相关法律开展辩护工作。在原审一审最后一次庭审时,我们提出了开挖法的变更是否是导致事故发生之原因的问题,并请求法院予以查实,为原审二审基于事实不清发回重审做了铺垫,对重审时检察机关撤回对谭某的起诉起到了重要作用。

【思考与提示】

我们在办理本案过程中,发现了如下几个法理问题值得思考:

1. 本案中公安机关以工程重大安全事故罪立案侦查,检察机关却以重大责任事故罪提起公诉,两罪区别何在?罪名变更原因何在?

工程重大安全事故罪的犯罪主体是建设单位、设计单位、施工单位及工程监理单位,客观要求是违反国家规定,降低工程质量标准。危害结果是造成重大安全事故。造成重大安全事故不限于直接对生命、身体造成损害的安全事故,还包括工程本身的安全事故,比如工程本身不合格,无法投入使用等继而导致对人的生命、身体安全存在危害。该罪往往是在施工完成后相当长的时间内才会发生危害结果。而本案事故在隧道施工过程中发生,根据现有证据也无法证明建设单位、施工单位及监理单位存在降低工程质量标准,比如偷工减料、使用不合格的建筑材料、建筑构配件和设备等行为。

工程重大安全事故罪是从重大责任事故罪中剥离出来的,主要是为了防止在生产、作业中相关单位为了追求利益最大化而不顾生命安全、工程本身安全,违反规定降低工程质量标准。本罪旨在处罚降低工程质量标准的行为,从量刑上看该罪处罚也比重大责任事故罪更为严厉。而重大责任事故罪指的是违反有关安全管理规定,而造成重大伤亡事故或造成其他严重后果的行为。

在生产、作业中违反规定，存在过失，造成重大伤亡事故或其他严重后果就有可能构成本罪。本案中没有证据可以证明存在降低工程质量标准的行为，但是可以证明相关单位及人员主观上确实存在过失，客观上也造成了重大伤亡事故，因此以重大责任事故罪起诉。

2. 从法理分析重大责任事故罪的“过失”应当如何认定？

重大责任事故罪属于过失犯罪。根据修正的过失论观点，只有对构成要件结果的发生有一定程度实质危险的行为，才是符合过失犯构成要件的行为，所以并不是事后判断得出行为人对结果具有预见可能性的结论就成立过失犯。是否存在过失犯的实行行为是构成要件符合性的问题，而是否具有结果的预见可能性则是有责性的问题。

张明楷教授认为，《刑法》第 15 条是对“过失犯罪”的规定而不是对“过失”的规定。过失犯罪必然包含了客观的构成要件要素的内容，而作为责任形式的过失本身只能从心理角度论证。结果回避义务与结果预见义务是过失犯罪的两个要件，而不是过失本身的两个要素。首先，没有履行结果回避义务是过失犯的客观构成要件。没有回避结果的发生，可能是行为人实施了直接导致结果发生的行为，或者是没有履行防止结果发生的义务。其次，对结果具有预见可能性，是过失犯的责任要件，对结果具有预见可能性是疏忽大意的过失和过于自信的过失的共同要件。如果没有结果预见可能性就不可能有过失，也不可能有故意。

3. 重大责任事故罪的犯罪主体只有自然人是否合理？

重大责任事故罪是指在生产、作业中违反有关安全管理的规定，造成重大伤亡事故或者其他严重后果的行为。其主体包括对生产、作业负有组织、指挥或者管理职责的负责人、管理人、实际控制人、投资人等人员，以及直接从事生产、作业的人员，但是却没有规定单位作为该罪的主体。根据实际情况，一般涉及生产、作业都是相对比较大的工程，单位很容易为了追求自身利益而违反有关安全管理的规定。在本案中，监理单位监理人员不足，监理部决定调配没有隧道工程师资质的李某作为专监，调配经验不足两年的谭某作为监理人员，但公诉机关却只将总监理工程师列为被告人。我们认为对于监理力量配备不足属于单位决定，是单位责任，但因该罪的主体仅限于自然人，公诉机关无法将监理单位也列为被告人，该条法律规定有其不合理之处。

4. 若本案追究了谭某的刑事责任，则会出现法律效果和社会效果失衡的囧态。

若谭某被定罪判刑，那么这个寒窗苦读考上大学、本本分分工作并考取专业资格证书、至今从业年限不足5年的年轻人，将面临失去工作、被吊销资格证书等困境，其日后的职业生涯将遭受严重影响，而这也势必会给他及其家人带来沉重的打击。结合本案事实、证据和相关法律，本罪的立法意图并非为惩治、教育谭某等此类人员。谭某于情于理于法均不该被定罪，否则将有违司法的公平、公正原则，无法充分彰显刑事立法之正义，亦无法实现法律效果与社会效果的统一。

从法定不起诉案例看职务侵占罪的争议焦点及辩点

——吴某华职务侵占罪案

辩护律师　刘　雷[*]

【案情简介】

犯罪嫌疑人吴某华(男),系厦门某某贸易有限公司实际股东兼采购员。2016年12月13日,犯罪嫌疑人吴某华被厦门市公安局翔安分局抓获并依法刑事拘留。2017年1月19日,经翔安区人民检察院批准,翔安分局依法对犯罪嫌疑人吴某华执行逮捕,羁押于厦门市第二看守所。

翔安分局出具《起诉意见书》指控,自2015年12月6日起至2016年1月31日,厦门某某贸易有限公司实际股东兼采购员的吴某华利用其职务上的便利私自将公司货款15万元占为已有,至今未归还厦门某某贸易有限公司。

2015年2月起,厦门某某贸易有限公司实际股东兼采购员吴某华利用其身为公司采购员可以经手公司采购资金的职务便利,分多次将公司使用于采购煤炭的164.8万元采购款以及公司业务利润60余万元私自占为已有用于个人使用,经公司法定代表人王某某多次催讨,吴某华仍将上述款项占为已有,至今仍未归还厦门某某贸易有限公司,导致公司无法继续运营,造成巨大损失。

公安机关根据犯罪嫌疑人吴某华的供述和辩解;受害报案人王某某的陈述;证人康某某、范某某等人的证人证言;辨认笔录及照片;相关合同、收款收据等书证材料;银行转账记录;到案经过;户籍前科查询等证据证实,认为吴某华的上述犯罪事实清楚,证据确实、充分,足以认定。

公安机关在《起诉意见书》上,最后认为犯罪嫌疑人吴某华的行为已经触犯了《中华人民共和国刑法》第271条的规定,涉嫌职务侵占罪。经公安机关深入细致的侦查和讯问,目前该案已达到犯罪事实清楚,证据确实、充分,犯罪

---

* 刘雷,北京德恒(厦门)律师事务所律师。

性质和罪名认定正确，法律手续完备的要求。根据《中华人民共和国刑事诉讼法》第 162 条的规定，公安机关后将此案移送翔安区人民检察院审查起诉。

【办案纪实】

2016 年 12 月 19 日，犯罪嫌疑人家属特委托笔者律师代理此案。辩护律师随后到厦门第二看守所会见犯罪嫌疑人吴某华，详细了解案件经过。辩护律师认真研究案件后认为：本案现有证据不足以证明吴某华利用职便私自将煤炭采购款 164.8 万和利润 60 余万私自占为己有，犯罪嫌疑人吴某华不构成职务侵占罪。分述理由如下：(1)将采购款及利润，暂时放在吴某华身上流转，系经王某某等合伙人一致同意的，是生意上的流动资金，采购本金，不能直接认定为被侵占款项；(2)本案未经结算或对账，非法占为己由的数额不能认定；(3)吴某华辩称王某某尚有 125 万代垫资金需要支付，有其合理性，王某某所述不属实，且无其他证据佐证；第四，吴某华与王某某等人系合伙关系，不属于公司隶属关系，不符合职务侵占罪的主体构成要件；第五，本案无证据证明吴某华主观上有非法占有采购款的故意。综上，辩护律师认为本案对吴某华职务侵占的证据明显不足，不能认定构成职务侵占罪。

辩护律师基于上述研讨结论，立即向翔安区人民检察院承办检察官提出相应的法律意见。厦门市翔安区人民检察院经审查并退回补充侦查，仍无法查明被不起诉人吴某华涉嫌职务侵占罪的犯罪事实和具体数额，故检察院认为厦门市公安局翔安分局认定的犯罪事实不清、证据不足，不符合起诉条件。

依据《中华人民共和国刑事诉讼法》第 175 条第 4 款的规定，厦门市翔安区人民检察院决定对吴某华不起诉。

【律师分析】

辩护律师认为本案有三个争议焦点：其一，吴某华有无非法占有公司财物的行为；其二，吴某华主观是否具有非法占有的故意；其三，吴某华非法占有数额的确定。围绕上述三个争议焦点，本案现有证据不足以证明吴某华利用职便私自将煤炭采购款 164.8 万和利润 60 余万占为己有，吴某华应该是不构成职务侵占罪。分述理由如下：

1. 暂时放在吴某华身上流转的生意上的流动资金、采购本金，不能认定为被侵占款项

用于采购煤炭的 164.8 万和利润 60 余万元(或者是王某某报案所称的

252万元），王某某是同意，也是经手人，是为了采购煤炭的方便，原先就约定好的，将合法存放在吴某华身上的流动资金说成是被侵占的款项（见公安机关的《起诉意见书》内容），吴某华无非法侵占之行为。

二、本案未经结算或对账，非法占为己有的数额不能认定

虽然王某某在2015年之后，陆续转了252万款项给吴某华，但部分款项陆续都有进行了煤炭采购行为，也陆续向三明丰润公司、大田鑫诚水泥厂、永春管桩公司等公司供应了煤炭，至少上述资金进行了流转，也有部分资金通过厦门某某贸易公司流转回王某某手中，说明吴某华并没有非法侵占上述252万元的款项。至于是否还有款项在吴某华手中，是多少，无法确认。

三、吴某华辩称王某某尚有125万代垫资金需要支付有其合理性，王某某所述不属实，且无其他证据佐证

2015年2月10日，吴某华与王某某等人是否进行阶段性的结算和对账，虽然双方各执一词，但证人张某某至少可以证明王某某、吴某华等四人加上张某某在泉州某酒店有一起聚餐、商讨来年发展愿景。证人林某某则明确说明当天，王某某与吴某华有进行了结算对账，而且是吴某华移交账目的重要日子。但为什么王某某连2015年2月10日大家一起相聚的日子，都不敢承认。正说明了王某某心中有鬼，担心露了破绽。

四、吴某华与王某某等人系合伙关系，不属公司隶属关系，不符合职务侵占罪的主体构成要件

本罪系特殊主体，包括系公司、企业或其他单位的人员。而吴某华与王某某之间明显属于合伙关系，系平等主体之间的法律关系，不构成公司职员隶属关系。王某某执行加盖公章出具所谓“任命书”并未得到其他合伙人的认同，系无效的。加之“某某贸易公司”完全是为煤炭生意的开票公司，与吴某华、王某某等合伙生意并无关系，与职务之便更谈不上关联。公安机关指控吴某华系公司员工，明显不当。

五、本案也无证据证明吴某华主观上有非法占有采购款的故意

王某某在向公安机关控告吴某华侵占之后，说“吴某华不将款项交出，并多次催讨”，仅有其自说自圆。本案没有任何证据证明王某某有向吴某华催讨采购款。因为双方都没有进行结算和利润分配，如何让吴某华交付所谓的采购款资金？

经上述分析，辩护律师认为本案对吴某华职务侵占的证据明显不足，不能认定，于是请求检察机关对吴某华做出“存疑不诉”并尽快变更强制措施，释放

吴某华。

在做完上述具体的案件法律分析后，我们回过头来分析职务侵占罪这一罪名来寻找辩护要点。职务侵占罪指的是，公司、企业或者其他单位的人员，利用职务上的便利，将本单位财物非法占为己有，数额较大的，处5年以下有期徒刑或者拘役；数额巨大的，处5年以上有期徒刑，可以并处没收财产。本案犯罪构成要件如下：

1. 本罪存在特殊主体，即公司、企业或者其他单位的人员

2. 本罪主观方面表现为直接故意

3. 本罪的犯罪客体是公司、企业或者其他单位的财产所有权

4. 本罪在客观方面表现为利用职务上的便利，侵占本单位财物，数额较大的行为

具体而言，包括以下三个方面：(1)必须是利用自己的职务上的便利(特殊主体)；(2)必须有侵占的行为；(3)必须达到数额较大的程度。

那么我们可以从本案中归纳出几个辩护点：

首先，考虑是否满足本罪特殊主体的构成要件。本罪主体为特殊主体，包括公司、企业或者其他单位的人员。本罪的单位人员的特殊身份是其有可用职务便利的前提条件，而“单位”一词包含了国有单位和非国有单位，国有单位员工中需判断是否为国家工作人员(该主体则可能构成贪污罪)，非国有单位员工则要从是否具有劳动关系(包括事实劳动关系和法律劳动关系)进行判断最为直接，或虽不存在劳动关系但在单位享有某些特殊职权也可认为系单位人员。本案中的贸易公司显属非国有单位，那么要进一步判断吴某华会否跟公司有劳动关系。根据王某某与吴某华之间的约定，二人系同其他出资人一同合伙经营煤炭生意，日常经营过程中也通常系以合伙人个人名义与供需方进行采购及收付款，公司仅仅因为需要对外开票而设立的一个外壳，并不被用作日常经营的主体。因此，吴某华将投资款转给王某某的行为，并不是用于让王某某代持公司股份，而是作为经营煤炭生意的合伙出资款，吴某华并非公司股东，更非公司采购员。但这一辩护点的不足之处在于，如不构成本罪，可以构成普通侵占罪，所以要继续分析其他核心要素。

其次，职务侵占罪的一大核心问题在于是否“利用了职务便利”。在上述第一点的分析中，我们分析了吴某华并非单位员工，那么其就更不可能存在利用职务便利的可能性，特殊主体乃享有职务便利之基础。通说观点认为，所谓“职务便利”系行为人利用其职权范围内主管、管理、经营、经手单位财物的便

利条件。实务中,职务侵占罪又与盗窃罪极易造成混淆。例如,单位保安在上班时间利用其看管公司仓库的职务便利,帮助他人盗窃公司仓库财物,该保安应为盗窃罪还是职务侵占罪?笔者认为,应从该保安地位、作用及获利综合判断,辩护中如认定盗窃罪其应为帮助犯,如为职务侵占罪那必然是主犯,应取一轻罪为其辩护。

再次,应当考虑本罪侵犯的法益,即客体,单位的财产所有权。之于本案中,涉案钱款系由王某某将公司账户内款项提取至其个人账户后,再转至吴某华账下令其保管或进行煤炭采购等事宜,显然本案涉案的钱款经王某某提取之后已无法直接认定公司资金,也就是所单位财产所有权这一法益并未被侵犯。我们再试举一例,如快递员利用自己分拣快递的职务便利,将快件据为己有的行为,是否为职务侵占罪?答案是否定的,因为运送途中的快件,其所有权并非属于归快递公司。

最后,考虑是否达到构罪的数额。依据福建省高级人民法院《关于常见犯罪的量刑指导意见》,职务侵占数额达人民币 1 万元,即属于数额较大。可见,本罪的入刑基数还是很低的。但是,笔者认为未经结算或对账的数额,是不能直接计入职务侵占罪的犯罪数额的。本案存在一个特点,便是吴某华为了采购煤炭或合伙经营之需,曾垫付了大量资金。但王某某一直并未与其对账,也未与其他合伙人一同决议将垫付资金还给吴某华,也即合伙体之内并未进行财务结算,那么也无法确定是否真实存在被侵占的金额及数量。同事这一点也可引申到,之于本案吴某华的取财行为,据此也无法判断其是否具有非法占有目的。

综上,可见对职务侵占罪无罪辩点的寻找仍然是对犯罪构成要件的拆解,分别可从主体、主观方面、客体及客观方面寻找,这一方法基本适用寻找所有罪名的无罪辩点。

【思考与提示】

刑事案件的辩护工作,有赖于辩护律师深厚的法学功底素养,辩护律师承办每个刑事案件都应认真对待,对当事人的情况充分了解,基于事实与现有证据,找到对当事人有利的切入点。总的来说,应从主客观角度全面分析当事人的行为是否构成犯罪。在分析罪与非罪的过程中,最重要的是对犯罪构成要件与案中客观事实的拆解与分析,这就好比医生在看病的时候全面检查并对症下药,唯有抓住案件的所有的“病根”,且这样的“病根”必然也是司法机关办案中的痛点，运用刮骨疗毒式分析，才能将锋利的刑辩剃刀深入案件的骨髓，从根源和本质问题对案件进行非罪的定性，用事实和说理取得办案机关认可，方能为当事人争取到最公正、最合法的权益。

因此，作为一名刑辩律师，要时刻保持警惕及对案件的敏锐嗅觉，深度剖析案件事实及构成要件，全面分析，才能依法为当事人提供最大限度、最专业、最有效的辩护。

力争推翻评估报告　成功推动重审改判

——陈某某受贿、滥用职权案

辩护律师　刘建波*

【案情简介】

泉州市人民检察院指控被告人陈某某（男）利用其担任泉州市某国有地产公司副经理、经理，泉州市某土地中心主任的职务便利，放弃职守，不履行应当履行的职责，2010年初，明知政府储备用地应先评估租金再出租，未经评估将涉案储备用地（10946m^2）在2010—2011年度继续以月租金5元/m^2出租给卢某某，租金合计1313520元。案发后经泉州市人民检察院委托评估公司评估，该宗地2010年度、2011年度市场月租金分别为9.71元/m^2、10.68.元/m^2，共计2678267元，由此造成国家损失1364747元。

2012年初，被告人陈某某未按规定进行公开招租，擅自决定将该宗土地继续出租给卢某某，同时交代工作人员要求某评估公司将评估价控制在每月7元/m^2（该评估公司评估确定月租金6.5元/m^2）。后在2012—2013年度以月租金7元/m^2出租给卢某某，租金合计1838928。案发后经泉州市人民检察院委托评估公司评估，该宗土地2012—2013年度的市场月租金为13.17元/m^2，租金共计3459812元，由此造成国家损失1620884元。四年共造成国家重大损失达人民币2985631元①。

被告人陈某某又多次收受他人财物折计人民币93.8万元，应当以滥用职权罪、受贿罪数罪并罚追究其刑事责任。陈某某归案后，如实供述了侦查机关尚未掌握的滥用职权的犯罪行为，以自首论。被告人归案后，揭发他人犯罪行为，查证属实，有立功表现。

泉州市中级人民法院一审判决被告人犯滥用职权罪，判处有期徒刑3年

---

* 刘建波，福建志立律师事务所律师。

① 四年的损失计算方式为：市场评估价减去实际出租价。

零6个月;犯受贿罪,判处有期徒刑3年,并处罚金25万元,决定执行有期徒刑6年,并处罚金25万元。

被告人不服一审判决,上诉至福建省高级人民法院。福建省高级人民法院认定原审判决上诉人滥用职权犯罪事实不清,证据不足,裁定发回泉州市中级人民法院重审。

泉州市中级人民法院重审判决被告人犯受贿罪,判处有期徒刑3年,并处罚金25万元;犯滥用职权罪,判处有期徒刑1年。决定执行有期徒刑3年零6个月,并处罚金25万元。

【办案纪实】

一审中,辩护人辩护重点在公诉机关指控的滥用职权罪部分,针对指控被告人滥用职权行为造成损失2985631元所依据的两份《资产评估报告》提出质疑。辩护人辩护观点如下:

1. 被告人让工作人员要求评估公司将涉案储备用地2012—2013年度的月租金评估价格控制在7元/m^2虽属违规行为,但月租金7元/m^2却是合理的。因为,评估是主客观因素相结合的过程,不同的评估公司会得出不同的评估结果,之间会有合理误差范围。即使某公司评估结果偏低,但也属于合理范围。何况被告人最终将实际的月租金比评估结果提高了0.5元/m^2,比2010—2011年度提高了40%。在被告人陈某某卸任后,该宗土地2014—2015年度、2016—2017年度月租金评估价分别为7.5元/m^2、7.7元/m^2,相较之下,2012—2013年度月租金为7元/m^2非常合理。

2. 公诉机关指控被告人滥用职权行为造成国家损失2985631元所依据的两份《资产评估报告》不具有严谨性、科学性和客观性。

3.《起诉书》并未明确写明被告人滥用职权行为是触犯《中华人民共和国刑法》(以下简称《刑法》)第397条第1款还是第2款,辩护人在辩护时指出被告人是综合考虑了涉案储备用地复杂的历史因素才实施了滥用职权行为,言外之意是其行为不属于“徇私舞弊型的滥用职权”,应依据《刑法》第397条第1款对其定罪处罚。

4. 辩护人向法庭申请对涉案储备用地2010—2011年度、2012—2013年度的租金价格进行重新评估,以及申请评估人员出庭作证。

5. 辩护人请求一审法院就滥用职权罪部分判处被告人一年以下有期徒刑,数罪并罚判处被告人3年以下有期徒刑。

一审庭审时，合议庭依据辩护人的申请通知评估人员出庭，接受控辩双方的询问，对评估情况予以说明。

泉州市中级人民法院一审判决并不采纳辩护人上述辩护观点，就被告人滥用职权罪的定罪量刑是适用《刑法》第397条的第2款，即认定其属于“徇私舞弊型的滥用职权”。

二审中，辩护继续针对一审对滥用职权罪部分的判决提出如下辩护意见：

第一，上诉人的行为不属于“徇私舞弊型的滥用职权”，对其定罪处罚应适用《刑法》第397条的第1款。

第二，一审判决认定造成的损失额2985631元所依据的两份《资产评估报告》不具有严谨性、科学性和客观性，应重新评估。

第三，上诉人让工作人员要求评估公司将涉案储备用地2012—2013年度的月租金评估价格控制在7元/m^2虽属违规，但月租金7元/m^2却是合理的。

第四，一审判决量刑没有考虑到上诉人的立功情节。

据此请求二审法院就滥用职权罪改判上诉人1年以下有期徒刑，数罪并罚决定执行刑期3年零6个月以下有期徒刑。

二审期间，辩护人多次向二审法院提交了多份重新评估申请，申请书中再次详尽阐述重新评估的理由和依据，并提交多份证据和涉及储备用地租金评估的法规、规章、参考文件，成功说服二审法官决定重新评估。二审法院通过摇号先后选出三家评估公司。但该三家评估公司均以“无法再对涉案土地进行回顾性评估”的相同理由不愿接受重新评估任务。二审法院由此认定原审判决上诉人犯滥用职权罪事实不清，证据不足，裁定发回重审。

重审时，泉州市中级人民法院要求评估公司对涉案储备用地2010—2011年度、2012—2013年度的租金价格重新评估。经评估公司重新评估，涉案土地2010—2011年度、2012—2013年度的市场租金数额分别为2008373元、2595516元，由此造成国家损失1451441元。

泉州市人民检察院依据重新评估的结果，作出变更起诉。

重审庭审时，合议庭要求公诉人明确：对被告人滥用职权罪部分的指控是适用《刑法》第397条第1款，还是第2款？公诉人明确回答“适用第1款”。

因为评估公司对涉案土地租金进行重新评估，使本案的国家财产损失额降至150万元以下，辩护人辩护目的已达到。因此，辩护人在重审庭审中不再对评估报告提出异议，而是重点就被告人的行为不属于“徇私舞弊型的滥用职权”提出看法，并认为应该依据《刑法》第397条第1款，即在3年以下有期徒刑的幅度内对其定罪处罚，同时考虑到其有自首和立功情节，建议就滥用职权罪部分对其处以 1 年以下有期徒刑，数罪并罚决定执行 3 年零 6 个月以下有期徒刑。

泉州市中级人民法院重审后采纳辩护人的辩护意见，作出一审判决，被告人服判，不再提出上诉。

【律师分析】

本案争议的焦点有两个：

第一，原一审判决所依据的泉州市人民检察院委托资产评估公司评估涉案储备用地 2010—2011 年度、2012—2013 年度的租金价格的两份《资产评估报告》是否具有客观公正性。

第二，原一审判决适用《刑法》第 397 条第 2 款对被告人定罪处罚是否属于适用法律错误，原一审判决是否量刑偏重。

这两个争议焦点涉及的法律规定，一是《刑法》第 397 条规定；二是最高人民法院、最高人民检察院《关于办理渎职刑事案件适用法律若干问题的解释(一)》第 1 条的规定。

辩护人若能推翻两份《资产评估报告》，将本案造成的损失降至 150 万元以下，并说服法官就滥用职权罪部分依据《刑法》第 397 条第 1 款对被告人定罪处罚，即量刑幅度为 3 年以下有期徒刑。同时被告人具有自首和立功情节，有可能就该罪判处被告人 1 年以下有期徒刑。

关于第一个争议焦点，辩护人在从事资产评估的有专门知识的人帮助的基础上，分析发现这两份《资产评估报告》不具有严谨性、科学性和客观性，认为综合考虑各种因素，本案的损失额完全可以降至 150 万元以下。依据是：

其一，评估公司违背了评估机构的客观中立原则，因为泉州市人民检察院在侦查期间委托评估公司对涉案储备用地评估时，出具的委托书要求评估公司将涉案储备土地预先设定为“商业用地”，而评估公司也采信委托方预先设定的土地性质。这不仅违背了《资产评估职业道德准则——基本准则》第 8 条规定的“注册资产评估师执行资产评估业务，应当独立进行分析、估算并形成专业意见，不受委托方或相关当事方的影响，不得以预先设定的价值作为评估结论”，还与《评估报告书》声明的“评估报告的分析和结论是在恪守独立、客观、公正原则基础上形成”相违背。

其二，这两份《资产评估报告》将涉案储备用地的性质设定为“商业用地”

与“储备用地”属于临时出租的性质完全不符合。土地性质和用途是租金评估的前提条件和基础，前提条件和基础错误，之后的评估过程和结果都因失去基础而丧失客观性，因此错误是显而易见的。

其三，两份《资产评估报告》在评估过程和方法上都存在错误，测算过程依据不充分，前后矛盾，租金损失的计算不客观：

1.《评估报告》设定涉案土地“法定最高年限 40 年计取”“现有用途不变并持续经营”“先测算为国有出让条件”与“土地为临时用地，租赁合同期仅有 2 年”的现状并不相符，也违反《城镇土地估价规程》(GB/T18508-2014)第6.3.1.5款“运用剩余法评估公式测算土地价格，应注意待评估宗地的设定使用年限与不动产交易价格对应的年限之间的差别并进行使用年期修正”的规定。

2.《评估报告》所使用的“假设开发法”评估方式不能适用于本宗储备用地。

3. 评估以周边的新华都购物广场作为参照物极不合适，与涉案土地性质不相符，导致评估结果会远高于实际租金价值。

4. 评估采用“剩余法”测算方式不能准确反映实际地价，存在较为明显的评估趋高倾向性。“容积率修正”缺乏依据，一些数据取值无法说明来源。

5. 计算租金损失时没有将 2011 年 8 月 1 日至 2013 年 2 月 5 日长达 18 个月的涉案土地边的道路拓宽改造考虑进去。

最高人民法院《关于适用〈中华人民共和国刑事诉讼法〉的解释》第 85 条第 6 项规定：鉴定过程和方法不符合相关专业的规范要求的，鉴定意见不得作为定案依据。依据该鉴定意见的审查与认定的规定，辩护人坚信对两份《资产评估报告》的错误之处分析是正确的，为此在原一审、二审、重审期间不断向法院提出上述问题，提交了涉及储备用地的相关法规来印证两份《评估报告》不符合相关专业的规范要求，如国土资源部、财政部、中国人民银行、中国银行业监督管理委员会制定的《土地储备管理办法》、海口市国土资源局制定的《储备土地巡查管护和临时利用工作管理规定》、厦门市国土资源局制定的《关于政府储备用地临时租赁管理有关问题的若干意见》、晋江市人民政府办公室出台的《关于进一步规范临时用地管理工作的通知》等，同时请求法院重评，最终获得二审法官和重审法官的采纳，在重审阶段重评时成功地将本案损失额降至 150 万元以下。

关于第二个争议焦点，若适用第 1 款，造成国家损失额 30 万元以上不足 150 万元的，处 3 年以下有期徒刑或者拘役；损失额 150 万元以上即情节特别

严重，处 3 年以上 7 年以下有期徒刑。若适用第 2 款，上述两种情形即分别处 5 年以下有期徒刑或者拘役、5 年以上 10 年以下有期徒刑。

辩护人认为被告人在实施滥用职权行为时不存在“徇私舞弊的情形”，因为其实施的行为是基于客观原因，即涉案储备土地复杂的历史因素而作出的。但是《起诉书》对被告人的指控没有写明是适用《刑法》第 397 条第 1 款还是第 2 款。而且在原一审庭审中合议庭没有向公诉人和辩护人作出释明，要求公诉人明确对被告人到底是适用哪一款。辩护人在辩护时也未能明确阐述应该适用第几款，但是辩护内容中明确阐明被告人基于客观原因而作出的滥用职权的行为，言外之意是被告人没有实施“徇私舞弊的行为”。但原一审判决却认定被告人行为属于“徇私舞弊型的滥用职权”，又因为本案的损失为 150 万元以上，故基准刑是 5 年以上，再考虑到被告人自首情节，就滥用职权罪部分判处被告人 3 年零 6 个月有期徒刑，数罪并罚决定执行 6 年有期徒刑。

在二审时，辩护人指出原审判决认定被告人属于“徇私舞弊型的滥用职权”，即适用《刑法》第 397 条第 2 款对其定罪处罚是错误的。辩护人的依据是，被告人实施的行为是综合考虑到涉案储备土地具有复杂的多种因素而作出的，属于多因一果，因此其主观上没有“徇私”故意，客观上没有“舞弊”行为。

辩护人分析论证的结论是：本案的损失额应该在 150 万元以下，被告人不属于“徇私舞弊型的滥用职权”行为，应对其适用《刑法》第 397 条的第 1 款的规定。在此基础上，依据最高人民法院和福建省高院的《量刑指导意见》的规定，就滥用职权罪对被告人适用的基准刑应为 3 年以下有期徒刑，再结合其有自首、立功情节，判处其一年以下有期徒刑。数罪并罚判处的总和刑期应为 4 年有期徒刑以下，决定执行 3 年零 6 个月有期徒刑。

【思考与提示】

资产评估报告属于《中华人民共和国刑事诉讼法》规定的证据种类中的“鉴定意见”。司法实践中，辩护律师对司法机关委托鉴定机构出具的鉴定意见提出质疑并申请重新鉴定，一般都难以得到司法机关的采纳。如何有效地对鉴定意见提出质疑，并说服司法机关同意重新鉴定，对辩护律师无疑是一个很大的挑战。资产评估报告是一种专业性很强的鉴定意见，辩护律师要有效提出专业性的质证意见，申请重新评估，必须借助具有专门知识的人提供专业意见。再者，说服司法机关同意重新评估也需要一定的技巧。

笔者在办理该案时，自审查起诉阶段起直至发回重审，都在请教具有专门知识的人，不厌其烦、多次向司法机关提出这两份《资产评估报告》存在问题的书面意见，并多次提出重新评估申请。同时多次提供了不同地区有关“储备用地”的法规、规章、参考文件，以印证这两份《资产评估报告》评估方法的错误，最终说服司法机关启动重新评估程序。

推行以审判为中心的刑事诉讼体制改革，必须实现庭审实质化。控辩双方对鉴定意见有异议的，可以申请鉴定人出庭作证，申请重新鉴定。法庭认为鉴定人有必要出庭的，应当通知鉴定人出庭作证，对鉴定意见有疑问的，可以重新鉴定。这些程序性的要求，在最高人民法院《关于全面推进以审判为中心的刑事诉讼制度改革的实施意见》《人民法院办理刑事案件第一审普通程序法庭调查规程(试行)》中都有规定。笔者认为，辩护律师在该方面的工作，还是可以有所作为的。

以证据为基础进行实体辩护，成功改变案件定性

——薛某何盗窃案终止审理

辩护律师　陈利群　王云英*

【案情简介】

被告人薛某何、黄某良、林某、黄某清均系案涉工程隧道班组成员，上述四被告人均因涉嫌盗窃罪于2012年11月22日被厦门市公安局刑事拘留，同年12月26日经厦门市人民检察院批准逮捕，12月28日被执行逮捕。2013年9月6日，厦门市人民检察院向厦门市中级人民法院提起公诉，指控四被告人涉嫌盗窃罪。

起诉书指控，2010年2月，甲公司中标某高速公路工程，被告人薛某何、黄某良经过仔细测算成本后，在明知自己不具备隧道施工资质的情况下，仍以低于成本的造价通过他人向甲公司承揽该高速公路工程中的隧道工程，并准备通过变卖代建业主被害单位所有的甲供钢材予以牟利。

2010年5月至10月施工准备期内，被告人薛某何等人将工地内政府统一采购并明文规定专门用于该高速公路工程施工使用的甲供钢材偷运出工地贩卖。该部分甲供钢材运至被告人薛某何投资的其他工地，或直接运至福州折抵本应由薛某何等人自己出资购买的工程机械。

2010年11月施工开始后，被告人薛某何等人尽量减少甲供钢材的使用量，在申报甲供钢材供应时却全额按照图纸设计量申报，甚至以施工变更为由多报甲供钢材使用量，以此将节省下来的甲供钢材倒运出工地，变卖折现。自2010年7月至2012年4月间，被告人薛某何等人采取上述手段共盗卖各类甲供钢材1181.47吨，销售金额达5072497.89元。

在实施上述犯罪过程中，被告人薛某何幕后指挥盗卖甲供钢材；被告人黄

---

* 陈利群，福建旭丰律师事务所律师。
王云英，福建新世通律师事务所律师。

某良、林某现场指挥盗卖甲供钢材；被告人黄某清作为整个工地施工总管，明知薛某何等人要将甲供钢材出售，仍安排工人予以装车，且在施工中指挥工人节省钢材，供薛某何等人盗卖。

公诉机关认为，被告人薛某何、黄某良、林某、黄某清共同以非法占有为目的，以倒运等秘密手段，盗窃被害单位钢材价值共计 507 万元，数额特别巨大，四被告人的行为均已触犯《中华人民共和国刑法》(以下简称《刑法》)第 264 条的规定，均应以盗窃罪追究其刑事责任。本案系共同犯罪，被告人林某、黄某清在共同犯罪中起辅助作用，系从犯，应当从轻或者减轻处罚。

【办案纪实】

公诉机关指控薛某何伙同他人实施盗窃犯罪，盗窃数额特别巨大，且事实上认定薛某何是主犯，如果指控罪名成立，薛某何将面临 10 年以上有期徒刑的重刑。

辩护人接受被告人薛某何委托介入本案后，通过多次会见以及阅卷，发现本案被告人是将已经签收领取的甲供钢材变卖折现获利，缺乏明显的秘密窃取手段。且从犯罪对象占有状态看，被告人对甲供钢材具有事实上的支配，存在将合法占有的财物非法据为己有的行为特征。被告人的行为构成盗窃罪抑或侵占罪，法律上存在重大争议。

而侵占罪依法属于告诉才处理的犯罪，不属于公诉案件，法院依法应裁定终止审理。同时，根据《中华人民共和国刑事诉讼法》第 212 条(原 206 条)的规定，自诉案件可以自行和解，即便被害人提起自诉，只要双方达成和解，亦可不追究被告人刑事责任。因此，本案定性无疑是辩护重点，辩护人据此确定了着重从犯罪对象的占有状态，论证被告人不构成盗窃罪的辩护思路。

鉴于本案部分证人证言显示，被告人组建的隧道班组只是施工班组，对甲供钢材不具有保管权。为了核实有关事实，辩护人依法调取了有关书证，证实隧道班组是案涉工程的实际施工人，负有保管甲供钢材的合同义务；辩护人向项目部调查甲供钢材的风险转移时间，证实隧道班组领取甲供钢材后发生毁损灭失应自行承担责任；辩护人还到工地现场对甲供钢材保管及加工地点进行实地勘察并拍摄照片为证，证实隧道班组实际控制管理甲供钢材。

庭审期间，在法庭调查阶段，辩护人围绕辩护观点，对隧道班组的权利义务以及接收、保管、使用甲供钢材的有关证据进行质证，以澄清对甲供材料的监督检查和占有之间的区别，并纠正控方对甲供钢材占有状态的错误解读，通过向法庭提供辩护人自行收集、提取的证据，有效证明了被告人是案涉工程实际施工人，对签收领取的甲供钢材形成合法占有，并负有保管义务。

在法庭辩论阶段，辩护人从盗窃罪和侵占罪的区分入手，通过分析犯罪对象的占有状态、被告人实现非法占有的实质手段，提出被告人的行为不符合盗窃罪的构成要件，指控罪名不能成立的辩护观点。

具体而言，首先，隧道班组作为工程实际分包方，在接收甲供钢材后登记做账，并将甲供钢材放置于自己的加工棚，以供领取、使用、处分，已经形成事实上的支配；其次，项目部证明甲供材料在隧道班组接收后，毁损灭失的风险也随之转移，从风险划分看，隧道班组签收甲供钢材后，即承担保管义务；隧道班组作为实际施工人分包工程，所形成的合同关系是承揽合同。根据《中华人民共和国合同法》第 265 条的规定，承揽人应当妥善保管定作人提供的材料，否则应当承担损害赔偿责任。从合同法设定的义务看，隧道班组对甲供钢材也负有保管义务。

反观业主单位和项目部，在向隧道班组交付后，即对甲供钢材不再具有支配控制力，甲供钢材的占有已经转移。业主单位及项目部对甲供材料的监督检查仅是工程管理行为，并未形成占有事实，不影响隧道班组对甲供钢材的占有。例如，仓储合同中，存货人也有权对仓储物进行监督检查，但不能据此否定保管人的责任。

因此，被告人基于承揽合同，依法对交付其使用的甲供钢材负有保管义务，且足以对财物进行事实上支配形成占有，并实际排除了业主单位和项目部的占有。被告人对甲供钢材处分时并未改变占有，本案不存在秘密窃取的前提条件，被告人的行为不构成盗窃罪。被告人取得甲供钢材的手段合法，在其合法占有财物的基础上，所实施的变卖处分行为，并未转移占有，属于侵占行为。

最终，厦门市中级人民法院采纳了辩护观点，认为本案不构成盗窃罪，被告人的行为构成侵占罪，并裁定终止审理。对此，四被告人均未上诉，公诉机关亦未提出抗诉，裁定在法定上诉、抗诉期限届满后即发生法律效力。

值得一提的是，业主单位此后以本案四被告人犯侵占罪为由，于 2015 年 4 月 22 日向厦门市海沧区人民法院提起自诉。在诉讼过程中，经辩护人提议，被告人和自诉人自愿协商达成刑事和解协议并履行完毕，自诉人随后申请撤回自诉。厦门市海沧区人民法院于 2015 年 10 月 15 日作出裁定，准许自诉人撤诉。至此，本案得到圆满解决。

【律师分析】

盗窃罪和侵占罪均属于侵犯财产犯罪，但二者存在显著差别，前者转移占有，后者不转移占有。

盗窃罪的基本特征，是违反被害人的意志，以秘密窃取手段(学界亦有主张“使用平和的方式”)，将他人占有的财物转移为自己或者第三者占有。而侵占罪的基本特征，是将自己占有的他人财物，或者将脱离了占有的他人财产(遗忘物、埋藏物)，转移为自己所有。

可见，盗窃罪的犯罪对象在行为人占有之前，处于他人控制之中，行为人只有通过改变占有的方法，才能实现占有；侵占罪的犯罪对象则已经处于行为人合法占有之中，行为人将其据为己有，不需要转移占有。因此，区分盗窃罪与侵占罪的关键，在于判断作为犯罪对象的财物的占有状态。

从本案的争议焦点看，首先需要厘清的事实是，被告人实施处分行为时甲供钢材的占有状态。根据查明的事实，隧道班组对接收的甲供钢材，确有实际掌控、支配，但控方先是主张隧道班组没有占有犯罪对象，后又主张业主单位、项目部和隧道班组共同占有，控辩双方对此存在重大争议。

刑法上的占有状态判断，理论上存在多种见解，一般认为刑法上的占有是指对财物事实上的支配，包括物理以及社会观念上的支配，社会观念上的支配即根据社会一般人的生活经验和理解，判断财物的支配、控制。需要注意的是，刑法上的占有和民法占有制度存在一定的差别，民法占有制度是为了确定占有人的地位并明确占有人与他人的权利义务界限，而刑法上的占有在于确认财产被现实控制支配的事实，以维护财产秩序。因此，二者概念虽大体相同，但占有种类不同，刑法上的占有不包括通过法律关系而成立的抽象占有，如间接占有、占有继承、占有改定、代理占有。

本案甲供钢材在向被告人移交后，即由被告人负责存放、加工、使用以及处分，处于被告人管理之下。因此，无论物理上还是观念上，被告人对甲供钢材均具有现实性、实质性的支配。且被告人对接受的甲供钢材登记做账并进行管理，表明其主观具有占有意思。因此，本案犯罪对象处于被告人事实支配领域内，依法应认定为占有。

控方主张业主单位、项目部和隧道班组共同占有，被告人的行为仍属于改变占有的盗窃行为，涉及的是在数人共同管理财物情形下，占有辅助人是否占有财物的问题。占有辅助人是指基于特定的法律关系，依照他人的指示对标的物进行占有的人。对占有辅助人发布指示的人是占有人。占有辅助人与占有人之间的关系是服从关系，占有辅助人对物的支配和管领，实际上是贯彻占有人意图的表现，不是独立地支配标的物。

当数人共同管理某种财物，而且存在上下主从关系时，刑法上的占有通常属于上位者，而不属于下位者。即使下位者事实上握有财物，或者事实上支配财物，也只不过是单纯的监视者或者占有辅助者。但如果上位者与下位者具有高度的信赖关系，下位者被授予某种程度的处分权时，就应承认下位者的占有。

本案业主单位及项目部对甲供材料使用虽行使一定的监督检查，但不属于事实上的支配，没有形成占有。且隧道班组是独立分包方，和业主单位及项目部不具有上下主从关系，隧道班组是依照承揽合同，而非他人指示占有甲供钢材。隧道班组不属于占有辅助人，其是独立占有犯罪对象。

其次，被告人的处分行为，并未排除他人对财物的支配并建立新的支配关系，没有改变犯罪对象的占有状态。

最后，分析至此，可以得出明确的结论，犯罪对象处于被告人事实支配下，被告人的行为没有转移财物占有，本案不存在秘密窃取的前提条件，被告人的行为不构成盗窃罪。

根据《刑法》第 270 条的规定，侵占罪包括将代为保管的他人财物非法据为己有，数额较大，拒不退还的行为。陈兴良教授认为，对代为保管应该作广义的理解，除了狭义上的保管关系以外，还应当包括由于其他民事法律关系而产生的对他人财物的一种暂时的控制，代为保管是一种合法持有的方法、手段。可见，“代为保管”描述的实际就是合法占有。

本案被告人是基于承揽合同，取得业主单位交付的甲供钢材后，而合法占有甲供钢材并负有保管义务。被告人在合法占有财物的基础上，所实施的变卖处分行为，属于“变合法占有为非法所有”，构成侵占罪。

【思考与提示】

本案中，被告人从面临被判 10 年以上重刑的指控，到最终未被追究刑事责任，结果可谓天壤之别。回顾本案办理过程，成功的关键在于设定合理的辩护目标、制定周密的辩护方案，最终得以说服法庭采纳辩护观点。

被告人实施处分行为时犯罪对象的占有状态以及被告人取得财物的实质手段，是区分盗窃罪或侵占罪的关键所在，也是本案的重要争点。辩护人是基于对全案证据审查分析后,才发现公诉机关指控罪名存在重大疑问,并据此确定辩护目标。但本案事实又存在诸多似是而非之处,在现有证据框架内论证难以充分证成辩护观点。为此,辩护人又围绕案件争点进行调查取证,有力澄清了案件事实,明确了犯罪对象的客观占有状态,在庭审中结合案件证据,运用法学理论进行环环相扣的论证,成功改变案件定性,使被告人免受10年以上牢狱之苦。

本案典型之处在于,虽然根据刑事诉讼制度的设计,公诉机关负有举证责任,辩方仅需针对指控进行抗辩,但如果只是在控方构建的证据体系内进行实体辩护,往往难以奏效。因此,辩护律师不仅要从刑法教义学角度进行法理分析,更要充分研判证据,并积极收集、调取有利证据,在事实证据基础上提出无可辩驳的辩护观点,才能获得理想的效果。

用心辩护让无辜者免受刑事追究

——苏某涉嫌诈骗罪辩护纪实

辩护律师　陈庆福*

【案情简介】

2013年3月12日，某市居民苏某与当地征迁单位在履行合同过程中产生纠纷，被征迁单位控告到公安机关，苏某被当地公安机关以合同诈骗罪刑事拘留，2013年4月11日，苏某因身体健康原因被取保候审。

2013年9月26日，某市区人民检察院向某市区人民法院提起公诉，起诉书指控，2011年5月间，被告人苏某得知某市高新园区开发公司因征地需动迁由某传媒有限公司设立的位于省道308线63KM＋450M处单立柱广告牌(系某市东方广告有限公司于2008年10月19日转让给某传媒有限公司)后，主动与某市高新园区开发公司联系，谎称上述广告牌所在地块系其出租给某市东方广告公司，其可全权负责广告牌的拆迁补偿事宜，并提供一份加盖其雇他人伪造的某市东方广告有限公司印章的广告牌制作费用单，后与某市高新园区开发公司达成补偿协议，于2011年6月16日，骗走该公司补偿款人民币140000元。为此，某区人民检察院认为被告人苏某已构成诈骗罪。该案经某区人民法院多次开庭审理，由于认识的问题，罪与非罪争议很大，未能在审限内判决，经申请上级人民法院批准延长3个月，2014年3月31日，经法院审判委员会讨论决定，判决被告人苏某无罪。

【办案纪实】

2013年国庆节放假期间，我接到因涉嫌诈骗罪被取保候审在家的苏某电话，要委托我担任其审判阶段的辩护人，原因是其原聘请的律师认为其行为已涉嫌构成诈骗罪，双方意见不合。委托时，苏某要求我按无罪进行辩护，我没

---

* 陈庆福，福建崇宇合众(莆田)律师事务所律师。

有答应其要求，因为我未看到案件材料，不能因为当事人的要求就进行无罪辩护，后经解释，苏某还是同意委托我进行辩护。临开庭前，我查看了所有的案件材料，从表面证据反映，被告人苏某不是广告牌的所有人，用伪造的某市东方广告公司印章的广告制作费用清单与某市高新园区开发公司签订补偿协议，并取得广告牌的拆迁补偿款，涉嫌诈骗罪的证据好像很充分，但我通过与被告人苏某深入了解，得知该补偿协议签订是有原因的，是某市高新园区开发公司为了被告人苏某带头对其家人的土地及墓地进行拆迁的一种变相补偿，只是后来被告人苏某未能履行承诺，以至被追究刑事责任。根据这一信息，我在起诉的材料中找到有利于被告人的证据即原负责拆迁工作的史某和时任常泰街道办事处副书记的易某的证言，证言中说到，由于当时征地范围内有被告人苏某家族的坟墓及土地，为了让被告人苏某带头配合征地工作的顺利开展，经征地领导小组开会讨论，同意由被告人苏某处理广告牌补偿事宜，以一次性总包干补偿 140000 元的方式对广告牌进行拆迁补偿。

有了以上公诉机关的证据，我准备以公诉机关提供的史某及易某的证词作为之矛攻其之盾，证明被告人苏某取得的补偿款不以虚构事实隐瞒真相得到的，被告人苏某的行为不构成诈骗罪。

开庭时我的主要辩护意见如下：

1. 根据本案的证据即史某的证言，可以证明以下事实：(1)2011 年 3 月间，被告人苏某就向史某和时任街道办事处副书记的易某反映，该立柱广告牌所在地块是苏某出租给广告公司的；(2)史某证言还证明了以下事实，由于当时征地范围内有被告人苏某家族的坟墓及土地，为了让被告人苏某带头配合征地工作的顺利开展，经征地领导小组开会讨论并同意由被告人苏某处理广告牌补偿事宜；(3)史某证言还证明如下事实，即某市高新园区开发公司与被告人苏某签订的补偿协议中约定广告牌所有权归被告人苏某所有，是为了办理补偿手续的方便而约定的；(4)史某证言还证明了广告牌补偿标准是经征地领导小组讨论决定并与被告人苏某协商后，以一次性总包干补偿 140000 元的方式对广告牌进行拆迁补偿。

2. 本案的证据即易某的证言也证明了 2011 年 3 月间，被告人苏某就向其说明出租地块给广告公司立广告牌的事实，而且被告人苏某不是广告牌所有人的事实，并且证明了某市高新园区开发公司是为了让被告人苏某带头配合公司征用其家族的土地及墓地，才与被告人苏某签订补偿协议的。这些证言与史某的证言可以相互证明。

3. 从某市高新园区开发公司与被告人苏某签订的补偿协议也可以知道，被告人苏某与某市高新园区开发公司签订补偿协议没有欺骗公司的行为，否则的话，协议书第1条就不会约定补偿事项中有租金损失等规定。众所周知，租金损失是只有出租人才可能得到赔偿。可见，这份补偿协议也反映了被告人苏某与某市高新园区开发公司签订补偿协议时，某市高新园区开发公司是明知被告人苏某是出租地块的人，而不是广告牌的所有人。

因此，我认为，公诉机关指控被告人苏某构成诈骗罪证据不足。

之后，法院经过多次开庭审理，查明以下事实：2005年7月10日，被告人苏某时任某区某社区居民委员会第一村民小组小组长，其向该社区提出申请，其和蒋某应某市东方广告有限公司的要求，欲在两人原有位于金太阳电子公司围墙边向南安方向的地块上设置广告牌，该社区同意设置。2005年7月16日，被告人苏某与某市东方广告有限公司签订广告牌位置租赁合同，双方约定，苏某将上述地块出租给某市东方广告有限公司，期限为4年，租金为每年人民币5000元。后某市东方广告有限公司在上述地块设置广告牌，并与某市路政所签订公路两侧广告设置协议。2008年10月19日，某市东方广告有限公司将在上述地块上设置的广告牌转让给奥华公司，2009年9月18日，苏某与奥华公司签订广告位土地租赁合同，双方约定，苏某将上述地块出租给奥华公司，期限为6年，租金仍为每年人民币5000元。2011年2月16日，某市区人民政府作出《某市区人民政府征收土地方案公告》。上述文件及附图包括本案上述地块在内的某区境内部分土地转为建设用地，已于2011年2月16日被政府征用。2011年4月15日，被告人苏某提供一份加盖了伪造的“某市东方广告公司”印章的《某市东方广告有限公司工程预算书》给某市高新园区开发公司，该预算书制作费用为人民币168200元。后某市高新园区开发公司经会议研究决定，关于广告牌的赔偿问题，按140000元予以苏某一次性包干补偿。2011年5月6日，某市高新园区开发公司与苏某签订补偿协议。协议约定，某市高新园区开发公司一次性补偿苏某广告牌材料费、工本费、租金损失等共计人民币140000元。签订协议后，某市高新园区开发公司于2011年6月16日通过转账形式支付苏某人民币140000元，2012年4月拆除上述地块上的单立柱广告牌版面。2012年7月5日，原告奥某公司向法院提起民事诉讼，要求被告某市高新园区开发公司将非法拆除的广告牌版面恢复原状，赔偿原告经济损失人民币30000元。法院于2012年11月1日作出民事判决书，驳回原告的诉讼请求。2013年3月11日，某市高新园区开发公司向公安机关报案，称苏某冒用东方公司的名义与某市高新园区开发公司签订拆迁协议，从某市高新园区开发公司骗得拆迁补偿款人民币140000元。2013年3月12日0时35分，公安机关到某区常泰街道办事处将苏某拘传至公安机关进行讯问，并于同日16时对其刑事拘留。经鉴定，加盖于《某市东方广告公司工程预算书》中的“某市东方有限公司”印章印文与其样本印文不是同一印章所盖。

根据以上查明的事实，法院认为，诈骗罪，是指以非法占有为目的，用虚构事实或隐瞒真相的方法，骗取数额较大的公私财物的行为。本罪客观上表现为使用欺诈的方法骗取数额较大的公私财物。行为人实施了欺诈行为，欺诈行为从形式上说包括两类，一是虚构事实；二是隐瞒真相，实质上说是使被害人陷入错误认识的行为，被害人陷入错误认识之后作出的财产处分，成立诈骗罪。本案中，根据现有证据，被告人苏某与某市高新园区开发公司签订补偿协议，某市高新园区开发公司明知苏某不是广告牌的所有人，只是广告牌地块的出租人，某市高新园区开发公司并非基于错误认识支付给苏某140000元。因此苏某行为不符合诈骗罪的构成要件。被告人的辩解及辩护人的辩护意见成立，予以采纳。2014年3月31日，法院判决被告人苏某无罪。

【律师分析】

诈骗罪，是指以非法占有为目的，用虚构事实或隐瞒真相的方法，骗取数额较大的公私财物的行为。构成诈骗罪在主观要件上，表现为直接故意，并且具有非法占有公私财物的目的。在客观要件上，第一，行为人实施了欺诈行为。欺诈行为从形式上说包括两类，一是虚构事实，二是隐瞒真相，二者从实质上说都是使被害人陷入错误认识的行为。欺诈行为的内容是使被害人产生错误认识，并作出行为人所希望的财产处分；第二，欺诈行为使对方产生错误认识。对方产生错误认识是行为人的欺诈行为所致，即使对方在判断上有一定的错误，也不妨碍欺诈行为的成立。在欺诈行为与对方处分财产之间，必须介入对方的错误认识；第三，成立诈骗罪要求被害人陷入错误认识之后作出财产处分。处分财产表现为直接交付财产，或者承诺行为人取得财产，或者承诺转移财产性利益；第四，欺诈行为使被害人处分财产后，行为人便获得财产，从而使被害人的财产受到损害。

而本案被告人苏某，在主观要件上，苏某不具有非法占有某市高新园区开发公司的140000元的补偿款的目的，其得到的140000元补偿款是某市高新园区开发公司为了其他目的给予的。在客观要件上，被告人苏某从某市高新园区开发公司取得的补偿款140000元，不是苏某用虚构事实或隐瞒真相，使某市高新园区开发公司错误处分财产的结果，某市高新园区开发公司明知苏某是广告牌地块的出租人，为了让被告人苏某带头配合征用其家族墓地及土地的顺利拆迁的目的而签订的，被告人苏某取得140000元补偿款不是以虚构事实、隐瞒真相的前提下取得的，是双方为了征地的需要协商的结果，被告人苏某取得补偿款140000元是否合理是民事法律关系，与诈骗罪构成要件完全不符。至于本案被告人苏某在取得补偿款的过程中提供一份伪造公司印章的广告牌制作费用清单，虽然这个证据是伪造的，但该证据对于被告人从被害人处取得补偿款并不起决定作用。理由是：补偿协议书签订是被告人与被害人双方之间因为其他问题变相补偿采用的一种方式，双方之间心知肚明，并不是被告人苏某用虚构事实或隐瞒真相骗取的。

因此，被告人苏某提供伪造的公司印章的广告牌制作费用清单，并不必然构成诈骗罪。

【思考与提示】

本案例中，公诉机关以大量的证据指控被告人苏某构成诈骗罪，在审理过程中，由于我提出被告人苏某不构成诈骗罪的辩护意见，公诉机关为了加强指控的力度，多次退回公安机关补充证据，应该说，本案的证据确实对被告人苏某不利，罪与非罪之间的界限实际上非常狭小，法院最后采纳我的辩护意见，实属不易，众所周知，人民法院的无罪判决在中国是很艰难的，本案能得到无罪判决反映了人民法院的担当精神，体现了我国法治的进步。

而作为律师，通过办理该案，我体会到，有些案件虽然经过公安、检察院两道程序多人的把关，但不一定就是铁板一块，有些案件只要通过对案件的充分研究或深入调查取证，总会发现一些案件证据存在各种各样的问题，如果发现案件的证据不足以定罪，要有勇气为当事人作无罪辩护，就算最终无法取得无罪的结果，也会对当事人取得从轻或减轻处罚起到一定作用。

福州监委办理的首例受贿案,受贿 1300 多万元,律师辩护成功,判处 8 年有期徒刑

——葛某某受贿罪案

辩护律师　方志顺　史智兴*

【案情简介】

福州市人民检察院指控:2012 年至 2018 年初,被告人葛某某利用担任福州市某局党组成员,市建设公司总经理、董事长等职务上的便利,为 A 公司、沈某某等 10 个单位和个人在工程承建、项目监管、工程款结算拨付等事项上,提供帮助,非法收受上述单位和个人给予的财物共计折合人民币 1330.583 万元。具体事实如下:(1)收受许某某的 394.79 万元、价值 3 万元的消费卡一张,共计折合 397.79 万元;(2)收受郑某的合计 168 万元,尚有约定的 48 万元应案发未收受;(3)收受刘某的共计 72.5 万元,尚有约定的 102.5 万元因案发未收受;(4)收受或索取沈某某的共计 150 万元;(5)收受沈某松的共计 130 万元;(6)收受或索取贝某某的共计 116 万元;(7)收受石某某的共计 115 万元;(8)收受吴某雄的共计 26 万元;(9)收受曾某某给予的大衣一件价值 2.45 万元;(10)收受陈某松代为支付的个人费用 2.343 万元。

【办案纪实】

本案是福州市监察委成立后办理的首个案件,涉案金额巨大共 1300 多万元,被告人葛某某认罪态度较好,且赃款已基本追回或扣押在案。通过会见得知:被告人葛某某在留置期间,福州市监察委为其做了一个现身说法的录像,准备作为福州市全市党员教育的反面教材,被告人葛某某非常配合,福州市监察委的同志比较满意。另外,被告人葛某某告诉辩护人起诉意见书所认定的事实是真实的。通过阅卷,辩护人认为本案的切入点在自首情节的认定,受贿

* 方志顺、史智兴,福建名仕律师事务所律师。

金额 1300 多万，若没有减轻情节，不可能判处十年以下有期徒刑。故辩护思路为作罪轻辩护，争取自首情节的认定，并对二笔借贷 200 万元，和投资红利及借款利息 407.79 万元进行剔除。

辩护人在阅卷过程中，从福州市监察委员会《被调查人葛某某到案经过等情况说明》入手，该情况说明："2017 年 9 月调查组对群众信访和福州市巡察办转来反映福州市某局党组成员兼市建设公司董事长、总经理葛某某有关问题进行初核，2017 年 12 月葛某某在走访时，谈话期间交待了组织尚未掌握的收受 A 公司股东许某某贿送的财物计 4.1 万元及收受他人贿送财物计 4.79 万元的问题。2018 年 2 月 23 日，经福州市监察委审查调查专题会议研究，并报福州市委主要领导同意，对葛某某立案调查并采取留置措施。审查调查期间，葛某某认罪态度较好，除交待走读式谈话掌握的问题处，还交代了组织尚未掌握的收受他人贿送财物的问题，两次交代收受财物共计 1330.58 万元。"

辩护人在与公诉人沟通中，公诉人认为福州市监察委《情况说明》不够明确，不能完成认定具有自首情节，为此，辩护人申请退回监察委补充调查，之后福州市监察委出具《被调查人葛某某到案经过补充说明》，认定："2017 年 9 月，调查组对群众信访和市巡察办转来反映福州市某局党组成员兼市建设公司董事长、总经理葛某某涉嫌收受包工头杨某贿送钱款及办公用房超标、公车私用等问题进行初核。2017 年 12 月 13 日，福州市某局纪检组通知葛某某到市局后，调查人员对其进行走读式谈话，其间葛某某交代了组织尚未掌握的收受 A 公司股东许某某贿送一德鲍鱼卡等财物计 4.1 万元，还交代了收受陈某松、曾某某贿送财物计 4.79 万元的问题。2018 年 2 月 23 日，经福州市监察委审查调查专题会议研究，并报福州市委主要领导同意，对葛某某立案调查并拟采取留置措施。当日，调查人员在福州市某酒店门口，将葛某某带离并进行审查调查。审查调查期间，葛某某认罪态度较好，除交代走读式谈话掌握的问题外，还交代组织尚未掌握的收受他人贿送财物的问题，两次交代收受财物计 1330.58 万元，但至今未查实葛某某收受杨某贿送钱款的问题"。《被调查人葛某某到案经过补充说明》锁定了葛某某行为符合最高人民法院、最高人民检察院《关于办理职务犯罪案件认定自首、立功等量刑情节若干问题的意见》第一条第四款："没有自动投案，但具有以下情形之一的，以自首论：……(2)办案机关所掌握线索针对的犯罪事实不成立，在此范围外犯罪分子交代同种罪行的。"之规定，自首情节可以认定。

庭审过程中，被告人葛某某对公诉机关指控的犯罪事实没有异议，其辩护人提出辩护意见，对起诉书指控的被告人葛某某涉嫌受贿罪的定性没有异议，但对指控的部分事实持有异议。(1)葛某某向贝某某借款100万元、向沈某某借款100万元，不属于受贿，双方之间系借贷关系，依法应当予以剔除。葛某某在郑某、许某某、刘某处的投资红利及借款利息不应当全部认定为受贿，其中合法正当利息部分共计407.79万元，不应认定为受贿。同理指控其受贿150.5万元的未遂部分也应剔除；(2)量刑部分，葛某某具有自首情节，且其真诚悔罪和积极退赃，又是初犯、偶犯。综上，恳请法庭依法对其减轻处罚。

法院认定：葛某某具有自首情节，认罪悔罪，且赃款已基本追回或扣押在案，依法可以减轻或从轻处罚。判决如下：被告人葛某某犯受贿罪，判处有期徒刑八年，并处罚金人民币100万元。

【律师分析】

本案争议焦点：(1)葛某某自首情节认定；(2)葛某某二笔借款共200万元应不应认定为受贿？(3)葛某某在郑某、许某某、刘某处的投资红利及借款利息应不应当全部认定为受贿，其中合法正当利息部分共计407.79万元，应不应认定为受贿。福州中院虽然采纳了葛某某具有自首情节的辩护意见，但对(2)、(3)点辩护意见不予采纳。辩护人认为：

1.《起诉书》指控被告人葛某某以借为名索要贝某某、沈某某2人共200万元贿赂款不能成立。

(1)被告人葛某某向贝某某借款人民币100万元不属于受贿，双方之间系借贷关系，依法应当予以剔除。

葛某某与贝某某共有三笔交易，第一笔的6万元和第三笔的10万元葛某某采取先通过银行转账退还贝某某，后又收贝某某现金的形式收受贿赂，但第二笔，完全可以如法炮制，说明这100万元是借贷。

(2)被告人葛某某向沈某某借款人民币100万元不属于受贿，双方之间系借贷关系，依法应当予以剔除。

从葛某某和沈某某的笔录可知：葛某某因资金紧张，向沈某某借款100万元，葛某某把事先写好的100万元借条拿给沈某某，当时沈某某看到借条后，还要葛某某在借条上签字(担心不是葛某某亲手书写的)。葛某某被纪委约谈后，沈某某有向葛某某讨要钱款，葛某某暂未归还100万元，双方之间存在借贷关系。

法理评析：

首先，该二笔债务符合民间借贷的特征及法律规定，且不符合最高法相关会议纪要“国家工作人员利用职务上的便利，以借为名向他人索取财物，或者非法收受财物为他人谋取利益的，应当认定为受贿”的认定条件。

其次，贝某某、沈某某虽然均是采取“我当时心里想，葛某某向我借钱居然要现金不要转账，这明显是以借为名向我索要好处”、“葛某某都没有提过还钱，他要求我拿现金给他，其实我知道他不是真想借这100万，他是想要这100万。如果他是真的向我借钱就会写借条给我，我也可以转账把钱借给他。”等主观臆断的表达，但这均是其个人的揣测和推断，认为是葛某某以借为名不还钱。如果今天在法庭上询问二位借款人是否想要回自己的钱款？辩护人相信他们均是肯定的回答。因为出借人抱有一种模棱两可的心态，但是其并没有放弃对借款的债权，况且出借人在2018年春节期间向葛某某提到要其还钱，可见，出借人也认为该笔款项是借款，只是葛某某暂时没有还款给他们。

最后，这两笔借款共计200万元借款是葛某某自己主动供述的，这表明葛某某有还款的意思表示。葛某某至今未还，但借款也没有超过诉讼时效，出借人随时可以向人民法院起诉要求返还本金和利息。

2. 被告人葛某某在郑某、许某某、刘某处投资红利及借贷利息不应当全部认定为受贿，其中合法部分共计407.79万元，不应认定为受贿，150.5万元受贿未遂部分也应剔除。

根据最高人民法院关于《审理民间借贷案件适用法律若干问题的规定》第26条：“借贷双方约定的利率未超过年利率24%，出借人请求借款人按照约定的利率支付利息的，人民法院应予支持。借贷双方约定的利率超过年利率36%，超过部分的利息约定无效。借款人请求出借人返还已支付的超过年利率36%部分的利息的，人民法院应予支持”之规定，被告人葛某某与郑某、许某某、刘某之间投资、借贷依法可以获得的利益应当得到保护，对已支付但没有超过年利率36%的利息不能视为受贿所得。

(1)在郑某处投资部分

①2014年5月葛某某向郑某投资50万元，约定郑某在两年内返还其200万元。《起诉书》指控葛某某收受郑某该笔投资回报款项150万元为受贿，辩护人认为：葛某某50万元投资款从2014年5月至2016年7月，按年利率按36%计算为37.5万元，该款项为正常投资利息收益，不是受贿，应从150万元予以剔除。

②2017年4月葛某某向郑某投资100万元，约定郑某在两年后返还其

196 万元。葛某某于 2018 年 2 月收回本金 50 万元及利息 18 万元，该笔 18 万元为正常借贷利息（100 万元本金投资十个月按月息二分计，为 20 万元，即未到年利率 24%），非为受贿款，应予剔除。剩余的本金 50 万元中，案发时本金收回都存在风险，故约定的 48 万元好处费不应当认定为受贿未遂。

（2）在许某某处放利部分

《起诉书》中指控葛某某收受许某某 314.79 万元利息为受贿，辩护人认为：葛某某最高在许某某处存放 230 万元本金，利息从 2013 年 4 月至 2017 年 12 月间按年利率 36%计算为 386.4 万元，葛某某在这期间收到许某某的利息为 314.79 万元（还包含黄剑平在许某某处所得利息 36.15 万元），314.79 万元＜386.4 万元，故该笔借款利息为正常民间借贷利息款，非为受贿款，应予剔除。

（3）在刘某处放利部分

①葛某某借与刘某 150 万元，约定刘某应还付葛某某 75 万元利息款。但刘某仅于 2017 年 12 月 3 日还付葛某某 22.5 万元利息款（150 万元本金利息从 2016 年 9 月计算至 2017 年 12 月，按年利率 36%计算应为 67.5 万元，按年利率 24%计算应为 45 万元，而该笔 22.5 万元的利息甚至未达到年利率 24%），故该笔利息款为民间借贷正常利息，非为受贿款，应予剔除。《起诉意见书》也认定葛某某支付的本金 150 万元未收回，说明借款的风险与普通债权是一样的，故 52.5 万元所谓的好处费即未遂部分，应予剔除。

②葛某某借与刘某 100 万元，约定刘某应还付葛某某 100 万元利息款。但刘某仅于 2017 年 4 月 20 日付葛某某本金 50 万元、利息 50 万元（该利息以本金 100 万元从借款日 2016 年 10 月至 2017 年 4 月 20 日按年利率 36%计算为 15 万元），故认定葛某某该笔 50 万元受贿款应当将合法利息 15 万元予以剔除。另外，《起诉意见书》也认定葛某某借与刘某的本金 50 万元未收回，说明借款的风险与普通债权是一样的，故 50 万元所谓的好处费即未遂部分应予剔除。

【思考与提示】

葛某某与上述借款人之间存在真实的借贷关系，国家工作人员作为社会一员，也有权参与社会经济活动，包括与其他社会成员发生正常的民间借贷关系。因此，只要利率不超过法律规定的范围，不能排除属投资收益，不能一律认定为权钱交易性质。因此，在葛某某已收受利息款（按月息三分计算至实际还款之日，未约定还款日的以案发日为标准）中，407.79 万元不应认定为受贿款应予剔除。150.5 万元受贿未遂部分，葛某某案发时支付的三笔本金也未收回，说明借款的风险与普通债权是一样的，故 150.5 万元所谓的好处费应予以剔除。

非法行医致死惹争议，上诉抗诉促公正

——陈某甲非法行医案

辩护律师　黄志鹏　蔡亚真*

【案情简介】

泉州市鲤城区人民法院审理泉州市鲤城区人民检察院指控原审被告人陈某甲犯非法行医罪一案，于2014年3月1日作出(2013)鲤刑初字第798号刑事判决。宣判后，在法定期限内，泉州市鲤城区人民检察院提出抗诉，原审被告人陈某甲提出上诉。

原审判决认定：2010年9月份以来，被告人陈某甲在未取得《医师执业证书》和《医疗机构执业许可证》的情况下，私自在鲤城区东街某号区某号楼某室开办诊所，非法行医。

自2012年10月11日起，被害人陈某乙因感冒气喘在被告人陈某甲处多次进行针灸治疗。2012年12月21日，陈某乙再次感冒、哮喘复发至陈某甲处连续治疗四天。2012年12月24日下午，治疗过程中被害人陈某乙支气管哮喘病发作，陈某甲给予陈某乙异丙托溴铵气雾剂治疗。由于被告人陈某甲对被害人陈某乙的病情观察不仔细，评估不足，未及时转诊，且抢救措施不完善，造成被害人陈某乙在患冠心病的基础上，因支气管哮喘病发作后致急性呼吸，循环功能衰竭送医院抢救无效死亡的后果。经湖北同济法医学司法鉴定中心鉴定：被告人陈某甲对被害人陈某乙的医疗行为存在一定过失，该过失与被害人陈某乙最终死亡后果间存在一定的因果关系，建议参与度为20%～30%。

2012年12月24日下午，被告人陈某甲拨打120并随救护车将被害人陈某乙送往泉州市第一医院抢救。后陈某甲拨打110报警。2012年12月25日，泉州市公安局鲤城分局对该案立案侦查并对被告人陈某甲采取拘留的强

* 黄志鹏、蔡亚真，北京市京师(泉州)律师事务所律师。

制措施。被告人陈某甲归案后如实供述自己的犯罪事实。2013年3月1日，被告人陈某甲的家属赔偿给被害人陈某乙的亲属陈财某、陈贤某、陈武某、陈某干人民币共计55000元。被害人陈某乙的亲属均对被告人陈某甲的行为表示谅解。在本案审理期间，被告人陈某甲预先缴纳罚金人民币10万元。

原审法院认为，被告人陈某甲在不具备医生执业资格，且未取得医疗机构执业许可证的情况下，擅自从事诊疗活动，造成被害人陈某乙死亡，其行为已构成非法行医罪。公诉机关指控的犯罪事实和罪名成立。

根据审理查明的事实，结合湖北同济法医学司法鉴定中心出具的法医学鉴定意见：被害人陈某乙在被告人陈某甲处治疗哮喘已两个月有余，被告人陈某甲在对被害人陈某乙进行治疗时应当预见哮喘病发可能导致的损害后果；被告人陈某甲在针灸过程中对被害人陈某乙病情观察不仔细，评估不足，未及时转诊；在被害人陈某乙哮喘病发作时，陈某甲没有相应的医疗设备和医疗技术对被害人陈某乙予以实施及时、有效的抢救措施。因此，被告人陈某甲的医疗行为存在一定过失，该过失行为客观上又造成被害人陈某乙死亡的加重后果，且该过失与被害人陈某乙的最终死亡后果间存在一定的因果关系。故被告人陈某甲的犯罪情节应适用“造成就诊人死亡的，处十年以上有期徒刑，并处罚金”的法律规定。公诉机关指控的被告人陈某甲的犯罪属“情节严重”与事实和法律规定不符，予以纠正。被告人陈某甲案发后能投案自首，予以减轻处罚；被告人陈某甲对被害人的医疗行为存在一定过失，该过失与陈某乙最终死亡后果间存在一定的因果关系，参与度为20%～30%，可对被告人陈某甲酌情从轻处罚。被告人陈某甲案发后已赔偿被害人家属的经济损失，并得到被害人家属的谅解，予以酌情从轻处罚；被告人陈某甲能主动预缴罚金，有悔罪表现，予以酌情从轻处罚。

综合被告人陈某甲的情节，对被告人陈某甲予以大幅度减轻处罚。但是本案系危害公共卫生犯罪，被告人陈某甲私设诊所时间跨度长，且已造成1人死亡的后果，社会危害性较大，不宜适用缓刑。据此依法判决：被告人陈某甲犯非法行医罪，判处有期徒刑3年，并处罚金人民币10万元。

【办案纪实】

一审判决后，本所接受被告人陈某甲家属的委托，指派本律师担任陈某甲的二审辩护人。辩护人通过会见，了解陈某甲对一审判决的意见及上诉理由。在二审过程中，详细阅卷并研读一审判决书，检索相似案例和法学文献，针对本案一审的认定思路及法律适用问题提出异议，并进行充分论证。令人惊喜的是，本案中检察机关对一审判决量刑过重积极提出抗诉，且该抗诉理由与上诉理由不谋而合，无形中增加了本案二审改判的机会。

【律师分析】

本案争议的焦点在于陈某甲的非法行医行为与“造成就诊人死亡的”加重结果之间是否具有因果关系？若存在因果关系，则适用“十年以上有期徒刑”。

本案一审认定的思路即陈某甲对被害人未转诊延误治疗及没有采取及时有效的抢救措施，导致被害人死亡，主观上具有过失。该过失行为客观上又造成被害人陈某乙死亡的加重后果，且该过失与被害人陈某乙的最终死亡后果间存在一定的因果关系。

本律师认为，在非法行医罪中，非法行医人要承担“造成就诊人死亡”的加重结果责任，应当符合以下条件：

第一，行为人实施了非法行医行为，出现了“就诊人死亡”的加重结果，且该加重结果应是对就诊人造成的加重结果。

第二，非法行医行为与“造成就诊人死亡”的加重结果之间具有直接的因果关系。根据刑法通说，“基本犯罪行为与加重结果之间具有直接的因果关系。只有当具有造成加重结果高度危险的基本行为直接造成了加重结果时，或者说，只有当基本犯与加重结果之间具有‘直接性关联’时，才能认定为结果加重犯。”[①]否则，结果加重犯的成立范围将漫无边际，这对非法行医人有失公正。如何认定非法行医行为与加重结果之间具有直接的因果关系？实务中一般采“条件说”，即非法行医行为与加重结果之间存在着“没有前者就没有后者”的条件关系时，前者就是后者的直接原因，可以认定两者之间具有直接的因果关系。但条件说容易扩大原因的范围，造成因果关系的扩大化，所以，在具体判断上，应该依如下四步骤进行：首先，行为人必须实施了非法行医行为；其次，如果没有该非法行医行为，就不会有该危害结果，即两者间存在条件关系；再次，应采取禁止溯及理论，以防止扩大处罚范围，即当一个行为或事实独立地导致了危害结果发生时，就应当将危害结果归责于该行为（或归属于该事实），而不能再追溯至先前条件；最后，医疗活动作为一种专业性极强的行为，在认定因果关系时应该以行为人已经知道或者应当预见到有可能发生特定危

---

① 张明楷：《刑法学》，法律出版社 2007 年版，第 156 页。

害后果为前提，且需要借助一定的医学专业知识和专业技能进行判断（司法实践中通常由法院委托医学机构作出鉴定），行为人虽然非法行医，但特定危害后果的发生，若系意外事件，则不应把该危害结果归责于行为人。①

第三，非法行医人对加重结果至少具有过失。

从本案的具体案情看，陈某甲在实施针灸治疗过程中存在被害人自身疾病这一介入因素，且该介入因素足以切断被告人的针灸治疗行为与被害人死亡结果之间的因果关系。在刑法理论上，一般认为，在因果关系发展进程中，如果介入了第三者的行为、被害人的行为或特殊自然事实等其他因素，则应当考察介入情况的异常性大小、对结果发生的作用力大小、行为人的行为导致结果发生的可能性大小等情形，进而判断前行为与结果之间是否存在因果关系。其中，如果介入情况并非异常、对结果发生的作用力较小、行为人的行为本身具有导致结果发生的较大可能性的，则应当肯定前行为与结果之间存在刑法上的因果关系；反之，则应当认为前行为与结果之间不存在刑法上的因果关系，或者说因果关系已经断绝。

其一，根据湖北同济法医学司法鉴定中心法医学鉴定意见书中鉴定人分析：①死者陈某乙符合在患冠心病的基础上，因支气管哮喘病发作后致急性呼吸，循环功能衰竭而死亡；②死者死亡后果的发生与个体医生陈某甲针灸治疗行为无直接因果关系；③死者死亡的发生主要系其自身疾病转归所致，个体医生陈某甲在对其进行针灸治疗过程中，由于对病情观察不仔细，评估不足，未及时转诊，患者支气管哮喘病发作后，抢救措施也存在不完善，医疗行为存在一定的过失，该过失与陈某乙最终死亡后果间存在一定的因果关系，建议参与度为20％～30％。据此可知，该针灸治疗行为与死亡结果无直接因果关系。这点也正是一审法院忽略认定的情节。

其二，被害人自身疾病这一介入因素对死亡结果发生的作用力较大，起主要、决定性作用。陈某甲的延误治疗及抢救不及时导致死亡结果发生的可能性较小。

其三，退一步讲，即使陈某甲确实因延误治疗及抢救不及时存在一定的医疗过失，但该过失并非导致死亡的全部或主要、对等原因，即所造成的死亡结果并不是该过失所导致的必然结果。陈某甲的行为缺乏结果回避可能性，因此应当排除客观归责。因此，在本案中，被告人的针灸治疗行为与被害人的死

---

① 张向东：《刑事法判解》，人民法院出版社2013年第1期，第137页。

亡结果之间不存在刑法上的因果关系，不应适用非法行医罪中“造成就诊人死亡的”的量刑情节，应适用非法行医罪中“情节严重”的量刑情节。

【思考与提示】

本案二审法院最终采纳检察机关、辩护人的缓刑意见，真正对上诉人陈某甲做到罪责刑相适应。值得称道的是，本案中检察机关对一审判决量刑过重积极提出抗诉，体现了检察院的法律监督职责和客观公正义务。该案也被列入最高人民检察院二十大经典抗诉案件。

另外，最高人民法院《关于修改〈关于审理非法行医刑事案件具体应用法律若干问题的解释〉的决定》（以下简称《解释》）已于 2016 年 12 月 12 日由最高人民法院审判委员会第 1703 次会议通过，现予公布，自 2016 年 12 月 20 日起施行。在《解释》第 3 条后增加 1 条，作为修改后《解释》第 4 条：“非法行医行为系造成就诊人死亡的直接、主要原因的，应认定为《刑法》第三百三十六条第一款规定的‘造成就诊人死亡’。”“非法行医行为并非造成就诊人死亡的直接、主要原因的，可不认定为《刑法》第三百三十六条第一款规定的‘造成就诊人死亡’。但是，根据案件情况，可以认定为《刑法》第三百三十六条第一款规定的‘情节严重’。”因此，从某种意义上讲，该案也催生了相关司法解释的修改和完善。

未查获实物的贩卖毒品案件证据思考

——成某某贩卖毒品案

辩护律师　李少林*

【案情简介】

被告人成某某，2016 年 9 月 10 日因涉嫌贩卖毒品罪被公安机关抓获，并羁押于某市看守所。公诉机关指控被告人成某某共参与三起毒品贩卖，指控事实如下：

2016 年 6 月 23 日，被告人成某某与焦某联系毒品交易事宜后，指使他人到某市华府门口，以人民币 600 元的价格，贩卖含氯胺酮成分的液体给焦某指派过来拿毒品的张某；

2016 年 6 月 28 日，被告人成某某与焦某联系毒品交易事宜后，指使他人到某市华府门口，以人民币 500 元的价格，贩卖毒品氯胺酮给焦某指派过来拿毒品的张某；

2016 年 7 月的一天，被告人成某某与向某某联系毒品交易事宜后，让付某到某市世联华府 3 号楼，以人民币 1900 元的价格，贩卖毒品氯胺酮给向某某。

公诉机关根据书证、证人证言、被告人供述和辩解、辨认笔录等证据，认为被告人成某某多次故意贩卖毒品，情节严重，其行为已触犯《中华人民共和国刑法》第 347 条第 1 款、第 4 款、第 7 款之规定，应当以贩卖毒品罪追究其刑事责任。

【办案纪实】

2016 年，被告人成某某的家属委托福建某律师事务所律师担任成某某贩卖毒品罪一案的辩护人。

* 李少林，福建一脉律师事务所律师。

接受委托后，辩护人依法会见成某某。成某某辩解，其没有贩卖毒品给焦某、向某某。经详细查阅案件卷宗材料，辩护人认为：

本案指控成某某参与的三起贩卖毒品案件中，均没有毒品实物被扣押，指控的主要依据为焦某、张某某、向某某等人的证人证言及相应辨认笔录。在指控的前两起案件中，对比焦某、张某某二人的证言，却存在明显的自相矛盾甚至于互相矛盾（见表1、表2），张某某的证言与其个人的辨认笔录之间也存在矛盾，甚至张某某辨认成某某的时间与成某某辨认向某某的时间一致，该辨认程序明显违法，可见该两起案件达不到刑事案件"事实清楚、证据确实充分"的认定标准，是无法成立的。关于第三起指控成某某贩卖毒品给向某某的案件中，证人付某未证实所送物品为毒品，存在相对孤证的情形，同样无法达到"确实充分"的程度。

表1　关于6月28日买毒情况的供述

张某某供述	焦某供述
第二次讯问供述："最后一次是2016年6月28日凌晨5点多，焦某打我电话，叫我到某处找熊猫拿一包K粉。我到大门口后，是熊猫的一个小弟送下来给我的，大概2、3克左右重的K粉"	第一次供述："张某某就拿了10包半盎司的k粉、10瓶神仙水过来"
第三次讯问供述："第一次是我被抓的那天早上，焦某说他联系了熊猫要购买一包K粉，让我到某处找熊猫拿一包K粉，后来我到门口后，是熊猫的一个小弟送K粉下来给我的"	于补充供述："要购买四包K粉和两包神仙水，后来张某某就到某处楼下找熊猫购买4包K粉和两包神仙水"

表2　关于6月23日买毒情况的供述

张某某供述	焦某供述
供述："还有一次23日的时候焦某让我到某处找熊猫拿毒品"	第一次讯问及第二次讯问均否认在6月23日有向熊猫购买过毒品，补充讯问中供述："只在6月28日向熊猫购买过毒品，仅这一次。"

原审法院认定，成某某在侦查阶段对贩卖毒品给向某某的事实予以供认在案，且与证人向某某、付某某证言、辨认笔录相互确定，足以认定；关于指控的第一起及第二起贩卖毒品给焦某的指控，虽有证人张某某的证言，但焦某予以否认，证人证言相互之间、与辨认笔录之间无法吻合，无法证实用以买毒的电话号码即为被告人成某某所有，辩护人关于该两起案件的辩护意见予以采纳。成某某行为已构成贩卖毒品罪，公诉机关指控的罪名成立，判决有期徒刑1年，并处罚金人民币3000元。

原审判决后，原公诉机关某市检察院不服，提出抗诉。公诉机关认为原判不予认定成某某2016年6月23日、28日两次贩卖毒品给焦某的理由不能成立，该两起事实的证据能够相互印证。

福建省某中级人民法院依法组成合议庭公开开庭审理了此案。原审被告人成某某于庭审时提出，其没有贩卖毒品给焦某，拿毒品给向某某并没有从中牟利。公诉机关着重提出，成某某系通过电话号码A与焦某、张某某联系买毒事宜，的士司机陈某某、童某某证实该号码为成某某所有，成某某贩卖毒品给焦某的事实清楚，足以认定。

二审中，辩护人再次详细查阅案件材料及侦查机关补充提供的两名的士司机证言，有目的地对比了A号码的通话记录，发现该部分证据仍无法证实成某某有参与贩卖毒品给焦某的两起案件。在一审辩护的基础上，辩护人重点就公诉机关指控的号码A为成某某所有并用于买毒联系的事实及证据提出异议。

证据显示，成某某曾于2016年5月17日因吸毒被行政拘留十四天，而在此期间，号码A仍在正常使用中，且与证人的士司机陈某某、童某某等人有频繁的联系，该二人的证言也仅证实了号码A叫过车，当时乘坐人成某某以及童某某称其并不认识号码A的持有人，但认识成某某，他的外号为“熊猫”(见表格3)；而除了证人张某某陈述号码A为“熊猫”小弟所用之外，根据号码A的通话记录显示，公诉机关指控的第一起案件2016年6月23日中，号码A并没有与焦某、张某某有过联系。更为重要的一点为，成某某涉嫌贩卖毒品罪于家中被抓获时，侦查机关并未同时扣押到号码A，公诉机关的指控无法成立。

表格 3

证人陈某某陈述	证人童某某陈述
“不认识 A 号码的持机人，但认识被告人成某某，我的车接到用号码 A 所下的单子时，乘坐人为被告人成某某”	“不认识 15598246085 号码的持机人，但被告人成某某是曾经载过的客人，外号叫熊猫。”

福建省某市中级人民法院经审理后认为，证人焦某、张某某均称毒品是找“熊猫”购买，但无法辨认“熊猫”身份，外号不具备唯一性、排他性，证人向某某、付某某、童某某证实成某某外号“熊猫”，也无法作证焦某、张某某所称的“熊猫”为成某某；侦查机关在抓捕成某某时并未扣押到手机号码 15598246085，证人陈某某、童某某证言无法证实该号码的直接持有人为成某某，且成某某被拘留期间，该号码仍与焦某、张某某等多个手机号码有通话记录，故无法证实该号码为成某某所有；证人焦某否认曾于 2016 年 6 月 23 日向成某某购买毒品，2016 年 6 月 28 日贩卖毒品的指控中，焦某、张某某关于毒品种类、数量等的陈述无法吻合。综上，原公诉机关指控成某某两次贩卖毒品给焦某、张某某的证据无法达到确实、充分的证据标准，不能成立。

二审法院裁定，原判认定定罪清楚，量刑适当，审判程序合法，裁定驳回抗诉，维持原判。

【律师分析】

在毒品案件中，有相当一部分案件是无法扣押到毒品实物或抓获贩毒现场的，该类型案件中，如何认定确实存在贩卖毒品的事实以及如何确定贩卖毒品的次数、毒品类型、数量、金额等内容，证明的难度及对定罪证据的要求明显高于其他类型的毒品案件。

2005 年 4 月 25 日，最高人民检察院公诉庭《毒品犯罪案件公诉证据标准指导意见（试行）》关于犯罪客观方面的证据收集的第 5 点问题中，明确指出：“在毒品、制毒物品等物证灭失的情况下，仅有犯罪嫌疑人、被告人自己的供述，不能定罪；但是，当犯罪嫌疑人、被告人的供述与同案犯的供述吻合，并且完全排除诱供、刑讯逼供、串供等情形，能够相互印证的口供可以作为定罪的证据”。2008 年最高人民法院《全国部分法院审理毒品犯罪案件工作座谈会议纪要》关于毒品犯罪的死刑适用问题中，再次强调了该部分证据用以定罪认定的重要性,“有些毒品犯罪案件,往往由于毒品、毒资等证据已不存在,导致审查证据和认定事实困难。在处理这类案件时,只有被告人的口供与同案其他被告人供述吻合,并且完全排除诱供、逼供、串供等情形,被告人的口供与同案被告人的供述才可以作为定案的证据。”

此类型毒品犯罪案件中,以一般性证明标准的证据为主,如言词证据中的证人证言、被告人供述以及辨认笔录等,基于毒品案件的审判力度,对于该部分证据的审查及采信力度,也应远高于其他类型毒品犯罪的证据。2016 年 5 月 24 日出台的两高一部《办理毒品犯罪案件毒品提取、扣押、称重、取样和送检程序若干问题的规定》对于毒品案件中直接物证的取得、审查程序做了详细的规定,而对于无实物查获的毒品案件,关于言词证据等其他证据的审查,却存在详细规定方面的缺失。

是否能够以言词证据中的矛盾点来否认言词证据的证明力,是实务中值得思考的问题,也是辩护人突破公诉机关证据锁链的第一个着力点。

因言词证据的主观性强,被告人供述、被害人陈述甚至证人证言,存在不同的叙事方式,不只是被告人、被害人或证人之间不同陈述主体的叙事方式不同,还同时存在同一个主体在不同时间对同一事实叙述的不同。因而,在审查证据时,容易产生紊乱或大致雷同的感觉。那么,对于该部分言词证据的审查,只能通过详细对照来发现矛盾点。首先需梳理清楚事件的经过,再从中总结及归纳事件中的重点、关键词,如事件中出现明显的时间点、毒品的种类、数量、包装甚至交接地点及交接方式等,必要时可按照指控事件的顺序,将被告人、被害人、证人等对同一事实的陈述列明为表格式,便于梳理出清晰明确的矛盾点。

而对于辨认笔录等辅助性证据,首要考量证据合法性及来源合法性,以排除非法证据及存疑证据。如同一时间同一侦查人员却在不同地点形成的两份辨认笔录,在该种情况下的两份辨认笔录均属存疑,是不能作为印证言词证据的辅助证据认定的。

以言词证据为核心,辨认笔录等辅助性证据,核查是否与客观证据相关联印证,则是审查毒品犯罪证据链的第二个方面。

鉴于言词证据的主观性,当与客观证据联系审查时,极可能出现证据证明力的双刃剑。就如文中案例中出现的客观证据通话记录,公诉机关本欲证明成某某系以号码 A 作为买毒联系方式,证人焦某、张某某,的士司机陈某某、童某某均有联系过该号码,也均陈述该号码与成某某相关,以此作为成某某贩毒给焦某的主要证据链之一，但在焦某与张某某言词证据存在重大矛盾的情况下，依靠片面客观证据，不仅无法加强印证言词证据的证明力，反而证实了对被告人有利的情形。

毒品案件存在一定的技侦手段，有利于打击隐蔽性较强的毒品犯罪。在毒品案件中，犯罪嫌疑人、被告人同样有获得辩护的权利，辩护人也要发挥自身作用，为犯罪嫌疑人、被告人进行有效辩护。尽管在司法实践中，有效辩护争议很大，也并不容易实现，但辩护人所提出的每一个有效辩护观点，都是对毒品犯罪案件的不断探索。

【思考与提示】

毒品犯罪，在全世界范围内都必须严厉打击，全国乃至全世界都制定了相应规范来遏制毒品犯罪发展蔓延的势头。可以说，严厉打击毒品犯罪是中国刑事审判工作中的重要任务。刑事辩护律师更是应该对此有清醒的认识。也因此，刑事辩护律师对毒品案件的办理，除了在法律范围内尽全力维护被追诉人合法权益的首要目的外，所提出的辩护观点、辩护思路也相应地在不同程度上为推进毒品犯罪案件侦办法律进程作出些许的贡献。

作为一名刑事辩护律师，并且是在近年来较多接触毒品犯罪的刑事辩护律师，可以清晰地感受到，相比侦办到审判定罪旷日持久的毒品死刑案件，没有扣押到实物的毒品犯罪的出现更为常见。毒品犯罪的隐蔽性和技术侦查特性，给毒品刑事辩护增加了一定的难度，如何在特殊的毒品犯罪中去把握刑事证据的完整性、同一性，在其中寻找毒品犯罪辩护的方向，是每个刑事辩护律师需不断打磨的辩护技能。

找一个辩点，爆破整个案件

——以岳某品过失致人死亡罪二审案为例

辩护律师　许继强　卢秋坤*

【案情简介】

上诉人岳某品，男，1979 年 12 月 21 日出生，汉族，中专文化，个体经营者，户籍地贵州省，暂住厦门市集美区。因涉嫌犯过失致人死亡罪于 2016 年 12 月 28 日被取保候审。

岳某品于 2016 年 5 月起，在厦门市集美区扶摇路 42 号经营“贵州苗家中草药店”。2016 年 7 月下旬，岳某品在扶摇路 39 号旁的路口空地处晾晒草乌。被害人付某于 2016 年 7 月 26 日因饮用经草乌浸泡的白酒出现身体不适，并于次日经抢救无效死亡。

2016 年 7 月 27 日，被害人付某的儿子到厦门市公安局集美分局报案称，致受害人死亡的草乌来自岳某品晾晒的草乌。厦门市公安局集美分局于同日立为过失致人死亡案侦查，于 2016 年 12 月 28 日对岳某品取保候审，于 2017 年 2 月 27 日移送厦门市集美区人民检察院审查起诉，检察院于 2017 年 3 月 2 日决定继续对其取保候审。集美区人民检察院两次退回公安机关补充侦查，最终于 2017 年 8 月 17 日以岳某品涉嫌过失致人死亡罪向厦门市集美区人民法院提起公诉。

厦门市集美区人民法院于 2018 年 12 月 28 日作出(2017)闽 0211 刑初 599 号刑事附带民事判决，一审判决认定，岳某品犯过失致人死亡罪，判处有期徒刑 2 年零 9 个月；并赔偿民事诉讼原告损失 300181 元。

岳某品不服，提出上诉，并委托上海锦天城(厦门)律师事务所专业刑辩律师许继强、卢秋坤共同担任其二审辩护人。辩护人认为，一审认定事实不清、证据不足。岳某品晾晒的草乌与被害人付某药酒里的药草具有鉴别同一性的

---

* 许继强、卢秋坤，上海锦天城(厦门)律师事务所律师。

可能及条件，要认定岳某品晾晒草药与付某因误饮药酒死亡存在因果关系，必须对草药进行同一性鉴定。另，本案存在较多重大合理怀疑无法排除。

2018年10月31日，厦门市中级人民法院作出(2018)闽02刑终364号刑事附带民事裁定书。二审法院经审理认为，原判决认定岳某品犯过失致人死亡罪事实不清、证据不足，依法裁定撤销原判决，并发回厦门市集美区人民法院重新审判。

厦门市集美区人民法院收到集美区人民检察院撤诉决定书后，于2018年12月28日作出(2018)闽0211刑初1283号刑事附带民事裁定书，裁定：

1.准许厦门市集美区人民检察院撤回对被告人岳某品的刑事起诉；

2.驳回附带民事诉讼原告人对被告人的附带民事起诉。

厦门市集美区人民检察院经审查认为，厦门市公安局集美分局认定的犯罪事实不清、证据不足，不符合起诉条件，于2018年12月29日作出集检公诉刑不诉(2018)40号不起诉决定书，决定对岳某品不起诉。

【办案纪实】

一、深研一审卷宗找出证据链中的薄弱环节

许继强、卢秋坤律师在接受委托后，因上诉时间紧迫，为使阅卷、调查取证、与法官沟通、起草文书等所有辩护工作的顺利开展，辩护人组织了一场跨律所、跨区域的专业刑辩律师视频研讨会。主要组成人员包括：郑文鑫(福州大成)、林凯玲(厦门盈科)、林洁(厦门旭恒)、陈曦(远东大成)、谭勇(世好)，大家根据各自的经验，尝试从不同角度进行分析，为案件献计献策。最终确定了本案的核心辩护观点：从付某家扣押的酒瓶中所残留的中药(下称"酒瓶中的草药")与公安机关从岳某品家中搜查、扣押的草乌(下称"被告人的草乌")不具有"同一性"。基于该辩点，大家对于如何构建一个"可信""可证"的符合基本逻辑的合理怀疑提出各自建议。

二、破解一审证据链，构建"可信""可证"的合理怀疑

(一)从"种属"上提出合理怀疑

未经种属鉴定的情况下，一审法院认定酒瓶中的草药是草乌，理由如下：

1.瓶子里的中药经浸泡，内部成分发生变化，不具有"同一性"鉴定的条件。辩护人认为，不能鉴定不代表具有"同一性"。

2."酒瓶中的草药"与"被告人的草乌"都含有乌头碱成分。

一审法院裁判的核心思路在于，两者因为都含有乌头碱成分，所以是同一

种中药，罐子里的既然是草乌，酒瓶中的草药自然应当也是草乌。恰恰问题就在此，辩护人试问：只有草乌含有乌头碱吗？

为了研究草乌是何物，辩护人专门翻阅了《中国药典》(2015 版)，忽然发现真是柳暗花明又一村，一审上述逻辑存在错误，理由：其一，除了草乌含有乌头碱以外，川乌、附子也含有乌头碱，且含量相近；其二，草乌与川乌虽然外形非常相近，但内在结构存在一定差异，具备“种属”鉴定的条件。因此，辩护人认为，一审法院认定酒瓶中的草药是草乌证据不足，酒瓶中的草药可能是川乌或者附子。(见图 1、图 2)

图 1　川乌

图 2　草乌

(二)从“形”与“色”上提出合理怀疑

辩护人认为，对于物证的鉴真是刑事辩护律师需要具备的一项基本执业技能。如何鉴真？简单来说就是细致研究物证的“形”与“色”。本案中，就要研究酒瓶中的草药是什么形状？什么颜色？其与被告人的草乌的形状、颜色是否一致？

1.关于形状

被害人付某的妻子、儿子在证人证言中均表述“付某在案发当天下午 18 时左右，用剪刀剪一根手指大小的中药，用来泡酒”。辩护人认为，其中的关键点在“用剪刀剪”。用剪刀剪草乌会剪成什么形状？于是，辩护人做了一个简单的实验，发现晒干的草乌中因含有淀粉，有点像晒干的红薯干，若用剪刀剪，根本不会剪成完整的片状。然而，辩护人发现，酒瓶中的草药确是比较完整的片状物体，且横切面较光滑。因此，辩护人将实验结果及时与二审法官做了详细有效的沟通，二审法官就此对一审法院认定的事实产生了较大疑问。这一观点，也直接撼动了付某受害人妻子、儿子作出“付某中毒后，说泡酒的中药是从被告人处拿的”的证人证言的可信性，为辩护人提出关于“来源”的合理怀疑埋下伏笔。

2.关于颜色

正如上述，若付某用剪刀剪草乌，即使能够剪成完整的片状，其横切面的颜色也应当是淀粉色，而不是黑色。但辩护人发现，瓶子中草药的横切面是黑色的。经研究，中药一般分为两种炮制方式：一是先切后炮制；二是先炮制后切。不同顺序，横切面的颜色是不同的。如图 3、图 4：

图 3　先炮制后切　　　　图 4　先切后炮制

因此，酒瓶中的草药切片后还经过炮制，不可能如证人所说是受害人通过剪刀剪下后泡酒。辩护人更加坚信：酒瓶中的草药并非来自于被告人处。那么，酒瓶中草药的来源成为一个问题。

（三）从“来源”提出合理怀疑

既然，辩护人提出酒瓶中草药的来源存在疑问，那么，致被害人死亡的草药到底来自哪里？辩护人认为，极有可能是被害人从其他的药店采购。为了让此怀疑“合理”化，辩护人以案发地为中心搜索了方圆一公里内的所有药店，并委托公证处购买取证。最终，取得周边药店均可购得草乌、川乌、附子的证据，并提交二审法院。

另外，还需要解释清楚一个问题：若是被害人在其他药店购买的草乌或者川乌，为什么证人会说是从被告人处拿的呢？这个问题其实不难破解，辩护人认为：其一，该句话系传来证据，案中只有付某妻子、儿子两人的证言相吻合，但两人的证言无法与其他证据，尤其是客观证据相印证，存在说谎或者互相影响的可能。其二，被害人付某中毒后可能说的是“我今晚泡酒用的中药跟前几天在对面药店拿的一样，你们抓紧去问一下有无解药？"而付某的妻子、儿子却理解成"我今晚泡酒用的中药就是从对面药店拿的"。证人产生误解的可能性很大，因为当时情况紧急，同时也可能涉及其他赔偿的问题。

通过上述的三个合理怀疑，二审法院对于酒瓶中的草药是草乌且来自被告人处的认定产生严重质疑。此时，刑事审判的"证据确实充分"证明标准才开始产生作用。二审法院采信了辩护人所提出的被告人的草乌与酒瓶中的草药不具有"同一性"的辩护观点。

【律师分析】

刑事辩护思路的选择对于刑事案件的整体走向和最终结果具有重要的影响，在某些案件中甚至起着决定性作用。辩护人在确定辩护思路时，结合案件具体情况和相关法律法规进行综合分析，运用法律思维进行逻辑推理与演算，最终找出最适合本案的辩护思路。

全面充分地证明被告人有罪的证明责任由公诉机关承担，是我们作为刑事辩护律师的常识。但辩护人认为，一名专业刑事辩护律师的认知绝不止于此。辩护人有权利更有义务去寻找案件中的"合理怀疑"，并为此进行论证、取证，做到有证可寻的合理怀疑，而不是瞎猜忌。

本案中，辩护人认为控方证据达不到"证据确实充分"的证明标准，且存在较大的合理怀疑。但辩护人如何在论证"证据没有确实充分"与"存在合理怀疑"之间做出较为合理的选择，进行合理发力，就是对我们辩护策略的重要考验。此案中，辩护人最终选择双向发力，平均发力的辩护策略，简而言之就是既要充分论证控方的指控证据不充分，又要论证辩护人提出的"合理怀疑"有证可寻，具有可证性。

首先，控方指控证据不足，主要体现在以下几点：

1.被害人是否真的拿了被告人晾晒的草乌？相关事实细节证据薄弱，只有被害人妻子、儿子的证言，且证言内容均来源于被害人，属于传闻证据，无其他证据予以印证；

2.被害人残留在酒瓶中的草药与从岳某品处扣押的草乌无"同一性"鉴定。一审法院仅凭二者都含有乌头碱成分，就认定均为草乌。

3.含有乌头碱成分的中药有川乌、草乌、附子，三种中药可以做区分或种属鉴定；

其次，基于以上问题，辩护人构建的"合理怀疑"一定符合常识，具有可证性。主要体现在以下几点：

1.确实存在被害人曾经拿过被告人晾晒的草乌，泡酒后感觉治疗效果不错，就比着葫芦画瓢去药店采购了较多类似的中药，从而食用过量致死的可能性。

2.通过对被害人周边药店进行公证取证，可以证明：被害人居住的周边多家药店都可以随时、无限制地购买到草乌、川乌、附子等含有乌头碱成分的中药。

3.被害人妻子、儿子均称被害人用剪刀将中药剪切成一片一片后泡酒。但经过实验可以证实，被告人晾晒的中药质地干硬，含有较多淀粉，不可能用剪刀剪成表面光滑的片状，且草药切面的实际颜色也与证言所述情形不符。

综上，辩护人的怀疑是可信、可证、符合基本生活常识，应当属于合理怀疑。

【思考与提示】

刑事辩护中，律师常将“合理怀疑”挂在嘴边，但什么是合理怀疑？如何构建一个“可信”“可证”的合理怀疑却是我们比较少思考的问题。在本案当中，我们要做的就是将“合理怀疑”构建到一定程度，使法官的心理确信产生动摇。我们通过“公证”的形式证明被害人致死的草药来源远远多于卷宗中所述，通过对草药进行切片、泡酒过程的模拟，与公安、检察院提交的证据进行对比，辅以对案件客观事实的设想，从而构建出较为“立体”的合理怀疑，并最终得到了法官的认同。

“合理怀疑”规则构成了英美普通法系刑事诉讼的根基。我国《刑事诉讼法》在 2012 年大修时在证明标准中引入了“排除合理怀疑”，即《中华人民共和国刑事诉讼法》第 53 条第 2 款对“证据确实、充分”从三个方面进行了解释：“(1)定罪量刑的事实都有证据证明；(2)据以定案的证据均经法定程序查证属实；(3)综合全案证据，对所认定事实已排除合理怀疑。”

办理任何案件都离不开全面了解案件材料。了解案件情况，需要充分阅读卷宗以及与当事人深入沟通。不仔细阅卷就是不负责，有些刑事案件如危险驾驶罪案件，可能只有一两本卷宗，但涉黑涉恶案件，两三百本卷宗的都不占少数。这个时候就需要辩护人有耐心、有责任感的进行筛选，并进行横向、纵向对比后，才能发现问题所在，才有找出合理怀疑的可能。

在坚持对案件进行全面审查、研究的过程当中，不难发现，案件都可能存在不确定性，其中，“疑罪”特指的是事实认定方面，而非法律适用。犯罪事实的证明是为了法官产生道德上的确定性，从而做出判决，因此当公安机关、检察院提交的材料看似充分的时候，需要律师对其进行瓦解，动摇法官逐渐建立起来的确定性。“所有的怀疑都要接受理性的检验。”[1]律师所构建、证明的怀疑是否能够通过法官理性的检验，是对律师能力的考验，也是我们未来努力的方向。

① 刘静坤：《证据审查规则及分析方法》，法律出版社 2018 年版，第 302 页。

细致审查全案证据，终获检察院不起诉

——卓某某涉嫌非法生产制毒物品案

辩护律师　许兴文*

【案情简介】

被不起诉人卓某某，男，初中文化，务工。因涉嫌非法生产制毒物品罪于2017年11月30日被长汀县公安局刑事拘留，2018年1月5日经长汀县人民检察院批准并由长汀县公安局执行逮捕。后家属委托本律师参与辩护。长汀县公安局于2018年3月1日向长汀县人民检察院移送审查起诉。同年4月16日经长汀县人民检察院决定并由长汀县公安局执行取保候审，而后长汀县人民检察院对其作出不起诉决定。

长汀县公安局移送审查起诉认定：2017年7月18日下午，姜某等人应连某邀集到漳州市南靖县和溪镇的一山上参与生产氯麻黄碱（俗称“熟麻”）。到山上时，犯罪嫌疑人卓某某等人已在现场等候，之后姜某与连某等人穿好防护服及防护面具后，在现场生产“熟麻”。2017年7月19日天快亮时，氯麻黄素加工好，由犯罪嫌疑人卓某某等人将加工好的部分氯麻黄素打包好后用一部小货车拉走，姜某等人则坐车回到龙岩并领取工资5000元。加工好的氯麻黄素被拉走卸货/藏放，后面被民警查获，查获的氯麻黄素净重1154.8公斤。

【办案纪实】

辩护人是在本案的犯罪嫌疑人卓某某被检察院批准逮捕后才介入该案件。第一次在看守所会见卓某某时，辩护人便认识到这是一位老实巴交的泥水匠师傅，会见中向其进一步了解了基本案情之后，更从内心深处相信他可能真的是无辜的。接受委托后，辩护人多次前往看守所会见犯罪嫌疑人卓某某，不断对其进行鼓励和开导，与卓某某家属进行了细致的沟通，了解整个案件的

* 许兴文，北京大成（厦门）律师事务所律师。

来龙去脉。审查起诉阶段,经过反复多次详细阅卷之后,辩护人认为本案据以定罪的证据确实不足,无法形成完整的证据链,卓某某涉嫌参与非法生产制毒物品的事实不清。确定了无罪辩护的基本思路后,辩护人针对本案所谓"同案犯"的供述和辩解、辨认笔录以及其他间接证据均提出质疑,并向长汀县人民检察院提交了《律师意见书》。

卓某某到案后均辩解自己没有参与漳州和溪一山头的加工氯麻黄素的活动,其供述自己系一名搞建筑的包工头,案发的 7 月 18 日前后其均在南安的老家,也不知道氯麻黄素是什么东西,更没有去过案中的制毒地漳州和溪。

经辩护人详细阅卷,多次到看守所会见,书写详细的律师意见,与承办检察官充分沟通。辩护人提出了以下辩护观点:第一,本案中没有证据能够证明卓某某如何到达作案现场又如何离开;第二,虽存在卓水某与卓某某的通话记录,但不能据此说明卓某某有参与犯罪活动;第三,多名同案犯的辨认笔录之间存在明显矛盾且不能排除合理怀疑。

检察院最终采纳上述辩护意见并经审查认为长汀县公安局提供的证据不足以证明卓某某与生产"熟麻"的现场外号叫"姐夫"的人系同一人,也无法证明卓某某与犯罪嫌疑人卓水某之间存在犯意联络。检察院经审查认为卓某某参与非法生产制毒物品存在事实不清、证据不足的情形,不符合起诉条件,根据《中华人民共和国刑事诉讼法》第 175 条第 4 款的规定,决定对卓某某不起诉。

【律师分析】

本案存在的争议焦点在于两个事实认定:在生产"熟麻"的过程中,卓某某是否在场,以及卓某某是否与同案犯卓水某存在犯意联络。

1. 经阅卷审查在案证据,辩护人认为侦查机关认定卓某某参与非法生产制毒物品犯罪的主要证据均存在严重问题:

(1)多名同案犯的辨认笔录

卷宗材料中,几名同案犯在供述里提及,案发时有两位犯罪嫌疑人先于其他犯罪嫌疑人到达制毒现场,此二人外号分别为"战友""姐夫"。上述四名同案犯进一步辨认本案的犯罪嫌疑人卓某某就是当时现场的"战友"或者"姐夫"。侦查机关以此作为认定卓某某涉嫌犯罪的最重要的证据,辩护人针对这一证据展开了充分的质证。

首先,这些同案犯的供述只能说明一个问题,先于其他犯罪嫌疑人到达现场，打包氯麻黄素的是“战友”和“姐夫”，这点得到本案其他同案犯的一致认同。至于“战友”和“姐夫”的真实身份、姓名年龄、外貌体型等均是未知，而且都穿着防护设备，不可能很清楚相貌。同案犯中没有人能够明确指明这几种客观信息，除了辨认相貌以外，没有提供其他任何能够指向卓某某的信息。能够直接将卓某某锁定为本案犯罪嫌疑人的证据，只有上述同案犯的辨认笔录。

其次，这几份辨认笔录的真实性、合法性也存在疑问。一方面，多人的辨认笔录均存在涂改现象，另一方面，辨认笔录中见证人的信息不完整，只有电话，缺少见证人的其他有关信息，更无法判断见证人的情况是否符合法律规定，也没有同步录音录像能够证实辨认经过的合法性。

第三，卓某某究竟是不是“战友”或“姐夫”其中的一人，在后五名同案犯的辨认中，姜某没认出来，表示不认识，段某不太肯定，另外三人表示卓某某是其中之一，但对卓某某到底是“姐夫”还是“战友”仍有分歧。考虑到这些同案犯到达现场时已是深夜，光线必然不如白天充足，对于“战友”和“姐夫”仅有一面之缘，同时在作案过程当中又有很长的一部分时间两人是头戴面具的，再加上作案的时间和辨认的时间也已经有了一段较长的间隔，在这样的情况下，这些同案犯对记忆中的“战友”或“姐夫”并不是有着比较模糊的外形描述，而是直接指认了某一张具体的面孔，明显不合常理。

(2)卓某某与同案犯卓水某的通话清单

卷宗材料中显示，在案发当天，卓某某与卓水某频繁联系，侦查机关据此认定卓某某涉案，为他人帮忙制造制毒物品。

辩护人提出，单凭通讯记录不能得出卓某某就涉案的结论，重在通话内容。目前移送的案卷材料中，卓某某本人并未对电话联系卓水某的内容作出说明。卓某某在自己的供述中提到，联系主要说的都是盖房子的事情，而且确实存在代建房子的事实。因此，对于当日的通话，犯罪嫌疑人卓某某是能够作出合理解释的。侦查机关并没有提供其他证据加以推翻犯罪嫌疑人卓某某的解释，也没有进一步就通话当日卓某某手机的定位地点作出调查，辩护人同时建议侦查部门在补充侦查时能够调取这些证据。

2. 本案缺少其他证据对犯罪嫌疑人卓某某涉嫌犯罪的事实加以证实

除上述两项证据之外，本案缺少其他证据对犯罪嫌疑人卓某某涉嫌犯罪的事实加以证实：

(1)就全案证据来看，卷宗中只有犯罪嫌疑人卓某某的供述和辩解、同案犯等人的供述与辩解，并不存在相应的书证、物证等证据进行印证，无法形成完整的证据链条。

(2)本案中并没有证据能够证明犯罪嫌疑人卓某某是如何到作案现场的，之后又是如何离开的。《起诉意见书》认定7月19日天快亮时，由卓某某等人将加工好的部分氯麻黄素用一部小货车拉走。到底是什么车？拉到哪里去了？和谁交接？此类问题均处于不明状态。

(3)卓某某的讯问笔录中曾多次提及其与卓水某的关系，反复发问是否帮助卓水某实施了本案的犯罪事实，可见卓水某对于本案而言是一个关键人物。但在移送的卷宗中，只有一份卓水某的讯问笔录，而且其中并没有提及关于本案的具体情况，也只字未提本案的犯罪嫌疑人卓某某，也没有解释为何在案发后联系卓某某，因此，此部分证据并没有提供什么有效信息。

综上所述，辩护人认为侦查机关认定卓某某涉嫌非法生产制毒物品罪属于事实不清，证据不足，不能排除其他可能性的存在，不符合起诉条件。本着法律公平、正义原则，辩护人建议对卓某某作出不起诉决定。

【思考与提示】

本案系共同犯罪，涉案制毒物品数量大，可能承担较重的刑事责任。鉴于本案中证据方面存在的不足，要做无罪辩护，就必须证明犯罪嫌疑人卓某某无论是犯罪主观方面还是客观方面都不符合犯罪构成要件，证明其参与犯罪存在事实不清、证据不足，将卓某某从共同犯罪之中剥离出来。

案件争议焦点的认定，应紧紧围绕证据的三性展开。证据的三性，是证据与待证事实之间的桥梁，由此衍生出证据的证据能力与证明力，是无论律师、公检法工作人员在案件侦查、审查起诉、定罪量刑和质证辩护环节工作中的重要中心点。应当考虑如下几个要点：

首先，我国司法诉讼实践中采用证据相互印证规则，任何一个证据都无法自证为真，只有与其他证据相互结合，才能证明案件事实。该规则特别针对的是言词类证据，反映在本案中，恰恰是言词类证据构成了证明犯罪嫌疑人卓某某犯罪事实的最主要依据，其他犯罪嫌疑人对于是否确实看到卓某某出现在犯罪现场的辨认笔录之间的矛盾，恰恰又说明了言词证据存在不可靠、不稳定性、需要依靠其他证据补强的特点。卷宗中只有犯罪嫌疑人卓某某的供述和辩解、同案犯等人的供述和辩解，并不存在相应的书证、物证等证据相印证，无法形成完整的证据链条，这正是检察院能够采纳辩护意见作出不起诉决定的原因之一。

其次，刑事案件与民事案件的证明标准要求不同，前者要求证据证明力达到“排除合理怀疑”的程度。在本案中，纵使长汀县公安局移交的证据中有案发当日前后卓某某与同案犯卓水某的频繁通话记录，也仅仅只是具有了卓某某参与犯罪事实的“高度盖然性”，完全达不到排除合理怀疑的程度。根据社会一般观念，许多种社会关系都会产生密切的电话联络事实，结合案件事实，卓水某的供述既没有证实卓某某有到现场，也没有证明他们通话的情况，更没有指认其有参与犯罪。另外，卓某某与卓水某之间存在房屋工程承包关系，有密切的通讯记录是合情合理的，完全不能证明卓某某有犯罪事实。

最后，虽在本案中无明显体现，律师仍应留意非法证据的排除问题。结合本案，存在的多为瑕疵证据。于瑕疵证据而言，在如今的刑事辩护中，对于存在一点证据瑕疵问题或存在非法证据的案件，辩护律师就常常倾向于做无罪辩护，但有时也不会被认同。即便存在瑕疵证据，也不能说明证据体系是不完整的；即便存在非法证据，大多数情况下也是通过补正的。除非是证据存在明显硬伤，足以影响罪与非罪成立的案件，否则不会轻易选择无罪辩护。正是基于瑕疵证据和非法证据的根本区别，非法证据的价值目标更倾向于保障人权，而瑕疵证据更追求真实性，正是由于取证的过程或者证据本身存在一定的瑕疵，特别是经过补正和合理解释后仍无法排除合理怀疑，导致证据真实性无法确认则应当予以排除，从根本而言是为了保证真实的发现。同时，由于“排非”必然涉及侦查人员的法律责任等诸多原因，能够“排非”的案例不多见，但实际上很多案件都不同程度地存在一些技术性违法的瑕疵证据，从证据的瑕疵入手发现并提出质疑以达到排除的目的，会取得比较好的辩护效果。

综上所述，律师在办案过程中，无论是做无罪辩护还是罪轻辩护，都应当牢牢把握“排除合理怀疑”这一证明标准，紧紧围绕证据三性，从犯罪的构成要件之中寻找突破口，做到严谨、缜密、专业，提高辩护的有效率与力度，保护当事人的合法权益。

行政篇

福建律师经典案例汇编

个案推进公法秩序下私权保护的典范案例

——厦门市居泰安物业管理有限公司诉上海市黄浦区市场监督管理局无主财产上缴财政一案

代理律师　廖先传*

【案情简介】

1998年7月31日，中国建设银行厦门分行（以下简称“厦门建行”）借款给厦门象屿凯天贸易有限公司（以下简称“凯天公司”），并由福州保税区柏德贸易有限公司（以下简称“柏德公司”）以其所有的澳大利亚进口羊毛提供质押担保。借款到期后，凯天公司未能如期归还借款。厦门市中级人民法院（以下简称“厦门中院”）作出的（1999）厦经初字第215号民事判决书确认厦门建行与凯天公司签订的借款合同、与柏德公司签订的质押合同均合法有效，如凯天公司未按判决规定时间还款，则厦门建行有权拍卖柏德公司所提供的质押物，并从所得价款中优先受偿。判决生效后，厦门建行向厦门中院申请强制执行。2001年7月，厦门中院派员前往上海欲拍卖案涉羊毛时，发现案涉羊毛已被原上海市工商行政管理局黄浦分局（现上海市黄浦区市场监督管理局，以下简称“原黄浦工商分局”）以无主为由没收。厦门建行经了解得知，1998年8月7日，上海吴淞海关以涉嫌走私为由扣留了该批羊毛。1999年9月7日，上海海关调查局将该批羊毛及案件移交给原黄浦工商分局，因羊毛出现脱脂变质现象，该局将该批羊毛拍卖，得款人民币7196545.66元。2000年3月7日，原黄浦工商分局认定该批羊毛为无主财产，并将羊毛拍卖所得款上缴财政。

【办案纪实】

2001年12月，厦门建行委托福建力衡律师事务所廖先传律师代理本案。2002年6月17日，厦门建行向上海市黄浦区人民法院（以下简称“黄浦法院”）提起本案行政诉讼，请求判决撤销原黄浦工商分局作出的没收案涉羊毛

---

* 廖先传，福建力衡律师事务所律师。

的决定，并判决该局给付厦门建行拍卖上述财产所得款人民币 7196545.66 元。黄浦法院经审理认为："黄浦工商分局在查处存放于宗福仓库内的涉嫌走私羊毛案件过程中，并不存在确定违法行为人，并予以行政处罚的事实。黄浦工商分局按照有关行政处罚程序的规定进行调查，在无法找到并确认走私贩私行为人，进而处罚违法行为人的情况下，依照《工商行政管理机关行政处罚程序暂行规定》（以下简称《暂行规定》）作出无主财产上缴财政的行政处理决定，符合行政效率原则和相关法律规定。厦门建行认为黄浦工商分局作出的是没收的行政处罚决定，且违反法定程序，其主张与事实不符，理由不能成立。黄浦工商分局对其作出的行政行为性质的表述，有充分确凿的证据予以证明，且符合法律规定，应予采信。黄浦工商分局所作被诉行政行为认定事实清楚、证据确凿，适用法律正确，且执法程序合法，依法应予维持。"2002 年 11 月 25 日，黄浦法院作出（2002）黄行初字第 83 号行政判决，判决："一、维持黄浦工商分局作出的将涉案羊毛作无主财产上缴财政的具体行政行为；二、驳回厦门建行的其他诉讼请求。"厦门建行不服，提出上诉，并提出原黄浦工商分局认定系争羊毛为无主物是错误的，原黄浦工商分局提供的证据不能证明系争羊毛为无主物，而厦门建行提供的证据能够证明其是羊毛的质权人，并已多次致函原黄浦工商分局告知这一事实。上海市第二中级人民法院（以下简称"上海二中院"）经审理认为："厦门建行认为在公告期间厦门建行和厦门中院曾致函给黄浦工商分局，说明厦门建行对羊毛享有质权，但厦门建行没有证据证明黄浦工商分局已收到信函，且厦门建行在公告期间也未派员至黄浦工商分局处接受调查。故黄浦工商分局认定涉案羊毛属无主物的事实清楚。黄浦工商分局根据认定的事实，适用《暂行规定》第 61 条的规定，作出处理决定，适用法律、法规正确。黄浦工商分局作为工商执法部门，对于涉嫌走私的羊毛依照《投机倒把行政处罚条例》《暂行规定》的规定，启动行政处罚调查程序，以法有据；黄浦工商分局在调查过程中，由于查找不到相关当事人，遂根据《暂行规定》第 61 条的规定，经过公告 3 个月，仍无法找到当事人，遂认定羊毛为无主财产，并将拍卖羊毛所得款上缴财政，执法程序并无不当。厦门建行要求撤销被诉具体行政行为及黄浦工商分局赔付拍卖款的诉讼请求，缺乏事实证据和法律依据。"故上海二中院判决驳回厦门建行的上诉，维持原判决。厦门建行不服，先后两次向上海市高级人民法院（以下简称"上海高院"）申请再审。上海高院均驳回了厦门建行的再审申请。

厦门市居泰安物业管理有限公司（以下简称"居泰安公司"）因受让涉案羊

毛的质权及相关债权而承继厦门建行的诉讼地位，并继续委托廖先传律师代理本案，于2007年8月1日向最高人民法院申请再审。经审查，最高人民法院于2008年2月26日作出(2007)行监字第153号函，要求上海高院复查该案。上海高院复查后驳回了居泰安公司的再审申请。居泰安公司不服，再次向最高人民法院申请再审，并再次详细论述：(1)原黄浦工商分局提供的证据不能证明羊毛无主；(2)居泰安公司提供的证据可以证明涉案羊毛的所有权人为柏德公司，质权人为居泰安公司，原黄浦工商分局在作出没收决定之前就知道至少应当知道这一事实。并且，即使原黄浦工商分局在作出没收决定时确实不知道羊毛的所有权人和质权人，也不能就此认定羊毛无主；(3)厦门建行对涉案羊毛享有的质权在签订质押合同并交付质物之时即已生效，上海高院作出的(2008)沪高行监字第136号驳回再审申请通知书以确认厦门建行享有质权的民事判决2000年7月26日(该通知书误写为2007年7月26日)才作出，被诉行政决定此前即已作出为由，驳回再审申请人的再审申请错误；四、原黄浦工商分局声称据以作出没收决定的《暂行规定》第61条的规定未经公布、缺乏法律和法规依据、与法律相抵触，不能作为人民法院审理行政案件的参照。

2012年12月19日，最高人民法院作出(2007)行监字第153-1号行政裁定，裁定提审本案。审理过程中，最高人民法院对原黄浦工商分局在作出被诉行政行为时是否已经知道涉案羊毛设定质权的事实进行补充调查，经调查认定现有证据不能证明原黄浦工商分局在作出被诉行政行为之前已获悉涉案羊毛设有质权，应当推定原黄浦工商分局对此不知情。经审理，关于被诉行政行为是否合法及原黄浦工商分局是否负有改正义务的问题，最高人民法院认为："黄浦工商分局对涉案羊毛进行调查，由于查找不到相关当事人且货物所有人经公告仍未出现，遂依照当时生效的《暂行规定》对无主财产认定的相关要求，作出了被诉行政行为。鉴此，在现有证据不能证明黄浦工商分局知道涉案羊毛设有质权的情况下，对居泰安公司提出的撤销被诉行政行为的请求，本院不予支持。同时，黄浦工商分局事后发现涉案羊毛设有质权，其知道或者应当知道被诉行政行为与客观事实不符，即依法负有改正义务。该义务包括两项内容：一是就涉案羊毛可能涉及的违法问题，依照法律规定的处理权限作出判断。黄浦工商分局如果无权处理，则交由有权机关继续调查；如果有权处理，则自行组织调查。二是黄浦工商分局如果有权处理，则应一并对居泰安公司提出的返还请求作出处理。"关于涉案羊毛拍卖款应否返还给居泰安公司的问题，最高人民法院认为："居泰安公司提出的判令黄浦工商分局返还涉案羊毛拍卖款的再审请求能否实现，取决于黄浦工商分局在本案判决之后对涉案羊毛涉嫌走私问题如何作出处理。对此，如果能够认定涉案羊毛为走私物，则应当由有权机关依据有关法律规定作出处理决定；如果涉案羊毛不属于走私物，则以无主财产为由没收设有质权的涉案羊毛拍卖款显属不当。虽然黄浦工商分局在拍卖款上缴国库后已不实际控制这笔款项，但作为给付义务主体，其负有启动涉案羊毛拍卖款返还程序的义务。根据现有证据，涉案羊毛是否为走私物尚不明确。依据《中华人民共和国海关法》等有关规定，走私物的认定属于海关等行政机关的法定职权，不宜由法院直接作出认定。因此，对涉案羊毛是否属于走私物作出判定并进而判断被申请人是否负有启动返还程序的义务，需要有关行政机关通过相应的行政行为予以认定。"据此，2016 年 6 月 25 日，最高人民法院作出(2013)行提字第 7 号行政判决，判决："一、撤销上海市黄浦区人民法院(2002)黄行初字第 83 号行政判决；二、撤销上海市第二中级人民法院(2003)沪二中行终字第 11 号行政判决；三、责令上海市黄浦区市场监督管理局在本判决生效之日起 15 日内将涉案羊毛涉嫌违法的问题交由有权机关处理，或者在本判决生效之日起 15 日内依职权启动调查并在其后 120 日内对再审申请人厦门居泰安物业管理有限公司提出的返还涉案羊毛拍卖款的请求作出处理；四、驳回厦门居泰安物业管理有限公司的其他诉讼请求。"

【律师分析】

本案从 2002 年开始诉讼到 2016 年审结，历时 15 年，经一审、二审、再审，从基层法院、中级法院、高级法院到最高法院，堪称奇案。本案也被最高人民法院评为 2016 年行政审判十大典型案例。

黄浦法院、上海二中院、上海高院、最高人民法院对本案事实的认定是一致的，并且在本案中，最高人民法院未否定被诉行政行为的合法性，也未对被诉行政行为予以撤销，但却撤销了本案原一审、二审判决。原因主要在于：最高人民法院认为，行政行为作出后，出现新的证据，即使被诉行政行为作出时所依据的法律事实与客观事实不符，只要该客观事实是行政机关在作出行为时无法发现的，人民法院就不宜以此简单否定行政行为的合法性并据此撤销。但是，按照依法行政的基本原则，行政机关一旦发现已经作出的行政行为赖以存在的基础事实发生重大变化，且该行为会损害或者可能损害公民、法人或者其他组织的合法权益时，即有义务依法及时改正。

【思考与提示】

本案所涉及的澳大利亚进口羊毛，明明是有主的，所有权人是柏德公司，质权人是厦门建行，这是为生效的厦门中院(1999)厦经初字第 215 号民事判决所确认的法律事实，诉讼双方当事人对此均无争议。原黄浦工商分局作出的无主财产上缴财政决定，显而易见是与事实相违背的，但是，为什么上海市的三级法院均予以维持呢？究其原因，在于上海市的三级法院，均只注意到了公法秩序的维护，而最高人民法院则认为，人民法院审理行政案件，在维护公法秩序的同时，也应当尊重私权，这是本案最大的意义，是最高人民法院以个案推进法治进步的典范，这也是本案入选 2016 年行政审判十大典型案例最重要的原因。

行政补偿中的行民交叉，承包权性质决定补偿请求权

——蔡某某与某区政府不履行行政补偿法定职责案

代理律师　卢　靖*

【案情简介】

蔡某某为厦门市某区某镇某社区的居民，自1997年起承包位于某村（社区）水产养殖池，养殖鱼虾、花蛤等水产品，承包面积为60亩，但实际开发建设面积为80亩，并与该村（社区）签订承包协议。2011年4月，厦门市土地开发总公司与某区政府签订协议，约定厦门土地开发总公司对2006C29号海域整治工程项目储备用地进行收储，某区政府负责组织土地收储工作，蔡某某承包的水产养殖池位于该收储地块内。2013年，某区政府未征得蔡某某同意且未与蔡某某签订补偿协议的情况下，对蔡某某承包的水产养殖池排水系统及部分养殖池进行强制拆除。

2014年8月28日，蔡某某向厦门市中级人民法院提起行政诉讼，诉请：(1)确认某区政府对蔡某某养殖池实施强制拆除行为违法；(2)判令某区政府以25000元/亩的标准与蔡某某签订补偿协议并支付补偿款。2014年11月28日，厦门市中级人民法院作出确认某区政府组织实施拆除养殖池行政行为违法，驳回蔡某某要求判令某区政府以25000元/亩的标准与蔡某某签订补偿协议并支付补偿款的诉讼请求。

后蔡某某于2015年6月又自行重新修整排水系统，继续养殖。2016年7月13日，某区政府再次违法强拆，蔡某某再次提起行政诉讼，诉请：(1)确认被告某区政府组织实施将蔡某某承包的养殖池全部拆除填平的行为违法；(2)判令某区政府立即支付征地补偿款1600000元；(3)判令某区政府赔偿损失合计3020400元。厦门市中级人民法院作出（2016）闽02行初167号《行政裁定

* 卢靖，北京大成（厦门）律师事务所律师。

书》，认定蔡某某承包的水产养殖池所在地块性质为国有，行政补偿对象是土地所有权、土地使用权人或农村土地承包经营权人，蔡某某与某社区居委会签订的虾池养殖承包合同不能证明其具有相关海域使用权或土地使用权。蔡某某并非涉案项目行政补偿对象，不具备适格的原告主体资格，应当驳回起诉。蔡某某不服，向福建省高级人民法院提起上诉，请求撤销(2016)闽02行初167号《行政裁定书》。福建省高级人民法院作出(2017)闽行终316号《行政裁定书》，裁定驳回上诉，维持原裁定。蔡某某仍不服，在法定期限内向最高人民法院申请再审，最高人民法院作出(2018)最高法行申3088号《行政裁定书》，驳回再审申请人蔡某某的再审申请。

【办案纪实】

厦门作为一座海岛型城市，长达200多公里的海岸线畔有大量的滩涂、盐田。2011年4月起，厦门市某区政府开始对2006C29号海域整治工程项目储备用地进行收储。2014年9月，包括蔡某某在内的3名承包户因承包的水产养殖池被部分强制拆除，向厦门市中级人民法院提起诉讼，诉请："(1)确认区政府对承包户实施的拆除行为违法；(2)区政府按照2.5万元/亩的标准与承包户签订补偿协议。"代理律师作为厦门市某区政府的常年法律顾问，接受某区政府的委托代理本案。

接受委托后，代理律师首先对涉案项目背景和相关情况进行摸底调查，在某社区工作人员的陪同下至讼争水产养殖池现场勘察，了解收储地块的整体情况及涉案水产养殖池的强制拆除情况，详细审查了蔡某某与某社区签订的《虾池养殖承包合同》。经调查，涉案地块的性质属于国有滩涂，近几年某区政府征用的国有滩涂上虾池面积约3万亩，共涉及约24个社区，2000～3000户承包户/养殖户。截至蔡某某提起诉讼时，大部分承包户/养殖户已完成交地，仅有部分承包户/养殖户拒不交地。拒不交地的承包户/养殖户是否有正当理由？其提请的诉讼请求是否恰当？

综合本案各方面的情况，代理律师在诉讼中提出以下观点：(1)本案讼争的土地系国有滩涂，根据《中华人民共和国土地管理法》第11条第4款的规定，确认水面、滩涂的养殖使用权，依照《中华人民共和国渔业法》的有关规定办理。而《中华人民共和国渔业法》第 11 条[①]明确规定了只有经过有关部门登记并核发养殖证方为合法的使用权人，基于该法定使用权，某社区与蔡某某签订了承包合同，但这仅仅确立了蔡某某与某社区之间的法律关系，属于债权范畴，蔡某某仅仅是实际使用人，并非《土地管理法》和《渔业法》中所规定的合法使用权人。(2)《福建省海域使用补偿办法》第 10 条[②]明确规定了须依法取得海域使用权证书的单位和个人方可使用海域，而本案中的蔡某某并未依法获得海域使用权证，故其在属于国家所有的海域经营养殖池的行为无合法依据。(3)农村集体土地承包经营权系用益物权，而本案中涉诉养殖池的承包使用合同系蔡某某向某社区之间的承包经营，并非法律所规定的农村集体土地承包合同，仅仅是一般的养殖池承包使用合同，属于债权范畴，不能证明其有相关海域使用权或土地使用权。即蔡某某并非涉案项目的行政补偿对象，不具备适格的原告主体资格。

本案系《行政诉讼法》修订后发生的行政补偿系列案件之一，厦门市中级人民法院进行公开开庭审理，并邀请人大代表到现场旁听。审理过程中，法院归纳的争议焦点为：蔡某某与农村集体经济组织签订的水产养殖承包合同的性质属于农村集体土地承包经营权的性质还是一般债权性质？蔡某某是否为本案的适格诉讼主体？代理律师就己方观点充分阐述、据理力争，庭审后法院组织双方及人大代表一同对案件进行讨论，代理律师就案情和代理观点还接受法制媒体的采访。

最终，厦门市中级人民法院认定蔡某某承包的水产养殖池所在地块性质为国有，行政补偿对象是土地所有权、土地使用权人或农村土地承包经营权人，蔡某某与某社区居委会签订的虾池养殖承包合同不能证明其具有相关海域使用权或土地使用权。蔡某某并非涉案项目行政补偿对象，不具备适格的

---

① 《中华人民共和国渔业法》第 11 条："国家对水域利用进行统一规划，确定可以用于养殖业的水域和滩涂。单位和个人使用国家规划确定用于养殖业的全民所有的水域、滩涂的，使用者应当向县级以上地方人民政府渔业行政主管部门提出申请，由本级人民政府核发养殖证，许可其使用该水域、滩涂从事养殖生产。核发养殖证的具体办法由国务院规定。集体所有的或者全民所有由农业集体经济组织使用的水域、滩涂，可以由个人或者集体承包，从事养殖生产。"

② 《福建省海域使用补偿办法》第 10 条："自 2002 年 1 月 1 日《中华人民共和国海域使用管理法》施行以前至今仍在使用海域从事养殖但未申请领取海域使用权证书的，其海域补偿费按本办法规定标准的 80％予以补偿。但自本办法施行之日起满 6 个月仍未申请办理海域使用权证书的，不予补偿。"

原告主体资格,应当驳回起诉。

蔡某某不服,向福建省高级人民法院提起上诉,请求撤销原审裁定。代理律师进一步全面阐述了代理意见。福建省高级人民法院认为蔡某某本案诉讼请求的实质,是要求某区政府就涉案虾池对其进行补偿。蔡某某与社区签订的《虾池养殖承包合同》仅取得涉案虾池承租权,系普通民事承租权人,且该承租权亦于 2014 年 8 月 31 日到期。故裁定驳回上诉,维持原裁定。

蔡某某仍不服,在法定期限内向最高人民法院申请再审。最高人民法院认为一审法院以其不具备适格原告主体资格为由裁定驳回起诉,二审予以维持并无不当,裁定驳回再审申请人蔡某某的再审申请。

【律师分析】

在征收补偿类案件中,行政相对人往往对国有滩涂收储的补偿对象适格性及补偿请求权基础的问题缺乏认识、混淆不清。特别是厦门中院判决认定某区政府强制拆除行为违法之后即引发了项目所在地的其他承包户纷纷效仿,提起类似的行政诉讼,不仅导致厦门环东海域整治项目进程暂缓,包括蔡某某等人在内的几名承包户不断反复诉讼。值得欣慰的是,经过代理律师全面、充分表达代理意见后,厦门中院采纳了某区政府的观点,即对国有滩涂收储的行政补偿案件中的承包权性质和请求权基础做了清晰认定,有利于止息纷争。就该争议焦点问题,代理律师进一步分析认为:

首先,明确村集体或社区作为国有滩涂的法定使用权人,承包户与村集体或社区之间的补偿款分配按照村民自治的方式及承包合同的约定履行,归属民事法律关系范畴。根据《中华人民共和国土地管理法》第 11 条第 4 款及《中华人民共和国渔业法》第 11 条的有关规定,滩涂的法定使用权人包括两种情形,一种是经过有关部门登记并核发养殖证方为合法的使用权人,另一种是在未取得国有土地的所有权的情况下,代国家对辖区内国有土地进行经营、管理的农村集体经济组织。而涉案承包合同仅确立了村集体或社区与承包户之间的民事合同法律关系,涉及的补偿款分配方案应当依照村民自治的方式及合同的约定履行。

其次,发包行为系村民自治行为,补偿分配方案亦通过村民自治的方式确定,既不损害村集体的利益,也符合厦门市的现行法律规定。某区政府在大量的国有滩涂收储过程中,都是通过村民自治的方式拟定分配方案,虽然小部分村民对分配存在不同意见,但总体而言,通过户主代表大会制定的分配方案一般是合情合理的，既有着对乡土规则的继承与尊重，也有着对分配者利益的动态平衡。村庄原本是安宁和谐的，但如若司法权对于村庄内部事务的介入和与村规民约相悖，扰乱了村庄原有的规则和秩序，也使村民自治力量失原有的权威。

最后，村集体或社区将国有滩涂发包给村民养殖，村民又转包给第三人，其实质是国有土地所有权人将合法使用权确定给村集体或社区，而村集体或社区的发包或村民的转包行为系一种出租或转租行为。虽然现行法律对于国有滩涂出租并没有作出具体规定，但可以肯定的是政府作为国有土地所有权人，在收储过程中将包干费用发放给长期管理和使用的村集体(法定使用权人)并没有违反法律规定。而村集体的发包、承包人的转包行为即为国有土地使用权人的出租或转租行为，在国有土地所有权人收储过程中不能直接向收储单位主张补偿，而应当依约向发包人、转包人主张相关权益。

【思考与提示】

从 2014 年 9 月起至今长达 5 年多的时间里，除了蔡某某行政申诉被裁定驳回再审申请之后又另案提起民事诉讼外，还有部分承包户/养殖户也提起行政诉讼、上诉甚至申诉，究其根源主要是以下几方面：

1.国有滩涂收储的补偿对象难以确定

现有法律法规并没有对国有滩涂收储作出明确规定，导致被收储主体和补偿对象难以确定。涉案国有滩涂虽然没有给村集体或社区发放养殖证，但村集体或社区基于历史原因在辖区内使用和管理国有滩涂，无论是根据《中华人民共和国渔业法》第 11 条还是《中华人民共和国海域使用管理法》第 22 条，均明确了村集体或社区可依法享有使用权。可见，确定补偿对象即应当以是否具备合法使用权为认定标准。

2.国有滩涂收储的补偿标准不一、没有具体细化

厦门市人民政府颁发的厦府〔2005〕176 号文中将“征地补偿费用按土地补偿费、安置补助费、青苗和地上附着物补偿费、水利设施摊销费等费用计算综合补偿，并实行包干”，其中“盐田以及国有滩涂上的虾池、鱼池，各区统一按 2.5 万元/亩予以补偿”，但该文中并没有区分各细项的补偿标准，而是规定青苗、地上附着物补偿费具体补偿标准由各区在实施细则中予以明确。由于厦门市人民政府确定的 2.5 万元/亩包干费没有具体细化，导致实务操作中不同区之间的标准差异较大，在青苗、地上附着物补偿费未做进一步规定的情况下

只能根据现有规定执行。

3.承包户拒不接受补偿款、拒绝交地

目前,与村集体签订国有滩涂承包合同的承包户一方面拒绝接受村民自治确定的补偿分配方案,另一方面将其承包的虾池转包给第三人。这就造成了镇街在发放补偿款时无法确认养殖池的青苗是否系承包人所有,也无法发放给拒收的承包户。

作为长期提供政府法律服务的代理律师,深知征地拆迁实务中存在不少个人利益与集体利益、集体利益与社会公共利益之间的纷争。而此案的意义不仅仅在于行政补偿案件中的国有滩涂收储的补偿对象适格性及补偿请求权基础的确定,更多的是让行政相对人在司法审判过程中意识到合法权利的主张需要在法律框架下寻求正确的诉讼策略才能得以实现,而行政机关在作出行政行为时更要依法行政、履行法定职责,也旨在通过司法实践中的个案努力来进一步推动行政征拆领域的立法进程。

漳州市聚善堂(福建)医药集团有限公司诉原福建省漳州市国家税务总局稽查局行政处罚案

代理律师　苏小榕　孙　明*

【案情简介】

漳州市聚善堂药业有限公司(下称“聚善堂药业”)是中药饮片生产企业。2015年12月2日,漳州市国家税务总局稽查局(下称“市稽查局”)立案对其实施税务检查。2016年11月25日,市稽查局作出《税务行政处罚决定书》,认定聚善堂药业:(1)取得陇西县徵鑫药业有限责任公司(以下简称“徵鑫药业”)、陇西县辰宏药业有限公司(以下简称“辰宏药业”)二家公司无货虚开的增值税专用发票351份,计税金额53354135.23元,进项税额6936037.27元已抵扣。(2)未发生农产品收购业务开具农产品收购发票申报抵扣进项税额,合计72561609.27元,综上,决定对聚善堂药业少缴税款处一倍罚款,即罚款16369046.48元。

漳州市聚善堂药业有限公司不服漳州市国税局稽查局的税务行政处罚决定,于2016年12月2日向漳州市中级人民法院提起行政诉讼。

就市稽查局认定聚善堂药业未发生农产品收购业务开具农产品收购发票问题,漳州市中级人民法院经审理认为事实不清,主要证据不足,市稽查局提供的证据不足以证明聚善堂药业与相关农户均未发生农产品收购业务而开具农产品收购发票。市稽查局认为聚善堂药业通过虚开农产品收购发票的行为进行虚假纳税申报,导致少缴增值税9433009.21元,属偷税,存在认定事实不清,主要证据不足。漳州市中级人民法院以漳国税稽罚〔2016〕35号《税务行政处罚决定书》存在认定事实不清、主要证据不足,违反法定程序等问题,判决撤销。

1.原告:漳州市聚善堂药业有限公司

2.被告:福建省漳州市国家税务总局稽查局

* 苏小榕、孙明,福建拓维律师事务所律师。

3.原告诉称:(1)关于交易流程,原告向徽鑫药业、辰宏药业采购中药材电话下单后,向两家企业开具银行承兑汇票预付药材货款,两家企业收到承兑汇票后,向当地药农采购进行备货,再通过物流公司将药材运至聚善堂药业。由于A.实践中徽鑫药业、辰宏药业在收到承兑汇票后,往往已提前将承兑汇票背书转让他人以换取现金。故在开具增值税专用发票时,原告会再次通过银行电汇方式给两家企业付款,两家企业再将电汇的货款返还原告并提供发票。(2)被告在无视承兑汇票支付货款事实情况下,仅以银行转账的往来款为根据,作出被诉行政处罚决定书,系认定事实不清。(3)定西市国家税务总局稽查局作出的《已证实虚开通知单》不能独立完成证明相关发票为虚开的证明责任,只能作为税务机关立案检查的证据线索。(4)关于物流,虽然合同约定由两家企业负责物流,但处罚前原告向被告提供了大量包括物流公司证明在内的证据材料,以证明物流真实存在。被告未加分析、调查,明显违反行政执法应当全面、客观取证的基本原则。被告在原告已提供银行承兑汇票进行说明,拒绝听取原告陈述申辩,仅以原告银行汇款存在所谓的回流和部分承兑汇票资金拆借为由,认定本案交易不存在真实资金往来,显然属认定事实错误、证据不足。

4.被告辩称:(1)被告并非仅依据定西市国税局稽查局的《已证实虚开通知单》就直接作出本案虚开增值税专用发票的认定,原告未能提供合法经营和依法纳税的相关涉税资料,且原告收取虚开增值税专用发票,开票方税务机关与受票方税务机关(即被告)查明的事实相吻合。(2)被告认定原告为虚开增值税专用发票而设计的资金回流,证据充分。原告及徽鑫药业和辰宏药业账上都未看到相应借款合同,有悖正常企业拆借流程,且原告所称存在真实货物交易,但原告账簿上未体现上述交易的运输费用。故对原告大量、异常资金来往进行辩解的诉称理由,不能成立。(3)被告对原告的违法行为依法进行行政处罚,程序合法正当。(4)被告对原告作出行政处罚,符合法律、法规、规章规定。

【办案纪实】

一、争议焦点

1.原告是否有真实交易、付款的行为,是否存在“资金回流”。

2.被诉行政处罚决定的程序是否合法正当。

二、法院裁判

1.法院认为:(1)关于徵鑫药业、辰宏药业交易;被告在未查明原告向徵鑫药业、辰宏药业付款的情形下,直接作出资金回流的认定,证据不足,且被诉处罚决定认定的“回流”金额与庭审被告工作人员确认的回流金额明显不符,属认定事实不清;(2)关于农副产品购买的真实性,被告在协查的税务部门出具的证据明显有误的情形下,未作进一步分析、调查即予以采信,亦属认定事实不清、证据不足;(3)关于处罚决定,被告调账期满未经经所属税务局局长批准再次调取原告账簿资料、稽查超期未经批准、未在提请重审委员会审理前向原告送达《税务行政处罚事项告知书》以及被告未提供证据证明其是否充分听取了原告陈述申辩意见、是否依法对原告陈述申辩意见中提出的事实、理由、证据等进行了复核、原告的陈述申辩意见是否成立均违反法定程序。

2.法院结论:撤销被告漳州市国家税务总局稽查局作出的漳国税稽罚[2016]36号《税务行政处罚决定书》。

【律师分析】

一、对“资金回流”应当如何审查

1. 所谓的“资金回流”,一般是指开票双方无真实交易,而为了掩盖这种虚假交易,开票双方刻意安排的付款,并将款项回流至付款方的行为。因此,税务机关首先应当查明双方是否有生产能力、是否有交付行为,包括了销售方是否有进项、是否有库存、是否有交付运输,也包括购买方是否有生产需求、生产能力,是否有相应的入库材料,是否有购入后的生产行为。这需要开票双方企业所在地的税务机关密切配合、协助。但本案中,被告未能与徵鑫药业、辰宏药业的税务主管机关很好的配合、协查,甚至在协查回函不清的情形下,未能依法继续调查,而是简单采信,导致本案是否有真实交易的证据严重缺失。这也是被告败诉的主要原因。

2. 对“资金回流”应作详尽调查。在本案可能存在承兑汇票付款和银行电汇两次汇款的情形下,被告未就承兑汇票的流程进行调查,导致庭审中其始终无法回答法庭、原告方对此的质疑。而从司法实践分析,目前大量类似判决,人民法院均要求税务机关应当就“回流”人员、金额进行调查取证,否则税务机关即很可能面临败诉风险。

二、处罚应遵循正当的法律程序

1.依处罚法的规定,行政机关应当对相对人的陈述、申辩进行复核。但本案中,被告的证据显示,被告是在已经决定了处罚内容后,才行使了陈述、申辩的告知义务，且对原告的陈述、申辩意见及所提交证据未进行任何审查、复核，严重违反了行政机关在处罚时所应当遵循的合法的、正当的法律程序。

2. 重大税务案件审理委员会应当居中听取调查人员、相对人的意见后，依法做出结论。本案另一程序重大违法之处在于，调查人员未将相关陈述、申辩意见入卷，也未将这些资料提交重大税务案件审理委员会审理。原漳州市国家税务总局重大案件审理委员会所在案卷材料显示原告主张为："对以上事实拒绝确认"后，未能要求办案人员详细说明原告的主张、根据，即决定作出处罚，其执法程序明显违法。

【思考与提示】

对于行政诉讼，一般认为证明标准为"清晰而有说明力的证明标准"，或者是"严格的证明标准"。在此证明标准体系下，要求行政机关所查明的每一个事实均要有有效的证据予以支撑。我们根据这种证明标准，认为税务机关在此类案件的处理上，至少有以下两点值得在执法中予以重视：

1. 税务机关对于协查资料应当认真对待，在协查回复存在瑕疵或者证明力不足时，应当要求协查方进一步调查取证，不应简单采信

按照《最高人民法院关于适用〈中华人民共和国行政诉讼法〉的解释》第42条的规定，能够反映案件真实情况、与待证事实相关联、来源和形式符合法律规定的证据，才能作为认定案件事实的根据。

本案中协查的税务机关调取的证据不符合法定形式，而且存在严重的程序违法，甚至内容互相矛盾，不具有证明力。如向非交易方农户进行调查、农户的证明资料无身份证明，甚至以向村委会调查取代向农户的调查，都是明显存在违法或者瑕疵的，被告未能依法要求协查方继续出具有证明力的协查资料，而是以"铁路警察，各管一段"的思路办案，导致相关事实均未能得到法院确认。

2. 办案不能有先入为主的思想，而是应当具体情况具体分析，实事求是地得出结论本案中，被告基于上游企业的税务主管机关已发出《已证实虚开通知单》，就先入为主认为双方不存在任何真实交易，且拒绝对原告的证据进行调查、复核。

实践中我们多见开票方企业所在地税务机关虽然发出《已证实虚开通知单》，但其实并无翔实的证据证明双方企业无真实交易。甚至有的是因开票方企业走逃无法查明具体交易额的情形下，开票方企业税务机关将走逃企业所

有开票行为均认定为虚开。在此情形下,受票方企业所在地的税务机关应当本着实事求是的原则,认真查明双方企业是否有真实交易,并以查明的事实为根据作出处理或者处罚,不可应上游已认定虚开,则将所有的交易均认定为虚开。否则,一定发生诉讼,证据上往往很难经受得住司法审查。

外汇行政处罚案中可将部分证明责任合理转移给原告

——中轨融资租赁有限公司诉国家外汇管理局天津市分局、国家外汇管理局外汇行政处罚及行政复议决定案

代理律师　许永东　刘晨璐*

【案情简介】

2014年6月17日，中轨融资租赁有限公司(以下简称“中轨公司”)与珠海华盛德国际贸易有限公司(以下简称“珠海华盛德公司”)订立《医疗设备购货合同》，约定：中轨公司向珠海华盛德公司采购价值19546万元人民币的医疗设备。中轨公司应在合同订立之日起7个工作日内先预付人民币19000万元，在送货安装检测后30日内支付余款546万元。上述《医疗设备购货合同》未约定医疗设备的具体型号、产地、交货时间等内容。

2014年6月24日，中轨公司以支付上述货款的名义，在中国农业银行股份有限公司深圳凤凰支行(以下简称“农行凤凰支行”)办理了3000万美元的资本金结汇，并将结汇所得人民币资金18677.4万元的支付给珠海华盛德公司。中轨公司向银行提供的资料包括了资本金结汇申请书、支付命令函、1份合同、25份发票复印件、验资报告、银行询证函、税务部门网络发票真伪查询结果打印件等资料。

国家外汇管理局天津市分局(以下简称“天津外汇管理分局”)于2017年5月24日作出津汇罚(2017)1号行政处罚决定书(以下简称“被诉处罚决定书”)，主要内容为：天津外汇管理分局对中轨公司与珠海华盛德公司的合同交易背景的调查无法证实存在真实交易，中轨公司也无法提供合同已履行的证据。经向珠海市国家税务总局核实，中轨公司结汇时使用的25份发票均系假发票。且上述所谓购买医疗设备款项分解流入个人账户及与真实交易无关的

* 许永东、刘晨璐，福建拓维律师事务所律师。

公司账户内,并未用于合同履行。天津外汇管理分局认为中轨公司假借合同名义行非法结汇之实,违反了《中华人民共和国外汇管理条例》(以下简称"《外汇管理条例》")第23条、《国家外汇管理局关于印发〈外国投资者境内直接投资外汇管理规定〉及配套文件的通知》附件1《外国投资者境内直接投资外汇管理规定》(以下简称《外国投资者境内直接投资外汇管理规定》)第9条的规定,构成非法结汇行为。经听证,并经天津外汇管理分局外汇案件审议委员会成员集体讨论后,天津外汇管理分局决定根据《外汇管理条例》第41条第2款的规定对中轨公司上述非法结汇行为处374万元的罚款。

中轨公司不服,向国家外汇管理局申请行政复议,国家外汇管理局于2017年10月18日作出汇发(2017)22号行政复议决定书(以下简称"被诉复议决定书"),决定维持天津外汇管理分局作出的被诉处罚决定。

中轨公司不服天津外汇管理分局作出的行政处罚决定及被告国家外汇管理局作出的行政复议决定,向北京市海淀区人民法院提起行政诉讼。经一审、二审,本案最终由北京市一中院判决。

【办案纪实】

一、争议焦点

1.《医疗设备购货合同》是否没有真实交易背景,原告结汇行为是否违反了"真实自用"原则?

2.原告结汇行为是否构成非法结汇,天津外汇管理分局作出的《行政处罚决定书》适用法律是否正确?

3.银行对发票的查验行为、对结汇的核准行为能否代表外汇局,本案是否存在适用信赖利益保护原则的情形?

二、原告诉称

1.原告与珠海华盛德公司签署《购货合同》为双方真实意思表示,原告依约履行了上述合同,其后由于承租方的需求变化,导致合同并未履行完毕,并非原告或珠海华盛德公司的故意或过失。后原告与珠海华盛德公司签署了《购货合同终止协议》,并要求其退还已付货款;

2.原告已通过税务机关的网站对珠海华盛德公司开具的发票进行了查询,其结果为核验成功,后原告在办理结汇时,结汇银行同样进行了真实性审查,对此,在合同履行期间,原告有理由相信上述发票为正规发票,原告不存在持虚假发票进行恶意结汇的主观故意;

3.原告向珠海华盛德公司支付款项的行为系履行合同的简单行为，在原告无法获知或干涉珠海华盛德公司行为的情况下，被告不应当以珠海华盛德公司的后续款项使用情况作为对原告的处罚依据。

《行政处罚决定书》《行政复议决定书》认定事实不清，被告所调查的事实存在瑕疵，不应作为认定原告具有行政违法行为的客观依据，请求撤销国家外汇管理局天津外汇管理分局作出的被诉行政处罚决定书，以及被告国家外汇管理局作出的被诉行政复议决定书。

三、被告辩称

1.经我分局调查证实，中轨公司以《医疗设备购货合同》之名行非法结汇之实。本案事实清楚、证据确凿；

2.中轨公司使用虚假发票进行资本金结汇，所得资金以还款或借款名义流入个人账户，并未用于《医疗设备购货合同》的履行；

3.合同金额与珠海华盛德公司的经济状况严重不符，但中轨公司却无法说明其如何对交易方履约能力进行核实；

4.中轨公司同意无条件支付巨额预付款，却没有采取任何措施保证资金用于购货，甚至未向珠海华盛德公司明确产品来源、型号和交货时间；

5.中轨公司在合同订立至今长达三年时间内，没有要求供货方交货，也没有采取有效手段追回预付款，放任巨额资金滞留他人账户；

6.中轨公司始终无法对购货合同的洽谈过程、与医疗设备承租人的缔约和违约情况进行说明，无法证明合同的真实交易背景；

7.中轨公司上述行为已构成非法结汇，我分局根据《外汇管理条例》第41条第2款规定作出行政处罚，适用法律正确；

8.中轨公司采用拒签法律文书、回避送达等方式阻碍我分局调查行为，但我分局仍严格遵守《行政处罚法》等相关规定，确保程序合法。

四、法院裁判

1.经审理查明：中轨公司系台港澳侨投资企业，于2014年6月20日到资3000万美元。2014年6月17日中轨公司与珠海华盛德公司签订《医疗设备购货合同》约定中轨公司向珠海华盛德公司购买19546万元人民币的医疗设备。2014年6月24日，中轨公司以支付货款名义向农行凤凰支行申请办理3000万美元的资本金结汇。2014年6月26日，农行凤凰支行核准中轨公司的结汇申请，并将结汇所得18677.4万元人民币汇给珠海华盛德公司。2015年7月至2015年12月，天津外汇管理分局查明，中轨公司申请结汇时提交的

25 份发票系虚假发票。珠海华盛德公司在结汇当日即将全部结汇资金汇付给深圳港隆盛公司，而深圳港隆盛公司又将资金分别汇给福建超盛公司及揭志勇、徐彦龙等个人，该笔资金最终汇入四个个人账户；珠海华盛德公司一直未实际履行《医疗设备购货合同》，亦未将资金退还给中轨公司。经调查、听证程序，2017 年 5 月 24 日，天津外汇管理分局作出被诉处罚决定书。中轨公司不服该处罚决定，于 2017 年 7 月 2 日向国家外汇管理局申请行政复议。国家外汇管理局于 2017 年 10 月 18 日作出被诉复议决定书，维持了天津外汇管理分局作出的被诉处罚决定。

2.本院认为：本案的主要争议焦点在于中轨公司的资本金结汇行为是否属非法结汇。结合本案证据及庭审查明的情况，国家外汇管理局天津外汇管理分局认定中轨公司与珠悔华盛德公司之间系虚假合同，并无医疗设备购货真实交易，事实清楚，证据确凿。天津外汇管理分局作出的被诉处罚决定书，认定事实清楚，证据确凿，适用法律、法规正确，履行了法定程序。国家外汇管理局在受理中轨公司的复议申请后，依法进行复议，其作出的被诉复议决定程序合法，复议结论正确。

3.法院判决：驳回原告中轨公司的全部诉讼请求。[裁判机构及案号：北京市海淀区人民法院（2017）京 0108 行初 974 号；北京市第一中级人民法院（2018）京 01 行终 652 号]

【律师分析】

1. 本案面临的情况是能否在相对人零口供的情况下认定存在非法结汇的事实

外汇违法行为不同于一般违法行为，存在隐蔽性强、手段多变、交易行为跨境、调查取证难等特殊性。如果适用一般行政案件的举证规则，要求外汇机关对全部违法事实承担举证责任的规则，并不适应外汇执法的现状。

分析《行政诉讼法》及司法解释的规定可以发现，法律并未一味要求行政机关承担全部的举证责任，而是在行政调查阶段将部分事实的证明责任适当地分配给了行政相对人。在行政调查阶段，行政相对人有配合行政机关调查的义务。并且，最高法院曾经发布了《关于审理证券行政处罚案件证据若干问题的座谈会纪要》，明确证券行政处罚案件中举证责任转移的规则。

我们认为，上述司法解释虽然针对的是证券行政处罚案件，但其理论基础不仅仅限于上述一类案件，外汇行政处罚案件中也存在着上述座谈会纪要所注意到的特殊性。从行政法原理上，我们认为在外汇行政处罚案件的调查阶段也可以采用上述方式，有效解决在相对人零口供的情况下如何认定存在非法结汇事实的问题。

2. 在行政处罚过程中将部分特定事实的证明责任转移给中轨公司，通过正反两方面的证据，形成了完整的证据链认定中轨公司的违法行为

上述做法虽然有法理上的依据，但是在实践中不能将举证责任向原告过度转移，行政诉讼中被告举证的总体原则并没有改变。

天津外汇管理分局遵循全面取证原则，承担了主要违法事实方面的证明责任。在上述全面调查的基础上，我们遵循了行政机关应在行政调查阶段及听证程序中书面明确告知行政相对人享有提供排除其涉嫌违法行为证据的权利。我们协助天津外汇管理分局制作了《调查通知书》，要求中轨公司说明其与珠海华盛德公司之间的交易细节、与融资租赁的承租人之间的交易细节等九个方面的问题。这些问题的提出不仅仅是给行政相对人陈述申辩的机会，也让行政相对人拥有提供排除其涉嫌违法行政证据的权利。

通过上述方式，我们将交易真实性的部分证明责任合理转移给中轨公司。中轨公司在调查阶段无法回答上述问题，但我们将上述笔录作为重要证据。在上述举证的基础上，通过正反两方面的证据，形成了完整的证据链，并通过证据之间环环相扣和相互印证，认定中轨公司以合同之名，行非法结汇之实。

【思考与提示】

本案是全国首例在相对人零口供的情况下作出非法结汇行政处罚的案件。拓维接受天津外汇管理分局委托，就境内台港澳侨投资企业虚构交易办理 3000 万美元资本金结汇行为的行政处罚，提供非诉讼及诉讼法律服务。本案胜诉判决对全国非法结汇案件具有示范作用。

1. 本案面临的情况是能否在相对人零口供的情况下认定存在非法结汇的事实。

外汇违法行为不同于一般违法行为，存在隐蔽性强、手段多变、交易行为跨境、调查取证难等特殊性。如果适用一般行政案件的举证规则，要求外汇机关对全部违法事实承担举证责任的规则，并不适应外汇执法的现状。

分析《行政诉讼法》及司法解释的规定可以发现，法律并未一味要求行政机关承担全部的举证责任，而是在行政调查阶段将部分事实的证明责任适当地分配给了行政相对人。《行政处罚法》第 37 条规定，当事人或者有关人员应

当协助调查或者检查，不得阻挠。同时《最高人民法院关于行政诉讼证据若干问题的规定》第59条规定，被告在行政程序中依照法定程序要求原告提供证据，原告依法应当提供而拒不提供，在诉讼程序中提供的证据，人民法院一般不予采纳。这也就是说，在行政调查阶段，行政相对人有配合行政机关调查的义务。

并且，最高法院曾经发布了《关于审理证券行政处罚案件证据若干问题的座谈会纪要》，明确指出：(1)考虑到证券违法行为的特殊性，由监管机构承担主要违法事实的证明责任，通过推定的方式适当向原告、第三人转移部分特定事实的证明责任；(2)监管机构在听证程序中书面明确告知行政相对人享有提供排除其涉嫌违法行为证据的权利，行政相对人能够提供但无正当理由拒不提供，后又在诉讼中提供的，人民法院一般不予采纳；(3)行政处罚相对人在行政程序中未提供但有正当理由，在诉讼中依照最高人民法院《关于行政诉讼证据若干问题的规定》提供的证据，人民法院应当采纳。

我们认为，上述司法解释虽然针对的是证券行政处罚案件，但其理论基础不仅仅限于上述一类案件，外汇行政处罚案件中也存在着上述《座谈会纪要》所注意到的特殊性。从行政法原理上，我们认为在外汇行政处罚案件的调查阶段也可以采用上述方式，有效解决在相对人零口供的情况下如何认定存在非法结汇事实的问题。

2. 在行政调查阶段实施举证责任适当转移原则应把握的要点。

上述做法虽然有法理上的依据，但是在实践中不能将举证责任向原告过度转移，行政诉讼中被告举证的总体原则并没有改变。

天津外汇管理分局遵循全面取证原则，承担了主要违法事实方面的证明责任，包括：(1)在单证真实性方面，通过向珠海国税局核实，证明结汇时使用的25份发票属于虚假发票。(2)在资金去向方面，通过向各地外汇机关核查，证明结汇资金流向私人账户，并未用于支付货款。(3)在合同履行方面，通过现场检查，证明珠海华盛德公司及其他收款人均无履行合同的能力。(4)在中轨公司主观故意方面，通过调查询问，证明中轨公司拒绝向外汇机关提供发票原件，且从未采取有效措施保证资金安全，放任巨额资金长期滞留他人账户。

在上述全面调查的基础上，我们遵循了行政机关应在行政调查阶段及听证程序中书面明确告知行政相对人享有提供排除其涉嫌违法行为证据的权利。我们协助天津外汇管理分局制作了《调查通知书》，提出了九个方面问题，要求中轨公司说明其与珠海华盛德公司之间的交易细节、与融资租赁的承租人之间的交易细节、是否调查交易方履行合同能力、是否明确医疗设备产地和型号、是否采取有效措施保证资金安全等问题。这些问题的提出不仅仅是给行政相对人陈述申辩的机会,也让行政相对人拥有提供排除其涉嫌违法行政证据的权利。

通过上述方式,我们将交易真实性的部分证明责任合理转移给中轨公司。中轨公司在调查阶段无法回答上述问题,但我们将上述笔录作为重要证据。在听证阶段,我们安排行政调查人员再次就上述问题作出重点陈述,并安排听证主持人就交易细节和合同履行问题进行再次询问,并将行政相对人的陈述记录在案。在整个处罚程序中,我们留存大量中轨公司无法说明合同真实履行的客观证据。

在上述举证的基础上,通过正反两方面的证据,形成了完整的证据链,并通过证据之间环环相扣和相互印证,认定中轨公司以合同之名,行非法结汇之实。

3. 生效裁判文书全面支持了我方诉讼主张,也充分说明了我们在行政调查阶段设定的取证规则得到了司法机关的认可,本案确定的办案思路将对今后外汇执法工作产生深远影响。

本案经过行政复议、一审、二审,复议机关、北京市海淀区人民法院、北京一中院均支持了我方处罚方案。值得注意的是,北京一中院在二审生效判决中对我们提出的取证规则予以了充分的肯定:

1.法院认为,虽然存在违法行为原则上应当由处罚机关予以证明,但主观要件往往只能通过客观事实予以反映,因此如果能够证明存在违法的客观行为,又没有相反证据能够排除当事人的主观过错,即应当推定当事人存在主观过错。原告除了在听证程序中提供了一份《购货合同终止协议》外,没有提供其他证据证明其为保障交易安全采取过任何实质性措施,法院认为上述情节有悖于一般商业交易活动的常理,足可佐证原告存在主观故意。

2.原告在法院诉讼中对个别事实提出了异议。但法院认为,个别事实是作为整个证据链中的一个环节,用以佐证交易虚假,不能作为一个孤立的事实予以分析。而应当结合全案事实,综合客观地予以评价。基于上述理由,法院对原告的主张不予支持。

最关键的是,一、二审法院的判决均认可了我们在行政处罚过程中将部分特定事实的证明责任转移给中轨公司的做法。本案实践并完善了行政诉讼被告举证分配制度，是对外汇行政案件举证责任分配机制的创新和突破，对全国的外汇行政执法将提供积极的示范作用，也将大大提高外汇行政机关的执法水平。本案达到了办案效果和社会效果的高度统一。

未进行工伤行政确认对民事赔偿的影响

——杨某等六人诉某绿化公司工伤保险待遇纠纷案

代理律师　彭丽娜　林琬琳*

【案情简介】

杨父(杨某之父)系从事涂装分项的工人。2017 年 3 月 17 日 8 时 35 分,杨父在一道路作业时,案外人邱某驾车与案外人简某发生碰撞,导致邱某驾驶的车辆失控撞上正在进行隔离栏维修作业的杨父,杨父经抢救无效死亡。后交警认定案外人邱某负事故全部责任。

事故发生后,杨父的全部继承人杨某等人(即本案原告)先后向厦门市劳动人事争议仲裁委员会、厦门市思明区人民法院(以下简称“思明法院”)提起仲裁和诉讼,要求确认杨父与某绿化公司(即本案被告)存在劳动关系,均未获得支持。此后,杨某等人以要求某绿化公司承担用工主体责任为由再次向劳动仲裁委提起仲裁,但劳动仲裁委以不属于劳动争议为由裁决驳回申请。杨某提起本案诉讼,要求判令某绿化公司对杨父死亡承担用工主体责任,一次性向杨某等人支付工亡补助金等各项费用合计 1118968.00 元。

【办案纪实】

某绿化公司接到思明法院传票后,委托本律师代理本案诉讼。

代理律师接受委托后,随即与某绿化公司联系,了解案件事实情况,并起草答辩状、书面代理词。

一、代理律师的主要代理思路

1.杨父与某绿化公司之间关系的定性。

(1)思明法院作出的(2017)闽 0203 民初 9619 号生效判决已经确认杨父与某绿化公司之间不存在劳动关系。

---

* 彭丽娜、林琬琳,福建旭丰律师事务所律师。

(2)案件实际情况是:某绿化公司将案涉绿化提升工程涂装项目分包给戴某,工期 21 天。案外人戴某将工程项目交给案外人勾某组织施工,约定按工程量结算,后案外人勾某组织杨父等人进行施工。杨父是接受案外人勾某的雇佣来到案涉工程,与某绿化公司无关。即便某绿化公司应承担部分责任,也应参照提供劳务者受害的法律关系进行主张。

2.某绿化公司无需承担本案的工伤保险责任

依照法律条文,某绿化公司无需承担用工主体的工伤保险责任。《最高人民法院关于审理工伤保险行政案件若干问题的规定》(以下简称"最高院行政庭司法解释")第 3 条第 4 项"用工单位违反法律、法规规定将承包业务转包给不具备用工主体资格的组织或者自然人,该组织或者自然人聘用的职工从事承包业务时因工伤亡的,用工单位为承担工伤保险责任的单位"之规定可见,最高院行政庭司法解释已将用工单位将承包业务分包给不具备用工主体资格的组织或自然人的情形排除在需要承担用工主体责任之外。本案中,某绿化公司系将工程的涂装分项分包给戴某,而非工程转包,因此某绿化公司无需对杨父承担工伤保险责任。

3.本案不应当未经行政部门认定为工伤的情况下,直接按照工亡保险程序处理

(1)"工伤认定程序"属于市社会保险行政部门的行政职权,而非司法机关的权利,当前并无任何法律条文明文规定,法院具有作出工伤认定的职权。

(2)根据法律规定及相应指导意见:享受有关工伤待遇的前提是已经经过社会保险行政部门认定该人员是工伤,若未经认定程序不得直接享受有关工伤待遇;在未认定为工伤的情况下,受伤人员应依据人身损害赔偿案由起诉。

4.在用工保险责任的法律关系下,且杨某等人已全额获得交通事故责任赔偿的全款的情况下,要求某绿化公司承担赔偿责任,使得杨某等人一方获得两份赔偿,有违立法本意。

(1)杨某等人在杨父事故发生后已经获得交通事故肇事方 90 余万元的赔偿。

(2)本案非劳动关系,杨父既没有接受公司的管理,也并非长期为公司服务做出贡献,此时在某绿化公司不存在过错的情况下支付巨额赔偿,显然不合理。

二、本案判决结果

思明法院一审判决:某绿化公司应于本判决生效之日起十日内支付杨某

等6人丧葬补助金34608元、一次性工亡补助金727920元。

收到一审判决结果后，某绿化公司提起上诉。此后，代理律师继续接受某绿化公司委托，代理本案二审。二审期间的主要思路仍坚持此前一审的思路，在法庭审理过程中加强了探求立法原意和法理部分的分析辩论。

厦门市中级人民法院进行二审认为：一审法院认定某绿化公司作为具备用工主体资格的企业，应当作为承担工伤保险责任的单位并无不当。但是，根据国务院《工伤保险条例》的规定，工伤认定属于社会保险行政部门的职责，即便某绿化公司作为承担工伤保险责任的单位，杨父死亡的具体情形是否构成工伤，仍应由社会保险行政部门依照相关规定予以认定。一审法院在未经工伤认定的情况下直接按照工伤规定对赔偿责任进行判决不符合法律规定，应予改判。

最终，厦门市中级人民法院二审法院判决：撤销一审判决；驳回杨某等6人的诉讼请求。

【律师分析】

1. 经保险行政部门认定工伤是承担工伤保险责任的前置程序，也是依法享受工伤保险待遇的前提。

根据《工伤保险条例》的规定，用人单位和受伤职工（含受伤职工本人或者其近亲属）应在法律规定期限内向工伤行政部门申请工伤（亡），待认定工伤（亡），且评定劳动伤残等级后，工伤（亡）职工方能依法享受工伤保险待遇。结合各个城市实施工伤保险的相关条例可见，“工伤认定程序”属于市社会保险行政部门的行政职权，而非司法机关的权利，当前并无任何法律条文明确规定，人民法院具有直接作出工伤认定的职权。

根据上述规定可知，工伤认定相关程序为：

（1）社会保险行政部门根据当事人的申请作出认定为工伤或认定为不属于工伤的结论；

（2）相关当事人若不认可社会保险行政部门的认定可以提起行政复议或行政诉讼；

（3）若进入行政诉讼，法院经审理查明后，所能做出的裁判是驳回诉讼请求或者要求社会保险行政部门作出认定为工伤或不属于工伤的具体行政行为，而非径直下达判决作出是否属于工伤的认定，更不能未经工伤认定直接判决用人单位进行工伤赔偿。

在具备用工主体资格的承包单位将承包业务违法转包、分包给不具备用工主体资格的组织或自然人，而该组织或自然人招用的人员发生伤亡事件的情况下，若司法机关越过社会保险行政部门的工伤（亡）认定和劳动伤残等级鉴定，直接由法院裁判认定为工伤（亡），进而作出赔偿判决的模式，显然根本违反法律规定的工伤处理程序。

一审判决模式不仅违反法律规定，而且不具有实践操作性，容易导致判决尺度不一。倘若本案非工亡，而是工伤事故，试问法院能否直接作出伤残等级和工伤保险待遇认定？这一答案，显然是否定的。

因此，二审改判的理由充分、改判的结果正确。改判的意义一方面对一审法院在未经工伤行政确认的情况下超越司法职权进行工伤认定的行为予以纠正；另一方面严格遵照工伤（亡）的处理程序以避免同类型案件出现不同判决结果。

2. 用工主体责任与用人单位责任性质不同，二者所承担的工伤保险责任应当有所区分。

首先，从立法本意出发，法律拟制的用工主体的工伤保险责任目的在于保障农民工受伤后的权益，而非授予受伤人员获得双倍赔偿的权利。

探究《人力资源与社会保障部关于执行〈工伤保险条例〉若干问题的意见》和《最高人民法院关于审理工伤保险行政案件若干问题的规定》的立法原意可以得知，不管是人社部意见还是最高院行政庭司法解释，其出台的初衷均是：为了解决接受雇佣的农民工在提供劳务过程中受到意外伤害却无法找到赔偿主体或赔偿主体无力承担赔偿而陷入生活困难的问题。本案的实际情况是，意外发生后，杨某等人已经获得了交通事故肇事方支付的927978元赔偿款，已全额获得死亡赔偿所对价的金额，根本不存在陷入生活困难的情形，不应当由不存在过错的某绿化公司进行工伤赔偿。

其次，本案是典型的劳务关系，而非劳动关系，杨某等人无权获得双倍赔偿。

在正常的劳动关系下，劳动者接受公司管理，长期为公司服务作出贡献，劳动者与公司之间具有特殊的隶属关系。若劳动者在工作期间遭到第三人侵权而受害，劳动者既可以获得侵权人的赔偿又可以获得公司作为用人单位支付的工伤保险待遇，无可厚非。

但本案存在两大典型特征：一是工期短，只有21天；二是工资按日结算，工人可以当天干完活即领取报酬离开工地，这是典型的短期临时雇佣关系，而非劳动关系。在雇佣关系中,受害者只能要求侵权人或雇主承担赔偿责任,无权获得双倍赔偿。

因此,从立法本意及公平合理角度考虑,杨父与某绿化公司无管理与被管理的关系,某绿化公司完全不认识杨父,在交通意外事故中某绿化公司也完全没有任何过错,对于杨父在工地上因交通意外不幸身亡某绿化公司深表遗憾,但杨父的继承人已获得所应得的赔偿款项,再让不存在过错的某绿化公司承担巨额赔偿,而杨某等人获得双倍赔偿,显然不合理。

【思考与提示】

因建设工程领域的项目特点,导致建筑行业内短期、临时雇佣的用工关系层出不穷。

对于二审法院认为某绿化公司作为具备用工主体资格的企业,应当承担工伤保险责任的认定,我们始终对此存在异议,我方观点是:本案的情形下某绿化公司不应承担工伤保险责任,即使需承担工伤保险责任,也应考虑建筑行业的行业特性和本案劳务雇佣的短期性、临时性,在承担工伤保险责任的情况下应当与劳动关系项下的工伤保险责任有所区别。

本案的二审判决,尚未就具备用工主体企业资格承担工伤保险责任与劳动关系项下的工伤保险责任作出明确区分,目前也尚未出台有关的法律法规予以明确约定。无论是顶层的制度设计还是实践中,都尚需时日。但笔者坚信,农民工利益保障和建筑公司应承担的基本社会责任二者看似存在冲突,实际上可以寻找到合适的平衡点。

行政登记的审慎审查义务

——一起网签房屋抵押登记撤销案

代理律师　王桂英*

【案情简介】

2013年6月9日，陈彩凤、杨兵签订了《房产买卖协议》，协议约定杨兵将登记在其名下的案涉房产以292万元的价格出售给陈彩凤。2013年7月11日，陈彩凤、杨兵签订补充协议，并于当日通过网上备案系统完成了案涉房屋存量房买卖合同签订。2013年7月23日，杨兵将案涉房屋交付陈彩凤使用。2013年7月5日，杨兵与杨卫东签订了《房地产抵押合同》，抵押物即为本案涉房屋。2013年7月15日，厦门国土局对案涉房屋办理抵押登记，抵押权人为杨卫东。

2014年4月18日，陈彩凤与杨卫东、杨兵及建行高科技支行房屋买卖合同纠纷一案，经厦门市湖里区人民法院作出一审判决：(1)确认陈彩凤与杨兵于2013年6月9日签订的房屋买卖协议有效。(2)杨兵应协助陈彩凤办理案涉房产的过户登记手续等。该判决内容已经厦门市中级人民法院终审判决所维持，并已经发生法律效力。

2014年，杨卫东诉杨兵借款合同和抵押合同案件中，陈彩凤作为第三人参诉并诉求确认杨卫东与杨兵的抵押合同无效。厦门市翔安区人民法院判决：驳回陈彩凤的诉求，并支持杨卫东善意取得涉案房屋的抵押权，确认抵押合同有效。该判决内容经厦门市中级人民法院终审判决维持，并已经发生法律效力。

根据以上生效判决，陈彩凤所购房产不仅不能办理过户登记，而且被翔安区法院查封拟拍卖，用以清偿杨兵欠杨卫东的借款。因此，2016年7月11日陈彩凤向厦门市思明区人民法院提起行政诉讼，要求撤销厦门市国土局为杨

---

* 王桂英，福建旭丰律师事务所律师。

兵、杨卫东所作的房屋抵押登记。

【办案纪实】

鉴于民事案件判决抵押合法有效的重要前提是抵押登记合法有效，抵押登记侵犯了买方陈彩凤的合法权益、明显错误，如撤销抵押登记则民事案件中认定抵押合同有效也应被撤销，陈彩凤买的房屋就可以办过户且不会被执行拍卖。因而提起撤销抵押登记的行政诉讼是有效阻却陈彩凤买受的房屋被拍卖的唯一方法。在提起行政诉讼的同时，以抵押登记的合法性正在诉讼为由向执行法院申请暂缓执行，得到执行法院的准许。

但是，一审厦门市思明区人民法院审理后认为：市国土局受理杨兵、杨卫东抵押登记的申请材料齐全且符合法定形式，并且对材料的真实性、一致性都已尽到了审慎审查职责，由此办理房屋抵押登记的行为并无不当。一审判决驳回陈彩凤的诉讼请求。

对于一审判决陈彩凤不服，便提起上诉。2018 年，厦门市中级人民法院经审理后认为：厦门国土局作为唯一掌握房产交易、抵押信息，行使房产交易、抵押登记职能的行政管理部门，应尽审慎审查之责，以规范交易行为、保障交易安全，其在审查讼争房产的抵押登记申请时，已经注意或应当注意到该房产亦办理了交易合同网上备案登记手续、权属即将发生变化，同时，本案生效的民事判决亦认定杨兵办理抵押登记时对该房产无处分权，故厦门国土局为讼争房产办理了抵押登记手续，主要证据不足，依法应予撤销。二审法院判决：(1)撤销厦门市思明区人民法院的一审行政判决；(2)撤销厦门市国土资源与房产管理局为杨兵名下的案涉房屋办理的抵押权人为杨卫东的抵押登记。

回想这起房屋买卖引发的纠纷不禁令人感慨，陈彩凤倾尽积蓄在 2013 年买房并付清购房款，直到 2019 年才得以办理房屋过户登记，其间还历经房屋被查封拍卖及两个民事诉讼和一个行政诉讼，过程中的煎熬可见一斑。但是行政诉讼二审的拨乱反正最终维护了一个普通购房者的合法权益，也在司法上确认了二手房买卖网签备案的法律效力，更是对不动产登记部门在登记过程中应尽的审慎注意义务树立了审查的标准。

【律师分析】

这起撤销抵押登记的行政诉讼案件是在二手房买卖网签制度实施后福建

省第一例涉及网签效力与抵押登记部门审查义务的案件，本案的争议焦点主要集中在：

一、二手房买卖网签备案的效力

《国务院办公厅关于促进房地产市场平稳健康发展的通知》规定："（七）进一步加强土地供应管理和商品房销售管理。……进一步建立健全新建商品房、存量房交易合同网上备案制度，加大交易资金监管力度。"《厦门市存量房经纪合同和交易合同网上备案办法》第1条规定："为了提高存量房交易信息的透明度，规范存量房经纪和交易行为，加强存量房交易结算资金管理，保障存量房交易安全，提高存量房交易登记效率，根据国家有关规定。"

因此，"网签"备案的目的就是保障二手房的交易安全，即使现行法律规定还没有明确网签备案的效力是否同于不动产预告登记，但是网签备案是可以起到公示效力的，尤其对于房屋买卖合同以外的第三人和不动产登记管理部门，也可以阻止出卖人对房屋的二次转让、抵押等行为。

二、买卖合同网签备案是否属于案涉房产存在法定不予抵押登记情形

《物权法》第184条第4项、《城市房地产抵押管理办法》第8条第1项等法律法规均规定，所有权、使用权不明或者有争议的房地产不得抵押。因房产权属不明或有争议是法定不予抵押登记的情形，登记部门不能仅凭抵押登记申请人是抵押房产的登记所有权人就认定抵押房产权属清晰且无争议。存在买卖网签就意味着交易房产的所有权即将发生变化，这个阶段的交易房产应被认定为权属不确定、可能发生变动，这种不确定或可能发生权属变更也是权属不清晰的一种表现。

三、不动产登记部门应尽的审查义务是否仅是对抵押登记申请材料的形式审查

对于房产的权属是否确定是能否给予抵押登记的重要前提，抵押登记申请人提交的申请材料是其单方的陈述和保证，虽然有房屋产权证，但是对于掌握权属信息最为全面的不动产登记部门不应以申请人的单方陈述为准，而应尽必要的内部登记检索以判断权属是否有争议。故行政登记部门的审查义务应包括对抵押房地产是否属于法定禁止抵押情形的实质审查。但本案登记机关仅让抵押申请人作出声明而没有自行进行抵押房产登记记录和交易信息的核实，没有进行实质审查是导致错误登记的重要原因。

四、抵押权已在民事诉讼中得到生效法律文书确认是否还能撤销抵押登记行为

根据《最高人民法院关于审理房屋登记案件若干问题的规定》第 3 条的规定，“不动产抵押登记的可诉性不受生效法律文书将其作为定案证据采用的影响”。由此体现的法理是行政诉讼应当不考虑抵押权民事审判结果、独立地对抵押登记行为的合法性进行审查。根据《行政诉讼法》的相关规定，被诉行政行为经审查不合法的，应当予以撤销。

综上，厦门国土局就讼争房产在同期既接收到了该房产的交易(转让)登记信息，也受理了该房产的抵押登记申请。根据诚实信用原则及行政管理部门施行房产交易网上备案目的，房产交易发生后，除非原备案登记变更或撤销，因所涉房产的所有权正在发生变化，任何对交易房产的物权处置行为均应征得交易双方的同意才能确保不侵权。而厦门国土局在原产权人既办理房产交易又申请房产抵押登记情况下，没有告知原产权人通知买受人及抵押权人并取得各方意见，应认定房产行政管理部门未尽审慎审查义务。毕竟登记机关在给予办理“网签”备案后又给予房屋出卖人办理抵押登记，明显损害了买受人的合法权益，违反了政府信赖利益的保护原则，该抵押登记明显未尽审慎审查义务，是违法的，应予以撤销。

【思考与提示】

本案是福建省首例因网签备案撤销房屋抵押登记的行政诉讼案件，判决结果既保护了“网签”当事人的合法权利、维护了二手房交易秩序和安全，也进一步明确了不动产登记机关应尽审慎审查义务的司法认定标准，具有积极的意义。

一、确定了存量房交易合同网上备案可以实质保障二手房交易安全的司法原则

所谓“网签”指的是房产经纪合同通过国土局提供的交易平台进行网上备案。其目的是提高存量房交易信息的透明度，规范存量房经纪和交易行为，加强存量房交易结算资金管理，保障存量房交易安全，提高交易登记效率。

二手房网签后又被办理抵押登记，司法实践中判决结果不一。司法实践中，也有判决网签当事人败诉的案例存在【案例：(2016)沪 03 行终 602 号邵海军、赵卢君与上海市不动产登记局房地产抵押登记一案二审行政判决书】。本案保护了网签当事人合法权益，也真正实现了对网签行为法律效力的确认。

二、确定了行政登记行为审慎审查义务的司法审查标准

（一）行政机关应在实质上履行审查登记房屋权属状况的职责

行政登记行为的审慎审查义务，采用实质审查或形式审查，应取决于立法上对于物权登记的公信力要求。行政登记的目的在于公示，公示的目的在于可使他人知悉物的所有权或他项权利，即通过将物权设立的事实进行登记，使当事人和第三人可以根据登记情况直接认识物权的现存状况，既可以保护物权的交易安全，也使物权法律关系据此得以透明。根据《物权法》的规定，我国是以不动产物权登记为物权变动生效的前提，在登记审查过程中，如不以实质审查为原则，不利于对抗市场信用度普遍不高的现状，即在登记过程中易出现隐瞒事实申请登记等欺诈行为。采用实质审查，不但利于保护当事人及第三人的合法权益，避免对当事人、第三人造成损失，更利于强化登记机关的责任及登记信息公示的公信力。因此，针对物的所有权或他项权的设立、变更登记，以实质审查的登记模式作为审查原则，符合《物权法》的立法原则。当然，从行政登记效率考虑，形式审查更利于保障行政登记的高效性，实践中登记机关也更多的采取偏向于形式审查的模式，但需要注意的是，审慎合理审查标准的实质，实际上是要求登记机关在登记审查时，要尽到合理的注意义务，因此，关于行政登记行为中的实质审查，至少应当在形式审查的基础上，持"合理怀疑"的审查态度进行必要的实质审查。

（二）行政登记机关掌握的信息是判断其是否尽到审慎审查义务的重要指标

已经办理了网上签约的房屋交易信息是行政登记机关可以掌握的信息，虽然信息存在登记机关的不同系统，办理的部门也不同，但是我国《物权法》第 184 条、《城市房地产抵押管理办法》第八条规定：所有权、使用权不明或者有争议的财产不得设置抵押。因此，房屋是否存在财产争议应是登记机关进行抵押权登记时应审查的重要事项，登记机关有条件收集相关审查信息而没有注意到，不能以申请人没有披露免责，登记机关未尽审慎审查义务是明显的。

三、买受人基于网签而获得的政府信赖利益应当予以保护

信赖利益保护原则，是指当事人对行政机关作出的行政处分已产生信赖利益，并且这种信赖利益因其具有正当性而得到保护时，行政机关不得撤销该信赖利益。信赖利益保护原则的设定，是为保障行政机关在实施行政行为时也应遵守诚实信用原则，避免行政行为的随意性，强化行政机关公信力。本案

中，陈彩凤与杨兵在案涉房产申请抵押登记前，便已经根据相关规定在登记机关的网上交易平台上办理二手房买卖的"网签"，陈彩凤基于前述"网签"行为的合法性，有理由相信案涉房屋的交易及其后所有权的变更已经具有确定性，陈彩凤的大部分购房款是在网签后支付的，买受人对于"网签"的信赖利益是明显的，应当得到保护。

疟疾认定工伤　保护劳动者权益

——南平某公司与南平市人力资源和社会保障局社会保障行政确认案

代理律师　郑　玲*

【案情简介】

2015年1月10日，南平某公司外派员工李某等人到苏州某公司坦桑尼亚国项目部建设工地从事安装工作。2017年2月20日13时(以下均为坦桑尼亚时间)李某身感不适，工友送其到当地医院检查，未化验出疟疾。2017年2月21日晚，李某病情加重，项目部即派车送其到坦桑尼亚前首都达累斯萨拉姆的阿迦达医院救治，2017年2月22日5时许入住该医院，因心跳呼吸衰竭、重症疟疾及多器官功能衰竭、弥散性血管内凝血，经抢救无效于2017年2月25日6时许死亡。2017年6月1日，南平某公司向南平市人力资源和社会保障局申请工伤认定。2017年6月6日，南平市人力资源和社会保障局受理南平某公司工伤认定申请后于2017年7月11日作出《不予认定工伤决定书》，以李某感染疟疾经抢救无效，超过48小时后死亡，不符合《工伤保险条例》第14条、第15条的规定，决定不予认定李某为工伤，南平某公司不服，诉至南平市某区人民法院，要求撤销南平市人力资源和社会保障局作出的《不予认定工伤决定书》。

【办案纪实】

2017年8月15日，本人作为南平某公司代理人向南平市某区法院提起诉讼，要求撤销南平市人力资源和社会保障局作出的《不予认定工伤决定书》。一审中，南平某公司认为李某在坦桑尼亚感染疟疾死亡应认定为工伤，提出以下观点：

首先，根据《工伤保险条例》第14条、第15条的规定，职工受到伤害是否被认定为工伤或视同工伤，工作原因是关键要素之一。李某系南平某公司的

---

* 郑玲，福建汇德(南平)律师事务所律师。

员工，由南平某公司指派到非洲坦桑尼亚务工，而非私人活动到坦桑尼亚，也是在坦桑尼亚务工时感染疟疾而死亡的，故李某感染疟疾导致死亡具备工作原因要素。

其次，李某在坦桑尼亚务工期间，因患疟疾治疗无效死亡，根据《工伤保险条例》第14条“职工有下列情形之一的，应当认定为工伤：……（三）在工作时间和工作场所内，因履行工作职责受到暴力等意外伤害的”之规定，李某是在出国务工期间被蚊虫叮咬，患上疟疾是属于外来的、突发的、非本意的客观事件，并且该事件直接导致李某感染疟疾死亡，应当认定为意外伤害。南平市人力资源和社会保障局要求南平某公司举证李某具体是何时何地被蚊虫叮咬的属于无稽之谈，李某不可能24小时在封闭的场所工作和生活，且疟疾属于非洲特有的传染病，由特定的劳动环境造成的，当然是属于一种意外伤害。既然李某患疟疾死亡属于意外伤害，不是普通的突发疾病，因此不属于《工伤保险条例》第15条第1项：在工作时间和工作岗位，突发疾病死亡或者在48小时之内经抢救无效死亡的，视同工伤的情形。南平市人力资源和社会保障局以李某从发病到死亡超过48小时，作出不予认定为工伤的决定，显然是错误的。因此，不论李某是否在工作地点或是工作时间被蚊虫叮咬导致疟疾死亡，也不论从发病到死亡是否超过48小时，均应认定为工伤。

最后，南平市人力资源和社会保障局认为南平某公司作为用工单位应该认真做好劳动保护工作，积极改善劳动环境，为劳动者提供良好的防护措施系属于强人所难。根据日常生活经验法则可以推定，无论采取什么防护措施，被蚊虫叮咬都在所难免，且非洲恶劣的环境并不是南平某公司或是李某有能力可以改善的，除非离开非洲，因此南平某公司并不存在过错。

南平市人力资源和社会保障局答辩时提出李某是履行工作职责时受到的意外伤害这一观点无事实和法律依据。

第一，疟疾存在10～15天的潜伏期，李某具体是何时何地被蚊虫叮咬的，无相关证据能说明。根据《人力资源社会保障部关于执行〈工伤保险条例〉若干问题的意见（二）》文件第5条内容“职工因工作原因驻外，有固定的住所、有明确的作息时间，工伤认定时按照在驻地当地正常工作的情形处理”。而南平某公司提出适用《工伤保险条例》第14条第3款之规定无事实和法律依据。

第二，南平某公司作为用工单位应该做好劳动保护工作，积极改善劳动环境。劳动者因劳动环境恶劣受到意外伤害，其用工单位应承担相应责任。用人单位不能以此作为申请工伤的依据。

第三，南平市人力资源和社会保障局作出的不予认定工伤决定，事实清楚，证据确凿，程序合法。李某患上疟疾无事实依据证明是在工作时间和工作场所内，因履行工作职责受到的意外伤害，而李某被蚊虫叮咬无法确定是在工作时间，从发病到死亡也超过 48 小时，因此不属于工伤认定范围。

一审法院认为，本案未看到李某是在工作时间和工作场所内因履行工作职责受到暴力等意外伤害的证据或事实，李某是感染疟疾经抢救无效在 48 小时之外死亡的，应适用《工伤保险条例》第 15 条第 1 款规定，驳回南平某公司的诉讼请求。

南平某公司不服一审判决，上诉至南平市中级人民法院。二审法院审理认为工伤申请人必须提交证据证明李某是在工作时间和工作场所内，因履行工作职责受到暴力等意外伤害。同时二审法院指出该法条中的“暴力等意外伤害”不仅指暴力，还包括其他意外造成的伤害，蚊虫叮咬形成伤害的属于意外伤害。李某所得的疾病是非洲传染性极强的疟疾，主要的传染途径为蚊虫叮咬。李某从 2015 年至发病死亡一直在苏州某公司坦桑尼亚国的项目建设地，而该地区为疟疾疫区，被蚊虫叮咬可能导致传染疟疾，而叮咬至疟疾发病具有一段时间的潜伏期，因此要求南平某公司提交证据证明叮咬是发生在工作时间、工作地点，显然是不可能完成的举证要求，不利于合法合理地保护劳动者因意外遭受伤害获得经济补偿的权利。本案只能在有证据证明李某是在非工作时间、非工作地点、非工作原因而发生疟疾时，才能对李某的死亡不予认定为工伤，否则依据本案现有证据应当认定李某系因意外伤害死亡，属于工伤。《不予认定工伤决定书》不予认定工伤的证据不足，应予撤销。原审判决错误，应予纠正。判决如下：(1)撤销一审判决；(2)撤销南平市人力资源和社会保障局作出的《不予认定工伤决定书》；(3)责令南平市人力资源和社会保障局在 60 日内重新作出工伤认定。

【律师分析】

纵观全案，本案的争议焦点有三点：

一、李某在非洲感染疟疾是属于普通疾病还是意外

代理人认为疟疾不同于普通疾病，它是非洲特有的由蚊虫叮咬引起的传染疾病，而被蚊虫叮咬属于外来的、突发的、非本意的客观事件，属于意外，导致李某死亡的原因是被蚊虫叮咬感染疟疾，并不是因其自身疾病所导致的死亡，因此本案应认定为意外伤害。

二、如何证明李某是在工作时间和工作场所内，履行工作职责受到暴力等意外伤害

代理人认为，首先，能否认定工伤，工作因素是很重要的前提，李某作为公司员工被派往坦桑尼亚工作，而非因私人活动出国，因此其已经具备工作要素，且李某是长期居住在国外，并非短暂出差，工作生活都无法离开非洲，也无法区分工作或是生活时间。其次，因李某死于疟疾，即被蚊虫叮咬，要举证证明是在何时何地被蚊虫叮咬是无稽之谈，如二审法院认定，是不可能完成的举证要求。我方已经举证证明李某是在非洲务工期间感染了疟疾，已经完成举证责任，若南平市人力资源和社会保障局不予认定工伤应举证证明李某不是在工作时间、工作场所感染疟疾，应提出证据予以反驳，否则应承担举证不能的后果。再次，一审法院认为应适用《工伤保险条例》第 15 条，而该条款的前提也是需在工作时间和工作岗位，而一审法院又认为无证据显示李某是在工作时间和工作场所内因履行工作职责受到暴力等意外伤害的证据或事实，显然是自相矛盾的。因此，应认定李某是在工作时间、工作场所内受到意外伤害。

三、本案应适用《工伤保险条例》第 14 条第 3 项的规定还是适用第 15 条第 1 项的规定

通过上述的分析可以得出结论，李某是在工作时间和工作场所内，且是因履行工作职责出国，被蚊虫叮咬感染疟疾属于受到意外伤害，因此符合《工伤保险条例》第 14 条第 3 项的规定。因此不论从发病到死亡是否超过 48 小时，都应认定为工伤。

【思考与提示】

本案一审未支持原告的诉请，二审改判，最大的意义在于能合法合理地保护劳动者因意外遭受伤害获得经济补偿的权利。因在非洲感染疟疾而认定为工伤的案件也属福建首例，全国各地也都有相应的案例，争议较大，但此次南平市中级人民法院的判决无疑在福建起到一个风向标的作用。工伤保险立法的精神就是尊重和维护劳动者的合法权利，尊重和体现人权。作为用人单位，除了要与劳动者签订劳动合同外，还应按照要求给劳动者缴纳社保医保，保证劳动者的基本权利。劳动者在劳动关系中往往处于弱势的一方，用人单位应尊重和维护劳动者的权益，这样才能维护和谐的劳动关系，同样也有益于用人单位自身的长远发展。